ABHNER YOUSSIF MOTA ARABI

Luiz Fux
Prefácio

José Levi Mello do Amaral Júnior
Posfácio

IMPEACHMENT
ORIGENS E LIMITES À RESPONSABILIZAÇÃO POLÍTICA NO PRESIDENCIALISMO BRASILEIRO

Belo Horizonte

FÓRUM
CONHECIMENTO JURÍDICO
2023

© 2023 Editora Fórum Ltda.

É proibida a reprodução total ou parcial desta obra, por qualquer meio eletrônico, inclusive por processos xerográficos, sem autorização expressa do Editor.

Conselho Editorial

Adilson Abreu Dallari
Alécia Paolucci Nogueira Bicalho
Alexandre Coutinho Pagliarini
André Ramos Tavares
Carlos Ayres Britto
Carlos Mário da Silva Velloso
Cármen Lúcia Antunes Rocha
Cesar Augusto Guimarães Pereira
Clovis Beznos
Cristiana Fortini
Dinorá Adelaide Musetti Grotti
Diogo de Figueiredo Moreira Neto (in memoriam)
Egon Bockmann Moreira
Emerson Gabardo
Fabrício Motta
Fernando Rossi
Flávio Henrique Unes Pereira

Floriano de Azevedo Marques Neto
Gustavo Justino de Oliveira
Inês Virgínia Prado Soares
Jorge Ulisses Jacoby Fernandes
Juarez Freitas
Luciano Ferraz
Lúcio Delfino
Marcia Carla Pereira Ribeiro
Márcio Cammarosano
Marcos Ehrhardt Jr.
Maria Sylvia Zanella Di Pietro
Ney José de Freitas
Oswaldo Othon de Pontes Saraiva Filho
Paulo Modesto
Romeu Felipe Bacellar Filho
Sérgio Guerra
Walber de Moura Agra

CONHECIMENTO JURÍDICO

Luís Cláudio Rodrigues Ferreira
Presidente e Editor

Coordenação editorial: Leonardo Eustáquio Siqueira Araújo
Aline Sobreira de Oliveira

Rua Paulo Ribeiro Bastos, 211 – Jardim Atlântico – CEP 31710-430
Belo Horizonte – Minas Gerais – Tel.: (31) 99412.0131
www.editoraforum.com.br – editoraforum@editoraforum.com.br

Técnica. Empenho. Zelo. Esses foram alguns dos cuidados aplicados na edição desta obra. No entanto, podem ocorrer erros de impressão, digitação ou mesmo restar alguma dúvida conceitual. Caso se constate algo assim, solicitamos a gentileza de nos comunicar através do *e-mail* editorial@editoraforum.com.br para que possamos esclarecer, no que couber. A sua contribuição é muito importante para mantermos a excelência editorial. A Editora Fórum agradece a sua contribuição.

Dados Internacionais de Catalogação na Publicação (CIP) de acordo com ISBD

A658i	Arabi, Abhner Youssif Mota
	Impeachment: origens e limites à responsabilização política no presidencialismo brasileiro / Abhner Youssif Mota Arabi. - Belo Horizonte : Fórum, 2023. 320p. ; 14,5cm x 21,5cm
	Inclui bibliografia e apêndice. ISBN: 978-65-5518-448-8
	1. Direito Constitucional. 2. Impeachment. 3. Presidencialismo. 4. Crimes de responsabilidade. 5. Abusos constitucionais. I. Título.
2022-2239	CDD 342
	CDU 342

Elaborado por Odilio Hilario Moreira Junior - CRB-8/9949

Informação bibliográfica deste livro, conforme a NBR 6023:2018 da Associação Brasileira de Normas Técnicas (ABNT):

ARABI, Abhner Youssif Mota. *Impeachment*: origens e limites à responsabilização política no presidencialismo brasileiro. Belo Horizonte: Fórum, 2023. 320p. ISBN 978-65-5518-448-8.

SUMÁRIO

PREFÁCIO
Luiz Fux..9

INTRODUÇÃO..13

CAPÍTULO 1
AS ORIGENS HISTÓRICAS DO IMPEACHMENT NA
INGLATERRA: A AURORA DE UM MODELO DE
RESPONSABILIZAÇÃO POLÍTICA..23
1.1   Os primeiros casos de impeachment..24
1.2   A ascensão da supremacia parlamentar e o ocaso do
      impeachment na Inglaterra..51

CAPÍTULO 2
O IMPEACHMENT NOS ESTADOS UNIDOS: UM MODELO PARA
A REPÚBLICA PRESIDENCIALISTA 61
2.1   O impeachment nas colônias norte-americanas..........................62
2.2   O tratamento das primeiras Constituições dos Estados
      independentes..78
2.3   A arquitetura constitucional do impeachment: os debates da
      Convenção da Filadélfia..81
2.4   A ratificação do projeto constitucional: a confirmação do
      impeachment...90
2.5   O impeachment na prática estadunidense..................................98
2.5.1 A nascença: os primeiros casos de impeachment na República
      norte-americana...99
2.5.2 A maturidade: casos de impeachment (contra juízes)
      no século XX..112
2.5.3 O alcance à Casa Branca: a ameaça do impeachment contra
      Nixon, Clinton e Trump...128
2.6   Algumas lições parciais possíveis...141

CAPÍTULO 3
IMPEACHMENT NO BRASIL: ORIGENS, MODELOS E DESAFIOS DO INSTITUTO EM UMA REPÚBLICA PRESIDENCIALISTA MULTIPARTIDÁRIA 151

3.1   Origens do impeachment no Brasil: a responsabilização política de Ministros na Constituição imperial 155

3.2   Impeachment na República brasileira: as previsões da Constituição de 1891 162

3.3   O impeachment nas Constituições brasileiras de 1934, 1937, 1946 e 1967/1969 172

3.3.1   A Constituição de 1934 172

3.3.2   A Constituição de 1937 174

3.3.3   A Constituição de 1946 175

3.3.3.1   As tentativas de impeachment contra Getulio Vargas 177

3.3.3.2   As destituições de Carlos Luz e Café Filho 179

3.3.3.3   A tentativa do parlamentarismo 185

3.3.4   A Constituição de 1967/1969 186

3.4   O impeachment na Constituição de 1988 189

3.4.1   Os crimes de responsabilidade 193

3.4.2   Competência legislativa sobre o impeachment 196

3.4.3   As disposições da Lei nº 1.079/1950 216

3.4.4   As disposições do Decreto-Lei nº 201/1967 222

3.5   O impeachment presidencial no Brasil pós-1988 225

3.5.1   O papel da Câmara e do Senado 229

3.5.2   O papel do STF 243

3.5.3   Os impeachments presidenciais no Brasil pós-1988 255

3.5.3.1   O caso Collor 258

3.5.3.2   O caso Dilma 261

3.6   Abusos constitucionais no processo de impeachment 266

3.6.1   Abusos constitucionais e seus riscos à democracia 267

3.6.2   Minimizando os abusos no impeachment: alguns aperfeiçoamentos possíveis 275

CONCLUSÃO...281

POSFÁCIO
José Levi Mello do Amaral Júnior 289

APÊNDICE
DISPOSIÇÕES CONSTITUCIONAIS SOBRE O IMPEACHMENT
EM OUTROS PAÍSES 293
1. Argentina 294
2. Bolívia 294
3. Chile 294
4. Chipre 295
5. Colômbia 296
6. Coreia do Sul 296
7. Costa Rica 297
8. El Salvador 298
9. Equador 298
10. Filipinas 300
11. Geórgia 300
12. Guatemala 301
13. Honduras 302
14. Hungria 303
15. México 303
16. Nicarágua 304
17. Panamá 304
18. Paraguai 305
19. Peru 305
20. Polônia 306
21. República Dominicana 307
22. Rússia 307
23. Turquia 308
24. Uruguai 309
25. Venezuela 309

REFERÊNCIAS 311

PREFÁCIO

Impeachments são soluções drásticas, mas às vezes necessárias, para os males enfrentados por um país em relação a uma autoridade pública. Idealizado pelos constituintes norte-americanos como mecanismo integrante dos sistemas de freios e contrapesos para moderação e controle do Poder Executivo, a adaptação e aplicação do instituto ao regime presidencialista apresenta desafios desde sua gênese.

O instituto, porém, tem raízes mais antigas, como bem demonstra a primeira parte desta obra. Inicialmente, era aplicado no regime monárquico inglês, mas foi a partir de sua incorporação nos Estados Unidos que a ferramenta ganhou nova roupagem, a qual interessaria ao regime republicano e presidencialista brasileiro, que nasceria ao fim do século XIX.

A compreensão de suas características multifacetadas, as razões que levaram à necessidade de sua instituição, as causas que podem legitimar a remoção de uma autoridade pública, o procedimento pelo qual esse afastamento pode se dar, o papel de cada instituição nesse processo e os limites das intervenções do Poder Judiciário são alguns dos muitos desafios que a empreitada de enfrentar o tema inevitavelmente assume. Para todos esses pontos, não há caminho simples nem resposta fácil, mas o presente livro apresenta irretocável roteiro.

Buscando as origens históricas do instituto na Inglaterra, são narrados os primeiros casos de aplicação do *impeachment*, com ricas e originais fontes históricas, evidenciando sua importância na ascensão de um modelo de supremacia parlamentar. Na sequência, o relato minudenciado e igualmente fértil de sua apropriação e adaptação nos Estados Unidos – desde o período colonial até o de independência – também revela como e por que surgiram características importantes que ainda hoje persistem para o *impeachment*. O estudo de casos práticos de sua aplicação naquele país também evidencia seus usos possíveis ou ilegítimos, na busca de lições possíveis para os desafios contemporâneos.

Ainda, é detalhadamente estudada e transmitida aos leitores a adoção do *impeachment* no Brasil, com destaque para o enfrentamento do regramento atribuído ao instituto em todas as Constituições brasileiras, bem como em legislações infraconstitucionais relevantes. Casos históricos –

mais antigos e mais recentes – são também analisados, para que se possa chegar a conclusões maduras sobre o *impeachment* presidencial no Brasil pós-88, com especial destaque para o papel assumido, em seu desenrolar, pela Câmara dos Deputados, pelo Senado Federal e pelo Supremo Tribunal Federal. Ao final, aborda-se, ainda, o relevante tema dos abusos constitucionais que podem ocorrer em processos de *impeachment*, que permitem ao autor apontar aprimoramentos e caminhos possíveis para a redução desses riscos e aperfeiçoamento do instituto em reforço ao regime democrático.

No Brasil, especificamente, a experiência recente de redemocratização apresenta a remoção de dois Presidentes da República em meio a seus mandatos. Por razões distintas e considerando-se contextos diversos, a ferramenta foi utilizada pelo Congresso Nacional para afastar mandatários que, apesar de constituídos em seus ofícios pela soberania do voto popular, teriam cometido crimes de responsabilidade, a justificar sua remoção.

Nesse cenário de crescente importância do *impeachment* e da percepção sensorial, prática e cotidiana de sua ascensão, é imperioso conhecer melhor suas origens, suas possibilidades e os limites de sua utilização. Do ponto de vista acadêmico, a relevância do tema é autoexplicativa, não apenas na seara do Direito Público, mas também no da Ciência Política. Entretanto, para além da academia, a obra e o tema apresentam seu valor igualmente na seara do conhecimento público, o qual é necessário que exista entre cidadãos e cidadãs no funcionamento das instituições democráticas que os devem representar.

Por derradeiro, cumpre observar que, para além de sua experiência prática e sua excelência acadêmica, Abhner é autor de diversos livros e artigos sobre Direito Constitucional. Em mais de uma ocasião, já prenunciei a importância de seus escritos na academia do Direito Público brasileiro, tamanhas a densidade teórica e a sensibilidade prática das ideias articuladas pelo autor.

Refletindo traços próprios da personalidade do autor, a maturidade, a forma didática e os percucientes aprimoramentos que Abhner sugere tornam o presente livro referência para os estudiosos do Direito Constitucional, da Ciência Política e do Presidencialismo brasileiro em geral. Mesmo tratando de temas de peculiar complexidade, o autor não descuida da linguagem de fácil compreensão, permitindo que a obra seja também objeto de leitura e apreço daqueles que, mesmo não estudando academicamente esses temas, têm curiosidade e interesse sobre os usos do *impeachment* e a dinâmica político-institucional brasileira.

Ao término do século passado, o professor e ministro Paulo Brossard lançou singular obra de referência sobre o tema: *O impeachment*. Ao início do presente século, sem a pretensão de substituí-la, esta obra se coloca, desde seu lançamento, como relevante e indispensável novo marco para a discussão do tema no Brasil.

Por tudo isso, honra-me sobremaneira redigir as palavras prefaciais desta valiosa obra, que já nasce como de leitura indispensável, um clássico que desde já se anuncia. Com a certeza de que o tempo em companhia deste livro será fluido e agradável, desejo uma excelente leitura a todos e todas!

Brasília, 1º de agosto de 2022.

Luiz Fux
Presidente do Supremo Tribunal Federal.

INTRODUÇÃO

"Fora, Presidente!" Manifestações que bradam essa frase tornaram-se cada vez mais frequentes no sistema político brasileiro, para expressar o desejo de que, antes do término de seu mandato eletivo, um Presidente da República que se considera corrupto, inapto, impopular, ineficiente ou simplesmente do qual não se gosta seja destituído. Entretanto, essa forma de responsabilização – cujas origens remontam à monarquia inglesa, antes que fosse republicanizada nos Estados Unidos – pode ser muito mais traumática do que a remoção do chefe de governo pelo voto de desconfiança nos modelos parlamentaristas.

Como marca de um período de dificuldades da democracia representativa em tempos de fortes abalos ao sistema político-partidário, crises econômicas sucessivas e desigualdades sociais avassaladoras, o descompasso entre o avanço da sociedade e o do sistema político apresenta seus efeitos.[1] Na reconstrução dos laços entre governados e governantes, bem como na da responsabilização destes perante aqueles, os riscos de ameaças autoritárias à democracia ascendem quando muitos buscam na idealização de um passado irreal a redenção para problemas atuais, consideradas as fragilidades intrínsecas a esse regime de governo, que deve tolerar, em afirmação de seus valores fundamentais, mesmo as manifestações que neguem esses seus fundamentos.[2] Nesse cenário, o impeachment[3] é um processo que se sabe como começa, mas não como pode terminar.

Se mesmo depois de muito tempo ainda existem muitas dúvidas sobre o instituto, é preciso perquiri-las, encontrando respostas existentes e apontando caminhos possíveis: primeiro, com base na compreensão

---

[1] CARDOSO, Fernando Henrique. *Crise e reinvenção da política no Brasil*. São Paulo: Companhia das Letras, 2018. p. 8-9. Sérgio Abranches também descreve uma "demora da democracia em incorporar inovações que já estão disponíveis para melhorar a governança e a representatividade das decisões tomadas pelos parlamentos e Poderes Executivos", o que acarreta uma "enorme e generalizada insatisfação com os governos e democracias no mundo inteiro" (ABRANCHES, Sérgio. *O tempo dos governantes incidentais*. São Paulo: Companhia das Letras, 2020. p. 16).

[2] ABRANCHES. Op. cit., 2020. p. 107-108.

[3] Apesar de sua origem etimológica inglesa, por se tratar de palavra já incorporada à língua portuguesa, optou-se por utilizá-la no presente trabalho sem marcação em itálico.

de suas origens históricas, nas experiências de sua institucionalização e nos exemplos de sua aplicação, e, depois, em sua adoção no modelo constitucional brasileiro e nos eventos que levam ao cenário atual, em que muitos desafios ainda se apresentam. Esses são os objetivos deste trabalho. De onde veio o impeachment? Como ele surgiu? Para que serve? Quais são suas funções? É possível aprimorar essa ferramenta? Essas são algumas das perguntas que este livro permitirá responder.

Sob o ponto de vista metodológico, esses objetivos serão perseguidos, mediante revisão bibliográfica e jurisprudencial, com base na conjugação das perspectivas analítica, empírica e normativa, no sentido de buscar analisar os conceitos atinentes e as relações que estabelecem, averiguar as normas vigentes em cada lugar e período indicados, bem como a forma de sua aplicação, além de sugerir aprimoramentos possíveis a um modelo que pode ser melhor.[4] Diversos marcos teóricos serão conjugados para a promoção dessas abordagens, na linha do que apontados expressamente sempre que invocados.

Além disso, serão utilizados aspectos de direito constitucional comparado, com base na análise contextualizada de experiências institucionais de outros países quanto ao impeachment, a fim de identificar, nesses processos que ocorrem de forma diferente, elementos comuns que ajudem a compreender o cenário democrático e institucional brasileiro, buscando caminhos para seu aperfeiçoamento. Embora cada sistema constitucional possua semântica própria, que apenas pode ser entendida contextualmente, é possível identificar problemas comuns enfrentados por democracias constitucionais mundo afora, para os quais pode haver soluções similares.[5] Assim, afigura-se relevante a investigação das funções que as instituições presentes em diversas democracias constitucionais podem desempenhar para seu fortalecimento, mediante uma análise que seja também contextualizada e historicamente situada.[6]

---

[4] SILVA. Virgílio Afonso da. *A constitucionalização do Direito. Os direitos fundamentais nas relações entre particulares*. São Paulo: Malheiros, 2015. p. 25.

[5] ROSENFELD, Michel; SAJÓS, András (eds.). The Oxford Handbook of Comparative Constitutional Law. Oxford University Press, 2013. In: *"Introduction"*, p. 7. Ainda: TUSHNET, Mark. The possibilities of comparative constitutional law. *The Yale Law Journal*, v. 108, p. 1225-1309, 1999. HIRSCHL, Ran. On the blurred methodological matrix of comparative constitutional law. *In*: CHOUDHRY, Shazia. (ed.). *The Migration of Constitutional Ideas*. Cambridge University, 2007.

[6] Vicky Jackson fala em *contextualized functionalism* como caminho metodológico, o qual "requer disposição para questionar se funções, conceitos ou doutrinas que parecem semelhantes podem de fato ser bem diferentes em distintas sociedades; atenção para como instituições aparentemente separadas ou práticas legais estão conectadas e influenciadas por outras; um compromisso em estar aberto a perceber como as regras ou doutrinas legais podem ser afetadas pelos aspectos identitários ou expressivistas da constituição" (JACKSON,

O primeiro capítulo terá por objeto as origens históricas do impeachment na Inglaterra, onde se desenvolveu como forma de responsabilização política significativa para a construção gradual de uma monarquia constitucional e da soberania parlamentar. Com base na identificação dos primeiros casos conhecidos de responsabilização política de figuras públicas por condutas inadequadas em um procedimento conduzido por um órgão legislativo, será apresentado como a premissa de um poder titularizado pelo Parlamento britânico foi invocada para promover essa apuração e julgamento.

Reunindo elementos que inicialmente existiam no instituto da petição – em que se reportava ao rei algum abuso e dele passivamente se esperava alguma providência possível amplamente discricionária – e algumas formas de responsabilização criminal, o impeachment afirmou-se como ferramenta de um julgamento político conduzido pelo próprio Parlamento, desvinculando-se, pouco a pouco, de suas ligações com procedimentos de natureza penal. A conjunção desses diversos fatores permitiu a formação de uma nova esfera de responsabilização, em que se tinha a formulação de uma imputação realizada pelos Comuns em decorrência de atos lesivos à comunidade e o julgamento dessas acusações pelos lordes.

Desde então, tornou-se possível o início da distinção de alguns aspectos que marcavam a especialidade desse novo instituto, pela constatação de traços definidores que até hoje se mantêm: o julgamento perante um órgão legislativo, a divisão das funções de processamento entre os órgãos parlamentares, a natureza das infrações apuradas e das pessoas responsabilizadas nessa esfera própria e de cuja condenação poderia derivar uma sanção de destituição ou afastamento. Assim, os contornos de uma jurisdição eminentemente política anunciavam sua consolidação de forma independente a outras esferas de responsabilização que então já eram conhecidas, a ponto de se admitir que imputações que não correspondiam formalmente a condutas penalmente típicas pudessem ser também processadas e julgadas por meio do impeachment. Também nessas origens já se identificava a preocupação em atribuir roupagem jurídica e legitimidade formal a esses conflitos essencialmente políticos,

---

Vicky. Comparative Constitutional Law: Methodologies. *In*: ROSENFELD, Michel, SAJÓS, András (eds.). *The Oxford Handbook of Comparative Constitutional Law*. Oxford University Press, 2013. Tradução livre de: *"requires a willingness to question whether functions, concepts, or doctrines that appear similar may in fact be quite different in different societies; an attention to how seemingly separate institutions or legal practices are connected to, and influenced by, others; and a commitment to be open to noticing how legal rules or doctrines may be affected by the identitarian or expressivist aspects of the constitution"*).

mediante a delimitação de um procedimento em que fossem possíveis a apresentação de provas e o exercício de atividades de defesa.

Na Inglaterra, porém, o impeachment caiu em desuso, sobretudo após a Revolução Inglesa, pelo assentamento das condições que permitiram a consolidação de uma monarquia constitucional marcada pela supremacia parlamentar. De fato, seu desenvolvimento contribuiu para sua própria obsolescência, por permitir que ministros escolhidos pelo rei fossem responsabilizados perante o Parlamento, e não apenas perante a própria Coroa, freando os impulsos reais absolutistas e fortalecendo a ideia de supremacia parlamentar. Assim, em um regime político em que a ascensão parlamentar era contínua, a consolidação estável dessa forma de organização política permitiu que os objetivos para os quais se desenvolveu o impeachment fossem atendidos por outros instrumentos menos bruscos, ainda que siga disponível à utilização legislativa.

O instituto, porém, renasceria a partir de sua incorporação e adaptação, pela Constituição dos Estados Unidos de 1787, ao regime republicano e presidencialista. No segundo capítulo, foca-se nessa importante etapa da evolução histórica e prática do instituto, sobretudo para que, posteriormente, melhor se compreenda sua institucionalização no Brasil.

Com base na identificação dos primeiros casos ocorridos em terras norte-americanas ainda no período colonial, partindo de parâmetros próximos aos importados da Inglaterra, o instituto serviu inicialmente para a reação prática e local a problemas de má conduta que ocorriam entre os representantes do governo na colônia, em proteção dos interesses públicos coloniais contra atos lesivos individuais praticados por membros da administração em geral, em expressão do desejo de afirmar as liberdades legais e constitucionais inglesas também naquelas terras. Com o tempo, porém, a análise permitirá compreender que o impeachment se transformou em um instrumento por meio do qual as Assembleias das colônias reivindicavam independência nas lutas contra o governo monárquico inglês, em movimentos de expansão dos poderes coloniais sobre a Coroa. Adaptando-se para sua futura incorporação republicana, à medida que as pretensões de independência se fortaleciam nas colônias, o impeachment se tornou uma de suas armas para a libertação, pelas quais se reivindicava sua autonomia, soberania e independência.

De um lado, preservava-se a essência de utilização do impeachment como instrumento político para afastar aqueles que, no exercício de função pública, eram responsáveis por atos irregulares, corruptos ou que visavam ao benefício pessoal; de outro, distanciava-se ainda mais das origens inglesas de um instituto com caráter quase penal, consolidando-se como ferramenta de controle político das Assembleias coloniais, enquanto órgãos de representação popular, sobre a atuação de agentes do Executivo e do Judiciário, em um modelo autônomo e independente de responsabilização

Tendo verificado na prática os males que o abuso do poder poderia provocar, o impeachment era um dos instrumentos que poderia prevenir e, quando necessário, remediar esse risco. A partir de sua previsão nas Constituições Estaduais pós-independência e de sua solidificação na Constituição Federal de 1787, passando pelos ricos debates travados na Convenção da Filadélfia e pelas discussões ocorridas nos momentos de ratificação de seu produto, o impeachment adquiriu forma republicana e presidencialista, desenvolvendo características próprias, como engrenagem do sistema constitucional de separação dos Poderes, a ponto de constituir um modelo absolutamente autônomo e independente em relação ao inglês.

Em seu desenho constitucional ao modelo republicano presidencialista, temia-se desde o início que o impeachment pudesse representar ameaça de intromissão legislativa na parcela de independência que o Poder Executivo deveria ter. Entretanto, a partir da colocação de trincheiras constitucionais de proteção e minimização desses riscos, entendeu-se que perigo maior seria não ter uma ferramenta como o impeachment, ante a necessidade de proteção das instituições democráticas republicanas.

Com a definição de seus aspectos essenciais (qual deveria ser o órgão competente para seu julgamento, em que situações poderia ser aplicado ao Presidente da República e a outras autoridades públicas, quais condutas poderiam ensejar seu processamento, quais seriam as definições constitucionais de seu procedimento), em que se buscava um modelo que simultaneamente garantisse de forma equilibrada a autonomia e a responsabilidade do Presidente, o impeachment foi compreendido como instrumento da sistemática de freios e contrapesos. Chegou-se, ao final, à construção de um processo político que se desdobrava em etapas procedimentais delimitadas, com exigências formais de processamento e votação, a fim de que fosse difícil chegar-se à condenação final. Compreendia-se, portanto, que não era qualquer falha ou eventual impopularidade de um presidente que justificaria sua remoção do cargo, tendo em vista que a garantia de eleições periódicas já assegurava a possibilidade de lidar, pelo controle popular direto, com as políticas praticadas por um determinado governo. O impeachment não foi criado para substituir as eleições nem para representar um terceiro turno para disputas eleitorais.

Apesar desse seu desenho constitucional maduro, muitas de suas características só adviriam de sua aplicação prática, em uma série de casos de impeachment que logo se instauraram. Sua identificação, com base na análise dos principais casos, revela o processo de maior amadurecimento da utilização dessa ferramenta na República presidencialista norte-americana, consolidando elementos que logo seriam incorporados ao Brasil. Entre diversos casos, processos de impeachment seriam instaurados contra os presidentes Andrew Johnson, Bill Clinton e Donald Trump, sendo evitado por Richard Nixon mediante sua renúncia.

Assim é que apareceriam, nas discussões dos processos de impeachment, questões como: É possível alcançar membros do Poder Legislativo? Sua instauração pode se dar em face de autoridades que já não estejam mais no exercício do cargo? A renúncia ou o término do mandato paralisam a continuidade do processo? Qual é o alcance das condutas relevantes para o impeachment? Existe um padrão valorativo único para todas as autoridades ou que se ajusta conforme se trate de membros do Poder Judiciário e do Poder Executivo? O impeachment pode alcançar ações praticadas na esfera privada de uma autoridade? Exige-se um nexo funcional entre a acusação formulada e o efetivo exercício das funções do cargo público ocupado? Condutas anteriores à assunção do cargo público podem dar origem ao impeachment? Apenas condutas penalmente relevantes é que podem dar causa a esse processo ou essa esfera política de responsabilização realmente não se vincula à tutela jurisdicional penal? Condutas que não correspondam a crimes podem dar ensejo ao afastamento político do cargo? Condutas penalmente típicas podem não ser suficientes para essa conclusão? Quais são os limites de sua utilização política? É possível voltar-se contra um juiz ou membro da Suprema Corte caso o Congresso discorde de suas decisões? Ou contra um presidente que se opõe a políticas do Poder Legislativo ou mesmo que se revele um líder ruim? É possível que a acusação se volte genericamente contra o conjunto das ações de um determinado agente público ou é imprescindível que sejam apontadas condutas individualizadas e específicas que, em tese, correspondam à prática de alguma das condutas relevantes para fins de impeachment? No julgamento, até onde se exige o dever de imparcialidade dos membros julgadores? É possível a revisão judicial de seu resultado?

Essas são algumas das perguntas que se pretende responder e de cujas respostas será possível extrair algumas lições parciais e aferir alguns padrões significativos, entre eles a inadequação do impeachment para retaliação de juízes por decisões de cujo mérito se discorda, bem como por sua impropriedade para punir presidentes ou membros do Executivo por decisões políticas equivocadas. Nesse último caso, as eleições são o mecanismo popular e democrático primordial para julgar bons e maus presidentes pela condução política da nação, sem prejuízo de outras esferas possíveis de responsabilização pelos atos praticados.

Ainda, será evidenciada a verificação prática de que presidentes populares são menos suscetíveis ao impeachment, ocasião em que este se revela um mecanismo limitado de controle, ao mesmo tempo que autoridades impopulares são mais vulneráveis quando abusos podem ser mais prováveis. Ao final, porém, em um caso ou em outro, o impeachment se revelará sempre como uma ferramenta essencialmente política, ainda que não deva ser a única ferramenta constitucional de controle do presidente, devendo conviver com a pluralidade de mecanismos de sua responsabilização política por mau desempenho no cargo.

O terceiro capítulo volta-se de forma específica ao Brasil. Partindo de suas origens ainda no período imperial e passando por sua apropriação republicana em 1891, o objetivo é permitir que se chegue a seu panorama atual mediante a compreensão do processo histórico que levou à sua formação e conformação nas instituições políticas da Constituição de 1988. Dessa forma, além de passar por todos os textos constitucionais brasileiros, bem como pelas respectivas normas infraconstitucionais que imprimiram tratamento à matéria e aos diferentes modelos que sucessivamente foram adotados no Brasil, serão também identificados os principais casos de sua aplicação prática e o papel das instituições em sua realização, permitindo a propositura de eventuais pontos de aprimoramento dessa importante ferramenta constitucional.

Ao longo desse caminho, haverá espaço para evidenciar a inadequação da nomenclatura "crimes de responsabilidade" – já que se trata de infrações políticas ou ilícitos políticos –, a impropriedade de alguns entendimentos afirmados pelo Supremo Tribunal Federal (STF) – como aquele cristalizado em sua Súmula Vinculante nº 46 –, além da necessidade de uma nova lei que melhor componha o desencontro normativo que segue existente entre as disposições da Constituição de 1988, da Lei nº 1.079/1950 e dos Regimentos Internos da Câmara dos Deputados e do Senado Federal. Além disso, o papel das instituições envolvidas no processo de impeachment presidencial no Brasil será objeto de análise específica, bem como os limites da restrita margem de atuação do Poder Judiciário nessa matéria.

No início da República brasileira, houve poucas tentativas empreendidas de impeachment, nenhuma das quais resultou em processo que fosse levado até o fim, registrando-se iniciativas promovidas contra os presidentes Floriano Peixoto, Campos Sales e Hermes da Fonseca. Anos depois, na década de 1950, novas empreitadas seriam formuladas contra os presidentes Getulio Vargas, Carlos Luz e Café Filho, estes dois últimos destituídos em procedimento sumário, que culminaram na fracassada tentativa de implementação do parlamentarismo no Brasil, em 1961. Mesmo assim, tinha-se a percepção geral de que o impeachment correspondia a um processo muito rígido e dificultoso, de improvável aplicação prática e que não passava de uma ineficaz litania.

Sob a vigência da Constituição de 1988, porém, esse aparente adorno logo se transformaria em realidade, em contexto no qual a ferramenta do impeachment ascendeu para finalidades até mesmo mais amplas das que então se podia conceber. Desde a redemocratização, a ameaça do impeachment paira sobre os governantes, não apenas como artifício retórico, mas como possibilidade concreta.

Impugnações como essas foram apresentadas em relação a todos os presidentes desde então: foram 29 denúncias oferecidas contra Fernando Collor, quatro contra Itamar Franco, 27 contra Fernando Henrique Cardoso, 37 contra Luís Inácio Lula da Silva, 68 contra Dilma Rousseff, 31 contra Michel Temer e já mais de uma centena contra Jair Bolsonaro.[7] É com base em sua aplicação prática e na interpretação das normas atinentes pelas instituições e agentes constitucionais envolvidos

---

[7] A quantidades de pedidos de impeachment apresentados contra cada um desses Presidentes desde 1990, conforme levantamento de informações da Mesa da Câmara dos Deputados, está disponível em: https://drive.google.com/file/d/1rVrj023hE9oD75IvikSVbySfPvAbev Ym/view (acesso em: 13 jul. 2021). Joaquim Falcão também se refere ao grande número de pedidos de impeachment apresentados contra os presidentes (FALCÃO, Joaquim. Impeachment agora é pular etapas. In: FALCÃO, Joaquim; ARGUELHES, Diego Werneck; PEREIRA, Thomaz (orgs.). *Impeachment de Dilma Rousseff*: entre o Congresso e o Supremo. Belo Horizonte: Letramento Casa do Direito; Rio de Janeiro: FGV Direito Rio, 2017. p. 22). O próprio Presidente Jair Bolsonaro também já se valeu do pedido de impeachment para manifestar suas discordâncias políticas, como a denúncia que apresentou, em 20 de agosto de 2021, ao Presidente do Senado, de crimes de responsabilidade que teriam sido praticados pelo ministro do Supremo Tribunal Federal Alexandre de Moraes. Na petição, aponta-se que o denunciado teria proferido julgamento quando era suspeito na causa e procedido de modo incompatível com a honra e dignidade do cargo, mas os atos apontados acabavam por recair sobre a atuação judicial típica do ministro no STF. Foi a primeira vez que um pedido de impeachment voltado contra um ministro do Supremo foi apresentado e subscrito pelo Presidente da República. A denúncia foi prontamente rejeitada pelo Presidente do Senado Federal em 25 de agosto de 2021, sob o fundamento principal de que inexistia justa causa nas acusações formuladas.

que sobressaem os elementos mais relevantes sobre como remover um presidente no Brasil.

Por fim, em um cenário de preocupação de que abusos constitucionais sejam cometidos pela via do impeachment, mesmo com a pluralidade das definições constitucionais de mecanismos que tentam conter o espaço de atuação legislativa nesse processo, reafirma-se ser inevitável – ainda que não desejável – que possa se tornar instrumento de destituição de um presidente por maiorias parlamentares ocasionais ou insatisfeitas com a condução de um determinado governo. Dessa forma, buscando reforçar os mecanismos que tentam assegurar que o impeachment não se dê de forma açodada, mas resulte de um processo político maduro, transparente e com amplo apoio parlamentar e popular, busca-se apresentar alguns aprimoramentos possíveis, como parâmetros que permitam aperfeiçoar esse controle e minimizar os riscos assumidos pelas opções feitas pela Constituição.

Na gestão de riscos assumidos pela Constituição, o impeachment, como solução final e excepcional, pode ceder lugar a alternativas menos polarizadas para condutas menos graves. Escapando da binaridade do "culpado ou inocente", "golpe ou não golpe", "condenação ou absolvição", a institucionalização de outras medidas menos gravosas de responsabilização política nos regimes presidenciais pode oferecer alternativas menos drásticas e desestabilizadoras para malfeitos menores, sem que se precise alterar o sistema de governo.

CAPÍTULO 1

AS ORIGENS HISTÓRICAS DO IMPEACHMENT NA INGLATERRA: A AURORA DE UM MODELO DE RESPONSABILIZAÇÃO POLÍTICA

Antes que fosse instituto de regimes republicanos, o impeachment foi inicialmente utilizado na monarquia britânica. Tendo surgido na Inglaterra,[8] apenas séculos depois foi incorporado pelo modelo constitucional norte-americano e então adaptado a uma república presidencialista.

Maurizio Oliviero[9] apresenta hipóteses múltiplas sobre as origens do impeachment, mas que se revelam amplamente derivadas do ordenamento jurídico inglês do século XIV.[10] Se não se consegue

---

[8] Como bem destaca Paulo Brossard, "não é fácil dissertar acerca do *impeachment* inglês, precisando-lhe as características, pois elas mudaram ao longo do tempo" (BROSSARD, Paulo. *O impeachment*. São Paulo: Editora Saraiva, 1992. p. 25). O autor renova a afirmação ao dizer também que "é sempre arriscado falar-se no *impeachment* inglês como se ele pudesse ser tomado por processo definido, inteiramente estruturado, quando, da gênese ao ocaso, ele se desdobra do crepúsculo do século XIII, ou XIV, à madrugada do século XIX. Lembra certos tecidos que mudam de cor conforme o ângulo do qual são vistos e segundo a luz que sobre eles incida" (Idem, p. 25). Esse risco, porém, é reconhecidamente assumido pelo presente trabalho, que se propõe a enfrentar a relatada dificuldade, tendo em vista a importância histórica que advém das origens do instituto no sistema inglês. Como forma de minimização desses perigos, entretanto, o texto sempre apontará as devidas fontes que subsidiaram a pesquisa e as afirmações que forem feitas sobre o tema.

[9] OLIVIERO, Maurizio; PAFFARINI, Jacopo. *Impeachment*: a origem e a circulação do modelo. 1. ed. Trad. Leonardo Almeida Lage. Curitiba: Alteridade, 2019. p. 17.

[10] Há historiadores que indicam origens mais remotas para o impeachment, como Alexander Simpson, que apresenta um rol de situações com casos que remontam a 1283 (SIMPSON, Alexander. *A treatise on federal impeachments: with an appendix containing, inter alia, an abstract of the Articles of Impeachment in all the federal impeachments in this country*

individualizar uma origem histórica ou indicar um instituto específico do qual tenha surgido, é possível, com base no estudo retrospectivo dos primeiros casos conhecidos de responsabilização política de agentes públicos por condutas inadequadas e em um procedimento conduzido por um órgão legislativo, identificar em alguns institutos então existentes as características iniciais da formação do processo de impeachment, entre as quais o exercício da petição, o *indictment* e a *conviction by notoriety*.[11,12]

1.1 Os primeiros casos de impeachment

Os primeiros estudos específicos[13] feitos mais recentemente no direito inglês sobre o instituto datam de 1934 e, remontando ao século XIV, vinculam algumas características iniciais do impeachment ao exercício do instituto da petição.[14] Nesse modelo inicial, tratava-se da

---

and in England. *Law Association of Philadelphia*, p. 81 e segs, 1916). Entretanto, tais casos anteriores parecem não apresentar características especializadoras que os aproximem do que posteriormente se construiu como o impeachment, aproximando-se muito mais com o instituto da petição (exposto na sequência do texto), enquanto súplicas direcionadas ao rei, sem qualquer pretensão de desenvolvimento de um procedimento parlamentar de apuração de responsabilidades ou de julgamento.

[11] No trecho, assim como ao longo de todo este trabalho, expressões em idioma estrangeiro são utilizadas quando não encontram tradução precisa para a língua portuguesa ou quando há, no processo de tradução, alguma perda semântica no conteúdo da expressão utilizada, em comparação com sua correspondente traduzida. De toda forma, no caso, pode-se utilizar "indiciamento" (acusação formal de natureza penal) e "condenação por notoriedade" como expressões traduzidas que melhor representam no vernáculo nacional as expressões mencionadas em inglês.

[12] Theodore Pluknett ainda faz menção a outros ritos procedimentais que já eram então admitidos pelo *common law* britânico, como o *bill*, a *querelae* e a *conviction by record* (PLUKNETT, Theodore Frank Thomas. The origin of impeachment. *In*: *Transactions of the Royal Historical Society*, v. XXIV. Londres: Royal Historical Society, 1942. p. 56).

[13] Cf. CLARKE, M. V. The Origin of Impeachment. *In*: *Oxford Essays in Medieval History Presented to Herbert Edward Salter*. Oxford: Clarendon Press, 1934. O estudo de Clarke é reconhecido, inclusive por outros autores relevantes sobre o tema, como pioneiro na investigação das origens históricas do impeachment (PLUKNETT. Op. cit., p. 47).

[14] Maurizio Oliviero faz menção ao ensaio de M. V. Clarke (CLARKE. Op. cit.), afirmando, em referência à obra, que "no decurso de um longo e aprofundado ensaio, chegava a concluir que as origens do instituto do impeachment residiam no 'direito de apresentar petições, à Coroa e ao Parlamento, para a preparação dos abusos *(foir redress of grievances)*'. Em particular, a definição dos caracteres do impeachment, que tinha visto sua primeira aplicação prática em 1376 contra o ministro do rei John Latimer, foi amadurecida por ocasião das petições no ano 1348 contra Wesenham e Chiryton e no ano 1368 contra Sir John Lee" (OLIVIERO; PAFFARINI. Op. cit., p. 18; ver nota de rodapé nº 4). Clarke apresenta, então, a seguinte constatação: "nas duas ocasiões pelo menos os Comuns fizeram uso da petição comum para iniciar os procedimentos criminais (...) Com base nesses dois casos, é bastante concluir que a petição começava a tomar a aparência de um impeachment (CLARKE. Op. cit.,

possibilidade de que pretensões para a "reparação de abusos" fossem direcionadas ao monarca soberano, a fim de que houvesse eventual apuração e algum tipo de responsabilização. Não se tinha, então, modelos fixos ou predeterminados de como se executavam a petição e a apuração, que ficavam contidas à discricionariedade do rei soberano, seja quanto à própria escolha de realizar ou não algum tipo de averiguação, seja em relação ao procedimento ou à forma para sua realização. Cuidava-se, apenas, de um direito genérico de resistência individual[15] a ser exercido contra alguns dos auxiliares do rei ou mesmo uma súplica parlamentar direcionada ao monarca[16] e que, com o tempo, passou a ser também utilizada pelo Parlamento inglês como mecanismo de intervenção em questões que entendia contrárias ao sistema de normas (escritas ou não escritas) então vigente. Esse uso da petição, que passou a se tornar mais frequente na Inglaterra a partir do século XIV,[17] permitiu a evolução das características iniciais do procedimento de impeachment.

---

p. 242, tradução livre de: "(...) *on two occasions at least the Commons had made use of the common petition to the initiate criminal proceedings* (...) *On the basis of those two cases* (...) *it is too much to conclude that the petition is beginning to take on the appearance of an impeachment*"). Note-se que, à época de referência, ainda se falava em um caráter criminal do procedimento de impeachment, na linha do que foi exposto na continuidade do capítulo.

[15] OLIVIERO; PAFFARINI. Op. cit., p. 18. No ponto, como resgate histórico, faz-se menção à Magna Carta de 1215, concedida pelo rei John Lackland, que estabelecia alguns limites iniciais ao poder monárquico. Em especial, rememora-se sua cláusula 40 (*"Nulli vendemus, nulli negabimus aut differemus, rectum aut justiciam"*), a qual introduzia aspectos de devido processo legal e a impossibilidade de se vender, recursar ou atrasar algum direito ou a justiça.

[16] Reportando casos prévios de 1348, Clarke menciona petições em que os Comuns se queixavam ao rei de condutas imputadas aos mercadores John Wesenham e Walter Chiriton como inadequadas, pelo que se suplicava ao monarca que tomasse alguma medida que permitisse sua responsabilização perante o Parlamento, pelos males causados (CLARKE. Op. cit., p. 257). O relato indica que a atuação parlamentar para a referida responsabilização dependia da autorização real, que indicaria se a apuração seria possível e como esta deveria ocorrer. Nesse sentido, em referência a casos de 1348, reporta-se que nenhuma das petições direcionadas ao rei, mesmo quando contaram com alguma autorização real inicial, culminou em qualquer tipo de julgamento ou audiências realizadas no Parlamento para apuração e responsabilização. Este, aliás, é um dos motivos que levam alguns historiadores a questionar a ligação entre o instituto da petição e a origem do impeachment (PLUCKNETT. Op. cit., p. 53).

[17] Jack Caird, em relatório produzido pela Biblioteca da Câmara dos Comuns britânica, apõe que "há dois períodos nos quais o impeachment foi relativamente comum; inicialmente no século XIV até o estabelecimento da dinastia Tudor e em segundo lugar nos séculos XVII e XVIII. Um quarto de todos eles ocorreu entre 1640 e 1642, quando os parlamentares reviveram esse antigo direito" (CAIRD, Jack Simpson. *Impeachment*. Briefing Paper Number CBP7612, House of Commons Library, 6 June 2016, p. 6. Disponível em: https://commonslibrary.parliament.uk/research-briefings/cbp-7612. Acesso em: 13 abr. 2021; tradução livre de: *"There are two distinct periods in which impeachment was relatively common; firstly in the 14th century until the establishment of the Tudor dynasty and secondly in the 17th and 18th centuries.*

Nesse contexto, aponta-se como primeiro caso conhecido de responsabilização política de agentes públicos por condutas inadequadas com base em um procedimento conduzido por um órgão legislativo o impeachment de John Latimer, em 1376.[18] Em um contexto de derrotas militares recentes e de grande insatisfação da cidadania britânica quanto a suspeitas de corrupção da corte de Eduardo III, mas em uma época de regência efetiva conduzida por seu filho João de Gante, houve grande movimentação do Parlamento – que não se reunia desde novembro de 1373, mas o fez em abril de 1376 – para promover reformas no governo, consolidando a crescente ascensão dos poderes parlamentares, em uma série de eventos que consolidou a denominação da formação legislativa de então como *"The Good Parliament"*.

Latimer, que era um alto conselheiro real, foi então convocado perante a Câmara dos Comuns e ali aprisionado, sob acusações que envolviam condutas públicas indevidas e apropriação de recursos públicos,[19] que ainda se vinculavam a imputações de natureza criminal.[20] Submetido a um processo e um julgamento perante o órgão legislativo, Latimer foi considerado culpado e, como sanção, foi removido de suas posições na corte e no conselho real, multado e preso; não obstante, foi posteriormente indultado em outubro de 1376 (após novo fechamento do Congresso em julho daquele mesmo ano),[21] quando o poder real já

A quarter of all of them occurred between 1640 and 1642, when parliamentarians revived the ancient right").

[18] O caso é apontado pelo próprio Parlamento britânico como o primeiro registro de procedimento de impeachment, conforme *briefing paper* produzido pela biblioteca da Câmara dos Comuns (CAIRD. Op. cit., p. 6). Outros casos do século XIV ocorridos proximamente aos de John Latimer são os de Richard Lyons e Adam Bury (PLUCKNETT. Op. cit., p. 70). Não obstante, Paulo Brossard assenta que "variam as conclusões quanto à data em que o processo [de impeachment] surgiu e ao personagem que o inaugurou", afirmando, em todo caso, que o primeiro impeachment "se registrou no século XIV, ou no século XIII" (BROSSARD. Op. cit., p. 26). No ponto, rememora-se a menção feita ao trabalho de Alexander Simpson, que apresenta um rol de situações com casos que remontam a 1283, como origem primeira do impeachment (SIMPSON. Op. cit., p. 81 e segs.).

[19] Entre as acusações que então foram feitas a Latimer estavam desde fatos genéricos, como a opressão à Bretanha, até ocorrências específicas, como a venda do castelo de Saint-Sauveur a inimigos, o impedimento da libertação de Bécherel durante batalhas militares em 1375, a apropriação de recursos do tesouro real mediante o pagamento de empréstimos fictícios e a retenção de multas pagas ao reino.

[20] BARKER, Scott. S. *Impeachment*: a political sword. Nova York: History Publishing Company, 2018. p. 6.

[21] Anos mais tarde, como adiante se verá, quando da incorporação do impeachment pela Convenção da Filadélfia de 1787 para sua adaptação ao sistema constitucional republicano cristalizado na Constituição norte-americana daquele ano, fez-se a inclusão expressa à impossibilidade de que o poder presidencial de concessão de graça e indulto alcance os casos de condenação por impeachment (Seção 2 do Artigo II da Constituição mencionada,

havia recuperado grande parte de sua influência concreta nas dinâmicas do governo.

De todo modo, para além da individualização das ações que eram imputadas nesse caso inicial, essas acusações, sob um aspecto geral, embasavam-se na ideia de um clamor da comunidade em afastar aquele e outros maus conselheiros reais.[22] Essa concepção, portanto, para que fosse efetivamente instaurado algum processo de responsabilização, pressupunha o reconhecimento de que se inseria na função parlamentar algum tipo de fiscalização do comportamento dos agentes do reino e, se constatada alguma prática tida por indevida ou lesiva aos interesses da comunidade, permitia a formulação de uma queixa pelos Comuns.

Assim, para além dos contornos específicos do caso em si, a principal contribuição que daqui se extraiu para a formação do processo de impeachment foi a premissa de que existia um poder titularizado pelo Parlamento britânico de apurar, julgar e, em caso de condenação, responsabilizar agentes estatais por abusos de condutas, o que permitia uma diferenciação significativa para o processo de impeachment. Diferentemente do instituto da petição propriamente dito, em que se reportava ao rei algum abuso e dele passivamente se esperava alguma providência possível que repousava sobre sua mera discricionariedade, passava-se a ter uma ferramenta de julgamento

---

que prevê: "e ele [o Presidente da República] terá poder de indulto e de graça por delitos contra os Estados Unidos, exceto nos casos de impeachment", tradução livre de: "(...) *and he shall have Power to Grant Reprieves and Pardons for Offences against the United States, except in Cases of Impeachment*").

[22] Sobre a influência desse "clamor" da comunidade sobre a formação do processo de impeachment, Maurizio Oliviero reporta que assim se dispensava a necessidade de "recorrer a artifícios normativos ou a gargalos probatórios: o 'clamor' resolvia com autoridade qualquer questão referente à culpa do acusado" (OLIVIERO; PAFFARINI. Op. cit., p. 29). A medida é interessante porque pode ser apropriada em debates atuais, relativamente à influência da opinião pública para o êxito ou fracasso de processos de impeachment, mesmo quando há significativas dúvidas jurídicas quanto à verificação de suas categorias formais, sobretudo à luz do direito probatório ou da tipificação das condutas que podem levar ao impeachment. Nesse sentido, afirma-se que se "introduzia, no delicado mecanismo de evolução do sistema, o elemento do processo político como meio para um novo equilíbrio institucional (Idem, p. 30). A propósito, conferir ainda: PÉREZ-LIÑÁN, Aníbal. *Presidential impeachment and the New Political Instability in Latin America*. Cambridge University Press, 2017. Em síntese, analisando cenários de crises políticas e institucionais em países da América Latina, bem como processos de impeachment ocorridos nessa região, o autor apresenta alguns critérios que parecem determinantes para a forma pela qual se resolvem esses processos de crise e para a definição dos resultados que estes gerarão, entre os quais o papel de cobertura da mídia, o grau de apoio do Presidente no parlamento e a intensidade dos protestos populares em oposição ao Chefe do Executivo.

conduzido pelo próprio Parlamento.[23] Além disso, já desde então "emerge claramente que apresentar e sustentar uma denúncia *in pleno Parliamento* é uma competência exclusiva da Câmara dos Comuns",[24] fase preliminar em que já deveria haver algum elemento probatório mínimo – ou, pelo menos, a preocupação em sua demonstração, mesmo que por meios ainda questionáveis – em suporte às acusações feitas. Em síntese, desde então reconhecia-se na prática inglesa um sistema que passava a atribuir "aos *commons*, o direito de acusar, em parlamento, os maus agentes da Coroa pelo exercício impróprio de suas funções; aos nobres, reunidos em parlamento, o direito de julgarem seus pares nessas situações; e à autoridade acusada, o direito de se defender das imputações que sofria".[25]

Paralelamente, há estudos históricos que indicam que o impeachment derivou de modelos de responsabilização penal e, mais especificamente, da acusação formal de natureza criminal[26] (nesse sentido, faz-se menção aos institutos do *indictment* e da *conviction by notoriety* ou *notorious*).[27]

---

[23] Nesse sentido, Maurizio Oliviero afirma: "Isso representava uma novidade de caráter indubitavelmente substancial em relação ao instituto da petição: não mais a espera passiva de uma eventual providência do rei, mas a reivindicação de um julgamento pronunciado *in pleno Parliamento*" (OLIVIERO; PAFFARINI. Op. cit., p. 19). Clarke também sinaliza que, nesse contexto, "o Parlamento manteve o direito dos Comuns, como um órgão, de apresentar uma acusação", de modo que o impeachment se tornou "uma acusação em que os Comuns, como um todo, assumiram as funções do júri de apresentação" (CLARKE. Op. cit., tradução livre de: "(...) *Parliament had maintained the right of the Commons, as a body, to present an indictment*" and so impeachment became "*a prosecution in which de Commons, as a whole, took over the functions of the jury of presentment*"). Ainda, Theodore Pluknett narra que o desenvolvimento do impeachment em procedimento conduzido pelo órgão parlamentar revelou perplexidades da corte quanto à possibilidade de os Lordes e os Comuns (referência às duas câmaras legislativas britânicas) assim agirem independentemente da vontade do rei (PLUKNETT. Op. cit., p. 49).

[24] OLIVIERO; PAFFARINI. Op. cit., p. 44.

[25] MAFEI, Rafael. *Como remover um presidente*: teoria, história e prática do impeachment no Brasil. Rio de Janeiro: Zahar, 2021. p. 28.

[26] Nesse sentido: PLUKNETT. Op. cit., p. 50. Em seu artigo, o autor apresenta, como argumento central, que o problema da origem do impeachment é de natureza processual criminal, questionando as vinculações que inicialmente se havia feito com o instituto da petição (em cujos exemplos relatados não se chegava à realização de um processo e de um julgamento perante o Parlamento). Nesse sentido, ver nota de rodapé nº 15. Questionando essas compreensões diversas, o autor conclui que, em verdade, as origens do impeachment repousam sobre "a história de certos procedimentos criminais" (Idem, p. 71, tradução livre de: "*the history of certain criminal procedures*").

[27] O instituto da *conviction by notoriety* ("condenação por notoriedade", em tradução livre) caracterizava-se como uma espécie de procedimento penal sumário, em que o reconhecimento da notoriedade das imputações feitas dispensava as formalidades do *indictment*, bem como a produção de provas adicionais durante o processamento da questão, revelando-se suficiente para a condenação imediata do acusado (OLIVIERO; PAFFARINI. Op. cit., p. 21).

Inicialmente, conforme as distinções que Plucknett apresenta relativamente aos casos do século XIV, os registros reais de fatos notórios, muitas vezes reportados por queixas individuais ou de pessoas nominadas, eram suficientes para uma condenação imediata, tal como revela o caso de Roger Mortimer em 1330 (condenado à morte pelo rei Eduardo III, quando este retomou o poder, pela notória conspiração contra seu pai, Eduardo II). A evolução dessa noção se deu em direção à insuficiência desse fato para a condenação direta, mas como aspecto bastante para o início de um julgamento pelas condutas imputadas (e, nesse sentido, pode-se citar o exemplo do *Justice* Richard Willoughby em 1341, no qual se admitiu a notoriedade do acusado pelas imputações do corpo dos Comuns como elemento suficiente para sua submissão a julgamento, independentemente de um *indictment*, compreendido como acusação formal e escrita apresentada por uma vítima específica ou um corpo de júri). Também nesse cenário, é mencionado o caso do arcebispo John Stratford, acusado perante o Parlamento em 1341 pelo reconhecimento da notoriedade de denúncias difamatórias apresentadas. A própria Coroa admitia, então, que a notoriedade das imputações feitas se mostrava suficiente para colocá-lo sob julgamento.[28]

Além disso, nesses casos, a notoriedade advinha de manifestações dos Comuns como passo essencial para que se chegasse à instauração de um processo como um todo perante o Parlamento. Nesse sentido, apresenta-se uma nova fonte de inspiração para as características iniciais do processo de impeachment, que, no início de sua história, apresentava semelhanças com procedimentos de natureza penal, mediante atividades de aparência jurisdicional exercidas perante os órgãos do parlamento, aspecto que não era novo, mas, em verdade, decorria de tradições históricas antigas.[29] Sucessiva e gradualmente,

---

[28] PLUKNETT. Op. cit., p. 66.
[29] O exercício de funções jurisdicionais penais pelo Parlamento não era novidade da formação do impeachment. Wisley Brown identifica as origens dessa jurisdição criminal parlamentar nos poderes gerais judiciais e de administração de justiça conferidas à Cúria Régia, estabelecida pelo rei William, o Conquistador, ainda no século XI. Mesmo depois da formação de órgãos jurisdicionais propriamente ditos e da separação do Parlamento em duas Câmaras, o autor indica que subsistiam para a Câmara dos Lordes competências para revisar algumas decisões proferidas por Cortes, além do posterior desenvolvimento da competência exclusiva para julgamento do impeachment apresentado pelos Comuns (BROWN, Wisley. The Impeachment of the Federal Judiciary. *Harvard Law Review*, v. 26, n. 8, p. 685, 1913). Outro elemento importante é a noção de que todas as pessoas fossem julgadas por seus pares (cristalizada no adágio latino "*unusquisque per pares suos iudicandus est, et eiustem proviciae*"). A conclusão era também objeto de estudos por importantes teóricos da filosofia da época, a exemplo de Montesquieu, que, ao tratar da Constituição da Inglaterra (item VI do Livro XI da Primeira Parte de seu *Espírito das Leis*), afirmava que "é preciso que

a iniciativa desses procedimentos de responsabilização contra altos integrantes da corte, que antes era reservada à discricionariedade do monarca soberano, passou a ser admitida em sede parlamentar, em que os Comuns apresentavam as imputações e deflagravam o início do procedimento, que poderia culminar em um julgamento realizado perante a Câmara dos Lordes.[30]

A conjugação desses diversos fatores – sejam os derivados do exercício de petição, sejam estes últimos originários dos procedimentos de natureza penal então existentes – permitiu a mescla de características na formação de uma nova esfera de responsabilização, que gradualmente foi se construindo. De um lado, assim como nas petições inicialmente direcionadas ao monarca, tinha-se a formulação de uma imputação realizada pelos Comuns em decorrência de atos lesivos à comunidade; de outro, a afirmação gradual do julgamento dessas acusações pelos Lordes (a Câmara alta do Parlamento inglês) parece derivar dos procedimentos de caráter criminal, natureza que influenciou as origens do processo de impeachment.

Em todo caso, a combinação desses elementos e a criação de uma nova forma de responsabilização distinguia-se, sobretudo, pela assunção pelo Parlamento da competência para sua promoção e realização.[31] Desde

---

os nobres sejam levados não aos tribunais ordinários da nação, e sim a esta parte do corpo legislativo que é composta por nobres" (MONTESQUIEU, Charles de Secondat. *O espírito das leis*. Trad. Cristina Murachco. São Paulo: Martins Fontes, 1996. p. 174-175). William Blackstone também concluía pela necessidade de que os nobres fossem julgados por seus pares, apontando como fundamento para tanto o temor de que estes pudessem ser objeto de invejas populares ou pré-compreensões de outros julgadores (BLACKSTONE, William. Commentaries on the Laws of England. *The Oxford Edition of Blackstone*, Oxford University Press, 2016. p. 258. Book 1). Esses dois aspectos indicam que para os Lordes "constituía uma tradição antiga, reconhecida e aplicada no direito comum, que cada um deles tinha de ser julgado por seus próprios pares e que a Câmara alta, sendo parte da *Curia Regis*, da qual derivavam direta ou indiretamente todas as jurisdições do Reino, deveria ser compreendida como Corte Suprema" (OLIVIERO; PAFFARINI. Op. cit., p. 25).

[30] Sobre o ponto, Maurizio Oliviero afirma que "(...) as formas processuais do *indictment* teriam, ao longo do tempo, condicionado os padrões típicos dos vários procedimentos parlamentares, transferindo o poder de iniciativa do processo penal, anteriormente reservado ao Soberano, para os Comuns e atribuindo progressivamente também a fase do julgamento ao Parlamento, especialmente à *House of Lords*. Nessa perspectiva, chegava-se à conclusão de que o instituto do *impeachment* só se desenvolveria após a afirmação das formas jurídicas – típicas do *indictment* – nos procedimentos jurisdicionais perante o Parlamento" (OLIVIERO; PAFFARINI. Op. cit., p. 20-21).

[31] A partir desses elementos, Maurizio Oliviero apresenta um conceito inicial de *impeachment* nessa perspectiva histórica britânica como "procedimento acusatório no qual a Câmara baixa, dirigindo uma petição ao 'Rei em Parlamento', pedia que fossem julgadas e destituídas pessoas culpadas de *treason* (do latim *tradere*), *felony* (do latim *falere*) ou outros *high crimes and misdemeanours*: uma espécie de processo penal *especial* e *excepcional* visando à persecução dos crimes de traição, de corrupção ou genericamente de atos de má conduta cometidos

então, apesar dessas influências e características comuns, já era possível distinguir elementos que permitiam afirmar a excepcionalidade e a especialidade dessa nova esfera de responsabilidade, pela constatação de traços definidores que até hoje se mantêm: o julgamento perante um órgão legislativo, a divisão das funções de processamento entre os órgãos parlamentares (acusação pela Câmara baixa e julgamento pela Câmara alta), a natureza das infrações apuradas e das pessoas responsabilizadas nessa esfera própria (imputações de condutas lesivas à coletividade praticadas por pessoas ocupantes de algum cargo ou função elevados ou relevantes socialmente) e de cuja condenação poderia derivar uma sanção de destituição ou afastamento (quando se tratasse de algum agente público, ainda que não fosse a única pena possível).

Ainda no século XIV, outro caso significativo foi o impeachment de Michael de la Pole, conde de Suffolk, que havia sido chanceler e um dos principais auxiliares do rei Eduardo II. O contexto de sua ocorrência remonta à convocação do Parlamento em 1385, que inicialmente se reuniu para discutir e lidar com aspectos derivados de derrotas e ameaças militares por parte da França,[32] mas que acabou tratando de aspectos gerais da política externa de Ricardo II, sobretudo após o pedido real de arrecadação de grande quantia para financiar novos atos de guerra. Nesse cenário, com base em denúncias de falhas na implementação de reformas fiscal e administrativa conforme as indicações do Parlamento, uso de recursos públicos para finalidades diversas das previstas, concessões impróprias de indultos, perdas militares e financeiras da Coroa,[33] os Comuns apresentaram ao rei, já durante a reunião do *Wonderful Parliament* (que se assembleou entre outubro e novembro de 1386), demandas para a destituição de dois de seus principais conselheiros: John Fordham, que atuava como seu tesoureiro, e Michael de la Pole, que atuava como seu chanceler.

Não obstante, essas reivindicações foram desde logo recusadas pelo rei, que as considerava intromissões indevidas nos assuntos da Coroa, reafirmando a ideia de que não caberia ao Parlamento imiscuir-se

---

por quem, por prestígio ou influência social, se encontrasse investido em um cargo tão elevado que poderia escapar dos rigores da justiça comum" (Idem, p. 23).

[32] Rememora-se que o período corresponde ao que depois se passou a chamar de "Guerra dos 100 anos", uma série de conflitos militares ocorridos entre 1337 e 1453, estabelecida essencialmente entre os reinos da Inglaterra e da França.

[33] ROSKELL, John Smith. *The Impeachment of Michael de la Pole, Earl of Suffolk, in 1386 in the context of de Reign of Richard II*. Manchester (Eng.) and Dover (N.H): Manchester University Press, 1984. Resenha de: JONES, Richard. H. *Albion Journal*, v. 16, n. 4, p. 412-414, Winter 1984.

na investigação ou responsabilização dos agentes reais. Narra-se, inclusive, que, em sua resposta, o rei se recusou a ir ao Parlamento ou encontrar seus representantes para discutir a questão, afirmando que "a seu pedido não teria destituído sequer o pior dos ajudantes de sua cozinha".[34]

Em uma série de acontecimentos, o Parlamento reagiu, ao que o rei foi politicamente forçado a comparecer perante o Legislativo, onde acabou concordando com a destituição de De la Pole em 23 de outubro de 1386,[35] respeitando a vontade parlamentar de apresentar denúncias contra o agora ex-chanceler. Essa destituição forçada, porém, não impediu sua posterior condenação em processo de impeachment, que resultou no afastamento definitivo de suas funções oficiais.

Foram apresentados, na ocasião, sete *articles of impeachment* – formulações que consubstanciam, como quesitos de acusação, o conjunto das imputações realizadas –contra De la Pole, evolvendo acusações de abandono de suas funções (imputações das quais foi absolvido) e peculato (conjunto de imputações pelas quais foi condenado, em razão de um reconhecimento da gravidade das lesões causadas ao reino[36]).[37] Apesar de se relatar a substancialidade das acusações, que estariam bem comprovadas faticamente,[38] tratou-se de uma aprovação de impeachment de um agente real de alto posto, cuja explicação verdadeira pode ser

---

[34] O texto consta da resenha que George B. Stow faz da obra de Roskell (*Manuscripta Journal*, v. 29, issue 2, p. 125, 1985), tradução livre extraída do seguinte excerto: "*Refusing to meet the parliament, Richard instead responded that he would not at parliament's request dismiss even the meanest scullion from his kitchen*"). A passagem também é narrada por Maurizio Oliviero (OLIVIERO; PAFFARINI. Op. cit., p. 31).

[35] ROSKELL, John Smith. *The Impeachment of Michael de la Pole, Earl of Suffolk, in 1386 in the context of de Reign of Richard II*. Manchester (Eng.) and Dover (N.H): Manchester University Press, 1984. Resenha de: STOW, George B. In: *Manuscripta Journal*, v. 29, issue 2, p. 12, 1985.

[36] OLIVIERO; PAFFARINI. Op. cit., p. 32.

[37] ROSKELL, John Smith. *The Impeachment of Michael de la Pole, Earl of Suffolk, in 1386 in the context of de Reign of Richard II*. Manchester (Eng.) and Dover (N.H): Manchester University Press, 1984. Resenha de: GILLESPIE, James L. In: *Speculum*, v. 60, n. 3 p. 719, Jul. 1985. Segundo James L. Gillespie, o texto de Roskell sugere, ainda, que na ocasião as imputações foram realizadas pelos Comuns e submetidas a julgamento dos Lordes, como corpo legislativo. Não obstante, há questionamentos quanto à ausência de registros históricos sólidos que indiquem efetivamente quem realizou o julgamento de De la Pole (PLUCKNETT. Op. cit.).

[38] Richard Jones indica, em referência à obra de Roskell, que ali se aponta que as acusações dirigidas contra De la Pole eram substanciais e factualmente precisas, não se revelando frívolas ou triviais (ROSKELL, John Smith. *The Impeachment of Michael de la Pole, Earl of Suffolk, in 1386 in the context of de Reign of Richard II*. Manchester (Eng.) and Dover (N.H): Manchester University Press, 1984. Resenha de: JONES, Richard. H. In: *Albion Journal*, v. 16, n. 4, p. 413, Winter 1984. De modo diverso, porém, Maurizio Oliviero fala na superficialidade da apuração procedimental, baseada em uma denúncia concisa e sem possibilidades de defesa técnica por parte do acusado (OLIVIERO; PAFFARINI. Op. cit., p. 32).

encontrada não apenas mediante as graves acusações que lhe eram imputadas, mas, sobretudo, pelo desenrolar dos fatos na esfera política.[39] Essa nova série de eventos constituiu, assim, um significativo incremento e ratificação dos poderes parlamentares de fiscalização das atribuições do rei e de confirmação da possibilidade, pelo processo de impeachment, de apurar irregularidades imputadas a seus auxiliares ou conselheiros, a partir de cuja condenação era possível sua destituição das funções oficiais exercidas.[40] Começava-se a se confirmar, sob esse viés, os contornos avançados de uma jurisdição eminentemente política, que anunciava sua consolidação de forma independente a outras esferas de responsabilização que então já eram conhecidas, com base em características próprias que lhe atribuíam especialidade.[41]

Após a ocorrência dessa série de episódios que remontam ao século XIV, registra-se um período de quase dois séculos sem a ocorrência de novos casos de impeachment. Apontam-se como principais razões históricas para tanto a Guerra das Duas Rosas (1455-1485) e a subsequente ascensão da Dinastia Tudor ao trono com Henrique VII, eventos que marcaram a inauguração de um período de maior estabilidade política nas relações com o Parlamento e maiores centralidade e supremacia dos poderes da Coroa.[42]

Assim, sob essa perspectiva, a ausência de casos de impeachment era sinal indicativo do restabelecimento desses grandes poderes reais,[43]

---

[39] ROSKELL, John Smith. *The Impeachment of Michael de la Pole, Earl of Suffolk, in 1386 in the context of de Reign of Richard II*. Manchester (Eng.) and Dover (N.H): Manchester University Press, 1984. Resenha de: JONES, Richard. H. *In: Albion Journal*, v. 16, n. 4, p. 414 (Winter 1984).

[40] John Palmer aponta que os eventos que aconteceram nos anos de 1385 e 1386 (durante o reinado de Ricardo II), entre os quais o impeachment de De la Pole, constituíram o ataque mais significativo aos poderes reais desde as Ordenanças de 1311 (uma série de limitações apostas ao rei Eduardo II pela nobreza e pelo clero inglês), sendo comparável, segundo o autor, aos diversos desafios experimentados por Henrique IV pelas demandas realizadas pelos parlamentos que se reuniram durante seu reinado (PALMER, John Joseph Norman. The Parliament of 1385 and the Constitutional Crisis of 1386. *In: Speculum*, v. 46, n. 3, p. 482, Jul. 1971). Em sentido próximo, George Stow, na resenha à obra, fala ainda na "Revolução de 1386", que representou uma pílula bastante amarga ao rei Ricardo II. ROSKELL, John Smith. *The Impeachment of Michael de la Pole, Earl of Suffolk, in 1386 in the context of de Reign of Richard II*. Manchester (Eng.) and Dover (N.H): Manchester University Press, 1984. Resenha de: STOW, George B. *In: Manuscripta Journal*, v. 29, issue 2, p. 125, 1985.

[41] OLIVIERO; PAFFARINI. Op. cit., p. 32.

[42] OLIVIERO; PAFFARINI. Op. cit., p. 32-33.

[43] Maurizio Oliviero afirma que "o sinal claro da supremacia nítida da Coroa, conquanto manifestada em formas não rigorosamente absolutistas, foi a ausência de casos de *impeachment*, substituído pelo instituto mais apresado do *bill of attainder*" (OLIVIERO; PAFFARINI. Op. cit., p. 33). Ainda, destaca-se que "a ausência de casos de impeachment, durante boa parte do século XV e ao longo do século XVI, foi, do ponto de vista político, o sinal de um domínio

tendo em vista que, desde o *Good Parliament* de 1376, a utilização dessa ferramenta representava, em geral, iniciativas construídas por grupos políticos de oposição ao rei, em atos de engenharia institucional que lhes permitiam alcançar agentes próximos ao monarca ou algum de seus ministros por eventuais atos indevidos praticados. Entretanto, também já desde o fim do século XIV,[44] ainda durante o reinado de Ricardo II, desenvolveu-se o despertar real para a utilização de meios legislativos de responsabilização política também pelo próprio monarca, como forma de lidar com seus inimigos políticos, em um procedimento que permitisse ao rei utilizá-lo e sobre ele ter algum controle.[45] É nesse contexto que, como demonstração de uma maior soberania real, desenvolveu-se um período de ausência de casos de impeachment e a proliferação de casos de *bills of attainder* (ou *acts of attainder*), pelos quais se permitia a aplicação de sanções graves (como a perda de bens, de títulos e mesmo da vida) sem a necessidade de realização de qualquer julgamento ou de um procedimento que culminasse em uma condenação judicial ou por um júri, mas pelo próprio Parlamento. Tratava-se, em verdade, de uma "condenação legislativa à morte sem um julgamento".[46]

O *attainder* já era um instituto típico do direito criminal inglês medieval, pelo qual se apunha a alguém condenado por um crime de lesividade mais grave (especialmente traição) uma metafórica

---

estável da dinastia Tudor sobre o Parlamento e uma aristocracia enfraquecida pela Guerra dos Trinta Anos e a subsequente guerra interna das Duas Rosas" (Idem, p. 34; ver nota de rodapé nº 39).

[44] Em outro de seus textos, Theodore Plucknett cita, a propósito, o caso Haxey, de 1397, referente a um assessor da Câmara dos Comuns que propôs àquele órgão documento em que enumerava uma série de questões políticas, entre as quais sugeria que havia muitos clérigos e senhoras que viviam na corte às expensas do reino (PLUCKNETT, Theodore Frank Thomas. Presidential Address: Impeachment and Attainder. In: *Transactions of the Royal Historical Society*. Londres: Royal Historical Society, 1953. p. 148. v. 3. O fato despertou no rei uma severa reação política, que acabou culminando em uma condenação por traição, desprovendo-o de seus títulos e bens. O próprio autor destaca não haver registros históricos sólidos quanto aos trâmites procedimentais desse episódio, mas sua ocorrência indica a manifestação real de utilização de procedimentos legislativos de responsabilização também para punir seus opositores e inimigos.

[45] Nesse sentido, Plucknett aponta a existência de um aparente paradoxo: "Impeachments e apelações eram essencialmente armas de oposição para uso contra ministros e favoritos [do rei], e então havia inevitavelmente uma tendência lógica de removê-los o mais longe possível do controle real; a esses procedimentos, no entanto, Ricardo teve que recorrer a fim de esmagar seus inimigos" (PLUCKNETT, Idem, p. 154, tradução livre de: "*Impeachments and appeals were essentially opposition weapons for use against ministers and favourites, and so there was inevitably a logical tendency to remove them as far as possible from royal control; to those procedures, nevertheless, Richard had to turn in order to crush his enemies*").

[46] BERGER. Op. cit., p. 2, tradução livre de: "(...) *a legislative condemnation to death without a trial*". O autor ainda destaca que o *bill of attainder* representava um empréstimo legislativo de ares de legalidade a um desejo sangrento por parte do rei (Idem, p. 28).

mancha como resultado de sua condenação, da qual resultava a perda de propriedade, dos títulos hereditários (e, portanto, o direito de transmiti-los a seus herdeiros) e, por vezes, da própria vida. Entretanto, pela adoção dos *bills of attainder* ou *acts of attainder*, passava-se a permitir que tais punições fossem aplicadas em decorrência de uma condenação parlamentar expressa em ato legislativo retroativo, em procedimento que se assemelhava àquele utilizado para a aprovação de leis e outros atos legislativos em geral. Ainda que se conjugasse parcialmente a ideia de responsabilização política anteriormente construída nos casos de impeachment, enquanto neste se exigia "um debate público e um procedimento mais complexo, aquele do *attainder* representou para a Coroa a solução mais rápida, além de mais discreta".[47] Considerando seu escopo aberto e a grave lesividade de suas consequências, o instituto foi adotado como meio de punição e eliminação de opositores políticos que ameaçavam a estabilidade do rei ou seu poder.[48]

Tratava-se, assim, de um ato legislativo condenatório, expressão de pura vontade política,[49] que representava a cristalização de um gradual processo de construção de procedimentos desenhados para punir os inimigos do rei, que dominava todas as engrenagens do Estado e assim realizava uma demonstração de poder, mas, ao mesmo tempo, encontrava problemas em ter à disposição um procedimento direto que permitisse o julgamento de seus inimigos, sem a necessidade de "recorrer ao faz de conta de apelantes belicosos ou queixosos comuns".[50] Não por acaso, reporta-se que o *attainder* foi uma das características marcantes da política da Dinastia Tudor, não apenas para fazer ruir parte da antiga nobreza inglesa após a Guerra das Duas Rosas, mas também para eliminar os inimigos políticos, desqualificando-os juntamente com suas famílias.[51] Em especial, narra-se que esta era a arma favorita

---

[47] OLIVIERO; PAFFARINI. Op. cit., p. 34.
[48] Como afirma Oliviero sobre o *bill of attainder*: "(...) o procedimento mencionado afirmou-se indiscutivelmente por vontade e iniciativa da Coroa que, exatamente em razão de uma capacidade forte de condicionamento e de controle sobre o Parlamento, conseguia instrumentalizar os poderes das Câmaras para a finalidade concreta de atingir inimigos pessoais do Rei e de sua família" (OLIVIERO; PAFFARINI. Op. cit., p. 34). Nesse sentido, a tradução mais próxima da expressão se relaciona com a ideia de "conquista", a indicar que a aplicação do instituto representava uma grande interferência sobre a vida do condenado e de sua família.
[49] MAFEI. Op. cit., p. 34.
[50] PLUCKNETT, Idem, p. 157, tradução livre de: "(...) *resorting to the make-believe of belicose appellants or querulous commons*".
[51] POLLARD, Albert Frederick Pollard. *Henry VIII*. Free digital edition (first published in 1902), p. 35. Disponível em: www.obooko.com/free-history-and-world-events-books/king-henry-eighth-viii-england. Acesso em: 23 abr. 2021.

de Henrique VIII,[52] ainda que não a tenha utilizado nos primeiros 15 anos de seu reino.[53]

O *attainder* legislativo se desenvolveu gradualmente ao longo do século XV, inicialmente para condenar pessoas envolvidas na Guerra das Duas Rosas e em outras acusações criminais, mesmo quando, em algumas situações, já haviam sido judicialmente condenadas por traição, até mesmo pela possibilidade de representar meio para o confisco de bens e retirada de títulos de nobreza do condenado. Stanford Lehmberg aponta algumas características destacadas desse instituto durante seu desenvolvimento no século XV:[54] a não limitação inicial a casos de alta traição, podendo ser também utilizado em situações de ofensas penais menores; a ausência de condenação inicial à pena de morte ou de sua imediata execução (havia, inclusive, a possibilidade de que o *attainder* fosse revertido em outra formação parlamentar); e a inexistência de regularidade procedimental para sua ocorrência, que se revelava despadronizada.

Com a ascensão de Henrique VIII ao trono, já no século XVI, o *attainder* parlamentar se aperfeiçoou como instrumento para ofensas mais graves, relacionadas a ameaças à própria segurança do rei e do reino. Ao longo do tempo, porém, essa característica inicial foi distorcida, havendo registro de sua utilização até por atos de heresia, por exemplo, ou outras ofensas de natureza religiosa.[55] Em verdade, seu alcance indefinido permitia que, conforme o momento político, o rei e seus agentes se valessem do instituto para responsabilizar seus opositores pelos mais diversos atos, imputando-lhes sanções graves e capitais, sem a necessidade de *indictment* ou de formalização de algum tipo de processo de natureza judicial,[56] e, inclusive, podia se dar

---

[52] POLLARD. Op. cit., p. 327. Rafael Mafei também aponta que a edição de *bills of attainder* permitiu que Henrique VIII tirasse "a vida de mais de trezentas pessoas entre os anos de 1534 e 1540" (MAFEI. Op. cit., p. 34).

[53] LEHMBERG, Stanford E. Parliamentary Attainder in the Reign of Henry VIII. *In*: *The Historical Journal*, v. 18, n. 4, Dec. 1975, Cambridge University Press, p. 677. STACY, William R. Richard Roose and the use of Parliamentary Attainder in the Reign of Henry VIII. *The Historical Journal*, Cambridge University Press, v. 29, n. 1, Mar. 1986, p. 2.

[54] LEHMBERG. Op. cit., p. 677.

[55] LEHMBERG. Op. cit., p. 690.

[56] Cita-se, com frequência, o caso de Elizabeth Barton, a "freira de Kent", que, após uma série de eventos, foi enforcada junto com seus defensores em 1534 após condenação, pelo *Reformation Parliament* (1529-1536), mediante um *act of attainder* decorrente de uma profecia que a acusada havia feito relativamente a sinais de descontentamento divino com Henrique VIII e de sua ruína caso prosseguisse com seu divórcio de Catarina de Aragão para se casar com Ana Bolena. A freira e seus apoiadores foram condenados à pena capital sem qualquer indiciamento ou processo judicial, havendo relatos de que os casos de *bills of attainder* se

coletivamente, de modo a alcançar diversas pessoas por um mesmo ato legislativo, sem qualquer preocupação com elementos probatórios ou de individualização de condutas.

Nesse sentido, William Stacy afirma que, durante a década de 1530, o *attainder* assumiu novo formato e nova função, servindo à condenação e à execução de infratores "tão somente pela autoridade do parlamento, sem qualquer procedimento judicial prévio e apesar da ausência de obstáculos que poderiam ter tornado um julgamento impossível",[57] asseguradas a participação e a influência ativas do rei. O autor destaca ainda duas características marcantes do instituto, que elucidam os objetivos e as funções para os quais foi intensificado: aqueles que eram acusados pelo procedimento legislativo do *attainder* sem a existência de um prévio processo judicial eram impedidos de serem ouvidos perante um juiz ou de responderem perante essa autoridade às acusações que lhe eram imputadas; e os casos de *attainder* eram provocados pelo rei e aprovados pelo Parlamento como burla às regras do direito comum para evitar a utilização dos sistemas legais de responsabilização, tendo em vista que, por vezes, os atos imputados não constituíam ofensas legais ou sua demonstração probatória não indicava a possibilidade segura de condenação pelos mecanismos judiciais de processamento.[58]

Stanford Lehmberg reporta que, no total, vinte *acts of attainder* foram aprovados pelo Parlamento durante o reinado de Henrique VII, alcançando 130 pessoas: 96 por traição; 26 por *misprision* (ato que pode ser compreendido como a ocultação ou ausência de denúncia de um ato conhecido de traição); cinco por *felony* (infrações penais de maior potencial ofensivo, que geralmente envolvem violência) e três por heresia. Ainda segundo o autor, a princípio, os números por si só não revelam impacto inicial significativo em comparação com os reinados de monarcas anteriores, como Henrique VII, Ricardo II ou Eduardo IV, tendo em vista a maior duração da regência de Henrique VIII (1509-1547), o que representaria uma média menor de *attainders* por ano. Entretanto, a impressão se reverte quando alguns elementos

---

intensificaram após o rompimento do rei com a Igreja Católica Apostólica Romana em 1534 (LEHMBERG. Op. cit., p. 681).
[57] STACY, William R. Op. cit., p. 1. Tradução livre de: "(...) *solely by the authority of parliament, without any prior judicial proceedings and despite an absence of obstacles which might have made a trial impossible*".
[58] STACY. Op. cit., p. 14-15.

contextuais passam a ser considerados, como a desnecessidade de tal rei lidar diretamente com a Guerra das Duas Rosas, que representava o fundamento da maioria dos casos anteriores de *attainders*. Além disso, os casos ocorridos durante o reinado de Henrique VII concentraram-se especialmente nos anos de 1532 a 1540 (marcados pela forte influência de seu poderoso conselheiro Thomas Cromwell, que, ao final, seria vítima do remédio que ele próprio incentivara), destacando ainda que nenhum caso ocorreu antes de 1523 e apenas um após 1542.[59] Após a morte de Henrique VIII, o uso parlamentar do *attainder* decaiu significativamente,[60] registrando-se a aprovação de apenas um sob o reinado de Eduardo VI (1547-1553), dois sob o de Maria I (1553-1558) e outros dois sob a regência de Elizabeth I (1558-1603), não tendo sido utilizado desde o início do século XVIII.[61]

Já no século XVII, com a ascensão da Dinastia Stuart[62] ao trono com James I (que já era rei da Escócia como Jaime VI) após Elizabeth I morrer, em 1603, sem deixar filhos, o instituto do impeachment foi retomado pelo Parlamento e teve novo florescimento ao longo dos séculos XVII e XVIII,[63] tendo um quarto de todos os casos então registrados ocorrido entre 1640 e 1642.[64] No contexto de proximidade da Revolução Inglesa, assistiu-se ao período conhecido como "banquete do impeachment",[65] que "consolidou um modelo institucional no qual

---

[59] LEHMBERG. Op. cit., p. 701.
[60] LEHMBERG. Op. cit., p. 702.
[61] Como destaca Caird, o primeiro uso do *attainder* remonta a 1321 e o último, a 1798, este contra o Lorde Edward FitzGerald, por liderar a Revolução Irlandesa daquele ano. Além disso, o instituto também foi usado nas colônias britânicas, gerando insatisfação dos norte-americanos com sua aplicação (CAIRD. Op. cit., p. 6). Destaca-se, a propósito, que os *bills of attainder* foram objeto de expressa vedação pela Constituição dos Estados Unidos (artigo 1, seções 9 e 10; artigo 3, seção 3).
[62] BARKER. Op. cit., p. 6.
[63] Paulo Brossard também registra o hiato de quase dois séculos pelo qual o impeachment inglês passou, assentando haver alguma divergência sobre se esse período se deu entre 1449 e 1620 ou 1459 a 1621 (BROSSARD. Op. cit., p. 25). Após esse período, porém, o autor afirma que "o *impeachment* ressurgiu com pujança" (Idem, p. 27).
[64] CAIRD. Op. cit., p. 6. Maurizio Oliviero também destaca que "entre a segunda década dos anos 1600 e o início dos anos 1700, verificaram-se cerca de cinquenta casos de *impeachment*" (OLIVIERO; PAFFARINI. Op. cit., p. 34).
[65] A expressão é trazida por Maurizio Oliviero, em referência à expressão *"bellyful of impeachments"*, cuja utilização é atribuída a James I em 1621, no contexto do processo de impeachment de Lionel Cranfield, Primeiro Conde de Middlesex (OLIVIERO; PAFFARINI. Op. cit., p. 34).

os Comuns adquiriram, progressivamente, poderes cada vez maiores em relação à Coroa".[66]

Essa tendência pode ser exemplificada pelo caso de impeachment de Lionel Cranfield, condenado perante a Câmara dos Comuns em 1624, quando era Conde de Middlesex e lorde tesoureiro do reino. Imbuído da tarefa de organizar as finanças reais, incrementando suas receitas e diminuindo suas despesas, Cranfield estabeleceu a tentativa de promoção de algumas reformas administrativas e financeiras. Entretanto, as insatisfações geradas por essas políticas e a indisposição com outros agentes influentes do reino – como George Villiers, Conde de Buckingham e o Príncipe Carlos (que se tornaria rei em 1625) – culminaram na formalização de denúncias de diversos atos de corrupção, prevaricação e negligência no cargo, apresentadas pela Câmara dos Comuns perante os Lordes,[67] para sua submissão ao julgamento de impeachment.

Entretanto, a formalização dessas acusações e do processo de impeachment refletia um cenário de insatisfação política com Cranfield e de alegações de fracasso de suas atuações para a promoção das políticas que defendia. Esses fatores incentivavam a deflagração de identificação, em suas condutas públicas, de atos indevidos que se orientassem pela busca de ganhos pessoais, de modo a legitimar um procedimento de impeachment e o afastamento do lorde tesoureiro.[68]

---

[66] OLIVIERO; PAFFARINI. Op. cit., p. 34.

[67] JOHNSON, Francis Bacon and Lionel Cranfield. *Huntington Library Quarterly*, University of Pennsylvania Press, v. 23, n. 4, p. 319, Aug. 1960. Michael Young ainda menciona que as acusações reportavam condutas caracterizadas como *ungentlemanlike*, expressão que pode ser compreendida como "não cavalheirescas" (YOUNG, Michael B. Illusions of Grandeur and Reform at the Jacobean Court: Cranfield and the Ordnance. *The Historical Journal*, Cambridge University Press, v. 22, n. 1, Mar. 1979, p. 70).

[68] Sobre o cenário de fundo que incentivava a iniciativa de impeachment, Michael Young afirma que a implementação de reformas "criou a Cranfield alguns inimigos, mas também fazia com que ele explorasse os outros para satisfazer à sua própria ambição e, por isso, relutava em compartilhar os frutos do sucesso. Esses fatores voltaram para assombrá-lo em 1624 e ajudam a explicar como tanto seus inimigos quanto os proponentes honestos podiam cooperar de boa vontade para sua ruína" (YOUNG. Op. cit., p. 71, tradução livre de: "*reform had made Cranfield enemies, but also had his exploitation of others to satisfy his own ambition, and so had his reluctance to share the fruits of success. These came back to haunt him in 1624 and help to explain how both the enemies and honest proponents could co-operate so willingly in his ruin*"). Em sentido semelhante, Robert Johnson assevera que essa política "(...) não aumentou a popularidade de Cranfield; pelo contrário, ele antagonizou um grande número de pessoas dentro e fora da corte real. Além disso, ele cometeu o erro fatal de ofender [o conde de] Buckingham e o príncipe Charles, retendo pagamentos a eles e se opondo ao plano deles de dissolução dos tratados de casamento espanhóis. Os inimigos de Cranfield se vingaram no parlamento, que se reuniu em 1624" (JOHNSON. Op. cit., p. 319, tradução livre de: "*The policy did not increase Cranfield's popularity; on the contrary, he antagonized a*

Ao final, em maio de 1624, a Câmara dos Lordes condenou Cranfield pela maioria das acusações que lhe foram feitas, aplicando-lhe as sanções de afastamento e perda de todos os seus cargos, multa elevada[69] e prisão, que duraria enquanto assim entendesse o rei. Cranfield acabou sendo colocado em liberdade alguns dias depois, tendo sido perdoado pelo rei no ano seguinte.

A menção a esse caso permite perceber a retomada da utilização do processo de impeachment, que havia se mostrado desnecessário nos dois séculos anteriores, e, sobretudo, a consolidação de um modelo de responsabilização legislativa formal e mais bem estruturado, mediante a acusação dirigida pela Câmara dos Comuns à Câmara dos Lordes (manifestando-se as Casas legislativas pela maioria simples de seus membros, sem que ainda se exigisse qualquer quórum especial para essas votações), para que ali se realizasse o julgamento do acusado por lesão aos interesses da comunidade. Se ainda não se tinha uma delimitação mais específica dos atos que justificariam sua utilização ou a definição de atos procedimentais sequenciais e previamente dispostos, já se notava um procedimento mais estruturado, com a possibilidade de produção de provas e do exercício de defesa[70] (elementos não identificados no modelo do *bill of attainder*, por exemplo).

Além disso, com destacada importância, fortalecia-se a ideia de que, nesse processo legislativo de acusação e julgamento, os membros dos órgãos parlamentares agiam como representantes do povo,[71] no

---

great number of persons both within and without the royal court. In addition, he made the fatal error offending both Buckingham and Prince Charles by withholding payment of money to them and opposing their plan of dissolving the Spanish marriage treaties. Cranfield's enemies took their revenge in the parliament that met in 1624").

[69] John Phillips Kenyon, nos documentos históricos que apresenta, indica que a multa foi aplicada no valor de £50.000 (KENYON. Op. cit., p. 95).

[70] Os relatos do julgamento do impeachment de Cranfield, por exemplo, indicam a ocorrência do depoimento de testemunhas (YOUNG. Op. cit., p. 68-69) e da possibilidade de exercício de defesa perante o órgão julgador (Idem, p. 71). Conclusões similares também são extraídas do relato de Robert Johnson, que afirma que Cranfield exerceu vigorosa defesa durante seu julgamento, que inclusive representou o prolongamento do procedimento, ainda que não tenha representado modificações substanciais ao veredito que ao final lhe foi imposto (JOHNSON. Op. cit., p. 319-320).

[71] Nesse sentido, no contexto da acusação contra Lionel Cranfield realizada pela Câmara dos Comuns em 1642, destaca-se documento trazido por John Phillips Kenyon, do qual se extrai o seguinte excerto, em referência aos membros daquele órgão legislativo: "Eles são o corpo representativo do reino, pois todo o povo está presente no parlamento por seus representantes; e, portanto, pela sabedoria do Estado e pelas ordens do parlamento, os Comuns devem ser considerados os inquisidores-gerais das queixas do reino (...)" (KENYON, John Phillips. *The Stuart Constitution, 1603-1688*: documents and commentary. 2nd Ed. [S.l.]: Cambridge University Press, 1986. p. 94; tradução livre de: *"They are the representative body of the realm, for all the people are present in parliament by person representative; and therefore, by the wisdom*

sentido de fiscalizar a conduta pública dos agentes do rei e zelar pela proteção dos interesses da comunidade, mediante a punição daqueles que reconhecidamente se contrapusessem a eles. A propósito, William Blackstone, em seus Comentários sobre as Leis da Inglaterra, escritos no século XVIII, discorria, no livro IV (destinado a tratar das falhas públicas), sobre as cortes de jurisdição criminal no sistema inglês e, nesse âmbito, citava a alta corte do parlamento como sede em que, pelo processo de impeachment, lordes e comuns podiam ser julgados por suas grandes infrações.[72]

Avaliando, então, o procedimento do impeachment e sua divisão de funções entre os órgãos legislativos, Blackstone identificava que a acusação deveria mesmo ser feita pela Câmara dos Comuns, enquanto representante do povo, e que o julgamento propriamente dito não poderia ser feito por tribunais comuns, pois estes estariam sujeitos à influência de uma autoridade acusadora muito poderosa.[73] É por isso que, na análise desse procedimento, Blackstone sustentava que a acusação fosse apresentada perante a outra Casa legislativa, a dos Lordes, que não teria as mesmas paixões nem os mesmos interesses da Casa de representação popular, distinguindo-se, em órgãos diversos, as funções de acusação e de julgamento.[74]

Note-se que, anteriormente ao caso de Lionel Cranfield, durante o impeachment do lorde chanceler Francis Bacon, o Rei James I chegou a propor que seu julgamento fosse processado perante uma comissão mista cuja composição, escolhida pelo próprio monarca, se daria mediante a seleção de seis lordes e doze membros da Câmara dos Comuns. Entretanto, os próprios membros dessa última Casa legislativa – os quais, em tese, poderiam assumir maiores poderes por sua participação majoritária na comissão que propunha o rei – rejeitaram a proposta, apoiando a reivindicação da Câmara dos Lordes no sentido de que competia a esse corpo legislativo o julgamento do impeachment.[75]

---

of the state, and by parliament orders, the Commons are appointed the Inquisitors-General of the grievances of the kingdom (...)").

[72] BLACKSTONE, William. *Commentaries on the Laws of England*. The Oxford Edition of Blackstone. Oxford University Press, 2016. p. 169. Book 4.
[73] BLACKSTONE. Op. cit., p. 170.
[74] Nesse sentido, o autor afirmava: "É adequado que a nobreza julgue, para garantir justiça ao acusado; como é apropriado que o povo acuse, para garantir justiça à comunidade" (BLACKSTONE. Op. cit., p. 171, tradução livre de: *"It is proper that the nobility should judge, to insure justice to the accused; as it is proper that the people should accuse, to insure justice to the commonwealth"*).
[75] TANNER, Joseph Robson. *English Constitutional Conflicts of the Seventeenth Century*. [S.l.]: Cambridge University Press, 1937. p. 50.

O episódio, que confirma o valor histórico do mencionado caso Cranfield – em que não se noticia ter havido discussão semelhante –, possui significativa importância, tendo em vista que a postura dos Comuns evitou instabilidade institucional entre os órgãos do Parlamento, ao mesmo tempo que contribuiu para a consolidação do impeachment como ferramenta política e legislativa de apuração de responsabilidade, que devia seguir critérios razoavelmente justos de julgamento, entre os quais não se admitiria a seleção de seus membros julgadores por ato de escolha do monarca para o julgamento de seus próprios ministros.[76]

Ainda, além dessa gradual especialização e estabilização do processo de impeachment, operou-se, pouco a pouco, um contínuo afastamento da característica inicial de se tratar de um procedimento penal de caráter especial. Como consequência, passava-se a admitir que imputações que não correspondiam formalmente a condutas penalmente típicas pudessem ser também processadas e julgadas por meio do impeachment,[77] aperfeiçoando-se e confirmando-se sua utilização eminentemente política, e não mais de natureza criminal. Assim, a desvinculação gradual – ainda que incipiente – da ideia inglesa de impeachment do direito penal convencional[78] permitiu que se desenvolvesse o parâmetro do Parlamento de sujeitar ministros e agentes reais a esse procedimento pela prática de ofensas públicas.[79] Assim, "sem deixar de ser criminal a jurisdição, o processo ganhou

---

[76] Como destaca Maurizio Oliviero, "a Câmara baixa entendera que, se tivesse aceitado que uma 'comissão do Rei' julgasse seus próprios ministros, o processo político teria se transformado de instrumento de luta pelo poder em um meio para sua conservação" (OLIVIERO; PAFFARINI. Op. cit., p. 38; ver nota de rodapé nº 46). A escolha de membros *a posteriori* para composição de Tribunais mistos de julgamento de acusações de impeachment teria lugar muitos séculos depois no Brasil, em debates travados no Supremo Tribunal Federal, conforme disposto mais adiante na seção própria deste livro.

[77] OLIVIERO; PAFFARINI. Op. cit., p. 37.

[78] Sobre o ponto, Paulo Brossard afirma: "Se originariamente o impeachment foi processo criminal que corria perante o Parlamento, para que poderosas individualidades pudessem ser atingidas pela justiça, e supunha infração prevista em lei e com pena em lei cominada, cedo ficou estabelecido que, embora os Lordes estivessem ligados à lei quanto à determinação do delito, em se tratando de crimes capitais, eram livres para escolher e fixar penas, que podiam variar da destituição do cargo à prisão, ao confisco, à desonra, ao exílio e à morte. Expandindo-se, passou a ser livremente admitido em relação a '*high crimes and misdemeanors*', crimes e atos que não constituíam crime, mas faltas consideradas prejudiciais ao país, independentemente de enunciação ou caracterização legais" (BROSSARD. Op. cit., p. 27-28).

[79] SUNSTEIN, Cass. *Impeachment*: a citizen's guide. Penguin Books, 2019. p. 35. Laurence Tribe e Joshua Matz também afirmam, no contexto da retomada do impeachment pelo Parlamento inglês ao longo do século XVII, que o instituto foi usado para destituir ministros do rei não apenas por más condutas, mas também por desaprovar as políticas reais (TRIBE, Laurence; MATZ, Joshua. *To End a Presidency*: the power of impeachment. New York: Basic Books, 2019. p. 2).

vastas dimensões políticas", até que "o caráter político sobrepujou o aspecto judiciário".[80]

Um destacado caso do qual se podem colher elementos que conduzem a essas percepções foi o de Thomas Wentworth, Conde de Strafford,[81] processado em novembro de 1640, durante o reinado de Carlos I. Strafford era o *Lord Deputy* (cargo de representação direta do rei e do Poder Executivo) da Irlanda, onde tomou uma série de medidas autoritárias, sobretudo no contexto das Guerras dos Bispos (1639-1641), que envolviam conflitos políticos, militares e religiosos ente Inglaterra, Irlanda e Escócia.

Após ser convocado de volta à Inglaterra em 1639, Wentworth se tornou um dos principais conselheiros do rei, sugerindo medidas que representavam tentativas de fortalecer seus poderes frente ao Parlamento. Em 1641, o rei convocou essa instituição a se reunir, após um período de onze anos em que governou sozinho, a fim de arrecadar novos recursos para a guerra que se travava. Entretanto, a assembleia, que ficou conhecida como *Short Parliament* (tendo em vista que se reuniu por apenas três semanas entre abril e maio de 1640), foi rapidamente dissolvida, por conselho atribuído a Wentworth, após a frustração do objetivo principal pelo qual tinha sido convocada, ante a reação negativa do Parlamento frente aos atos do rei. Nessa sucessão de fatores, Strafford se tornou o principal alvo da oposição política, em que John Pym, membro do Parlamento, ascendia como liderança dos Comuns.

Tendo retornado à Irlanda, o Conde de Strafford foi novamente convocado à Inglaterra, sob a promessa real de que não sofreria qualquer dano a sua pessoa, honra ou fortuna. Entretanto, em um contexto de elevada pressão sobre o rei e ante as limitações impostas pela guerra, o Parlamento foi novamente convocado ao final de 1640 (tendo ficado conhecido como *Long Parliament*, em comparação à formação anterior, com base no estabelecimento, por ato próprio, de que o Parlamento apenas poderia ser dissolvido com a concordância de seus próprios membros), e este teve, como uma de suas primeiras ações, a promoção do impeachment de Wentworth.[82]

---

[80] BROSSARD. Op. cit., p. 28.
[81] O caso é tratado por Raoul Berger como divisor de águas na história constitucional inglesa, evento que, inclusive, exerceu grande influência sobre os *founding fathers* da futura Constituição norte-americana de 1787 (BERGER. Op. cit., p. 30).
[82] Sobre o contexto político e o conflito religioso que fundamentavam a atuação contra Wentworth, Kenyon comenta: "suspeitava-se que Carlos e seus ministros planejavam uma subversão total da Igreja e do Estado, para alinhá-los com a Igreja de Roma e com as autocracias continentais da França e da Espanha. (...) É por isso que um dos primeiros

Ainda em novembro de 1640, em ações orquestradas por Pym e seus aliados, o Conde de Strafford foi preso, tendo sido proposto seu impeachment pelas acusações iniciais genéricas de "grande e perigosa traição" cometida "contra Deus, traindo sua verdade e adoração; contra o rei, obscurecendo a glória e enfraquecendo as bases de seu trono; contra a comunidade, destruindo os princípios de segurança e prosperidade"[83] e enfraquecendo o *rule of the law*.

Kenyon comenta que a tentativa de derrubar o Conde de Strafford marcou o período, tendo as acusações iniciais sido apresentadas em 25 de novembro de 1640, sob relatos de que representaria a mais alta traição "semear a discórdia entre o rei e o povo, como Strafford fizera; e se ele tivesse sucedido, a Inglaterra teria sucumbido à 'tirania eclesiástica do papa'[84] e 'à tirania civil de um governo arbitrário, ilimitado e confuso'".[85]

---

atos do *Long Parliament*, em 11 de novembro de 1640, foi acusar Strafford por alta traição e mandá-lo para a Torre, seguido de perto pelo Arcebispo Laud" (KENYON. Op. cit., p. 177, tradução livre de: "(...) *Charles and his ministers (...) were suspected of planning a total subversion of Church and state, to bring them into line with the Church of Rome and with the continental autocracies of France and Spain. (...) This is why one of the first acts of the Long Parliament, on 11 November 1640, was to impeach Strafford for high treason and send him to the Tower, closely followed by Archbishop Laud*").

[83] Os excertos constam do discurso de acusações preliminares feito por John Pym em 25 de novembro de 1640, trazido por John Kenyon (KENYON. Op. cit., p. 191, tradução livre de: "*a great and dangerous treason (...) against God, betraying his truth and worship; against the king, obscuring the glory and weakening the foundations of his throne; against the Commonwealth, by destroying the principles of safety and prosperity*"). Raoul Berger também reporta a formulação de acusações genéricas contra Strafford, no sentido de que as leis fundamentais eram subvertidas e que se promovia um governo autoritário e tirânico (BERGER. Op. cit., p. 32), reportando que Pym se referia a atos contrários ao pacto e à aliança de fidelidade e proteção entre o rei e o povo (Idem, p. 33).

[84] Sobre o conflito religioso, destaca-se que em 11 de dezembro de 1640 a *Root and Branch petition*, assinada por cerca de quinze mil pessoas, foi apresentada ao *Long Parliament*, levada por uma multidão de aproximadamente 1.500 cidadãos. Nela, exigia-se o fim do episcopado na Inglaterra, desde suas raízes (*roots*) até todos os seus ramos (*branches*), refletindo a preocupação generalizada com o crescimento das práticas católicas dentro da Igreja inglesa e as consequências políticas que advinham dessa reaproximação com a Igreja Católica e alguns países da Europa continental (sobretudo Espanha e França).

[85] KENYON. Op. cit., p. 178, tradução livre de: "*it was the blackest treason sow discord between king and people as Strafford had done; and if he had succeeded England would have succombed to 'the ecclesiastical tyranny of the pope' and 'the civil tyranny of an arbitrary, unlimited, confused government'*". Tim Harris também narra o evento de forma semelhante, ao afirmar que "Em um ataque preventivo, a Câmara dos Comuns moveu-se pelo impeachment contra Strafford no dia 11 [de novembro], Pym acusando-o de virar o rei 'contra os escoceses', avançando 'com 'o desígnio privado dos papistas' e de pretender trazer as forças irlandesas para subjugar a Inglaterra" (HARRIS, Tim. *Rebellion*: Britain's first Stuart kings, 1567-1642. Oxford University Press, 2014. p. 407; tradução livre de: "*In a pre-emptive strike, the Commons moved to impeach Strafford on the 11th, Pym accusing him of turning the king 'against the Scots', advancing 'the private design of the papists', and of intending to bring Irish forces to subdue England*").

Os *articles of impeachment*, entretanto, não foram apresentados até o fim de janeiro, quando Wentworth foi acusado de um conjunto de 28 imputações por suas condutas arbitrárias e tirânicas, com a tentativa de que esse conjunto representasse a configuração de práticas criminosas de traição contra o rei. Não obstante, mesmo que essas imputações restassem comprovadas, não parecia claro que efetivamente constituíam a prática de crime contra o rei, para que então pudessem ensejar o reconhecimento da traição e sua condenação por impeachment.[86] Isso porque "as causas de imputação não diziam respeito mais à traição em relação ao Rei, (...) mas em relação à *Commonwealth*, ou seja, como foi sustentado pelo *leader* dos Comuns John Pym, do pacto entre o Rei e seu povo".[87] Como destaca Raoul Berger, "por mais ameaçadores que fossem os atos de Strafford, eles não constituíam traição dentro do entendimento comum porque não eram, em sentido estrito, atos cometidos contra a autoridade do rei: eles tinham seu consentimento tácito, se não encorajamento".[88]

Tinha-se como referência, para essa adequação comparativa, o Treasons Act,[89] editado em 1351 durante o reinado de Eduardo III. Como destaca Isobel Thornley,[90] antes de sua edição, inexistia uma definição minimamente clara de quais condutas poderiam ser enquadradas como traição ou que permitisse sua distinção de outros comportamentos criminosos ou contraventivos em geral. Se parecia claro que atos como matar o rei ou ativamente assistir seus inimigos em uma guerra, por exemplo, seriam facilmente caracterizados como traição, a diferenciação encontrava problemas em casos mais sutis. Para essas situações, o texto continha disposição que preceituava a submissão dos casos duvidosos

---

[86] Como assenta Rafael Mafei: "Se a traição era a régua de gravidade para o impeachment de uma autoridade da Coroa, era preciso determinar no que propriamente ela consistia" (MAFEI. Op. cit., p. 31).

[87] BERGER. Op. cit., p. 35. OLIVIERO; PAFFARINI. Op. cit., p. 38.

[88] BERGER. Op. cit., p. 33, tradução livre de: "*menacing as the acts of Strafford were, they did not amount to treason within the common understanding because they were not in the strict sense acts committed against the authority of the king: they had his tacit consent, if not encouragement*". Sobre o caso, Rafael Mafei também relata: "como dizer que era traidor o homem que não apenas não havia atentado contra a pessoa do rei ou de seus familiares como havia sido, ao contrário, o mais fiel e feroz executor das políticas da Coroa?" (MAFEI. Op. cit., p. 35).

[89] Em seu título, dizia-se que o ato apresentava "uma declaração de quais ofensas poderiam ser caracterizadas como traição" (tradução livre de: "A Declaration which Offences shall be adjudged Treason", disponível em: www.legislation.gov.uk/aep/Edw3Stat5/25/2/section/II).

[90] THORNLEY, Isobel D. Historical Revisions – The Act of Treasons, 1352. *History – New Series*, v. 6, n. 22, p. 106-108, Jul. 2021.

"perante o rei e seu parlamento",[91] a quem competiria avaliar se se tratava ou não de ato de traição. Entendia-se, então, que uma maior clareza nessa distinção era necessária, especialmente porque já se tinha a divisão das sanções possivelmente aplicadas, conforme determinada conduta fosse considerada criminosa genericamente (situação que ensejava um perdimento temporário das terras do condenado, que lhe eram devolvidas após um período de posse real) ou enquadrada como traição contra o rei (operava-se o confisco de todas as propriedades, que eram perpetuamente perdidas em favor do monarca).[92] Era, portanto, interesse do rei que a definição dos atos de traição permanecesse vaga, enquanto a nobreza buscava reduzir ao máximo seu escopo, de cuja contraposição decorreu a verdadeira causa para a edição do referido ato,[93] o qual estabelecia, ainda que de forma inicialmente rudimentar, limitações à definição das condutas de traição.

No julgamento propriamente dito do Conde de Strafford, iniciado em março de 1641, a análise da formulação dos argumentos contidos nos discursos apresentados por Wentworth[94] e Pym[95] à Câmara dos Lordes

---

[91] BERGER. Op. cit., p. 8.

[92] É por essa razão que se afirma que a busca de uma definição dos atos de traição não decorreu de um "mero interesse acadêmico na clareza do direito ou do desejo humanitário de salvar de uma morte especialmente cruel os homens que poderiam sofrer a pena de morte" (THORNLEY. Op. cit., p. 107, tradução livre de: "(...) *mere academic interest in the clarity of the law, or humanitarian desire to save from a specially cruel death men who would in any event suffer capital punishment*"). Ao contrário, a nobreza buscava diminuir as chances de que seu patrimônio fosse definitivamente confiscado pelo rei.

[93] THORNLEY. Op. cit., p. 107.

[94] Em seu discurso de defesa, proferido em 13 de abril de 1641, o conde de Strafford afirmava que "Eles me falam de uma dupla traição, uma contra a lei, outra pelo Direito Comum; esta direta, aquela construtiva; esta individual, aquela acumulativa; esta em si mesma, aquela por meio de construção. Para inventar esta traição construtiva, ou traição por acumulação, muitos artigos são trazidos contra mim, como se em uma pilha de crimes ou contravenções (...) alguma semente prolífica capaz de caracterizar traição pudesse estar à espreita. (...) Meus Lordes, se este crime que eles chamam de traição arbitrária tivesse sido marcado por algum discernimento da lei, a ignorância do mesmo não me desculparia; mas, se não é lei, como pode, com o rigor, a própria rigidez, condenar-me?" (KENYON. Op. cit., p. 193-194, tradução livre de: "*They tell me of a two-fold treason, one against the statute, another by the Common Law; this direct, that constructive; this individual, that accumulative; this in itself, that by way of construction. To make up this constructive treason, or treason by accumulation, many articles are brought against me, as if in a heap of felonies or misdemeanours (...) some prolific seed apt to produce what is treasonable could lurk. (...) My lords, if this crime which they call arbitrary treason had been marked by any discernment of the law, the ignorance of the same should not excuse me; but if it be no law at all, how can it in rigour, in strictness itself, condemn me?*").

[95] Pym, por sua vez, respondia: "Passamos por nossas provas, e o resultado de tudo isso é que o conde de Strafford empreendeu por suas palavras, ações e conselhos para subverter a lei fundamental da Inglaterra e da Irlanda, e para introduzir um governo arbitrário e tirânico. (...) este poder arbitrário é perigoso para a pessoa do rei e perigoso para sua

já denota a mudança de concepção que se desenvolvia quanto ao alcance do impeachment. O Conde de Strafford, apegado em razões jurídicas mais formais, defendia-se essencialmente pela afirmação de que não havia cometido qualquer crime de traição contra o rei – ao contrário, teria por vezes agido em obediência a comandos do soberano – a impedir o êxito da acusação. Pym, por sua vez, pautava-se por uma lógica eminentemente política, argumentando que as condutas do acusado globalmente compreendidas eram autoritárias e tirânicas e, por isso, representavam grande lesão ao povo e traição à comunidade.[96] Buscava-se sustentar a posição de que o ato de 1351 continha poder declaratório atribuído à Câmara dos Comuns, com base no qual as acusações poderiam ser formalizadas perante os Lordes por um reconhecimento retroativo de um ato de traição (*retrospective treasons*),[97] isto é, "o direito dos Comuns de proceder pelo impeachment por outras traições além daquelas especificadas".[98]

Assim, "as contraposições entre as teses da acusação e da defesa assumem uma forma emblemática que denota a transformação tendencial do papel do Parlamento em uma espécie de 'juiz político' das ações dos ministros do rei".[99] Desde aqui, também, já é possível adiantar a percepção de uma característica que acompanharia o impeachment em seu desenvolvimento e que também atualmente se revela presente em sua utilização nos sistemas presidencialistas: o esforço e a preocupação em atribuir roupagem jurídica e legitimidade formal a um conflito

---

Coroa; é capaz de alimentar ambição, usurpação e opressão em grandes homens e gerar sedição e descontentamento no povo, e ambas foram, e na razão sempre devem ser, causas de grandes problemas e alterações para príncipes e estados" (KENYON. Op. cit., p. 195-196, tradução livre de: *"We have passed through our evidence, and the result of all this is, that the Earl of Strafford hath endeavoured by his words, actions and counsels to subvert the fundamental law of England and Ireland, and to introduce an arbitrary and tyrannical government. (…) this arbitrary power is dangerous to the king's person, and dangerous to his crown; it is apt to cherish ambition, usurpation and oppression in great men, and to beget sedition and discontent in the people, and both these have been, and in reason must ever be, causes of great trouble and alteration to princes and states"*).

[96] Sobre o ponto, Maurizio Oliviero afirma que "Strafford, de fato, foi acusado não por ter agido contra o Rei, conforme o tipo penal histórico e jurisprudencial de *treason*, mas contra a *Commonwealth*, incluindo nas acusações as ações colocadas em prática na execução de uma ordem ou com a autorização do Soberano. (…) De fato, com o discurso de Strafford, que de certo modo refletia os padrões da lógica 'legalista', contrastavam os argumentos de Pym, que, em vez disso, seguiam as linhas de uma lógica diametralmente oposta: a política *tout court*" (OLIVIERO; PAFFARINI. Op. cit., p. 38-39; ver nota de rodapé nº 47).

[97] BERGER. Op. cit., p. 7.

[98] BERGER, Raoul. Op. cit., p. 52, tradução livre de: *"(…) the right of the Commons to proceed by impeachment for other treasons than those specified"*.

[99] OLIVIERO; PAFFARINI. Op. cit., p. 39.

que é essencialmente político. Em outras palavras, "na história do impeachment, o conceito de condutas relevantes, sob a ótica tanto substancial quanto procedimental, sempre se caracterizou por seu papel instrumental dirigido a garantir uma cobertura jurídica à luta política".[100] Estabeleceu-se, dessa forma, certo impasse no Parlamento.[101] Os Comuns, liderados por Pym, entendiam que a questão era eminentemente política e, como o Conde de Strafford representava perigo para a nação, sua punição era necessária à segurança do reino. Os Lordes, por sua vez, entendiam que a aferição de culpa de Strafford era de natureza jurídica, a demandar sua comprovação legal em procedimento próprio que respeitasse seus direitos. Desse cenário, vislumbrando-se o insucesso da tentativa de impeachment, que possivelmente esbarraria em uma absolvição perante os Lordes, e não havendo qualquer lei que permitisse reconhecer a efetiva prática de traição, os Comuns resolveram seguir outro caminho: a aprovação de um *bill of attainder*,[102] pelo qual o acusado seria condenado à morte por ato de traição a ser

---

[100] OLIVIERO; PAFFARINI. Op. cit., p. 50.
[101] O evento é bem sintetizado pelo seguinte comentário de John Kenyon: "Estes [*articles of impeachment*] acusaram Strafford de erguer um 'governo arbitrário e tirânico' no Norte e na Irlanda, de provocar deliberadamente uma nova guerra com os escoceses em 1640, quando a disputa entre eles e o rei estava prestes a ser resolvida, e de aconselhar Carlos a dissolver o *Short Parliament* e governar arbitrariamente, 'liberado e absolvido de todas as regras de governo', processo no qual ele então desempenhou papel decisivo. Entretanto, nenhum desses atos individualmente, mesmo que pudessem ser provados, equivalia à traição, e os Lordes estavam relutantes em permitir o argumento dos Comuns de que eles constituíam uma espécie de 'traição cumulativa'; eles também simpatizaram com o contra-argumento de que, se fosse permitido, nenhum futuro ministro poderia servir ao rei em segurança. Dois poderosos discursos de encerramento, do próprio Strafford e Pym, levaram o processo a um impasse. A Câmara dos Comuns teve de recorrer ao duvidoso expediente de um *act of attainder*, simplesmente afirmando a culpa de Strafford e condenando-o à morte, que foi forçada a passar pelos Lordes e pelo rei sob a pressão da violência popular. Ele foi executado em 12 de maio de 1641" (KENYON. Op. cit., p. 178, tradução livre de: "*These [articles of impeachment] accused Strafford of erecting an 'arbitrary and tyrannical government' in the North and in Ireland, of deliberately provoking a further war with the Scots in 1640, when the dispute between them and the king was about to be composed, and of advising Charles to break the Short Parliament and rule arbitrarily, 'loosed and absolved from all rules of government', a process in which he then played a leading part. However, none of these acts individually, even if they could be proved, amounted to treason, and the Lords were reluctant to allow the Commons' argument that they constituted a kind of 'cumulative treason'; they were also sympathetic to the counter-argument that if it were allowed no future minister could serve the king in safety. Two powerful closing speeches, by Strafford himself and Pym, brought the proceedings to deadlock. The Commons had to resort to the dubious expedient of an act of attainder, simply asserting Strafford's guilt and sentencing him to death, which was forced past the Lords and the king under the pressure of mob violence. He was executed on 12 May 1641*").
[102] TANNER. Op. cit., p. 94-95; BERGER. Op. cit., p. 34. Kenyon aponta também que o episódio, de certa forma, ainda indicava alguma fraqueza do processo de impeachment (KENYON. Op. cit., p. 178), tendo em vista que seu insucesso, que decorreu da expectativa de absolvição pelos Lordes, não impediu que os Comuns buscassem, pela via do *bill of attainder*, a ruína

então declarado.¹⁰³ Narra-se que "a escolha do *attainder* por parte dos Comuns explicitava a consciência do poder que tinham conquistado".¹⁰⁴ Joseph Tanner relata que, tendo o projeto legislativo sido aprovado perante os Comuns em 21 de abril de 1641 por votação expressiva (204 votos a 59, com registro de 250 abstenções), seu envio à apreciação dos Lordes em 3 de maio foi marcado pelo protesto de multidões que cercaram Westminster (após a circulação de temores de que uma manobra militar fosse orquestrada para libertar o acusado)¹⁰⁵ e clamavam por justiça contra Strafford, o que ocasionou diversas abstenções, resultando em aprovação do *attainder* por votação apertada.¹⁰⁶ Assim, apesar da promessa real feita quando da convocação de Wentworth de volta à Inglaterra, o mesmo rei Carlos I viu-se compelido a assinar sua carta de execução, cumprida em 12 de maio de 1641.¹⁰⁷

---

definitiva do acusado, com a aplicação de sanções até mesmo mais graves do que as que inicialmente derivariam de uma condenação por impeachment.

[103] O episódio também é narrado por Tim Harris, que aponta: "O julgamento de Strafford finalmente começou em 22 de março, mais de quatro meses após ele ter sido despachado para a Torre. Ele foi acusado por processo de todos os três reinos, não apenas da Inglaterra, e os 28 artigos contra ele procuravam estabelecer que ele era culpado de traição por introduzir um governo arbitrário e tirânico contra a lei. No entanto, embora Strafford pudesse ter cometido um crime contra o governo, não estava nada claro se ele havia cometido traição, um crime contra o rei. Temerosos de que o impeachment não fosse bem-sucedido, os Comuns preferiram proceder pela via do *attainder*, pelo qual, em vez de julgar Strafford, o parlamento simplesmente decretaria que ele era culpado dos crimes dos quais era acusado" (HARRIS. Op. cit., p. 409, tradução livre de: *"The trial of Strafford finally opened on 22 March, over four months after his being dispatched to the Tower. He was charged at the suit of all three kingdoms, not just England, and the twenty-eight articles against him sought to establish that he was guilty of treason for introducing arbitrary and tyrannical government against the law. However, although Strafford might have committed a crime against the government, it was far from clear whether he had committed treason, a crime against the king. Fearful that impeachment would not succeed, the Commons chose instead to proceed by way of attainder, whereby instead of trying Strafford parliament would simply enact that he was guilty of the offences of which he stood accused"*).

[104] OLIVIERO; PAFFARINI. Op. cit., p. 39.

[105] HARRIS. Op. cit., p. 409.

[106] Joseph Tanner reporta uma votação com 45 membros presentes, dos quais 26 teriam se manifestado a favor da votação e 19 contra (TANNER. Op. cit., p. 95). Há, porém, registros históricos diversos sobre o número de votos de condenação obtidos na Câmara dos Lordes, como indica Harris, ao mencionar uma contagem de 51 votos contra 9: "Os Lordes também aprovaram a condenação de Strafford no dia 7, por uma votação de 51 a 9 de acordo com um relato, embora tenha sido dito que muitos pares se ausentaram por medo da multidão de Londres" (HARRIS, Tim. *Rebellion: Britain's first Stuart kings, 1567-1642*. [S.l.]: Oxford University Press, 2014. p. 410; tradução livre de: *"The Lords also approved the attainder of Strafford on the 7th, by a vote of 51 to 9 according to one account, although it was said that many peers absented themselves for fear of the London crowd"*).

[107] Destino semelhante também foi atribuído a William Laud, nomeado arcebispo da Cantuária por Carlos I em 1633, um dos principais defensores do episcopado na Inglaterra e das reformas religiosas que o rei buscava promover para a unificação da Igreja (Cf. HARRIS. Op. cit.). Foi preso pelo Parlamento, novamente sob acusações de traição manifestadas em 1640, tendo sido também submetido a um processo de impeachment, para o qual não se

Discussões próximas[108] também foram travadas no caso do impeachment de Edward Hyde, 1º Conde de Clarendon, em 1667.[109] Hyde, que havia sido conselheiro de Carlos I e era lorde chanceler de Carlos II, foi acusado sem a indicação de atos específicos que se relacionassem com as previsões de traição do ato de 1351 porque encontrava pressões políticas de seus adversários, os quais tentaram promover seu impeachment, motivados por atos pelos quais Hyde havia promovido a prisão de algumas pessoas fora do Reino (de modo que não pudessem se valer do *habeas corpus*), além de ter arrecadado dinheiro para a Coroa junto à França, sem que houvesse necessidade de controle e aprovação do Parlamento sobre essas verbas.[110]

Sem o apoio necessário para essa tentativa, os Comuns tentaram, na linha do que havia acontecido com Wentworth, aprovar um *bill of attainder* em seu desfavor, também sem sucesso. Apesar do interesse dos Comuns, relata-se que os Lordes se negaram a seguir o precedente de Strafford, exigindo que fossem formuladas acusações específicas de

---

tinha pressa, tendo em vista a idade já avançada de Laud (68 anos em 1641). O arcebispo acabou sendo levado a julgamento em 1644, quando se chegou a um impasse similar ao do Conde de Strafford, ante a impossibilidade constatada de se provar atos específicos de traição que tivessem sido cometidos. Seguindo o mesmo caminho, o Parlamento acabou por aprovar outro *bill of attainder* contra Laud, que acabou sendo decapitado em 1645. Revela-se, uma vez mais, o contexto político e religioso que sustentavam a controvérsia: "Em uma época em que a questão catolicismo *versus* protestantismo ainda estava em jogo na Europa, sem nenhum lado disposto a ceder, a capacidade da Igreja da Inglaterra de liderar a defesa contra Roma era crucial, e parecia a muitos, e não aos mais fanáticos, que, a esse respeito, Laud o havia traiçoeiramente enfraquecido", o que fundamentou as principais acusações formuladas contra ele (KENYON. Op. cit., p. 177, tradução livre de: "*In an age when the issue Catholicism versus Protestantism was still in the balance in Europe, with neither side willing to compromise, the Church of England's ability to lead the defence against Rome was crucial, and it seemed to many, and not the most bigoted, that in this respect Laud had treacherously weakened it*").

[108] Berger ainda cita o caso da tentativa, em 1681, de impeachment do Lorde *chief justice* William Scroggs, que, apesar de menos conhecido, é considerado uma adequada ilustração da invocação dos poderes de declarar retroativamente determinadas condutas como atos de traição. Novamente, era imputada ao acusado a conduta de subverter as leis fundamentais e promover um governo arbitrário e tirânico, tendo como pano de fundo sua atuação jurisdicional de dispensa de um determinado júri e de uma decisão que impedia a publicação de um livro antipapista. Houve nova negativa por parte dos Lordes e o processo foi interrompido pela dissolução do Parlamento por Carlos I, tendo Scroggs sido liberado sob fiança (BERGER. Op. cit., p. 46-48). O autor também menciona o caso da tentativa, em 1678, de impeachment de *Sir* Thomas Osborne, Conde de Danby, político influente no reinado de Carlos II. Danby foi acusado de promover tratativas de paz e guerra com a França em cartas dirigidas àquela nação, não obstante tenha agido em obediência aos comandos reais. É mais um caso apontado de impeachment com motivações claramente políticas (Idem, p. 43-45), que também envolveu a aprovação de um *bill of attainder* pelos Comuns.

[109] Cf. ROBERTS, Clayton. The Impeachment of the Earl of Clarendon. *The Cambridge Historical Journal*, Cambridge University Press, v. 13, n. 1, p. 1-18, 1957.

[110] BERGER. Op. cit., p. 41.

traição.¹¹¹ Ao final, porém, o Parlamento aprovou, com o consentimento real, um ato legislativo de banimento (*bill of banishment*), que obrigava Clarendon ao exílio permanente da França (onde permaneceu até sua morte), desde logo se afirmando que seu retorno ao reino estaria sujeito às penalidades dos atos de traição.

De toda forma, ainda que o sacrifício do Conde de Strafford não tenha efetivamente forçado o rei a aceitar algumas posições do Parlamento, há relatos que indicam que, no curto prazo, sua remoção permitiu a implementação de reformas legislativas com alguma concordância entre essas autoridades.¹¹² Todavia, "o processo contra Strafford constitui um ato conclusivo de um processo revolucionário, no âmbito do qual o impeachment desenvolveu um papel de *leading argument*" e que serviu de "pano de fundo para os eventos posteriores: a guerra civil, o 'processo' contra Carlos Stuart e a consequente abolição do Reino".¹¹³

1.2 A ascensão da supremacia parlamentar e o ocaso do impeachment na Inglaterra

Esses acontecimentos posteriores marcariam, em definitivo, as estruturas sobre as quais se consolidou a supremacia parlamentar no modelo inglês. Quanto ao julgamento do rei, no âmbito da Câmara dos Comuns, acusou-se o próprio Carlos I de traição, por "subversão às antigas e fundamentais leis do país e de travar uma guerra contra o Parlamento e o reino".¹¹⁴ Mesmo sabendo da impossibilidade jurídica de responsabilização e deposição do rei por traição, invocavam-se argumentos vários, entre os quais a "providência divina"¹¹⁵ que recaía sobre os membros do Parlamento naquele momento.

---

[111] BERGER. Op. cit., p. 41.
[112] HARRIS. Op. cit., p. 411.
[113] OLIVIERO; PAFFARINI. Op. cit., p. 39.
[114] EDWARDS, Graham. The Last Days of Charles I. Stroud: Sutton Publishing, 1999. p. 98; tradução livre de: "*The Ordinance accused the King of subverting the ancient and fundamental laws of the country and of waging war against Parliament and the kingdom*".
[115] Edwards destaca a seguinte passagem de discurso proferido por Oliver Cromwell perante os Comuns, antes de o decreto legislativo ser enviado à apreciação pela Câmara dos Lordes: "Se alguém, seja quem for, prosseguisse com o desígnio de depor o rei e deserdar sua posteridade; ou se algum homem ainda tivesse tal desígnio, este seria o maior traidor e rebelde do mundo; mas, uma vez que a Providência de Deus lançou isso sobre nós, não posso deixar de me submeter à Providência (...)" (EDWARDS. Op. cit., p. 98, tradução livre de: "*If any man whatsoever hath carried on the design of deposing the King, and disinheriting his posterity; or, if any man had yet any such a design, he should be the greatest traitor and rebel in the*

Diante da impossibilidade formal de se instaurar um processo de impeachment contra o rei, foram, então, nomeados 153 membros (entre os quais deveria haver membros das duas Casas do Parlamento, juízes, oficiais do Exército e outros tipos de autoridades),[116] constituindo uma "Alta Corte de Justiça" para julgar o rei por essas acusações que lhe eram feitas. Enviada a proposta legislativa à Câmara dos Lordes em janeiro de 1649, a ideia encontrou forte oposição perante seus membros,[117] não tendo sido aprovada. Sua deliberação foi então adiada, sob a expectativa de que os ânimos dos Comuns fossem esfriar, o que não se verificou.

Diante dessa não aprovação, a Câmara dos Comuns se atribuiu o poder de prosseguir,[118] substituindo os Lordes inicialmente indicados para a Corte e aprovando o referido documento legislativo, em que se

---

world; but, since the Providence of God hath cast this upon us, I cannot but submit to Providence (...)"). Ainda que se tratasse de um discurso que buscava conferir algum livramento de culpa por assim procederem os Comuns, suas palavras acabam por demonstrar a ciência de que não haveria fundamento jurídico, nas leis da Inglaterra, que pudesse justificar a submissão do rei ao julgamento por traição, não obstante entendesse que isso era necessário.

[116] Há relatos que indicam serem 135 membros nomeados (GREGG, Pauline. *King Charles I*. Berkeley: University of California Press, 1984. p. 433). Menos da metade desses nomeados, porém, efetivamente compareceu às sessões de julgamento, justamente pelo temor de envolvimento no julgamento do rei. Pauline Gregg relata que foi fixado um quórum de funcionamento com apenas vinte membros, tendo sido registrada a presença de 52 na primeira reunião e 45 na próxima sessão (Idem, p. 433). Edwards, por sua vez, narra a presença de 68 comissários, o que corrobora, apesar da divergência quanto aos números, o baixo comparecimento (EDWARDS. Op. cit., p., 125-126).

[117] Edwards cita que, na ocasião, Edward Montague, conde de Manchester, afirmou que "declarar o rei um traidor contradiz os princípios fundamentais da lei" (EDWARDS. Op. cit., p., 99, tradução livre de: *"declare the King a traitor contradicted the fundamental principles of the law"*). No mesmo sentido, Algernon Percy, conde de Northumberland, "também considerou irrazoável declarar a traição do rei antes que fosse provada, principalmente porque não havia lei sob a qual a acusação pudesse ser julgada" (Idem, p. 99, tradução livre de: *"considered it to be unreasonable to declare the King's treason before it was proved, particularly as there was no existing law under which the charge could be tried"*).

[118] Narra-se que os Comuns votaram uma declaração nos seguintes termos: "1. Que o povo sob Deus é a origem de todos os poderes justos. 2. Que os Comuns da Inglaterra, reunidos no Parlamento, sendo escolhidos e representando o povo, têm a autoridade suprema desta nação. 3. Que tudo o que for promulgado e declarado Lei pelos Comuns da Inglaterra reunidos no Parlamento tem força de lei, e todo o povo desta nação está por ela alcançado, embora o consentimento e a concorrência do rei e da Câmara dos Nobres não tenham ocorrido" (EDWARDS. Op. cit., p. 99, tradução livre de: *"1. That the People under God are the Original of all just Powers. 2. That the Commons of England assembled in Parliament, being chosen by, and representing the People, have the Supreme Authority of this Nation. 3. That whatsoever is enacted and declared Law by the Commons of England assembled in Parliament, hath the Force of Law, and all the People of this Nation are included thereby, although the Consent and Concurrence of the King and House of Peers be not had thereunto"*). Edwards se refere a esse texto como uma "declaração quase republicana" (*"near-republican declaration"*), proferida por um Parlamento confuso e que invocava um poder maior do que aquele que efetivamente tinha, tendo em vista que, segundo o autor, "os líderes politicamente ativos do Exército foram as pessoas que deram o tom" (Idem, p. 100, tradução livre de: *"The politically active leaders of the Army were the people who called the tune"*).

instituía a Corte de Comissários e Juízes para a Audiência, Julgamento e Julgamento de Carlos Stuart. No documento, eram feitas acusações ao rei[119] e em seu teor constava que, para que novos eventos como aqueles fossem evitados, nenhum oficial de governo poderia, daquele momento em diante, agir de forma traidora ou maliciosa, escravizando ou destruindo a nação inglesa e, mesmo assim, esperar impunidade.[120] O rei era, então, pessoalmente acusado de ser o responsável pelos males vivenciados pela Comunidade durante seu reinado, estabelecendo-se o cenário para seu julgamento.

A inédita situação de julgamento do rei trazia alguns debates procedimentais, tais como em nome de quem se processaria o monarca,[121] bem como quem deveria julgá-lo, ante a inexistência de que houvesse pares seus para fazê-lo.[122] É por isso que a Câmara dos Comuns criou a mencionada Alta Corte de Justiça, preocupando-se com a instauração de um processo público e com a comprovação legal de sua culpa,[123] mas

---

[119] O decreto legislativo asseverava: "Considerando que é notório, que Carlos Stuart, o agora rei da Inglaterra, não contente com as muitas invasões que seus predecessores empreenderam sobre o povo em seus direitos e liberdades, teve um desígnio perverso para subverter totalmente as antigas e fundamentais Leis e Liberdades desta nação e seu comércio para introduzir um governo arbitrário e tirânico; e que, além de todos os outros caminhos e meios malignos para realizar esse desígnio, ele o perseguiu com fogo e espada, ordenou e manteve uma guerra cruel contra o Parlamento e o reino, por meio da qual o país foi miseravelmente destruído, o tesouro público, exaurido, o comércio, decaído, milhares de pessoas, assassinadas e infinitas outros danos, cometidos; por todas essas ofensas altas e traiçoeiras, o dito Carlos Stuart poderia, desde então, ter sido condenado com justiça a uma punição exemplar e condigna" (EDWARDS. Op. cit., p. 100, tradução livre de: *"Whereas it is notorious, That Charles Stuart, the now King of England, not content with those many Encroachments which his Predecessors had made upon the People in their Rights and Freedoms, hath had a wicked design totally to subvert the ancient and fundamental Laws and Liberties of this Nation, and in their Trade to introduce an Arbitrary and Tyrannical Government; and that besides all other evil Ways and Means to bring this Design to pass, he hath prosecuted it with Fire and Sword, levied and maintained a cruel War in the Land against the Parliament and Kingdom, whereby the Country hath been miserably wasted, the public Treasure exhausted, Trade decayed, Thousands of people murdered, and infinite other Mischiefs committed; for all which high and treasonable Offences the said Charles Stuart might long since justly have been brought to exemplary and condign punishment"*). No mesmo sentido: GREGG, Op. cit.; HIBBERT, Christopher. *Charles I*: A Life of Religion, War and Treason. St. Martin's Griffin, 2015.

[120] EDWARDS. Op. cit., p. 100, no original: *"No chief Officer or Magistrate whatsoever may hereafter presume traitorously and maliciously to imagine or contrive the enslaving or destroying of the English Nation, and to expect Impunity"*. No mesmo sentido: ROBERTSON, Geoffrey. *Crimes against humanity*: the struggle for global justice. 4th Ed. New York/London: The New Press, 2012. p. 5.

[121] EDWARDS. Op. cit., p. 103.

[122] ROBERTSON. Op. cit., p. 5.

[123] Descreve-se que, durante o julgamento, foram ouvidas mais de trinta testemunhas de acusação, algumas das quais relatavam ter presenciado ordens reais para a tortura e morte de prisioneiros, além de documentos de correspondência interceptados, indicando que houve uma preocupação, ao menos formal, de que houvesse uma justificação probatória

perante a qual também houve desafios para a construção jurídica da própria acusação que era imputada ao rei,[124] que, por vezes, manifestou sua objeção ao julgamento,[125] que entendia impossível. Ao final, porém, o rei foi condenado e executado por decapitação em 30 de janeiro de 1649,[126] marcando o fim da primeira fase da Revolução Inglesa.

Seus desdobramentos históricos, porém, continuariam levando a um período de governo por Oliver Cromwell, à restauração da monarquia em 1660 e à Revolução Gloriosa em 1688-1689, a qual, pela edição do Bill of Rights de 1689, assentou as bases para o desenvolvimento da monarquia constitucional britânica e a ascensão da supremacia

---

publicamente apresentada sobre a culpa e a responsabilidade pessoal do rei (ROBERTSON. Op. cit., p. 6).

[124] Robertson narra que o acusador John Cooke "baseou-se na Magna Carta, na lei das nações e na Bíblia para acusar Carlos I de um crime que apenas reis ou outros chefes de Estado poderiam cometer assassinando em massa seu próprio povo e negando-lhe as liberdades civis e religiosas" (ROBERTSON. Op. cit., p. 6, tradução livre de: *"Cooke drew upon Magna Carta, the law of nations and the Bible to charge Charles I with a crime which only kings or other heads of state could commit by mass murdering their own people and denying them civil and religious liberties"*). O autor ainda considera que o caso de Carlos I foi o primeiro julgamento de um chefe de Estado por crimes de guerra (Idem, p. 5), havendo relatos de que cerca de trezentas mil pessoas morreram nos conflitos militares, o que representava aproximadamente seis por cento da população de então (CARLTON, Charles. *Charles I*: the personal monarch. Ark paperbacks, 1984. p. 308). Com base nessa conjugação, considerava-se o rei, como responsável pelas guerras civis, tirano, traidor, assassino e inimigo público de toda a *Commonwealth*. Cf. GARDINER, Samuel Rawson. *The Constitutional Documents of the Puritan Revolution*: 1625–1660. 2nd Ed. Oxford: Clarendon Press, 1899. p. 371-374.

[125] Durante diversas manifestações dirigidas ao órgão julgador, o rei Carlos I afirmava a ilegalidade não apenas da própria Corte que o julgava, mas também do poder de que alguém lhe imputasse, como rei, algum crime ou traição. Além de invocar excertos bíblicos que pudessem confirmar sua imunidade, o monarca dizia que também "pela lei desta terra, não estou menos confiante ce que nenhum advogado erudito afirmará que um impeachment pode repousar sobre o rei, todos tendo sido feitos em seu nome: e uma de suas máximas é que o rei não pode errar". Ao final de suas razões, apontava: "tendo mostrado brevemente as razões pelas quais não posso me submeter à sua pretensa autoridade, sem violar a confiança que tenho de Deus para o bem e a liberdade de meu povo, espero ou razões claras para convencer meu juízo, mostrando-me que estou errado (e então responderei de verdade), ou que retirarão seus procedimentos" (GARDINER. Op. cit., p. 374-376, tradução livre de: *"Then for the law of this land, I am no less confident, that no learned lawyer will affirm that an impeachment can lie against the King, they all going in his name: and one of their maxims is, that the 'King can do no wrong'". (...) Thus, having showed you briefly the reasons why I cannot submit to your pretended authority, without violating the trust which I have from God for the welfare and liberty of my people, I expect from you either clear reasons to convince my judgment, showing me that I am in an error (and then truly I will answer) or that you will withdraw your proceedings"*). O rei não se manifestou sobre o mérito das acusações que lhe eram feitas, o que, na época, era interpretado como confissão (ROBERTSON. Op. cit., p. 6).

[126] A restauração da Monarquia, em 1660 (mencionada como a terceira fase da Revolução Inglesa, após o fim da "República de Cromwell"), trouxe Carlos II, filho de Carlos I, de volta à Inglaterra, como herdeiro do trono, ocasião em que os acusadores e julgadores de seu pai foram também condenados por traição e executados por estripações (ROBERTSON. Op. cit., p. 8).

parlamentar naquele modelo. O texto – de origem legislativa, mas que também contou com a chancela real – representava uma reafirmação da declaração de direitos apresentada pelo *Convention Parliament* a Guilherme III e Maria II, em fevereiro de 1689, quando estes foram convidados a se tornar rei e rainha da Inglaterra. Em seu teor, foram estabelecidas limitações formais ao poder real e afirmadas prerrogativas parlamentares, como a impossibilidade de que o rei suspendesse as leis ou seu cumprimento; a ilegalidade de cobrança de tributos para a Coroa sem o consentimento do Parlamento; a afirmação de que as eleições para o Parlamento deviam ser livres e suas reuniões, regulares, assegurando-se a liberdade quanto às manifestações nos debates e discursos legislativos, que não poderiam ser impugnados em qualquer outro tribunal que não fosse o próprio Parlamento (a inviolabilidade parlamentar).[127]

Juntamente com o Act of Settlement, de 1701 (o qual expressamente declarava a impossibilidade de perdão ou indulto a um impeachment declarado pela Câmara dos Comuns),[128] cristalizavam-se os fundamentos para o prosseguimento da monarquia britânica, agora com limites de ordem constitucional. A edição desses documentos, decorrentes de longo processo histórico e acompanhado pelo desenvolvimento de uma filosofia política contratualista[129] que fundamentava a origem, a legitimidade e os limites do poder, estabelecia, inclusive juridicamente, a submissão do monarca a limitações legais e ao direito comum. Confirmava-se também o grande poder detido pelo Parlamento como órgão de representação popular e de manifestação de sua vontade, a ser considerada pelo rei e seus ministros para as decisões políticas daquela Comunidade.

Assim, essa maior e mais bem desenhada responsabilização política dos ministros do rei perante o povo, representado pelo Legislativo em um modelo de destacado perfil parlamentarista, lançou as bases para que o instituto do impeachment se tornasse, na realidade da monarquia constitucional britânica, um instituto desnecessário. Isso

---

[127] AMARAL JÚNIOR. José Levi Mello do. *Inviolabilidade parlamentar*. São Paulo: Quartier Latin do Brasil, 2020. p. 36.

[128] No original, o documento contém a seguinte disposição: *"That no pardon under the Great Seal of England be pleadable to an impeachment by the Commons in Parliament"*.

[129] Por todos, cita-se John Locke como filósofo político cujas ideias mais influenciaram o contexto das Revoluções Inglesas e do estabelecimento de limites ao poder monárquico, em privilégio do parlamento como órgão de representação popular. Cf. LOCKE, John. *Segundo tratado sobre o governo*: ensaio relativo à verdadeira origem, extensão e objetivo do governo civil. São Paulo: Martin Claret, 2006.

porque suas finalidades passavam a ser atingíveis por mecanismos menos gravosos, sobretudo em relação ao chefe de governo (como o desenvolvimento e a consolidação das possibilidades da moção de desconfiança e de dissolução do Parlamento com convocação de novas eleições legislativas).

Com efeito, o último caso relevante de impeachment na Inglaterra foi registrado em 1787, quando Warren Hastings, então governador-geral das Índias,[130] foi acusado de má conduta, má gestão e corrupção em sua atuação naquela colônia britânica. As acusações feitas pela Câmara dos Comuns foram lideradas por Edmund Burke, cujo discurso de abertura durou quatro dias, envolvendo elementos de espetacularização do procedimento,[131] de modo a atrair o interesse da população para o caso, bem como para as discussões políticas que nele e a partir dele se queria travar.

O julgamento – cuja demora fez diminuir a atratividade e o próprio interesse do público sobre a relevância de sua responsabilização – só se encerrou em 1795, quando Hastings foi absolvido. Mais uma vez, porém, o debate, ao longo de todos esses anos, recebeu forte motivação

---

[130] Maurizio Oliviero ainda relembra que o caso foi destacado em um cenário em que se tinha pouco controle sobre as atuações funcionais dos administradores coloniais, de modo que "surgiram – nesse período – dois projetos de lei: o *Fox's India Bill* (1783) e, no ano seguinte, o *Pitt's Act*, com o qual, em particular, instituía-se uma comissão de controle responsável perante o Parlamento, com a tarefa de verificar possíveis responsabilidades, penais e políticas, na administração das colônias" (OLIVIERO; PAFFARINI. Op. cit., p. 41; ver nota de rodapé nº 55).

[131] Michael Edwardes narra que eram 22 *articles of impeachment* formulados contra Hastings, que envolviam imputações das mais variadas, representando "uma ampla gama de 'graves crimes e contravenções' e os acusadores se propuseram a garantir que, com parcialidade, falsificação de fatos e uma chuva de insinuações, eles fizessem de Warren Hastings o Nero e o Calígula da época" (EDWARDES, Michael. *Warren Hastings*: king of the nabobs. London: Hart-Davis, MacGibbon, 1976. p. 15; tradução livre de: *"a wide range of 'high crimes and misdemeanours' and the managers proposed to insure that with bias, falsification of facts and clouds of innuendo they made of Warren Hastings the Nero and the Caligula of the age"*). Conhecido por ser grande orador, Burke concluía seu indicado discurso inicial com as seguintes afirmações: "Eu o acuso em nome da Câmara dos Comuns do Parlamento, cuja confiança ele traiu. Eu o acuso em nome da nação inglesa, cuja antiga honra ele manchou. Eu o acuso em nome do povo da Índia, em cujos direitos ele pisou e cujo país transformou em deserto. Por último, em nome da própria natureza humana, em nome de ambos os sexos, em nome de todas as idades, em nome de cada classe, eu imputo como inimigo comum e opressor de todos" (Idem, p. 15, tradução livre de: *"I impeach him in the name of the Commons House of Parliament, whose trust he has betrayed. I impeach him in the name of the English nation, whose ancient honour he has sullied. I impeach him in the name of the people of India, whose rights he has trodden under foot, and whose country he has turned into a desert. Lastly, in the name of human nature itself, in the name of both sexes, in the name of every age, in the name of every rank, I impeach the common enemy and oppressor of all"*).

e conotação políticas,[132] sobretudo sobre as diferentes visões acerca do expansionismo do Império britânico e a atuação da Companhia Britânica das Índias Orientais.

Destaca-se, ainda, à luz do momento histórico que então se vivia, que o início de todo esse processo se deu justamente quando, na América, se reunia a Convenção da Filadélfia, que culminou na redação da Constituição dos Estados Unidos, de 1787. As notícias do caso Hastings serviram de influência direta para que, durante os debates da convenção, fossem moldados os novos contornos do impeachment naquele sistema presidencial que então nascia.[133] Desse modo, enquanto se desenhava o sistema político-constitucional estadunidense, "Burke usava o impeachment como meio, não para punir um homem, mas para estabelecer princípios constitucionais básicos – e americanos importantes estavam cientes de seus esforços e queriam um poder semelhante para si".[134]

De toda forma, ainda que alguns casos sejam encontrados no fim do século XVIII e no início do século XIX, após 1805-1806,[135] o impeachment caiu em completo desuso na Inglaterra e no Reino Unido.[136]

---

[132] Frank Bowman assevera que "certamente, não se pode ignorar que o movimento contra Hastings tinha objetivos políticos imediatos" (BOWMAN, Frank O. British Impeachments (1376-1787) and the Preservation of the American Constitutional Order. *Hastings Constitutional Law Quarterly*, v. 46, n. 4, p. 779, Summer 2019; tradução livre de: *"Certainly, one cannot ignore that the move against Hastings had immediate political objectives"*).

[133] BOWMAN. Op. cit., p. 777. Michael Edwardes também afirma que o processamento de Hastings "era essencialmente um julgamento político, uma questão de partido em vez de verdade, de vantagem em vez de culpa" (EDWARDES. Op. cit., p. 15, tradução livre de: *"was essentially a political trial, a matter of party rather than of truth, of advantage rather than of guilt"*).

[134] BOWMAN. Op. cit., p. 780, tradução livre de: *"The key point is that, at the same moment Americans were redesigning their government in Philadelphia, Burke was using impeachment as a vehicle, not for the chastisement of one man, but to establish basic constitutional principles—and important Americans were aware of his efforts and wanted a similar power for themselves"*.

[135] O caso de Henry Dundas, primeiro visconde de Melville e importante aliado do então primeiro-ministro William Pitt, ocorrido entre 1805 e 1807, é apontado com o último caso de impeachment ocorrido na Inglaterra. Em 8 de abril de 1805, a Câmara dos Comuns, após empate sobre o prosseguimento ou não do processo das acusações contra Dundas, aprovou sua sequência por voto de desempate de seu *speaker*. Eram a ele imputadas acusações de malversação de recursos públicos durante o período em que havia sido tesoureiro da Marinha britânica, mas o processo terminou em absolvição, em junho de 1806. Cf. HUTCHISON, Gary D. "The manager in distress": reaction to the impeachment of Henry Dundas, 1805-7. *Parliamentary history*, v. 36, issue 2, p. 198-217. A afirmação quanto a ser o último caso registrado de impeachment no sistema inglês é corroborada por Paulo Brossard, que afirma que "o derradeiro impeachment terminou em 1805, com a absolvição de Lord Melville" (BROSSARD. Op. cit., p. 26).

[136] Como destaca Jean Vilbois, citado por Paulo Brossard, a antiga responsabilidade individual buscada pelo impeachment cede lugar a um modelo de responsabilidade política coletiva do gabinete, que constitui a essência dos governos parlamentaristas, contexto em que o

Em acompanhamento às evoluções que o sistema político gradualmente assumia, esses últimos casos conhecidos indicam um retorno do instituto a uma aproximação de seu caráter penal inicial, tendo em vista que seu âmbito político já não se revelava mais necessário, ante o atingimento de um desenho institucional equilibrado, estável e delimitado, fazendo desaparecer as razões que ensejaram seu desenvolvimento e sua utilização nesse âmbito.[137] Todavia, o aperfeiçoamento dos sistemas judiciais de responsabilização penal revelava que o instituto passava a ser também desnecessário para esse âmbito, mesmo quando se voltava contra agentes importantes do governo.[138]

A evolução dos casos principais de impeachment destacados neste primeiro capítulo permite compreender suas origens históricas e os motivos que levaram a seu surgimento, bem como a seu declínio. De fato, seu desenvolvimento permitiu que ministros escolhidos pelo rei fossem responsabilizados perante o Parlamento, e não apenas perante a própria Coroa, freando impulsos reais absolutistas e fortalecendo a ideia de supremacia parlamentar;[139] uma espécie de ficção que, se o rei não podia errar, tornava possível que se reconhecesse que ele pudesse ter sido enganado por seus auxiliares, que poderiam, então,

---

impeachment rapidamente se tornou inútil, caindo em desuso (VILBOIS, Jean. *L'Impeachment aux États-Unis*. Thèse pour le doctorat (sciences politiques et économiques), Faculté de droit de l'Université de Paris. Boulogne-sur-Mer: impression du Boulonnais, 1920, apud BROSSARD. Op. cit., p. 29).

[137] Como sintetiza Paulo Brossard: "O impeachment se encaminhava para o museu das antiguidades constitucionais, na medida em que novo estilo surgia nas relações entre os poderes, e para cujo advento ele fora instrumento poderoso; relegada a ideia de sanção criminal como solução ordinária de governo, o jogo da responsabilidade deixou de ser apurado por meio das delongas de um processo judicial, passando a operar-se em termos de confiança política" (BROSSARD. Op. cit., p. 30).

[138] Maurizio Oliviero conclui que "o aperfeiçoamento progressivo da responsabilidade penal, de um lado, e daquela política, de outro, redimensionaram as potencialidades de um instituto no ponto médio entre o momento jurisdicional-penal e a lógica político-parlamentar, empurrando de maneira nítida em direção a procedimentos mais consoantes com a natureza específica – jurídica ou política – das imputações" (OLIVIERO; PAFFARINI. Op. cit., p. 42). O autor ainda cita, como evidência de seu desuso – ainda que não de sua revogação –, que o Treatise on the Law Privileges Proceedings and Usage of Parliament (livro escrito pela primeira vez em 1844 por Thomas Erskine May que representa um guia de procedimentos e práticas do Parlamento britânico e que é periodicamente atualizado) não conta, desde a edição de 1924, com o capítulo dedicado ao processo de impeachment.

[139] BERGER. Op. cit., p. 1. Cass Sunstein também destaca que "O impeachment foi um movimento em direção à substituição do absolutismo monárquico por algo mais próximo da supremacia parlamentar. Dessa forma, o impeachment foi, na Inglaterra, um grande passo na direção do autogoverno republicano" (SUNSTEIN. Op. cit., p. 35, tradução livre de: "*Impeachment was a movement in the direction of replacing monarchical absolutism with something closer to parliamentary supremacy. In that way, impeachment was, in England, a major step in the direction of republican self-government*").

ser responsabilizados.¹⁴⁰ Desenvolveram-se, assim, novas funções de julgamento às Casas parlamentares que se afastavam de uma natureza legislativa propriamente dita – para a qual se exigia a concordância do rei, o que poderia limitar excessivamente a potencialidade da ferramenta –, garantindo que o impeachment pudesse começar e terminar dentro do Parlamento.¹⁴¹

Desde uma concepção inicial de caráter penal, foi-se gradualmente evoluindo para um processo de natureza política (ao qual se esforçava por atribuir roupagem jurídica) e que, portanto, abrangia a possibilidade de sua utilização, por meio de um procedimento legislativo bicameral, em face de condutas não apenas penalmente típicas,¹⁴² mas que, por uma definição propositalmente aberta, poderia também alcançar condutas variadas de ofensas políticas (como má administração ou negligência no exercício de função pública), permitindo que se transformasse em um instituto não apenas formal, mas também materialmente político.¹⁴³ É dizer: "A partir de determinada fase histórica em seguida, não pressupôs mais o cometimento de um crime (*an indictable offence*)" revelando-se suficientes para sua legitimação "um conselho ruim (*a bad advice*) dado ao Rei, a administração ruim (*maladministration*), ter seguido uma política não compartilhada pelos Comuns ou, mais simplesmente, ser considerado um perigo".¹⁴⁴

Sob essa perspectiva, ainda que se trate de um processo de construção sucessiva da responsabilização política do Poder Executivo frente aos representantes do povo reunidos no Parlamento, não se pode assumir uma ideia romantizada de que a origem e a evolução do impeachment tenham representado atos de justiça. Da mesma forma, a oscilação da Câmara dos Lordes quanto a apoiar ou não as iniciativas dos Comuns de impeachment ou de *bills of attainder*, por vezes notadas nos casos mencionados, não leva à interpretação de que esse órgão

---

¹⁴⁰ BERGER. Op. cit., p. 2.
¹⁴¹ MAFEI. Op. cit., p. 31.
¹⁴² BARKER. Op. cit., p. 8.
¹⁴³ Bradley, Ewing e Knight afirmam que "No século XVII, o impeachment se tornou uma arma política empunhada pelo Parlamento para atacar políticas reais impopulares" (BRADLEY, A. W.; EWING, K. D.; KNIGHT, C. J. Constitutional & Administrative Law. 16th edition. Edinburgh: Pearson, 2016. p. 96; tradução livre de: "*In the 17th century, impeachment became a political weapon wielded by Parliament for striking at unpopular royal policies*").
¹⁴⁴ OLIVIERO; PAFFARINI. Op. cit., p. 52. Berger também conclui em sentido semelhante, ao afirmar que "Claramente, uma traição indiciável não era um pré-requisito para o impeachment" (BERGER. Op. cit., p. 52, tradução livre de: "*Plainly an indictable treason was not the prerequisite of impeachment*").

representava um protetor ou baluarte das liberdades.[145] De forma mais acurada, sua prática e os estudos de sua aplicação indicam que seu manejo se deu como instrumento de poder destinado a alcançar os fins políticos que se buscavam,[146] o que ratifica seu perfil essencialmente político, e não propriamente jurídico.

Enquanto não existiam os mencionados instrumentos mais brandos e efetivos de responsabilização política do Poder Executivo frente ao Legislativo, percebe-se, ao longo desse relato histórico, a utilização política e múltipla do impeachment para essas finalidades. Em um regime político em que a ascensão parlamentar era contínua, a consolidação estável dessa elevação institucional permitiu que os objetivos para os quais se desenvolveu o impeachment fossem atendidos por outros instrumentos menos bruscos, ainda que o instituto siga disponível à utilização legislativa.[147] Assim, para além de uma responsabilização estritamente individual, desenvolveu-se um modelo de responsabilidade coletiva de todo o gabinete ministerial, chefiado por seu primeiro-ministro, junto ao Parlamento, considerando-se a relação de confiança política que sustenta sua existência, sobretudo a partir do *Reform Act*, de 1832.[148] Não obstante, o instituto do impeachment estava longe de desaparecer, tendo em vista que se renovaria e se espalharia desde sua apropriação pela Convenção da Filadélfia de 1787 e sua adaptação ao regime presidencialista de governo, ponto a partir da qual foi também trazido ao modelo brasileiro.

---

[145] BERGER. Op. cit., p. 50.

[146] Em análise dos impeachments ocorridos na Inglaterra ao longo do século XVII, Raoul Berger afirma que esses eventos permitiram "promover fins políticos importantes" (BERGER. Op. cit., p. 30, tradução livre de: "(...) *to advance important political ends*").

[147] Bradley, Ewing e Knight também destacam que "O poder de impeachment ainda está teoricamente disponível ao Parlamento, mas meios mais modernos de alcançar a responsabilidade ministerial o tornaram obsoleto no Reino Unido" (BRADLEY, A. W.; EWING, K. D.; KNIGHT, C. J. Op. cit., p. 96, tradução livre de: "*The power of impeachment is still in theory available to Parliament: but more modern means of achieving ministerial responsibility have rendered it obsolete in the United Kingdom*").

[148] O *Reform Act* (1832) estabelecia reformas no sistema eleitoral inglês, afetando diretamente a composição do Parlamento. Apesar de suas inovações, essa lei estabelecia severas limitações ao direito de voto (adotando critérios censitários, por exemplo, que excluíam a maior parte dos trabalhadores), proibindo expressamente seu exercício pelas mulheres.

CAPÍTULO 2

O IMPEACHMENT NOS ESTADOS UNIDOS: UM MODELO PARA A REPÚBLICA PRESIDENCIALISTA

A incorporação do impeachment britânico nos Estados Unidos é etapa importante da evolução histórica e prática do instituto. Antes, porém, que o impeachment fosse estabelecido como importante elemento do imbricado sistema presidencialista de separação dos Poderes que então se desenhava, houve um importante período de prática parlamentar nas colônias britânicas na América do Norte.

Ainda no período colonial, a utilização do impeachment seguia parâmetros próximos aos da Inglaterra, sendo por vezes invocado pelas assembleias representativas para tentar estabelecer limites aos agentes da Coroa colonizadora nos assuntos internos, voltando-se especialmente contra juízes e governadores, autoridades de grande poder nas comunidades coloniais e que eram indicados pela metrópole. Desde então, porém, já se notavam alguns elementos especializadores do impeachment desenvolvido na América, que representariam contribuições importantes para o desenho de seus contornos constitucionais republicanos.

Com o tempo, porém, sua utilização passou a se dar não apenas como mecanismo de oposição e remoção a representantes reais que cometiam abusos no exercício de sua função, mas como instrumento de enfrentamento à Coroa e à colonização. À medida que as pretensões de independência se fortaleciam nas colônias, o impeachment se tornou uma de suas armas para a libertação, pelas quais se reivindicava sua autonomia, soberania e independência contra o governo monárquico inglês.

A partir de então, os processos de impeachment passaram a assumir nas colônias a feição de atos políticos conscientes, consolidando novas finalidades e características para a posterior conformação republicana e constitucional do instituto, além de promover a definitiva separação desse juízo político-parlamentar da jurisdição criminal.[149] Após a independência, já experimentados na sua utilização colonial e também em sua prévia adoção e regulamentação nas Constituições de alguns Estados, os membros da Convenção da Filadélfia – não obstante tenham enfrentado sérios dilemas em sua regulamentação – estabeleceram na Constituição estadunidense de 1787 as bases que permitiriam um novo desenvolvimento do instituto, com base em seus estritos limites constitucionais,[150] em um modelo republicano e presidencialista.

2.1 O impeachment nas colônias norte-americanas

Ainda no século XVII, já se encontrava nas colônias norte-americanas a utilização de procedimentos que equivaliam ou se assemelhavam ao impeachment. As influências de suas ocorrências no Reino eram passadas à colônia não apenas pela transmissão verbal baseada no conhecimento pessoal, mas também em relatos escritos que começavam

---

[149] BROSSARD. Op. cit., p. 31. O autor destaca que "quando os Estados Unidos adotaram o impeachment, reduzindo-o a expediente político com a separação do juízo parlamentar da instância criminal, na Inglaterra começava a ser entrevista a responsabilidade ministerial em termos puramente políticos, por meio de expedientes que objetivavam apenas a substituição dos ministros, uma vez que o rei, porque incapaz de fazer o mal – *the king can do no wrong* –, não podia ser substituído. Em verdade, quando da codificação institucional de Filadélfia, na Inglaterra se havia operado extensa evolução do instituto, ganhando relevo o aspecto político sobre o criminal" (Idem, p. 31). A partir desse contexto, o autor conclui que "quando os constituintes americanos adotaram o impeachment, tomaram-no em sua forma derradeira. De resto, ele vinha sendo praticado nas colônias e fora perfilhado pelos Estados. Limitado em seu alcance quanto às pessoas, restrito no que concerne às sanções, desvestido do caráter criminal, que fora dominante, expurgado de certas características anciãs, o impeachment, quando na Inglaterra chegava à senectude, ingressava no elenco das jovens instituições americanas" (Idem, p. 32).

[150] Paulo Brossard faz menção a excerto da manifestação apresentada por Eduardo Duvivier em defesa do Presidente Washington Luiz, em 1930 (BROSSARD. Op. cit., p. 34). Nesse ponto, em menção à apropriação norte-americana do impeachment inglês, Eduardo Duvivier afirmava (adaptado da redação original): "Adoptando o impeachment como um meio de tornar efetiva a responsabilidade do Presidente, seus Ministros e outros funcionários, tomaram-no, da constituição inglesa, com as garantias, de natureza judicial, do seu processo originario, mas com o efeito político, muito aproximado, do seu último estado de evolução, – o voto de censura, – evolução que fora, certamente, o resultado do princípio desenvolvido, na Inglaterra, na última parte do século XVIII, da independência do judiciário, como elemento particularmente garantidor da liberdade civil" (DUVIVIER, Eduardo. *Defesa do Ex-Presidente da República Dr. Washington Luiz Pereira De Sousa No Caso De Petrópolis*. Rio de Janeiro: Alba, 1931. p. 75).

a surgir,[151] havendo registros legislativos coloniais que indicavam a existência de um conhecimento técnico sobre o impeachment na América já na década de 1660. Em diferentes casos que se desenvolveram naquela colônia ao longo do século XVII, alguns elementos do impeachment britânico eram notados: imputações de violação da confiança pública, indevidas utilizações de poderes no exercício de funções oficiais ou a prática de crimes em posições relevantes de autoridade, as quais poderiam ser dirigidas por uma assembleia legislativa baixa para apreciação perante uma câmara alta. Entretanto, também já se percebiam especificidades que contribuiriam para a formação de uma nova feição para o instituto, em adaptação à realidade política da colônia: as acusações voltavam-se contra ocupantes atuais de cargos públicos em razão de condutas praticadas em seu exercício; e, em caso de condenação, não se estabeleciam penas de natureza criminal (como prisão[152] ou mesmo a pena de morte), recaindo a punição sobre o efetivo afastamento das funções exercidas.[153] Ademais, aponta-se que, na América, o impeachment começou a ser utilizado não como uma tentativa de ascensão legislativa ou de imediata ruptura com a colonização britânica, mas como a formulação de experiências institucionais[154] de uma reação prática e local a problemas de má conduta que ocorriam entre os representantes do governo na colônia.[155]

Cita-se, como primeiro exemplo relevante, o caso de John Harvey (1635),[156] governador colonial da Virgínia. Ainda que na ocasião não se perceba a utilização efetiva da expressão "impeachment" – que só se consolidaria na colônia alguns anos mais tarde –, os opositores de Harvey "fizeram um bom trabalho de aproximação ao impeachment

---

[151] Hoffer e Hull relatam que, ao fim o século XVII, já existiam as primeiras fontes confiáveis sobre os casos de impeachment ocorridos durante o reinado dos Stuart, como os oito volumes de *Historical Collections of parliamentary and royal documents*, escrito por John Rushworth's e publicado em 1680, e *Of the Judicature in Parliaments*, escrito por John Selden e publicado em 1681 (HOFFER, Peter C.; HULL, N. E. H. The First American Impeachments. *The William and Mary Quarterly*, v. 35, n. 4, p. 655, Oct. 1978).

[152] Como evidenciado na análise dos casos feita na sequência, os relatos históricos indicam que alguns dos acusados foram efetivamente presos durante o procedimento do impeachment, mas não se utilizava a prisão como sanção ao final do processo, tampouco como retribuição ou consequência da condenação pelos atos imputados.

[153] HOFFER; HULL. Op. cit., p. 656.

[154] Idem, ibidem.

[155] HOFFER, Peter C.; NULL, N. E. H. *Impeachment in America, 1635-1805*. Connecticut: Yale University Press, 1984. p. 15.

[156] As datas indicadas entre parênteses correspondem aos anos durante os quais transcorreram os eventos principais relativos a cada processo de impeachment exemplificado.

dos Comuns por 'graves crimes e contravenções' para julgamento perante uma câmara alta".[157] Tratava-se, assim, de um "um processo de impeachment sem a terminologia".[158]

Em um cenário em que já se falava na existência de uma assembleia baixa (*House of Burgesses*) e uma câmara alta do Conselho do Governador (Governor's Council), os órgãos locais de representação sentiam-se insatisfeitos com algumas políticas comerciais, indigenistas e de concessão de terras implementadas por Harvey. Entre as acusações específicas, encontravam-se a supressão ilegal de cartas que agricultores da colônia dirigiam ao rei Carlos I em referência à renegociação dos contratos de tabaco, conspiração com comerciantes de Maryland em desfavor dos da Virgínia e negociações perigosas de tratados de paz com os índios.[159] Ainda que não houvesse nenhum crime específico ou nenhum ato de traição individualmente apontado, entendia-se haver atos ilegais, por abuso do poder público.

As acusações foram, então, dirigidas pela Câmara baixa ao Conselho, perante o qual Harvey pôde se defender, tendo sido, ao final, considerado culpado. Entretanto, sem querer testar os limites da insatisfação da Coroa, não houve a aplicação de sanções penais a Harvey, que foi apenas removido do cargo e mandado de volta à Inglaterra, para que fosse sentenciado pelo rei.

A responsabilização pelos órgãos da colônia, portanto, limitou-se à remoção do Governador de seu cargo, sem aplicação de outras sanções de caráter penal. Ainda que esses órgãos coloniais não invocassem um poder formal de declarar o impeachment, tratava-se de um ato de "expulsão" que em muito se assemelhava àquele instituto. Por essa razão, a assunção pela colônia de um poder muito próximo ao do impeachment britânico não foi bem compreendida pela Coroa, tendo o Conselho Privado (*Privy Council*) de Carlos I restituído Harvey ao cargo de governador em 1636.

Já em Maryland, houve, ainda no século XVII, outros exemplos de responsabilização política, nos quais já se passava a notar as primeiras aplicações do termo "impeachment" em seus procedimentos de acusação

---

[157] HOFFER; HULL. Op. cit., p. 655, tradução livre de: "(...) *did a far job of approximating the Commons' impeachment for 'high crimes and misdemeanors' for trial before an upper house*".

[158] HOFFER; HULL. Op. cit., p. 657, tradução livre de: "*an impeachment prosecution without the terminology*".

[159] HOFFER; HULL. Op. cit., p. 657.

feita por uma câmara baixa colonial de algum ocupante de posto público para julgamento em uma câmara alta.[160]

A primeira dessas situações corresponde ao caso de John Morecroft (1669), membro da Assembleia baixa daquela colônia. Morecroft foi acusado por Robert Morris, um dos mercadores e negociantes mais influentes da região, por irregularidades cometidas no exercício da advocacia. As acusações registradas nos *articles of impeachment* elaborados pela Câmara baixa incluíam a cobranças de taxas altas, a defesa de partes contrárias em um mesmo processo e o indevido transporte das leis de Westminster para o Condado de St. Mary.[161] Houve, porém, discordância por parte da Câmara alta, que, no caso, perfilhou o caminho que na Inglaterra os Lordes haviam seguido para o caso Clarendon (1667), corrigindo os excessos provenientes da Assembleia baixa na interpretação dos casos precedentes de impeachment.

Outro caso da colônia foi o de Thomas Trueman (1676), influente aristocrata que havia comandado uma desastrosa investida militar de cerco a um forte dos índios Susquehannock, após a qual ordenou a execução de cinco líderes indígenas que haviam sido feitos reféns. Em razão de sua incompetência e para tentar acalmar a revolta de outras tribos, além do crime que cometeu, a Assembleia baixa formulou a acusação de impeachment contra Trueman, sob a imputação de diversos crimes e ofensas.[162]

Suas alegações defensivas foram rejeitadas pelo Conselho, que o considerou culpado em maio de 1676, tendo requerido à Assembleia baixa a edição de um *bill of attainder*, que acabou recusando a ideia. Ao final, destituído de suas funções, aplicou-se uma multa a Trueman, que foi liberado sob fiança.

Nesse episódio, portanto, houve a recusa em seguir a prática inglesa de aprovação de um *attainder*, até mesmo porque Trueman, apesar de exercer um cargo executivo, era um dos proprietários de terra que sustentavam a existência da Assembleia baixa. Ao contrário do que se via nos casos ingleses, ele não era agente do rei e entendeu-se que sua conduta não era lesiva o suficiente à ordem pública para justificar uma sanção mais grave erigida pela Assembleia baixa a um dos seus. Reduziu-se, assim, a pena também à perda do cargo, refletindo que as limitações de sanções nos exemplos americanos decorreriam não apenas

---

[160] HOFFER; HULL. Op. cit., p. 658.
[161] HOFFER; HULL. Op. cit., p. 659.
[162] HOFFER; HULL. Op. cit., p. 660.

de sua própria condição de colônia, mas também de situações práticas que se identificavam na dinâmica de sua comunidade.[163]

Eventos parecidos também se deram para o caso de Jacob Young (1681-1683), que atuava como intérprete da colônia junto aos índios. Suas acusações de altas contravenções incluíam incentivar disputas entre tribos indígenas, falhar em seguir as instruções que, como agente público, recebia para sua atuação e causar descrédito ao governo entre os índios. Tendo sido acusado pela Assembleia baixa e condenado perante o Conselho, este mais uma vez requereu que aquela Casa editasse um *bill of attainder* contra Young. Entretanto, diante de nova recusa, os dois órgãos concordaram quanto à sua colocação em liberdade e, apesar de ter ficado preso durante boa parte do processo, a pena mais dura que sofreu foi também a perda de seu cargo.[164]

Na Pensilvânia também se nota um exemplo de destaque ainda no século XVII, com a peculiaridade de que o artigo 19 de sua Carta de Liberdades de 1682 continha previsão nominal do procedimento de impeachment, inclusive com a previsão do quórum de dois terços para condenação (artigo 5).[165] O caso do *chief* Justice Nicholas More (1685), indicado por William Penn ao cargo na Corte Provincial da Pensilvânia, teve lugar a partir da formalização de acusações de uma série de más condutas judiciais,[166] consolidadas como "graves crimes e contravenções" em onze *articles of impeachment*. Narra-se que More apresentava comportamento arrogante, era emocionalmente desequilibrado e sequer tinha formação jurídica: era médico, não obstante tivesse afirmado ter exercido a advocacia na Inglaterra.[167] Seu julgamento acabou se desgastando ao longo dos meses que durou, tendo se encerrado pela indicação de More por Penn a outro posto no governo colonial.

---

[163] HOFFER; HULL. Op. cit., p. 661. Outro caso em que se teve o mesmo tipo de procedimento e o julgamento resultou apenas na perda do cargo foi o de Charles James (1676), xerife do Condado de Cecil, em Maryland. James foi acusado, pelo impeachment, por condutas de natureza penal, incluindo perjúrio, e condenado em junho daquele ano. Como consequência, James também perdeu seu cargo, mas não recebeu qualquer pena de natureza penal por sua condenação.

[164] HOFFER; HULL. Op. cit., p. 662-663.

[165] O inteiro teor da Carta pode ser consultado em: https://avalon.law.yale.edu/17th_century/pa03.asp (acesso em: 20 maio 2021).

[166] Entre os fatos específicos imputados encontrava-se a intimidação de jurados, o assédio a testemunhas e a dispensa indevida de júri. Essa ocorrência apresenta semelhanças com o caso Scroggs (1681) e aponta-se que John White, que atuou como *speaker* da Assembleia colonial da Pensilvânia no processo de More, tinha deixado o reino havia pouco tempo (HOFFER; HULL. Op. cit., p. 664).

[167] HOFFER; HULL. Op. cit., p. 664.

Esses diversos casos aqui ilustrados apresentam, assim, a característica da utilização inicial do impeachment na América do Norte colonial durante o século XVII: a proteção dos interesses públicos coloniais contra atos lesivos individuais praticados por membros da administração em geral. Diferentemente da atuação dos Comuns na Inglaterra, que pelo impeachment e seus desdobramentos se contrapunham diretamente aos poderes da Coroa e aos ministros mais importantes do rei, as câmaras baixas coloniais voltavam-se contra más condutas individuais, e não propriamente contra a Coroa em si ou o Poder Executivo por ela representada.

Em seus elementos centrais, os modelos inglês e norte-americano colonial apresentavam grandes semelhanças, tendo em vista que partiam de acusações formalizadas pela Assembleia baixa perante a Câmara alta, as quais, em caso de condenação, resultavam em sanções que se limitavam essencialmente à perda do posto público ocupado, seja porque não se queria enfrentar uma grande oposição da Coroa britânica, seja porque os acusados eram membros da própria legislatura ou importantes figuras da elite colonial. Não se tratava, de início, de um empreendimento consciente de expansão dos poderes coloniais sobre a Coroa, mas de método experimental que permitia controlar a má conduta oficial. Em geral, nesses momentos iniciais, "o uso do impeachment exemplificou o desejo de afirmar as liberdades legais e constitucionais inglesas em seus novos lares".[168]

Entretanto, gradualmente se percebeu que seus órgãos legislativos também poderiam galgar poderes semelhantes, quando se passou a conceber a utilização do impeachment contra o próprio sistema imperial e colonial britânico. Conforme aumentava o apoio à independência das colônias, recorria-se ao impeachment também como arma de luta para sua libertação.

Assim, enquanto os casos de impeachment na América no século XVII centravam-se efetivamente sobre condutas públicas nocivas, em relação aos quais se queria afastar seus perpetradores, os exemplos do século XVIII indicam que o impeachment se transformou em instrumento pelo qual as Assembleias das colônias reivindicavam sua independência nas lutas contra o governo monárquico inglês. A partir de então, o instituto foi gradualmente se afirmando para outra finalidade adicional: mecanismo de controle em face das condutas de governadores,

---

[168] HOFFER; HULL. Op. cit., p. 666, tradução livre de: *"Their use of impeachment exemplified their desire to affirm English legal and constitutional liberties in their new homes"*.

juízes, conselheiros e autoridades nomeados pela Coroa. Os processos de impeachment, assim, passaram a assumir nas colônias a feição de atos políticos conscientes, em sinergia[169] entre política e direito, que permitiram novas possibilidades ao instituto, que se adaptava para uma futura incorporação republicana.

Hoffer e Null apontam que as primeiras interpretações políticas do impeachment no século XVIII para o progressivo abandono de seu caráter quase criminal tiveram lugar no caso Vetch (1706), em Massachusetts. Mesmo que acusações de aspecto penal ainda continuassem a subsidiar o início das discussões, a formulação dos pedidos de impeachment passou a se embasar, cada vez mais, em oportunidades proporcionadas por circunstâncias políticas de um determinado momento.

No caso Vetch, os capitães mercantes Samuel Vetch, John Borland, William Rouse e Roger Lawson foram detidos por promoverem relações comerciais com inimigos, prática que, apesar de ser considerada ato de traição, era bastante realizada e lucrativa, inclusive havia, em relação a ela, associações de Joseph Dudley, o administrador da colônia. Os mercadores foram, então, acusados de traição e tornados alvos de impeachment,[170] promovido pela Assembleia baixa perante o Conselho superior, que acabou resultando na condenação dos acusados e na imposição de sanções de multa e prisão, a partir da votação de um *bill of punishment* por um comitê conjunto dos dois órgãos.

Entretanto, o verdadeiro objetivo da Câmara baixa era essencialmente político: contrapor-se às condutas do governador colonial Joseph Dudley.[171] Ao final, porém, a condenação de Vetch e seus companheiros foi invalidada pelo Privy Council[172] do rei da Inglaterra, que, além de não reconhecer o poder de impeachment declarado pelas colônias, detinha competência como corte de apelação para revisar e anular as decisões ali proferidas.

---

[169] HOFFER, Peter C.; HULL, N. E. H. Power and Precedent in the Creation of an American Impeachment Tradition: The Eighteenth-Century Colonial Record. *The William and Mary Quarterly*, v. 36, n. 1, p. 52, Jan. 1979.
[170] Ao indicar a promoção de processo de impeachment contra os comerciantes, esse caso representa uma exceção ao aludido padrão de responsabilização de ocupantes de cargos públicos nas colônias norte-americanas.
[171] HOFFER; HULL. Op. cit., p. 53.
[172] O órgão era composto pelos principais conselheiros e consultores do rei. Não obstante ainda exista, perdeu sua relevância histórica ao longo do tempo, sobretudo pela solidificação de um modelo parlamentar, com a formação de um gabinete de governo. Como indica Carlos Blanco de Morais: "Presentemente, com mais de três centenas de membros, tem funções diminutas e raramente se reúne em Plenário" (MORAIS, Carlos Blanco de. *O sistema político no contexto da erosão da democracia representativa*. Coimbra: Almedina, 2017. p. 346).

Na Pensilvânia, em um cenário de animosidade política e de disputa nos ramos da administração local entre oficiais eleitos e outros indicados pelos ingleses, James Logan, próximo de William Penn e seu secretário no Conselho da colônia, também foi alvo de impeachment (1707-1709). Em um contexto de discussões sobre o *Judiciary Act* (1706), em que se manifestaram acirradas controvérsias sobre as prerrogativas reservadas à Assembleia ou ao Executivo colonial sobre a atuação e a destituição de juízes (que eram indicados a seus cargos por representantes da Coroa inglesa), emergiram antigas indisposições entre Logan e David Lloyd, *speaker* da Assembleia, tendo atingido seu ápice nas manifestações de Logan e de seu aconselhamento ao vice-governador John Evans, as quais resultaram no veto e na não aplicação da proposta aprovada pela Assembleia.

Assim, acusado de atividades ilegais na tentativa de orientar e controlar o processo legislativo,[173] a Assembleia preparou treze *articles of impeachment* contra Logan, imputando-lhe a responsabilidade por cláusulas legislativas que reafirmavam poderes para o governador colonial e seus substitutos, em contraposição aos interesses da Assembleia, além de atos praticados no exercício de outros cargos, como cobrança de aluguéis excessivos e divisão e redistribuição ilegais de terras em sua atuação como comissário de terras; interferências na eleição de um xerife; e criação de desentendimentos junto ao povo.[174]

Como a Carta colonial de 1701[175] havia extinguido as funções legislativas de câmara superior do Conselho, pedia-se que o próprio ocupante do cargo de governador colonial exercesse a função de julgador do impeachment. Após um imbróglio sobre a competência ou não para o governador realizar o julgamento, que inicialmente se recusava a assumir funções equivalentes às da Câmara dos Lordes na Inglaterra, a própria opinião pública dos colonos oscilou em favor de Logan, tendo o processo perdido sua força após nova eleição para a composição da Assembleia, em que Lloyd perdeu seu assento junto ao órgão.[176] Ainda assim, o caso exemplifica como um conflito político sobre os poderes e prerrogativas de uma ou outra instituição colonial originou o processo de impeachment contra Logan, na tentativa de

---

[173] ALDERFER, E. Gordon. James Logan: The Political Career of a Colonial Scholar. *Pennsylvania History: A Journal of Mid-Atlantic Studies*, v. 24, n. 1, p. 46, Jan. 1957.
[174] HOFFER; HULL. Op. cit., p. 56.
[175] Trata-se da "Carta de privilégios", concedida por William Penn aos habitantes da Pensilvânia em 28 de outubro de 1701, cujo inteiro teor está disponível em: https://avalon.law.yale.edu/18th_century/pa07.asp (acesso em: 20 abr. 2021).
[176] ALDERFER. Op. cit., p. 47.

balancear os poderes de autoridades indicadas da Coroa para cargos no Executivo e no Judiciário coloniais.

Na Carolina do Sul, em 1719, havia também uma grande expectativa em relação a iniciativas de sua Assembleia quanto ao assentimento com algumas leis que lhe atribuíam maiores poderes sobre temas como concessões de terras, política indígena, eleições e preços comerciais.[177] Entretanto, com o veto total dos representantes da Coroa inglesa a essas iniciativas, os líderes da Assembleia, ao suspeitarem de que a decisão da metrópole havia sido influenciada por Nicholas Trott, *chief justice* da colônia desde 1703, voltaram-se contra ele em um processo de impeachment.

Imbuídos dessa motivação política, pela qual não se podia acusá-lo de agir no interesse da Coroa, foram formuladas contra Trott acusações de abuso de seus poderes judiciais. Assim, em abril de 1719, foram formulados 31 *articles of impeachment* em seu desfavor, imputando-lhe condutas como a realização de julgamentos parciais, criação de novas taxas destinadas a si próprio, atraso na apreciação de casos e exercício de aconselhamento jurídico enquanto era juiz.[178] Os representantes da Assembleia, porém, não conseguiram levar o julgamento adiante, sendo interrompido pela recusa do Conselho, órgão que Trott assessorava,[179] da assunção de uma competência para julgar processos de impeachment.

Entretanto, os embates entre os colonos e os representantes da Coroa não se encerraram por aí; ao contrário, foram intensificados e levaram a significativos acontecimentos políticos. Pressionado pela Assembleia a levar a acusação contra Trott a uma autoridade superior que pudesse, então, julgá-lo, o governador colonial enviou Francis Yonge, um de seus conselheiros, à Inglaterra, transmitindo as queixas da Assembleia e a recomendação conjunta de que Trott fosse removido de seu cargo. Não obstante, na Inglaterra, a pretensão foi tida como ousada e presunçosa, tendo Yonge retornado com a instrução de formação de um novo Conselho pró-Trott, o que não foi bem recebido pelos colonos. Convocadas novas eleições para a formação da Assembleia, os

---

[177] HOFFER; HULL. Op. cit., p. 58.
[178] HOFFER; HULL. Op. cit., p. 58.
[179] Episódio curioso desse caso decorre do fato de que Trott havia sido, em 1707, alvo de pedido, dirigido pelo Conselho à Assembleia de representantes, para que fosse acusado por suas más condutas judiciais. Entretanto, tratava-se de momento em que Trott mantinha relações amigáveis com a assembleia, que recusou o pedido justamente sob o fundamento de que o Conselho "não era uma Câmara dos Lordes nem uma jurisdição própria perante a qual a assembleia poderia processar um caso" (HOFFER; HULL. Op. cit., p. 58). O argumento foi então resgatado e utilizado por Trott em seu favor, dessa vez em uma situação inversa.

colonizadores foram derrotados, aumentando a pressão pelo julgamento de Trott, que acabou sendo realizado e resultou em seu afastamento das funções.[180] Nota-se, assim, que o episódio indica a ocorrência de mais uma disputa política entre representantes coloniais e agentes da Coroa pela assunção de poderes e prerrogativas institucionais.

Cerca de duas décadas depois, também na Carolina do Norte, houve um caso interessante, outra vez voltado ao *chief justice* de seu Tribunal Geral, William Smith (1738), que também ocupava outros cargos na administração colonial, com grande apoio do governador Gabriel Johnston. Sua ascensão local, tão logo tinha chegado da Inglaterra, causou reações entre os colonos, sobretudo após a expansão de suas propriedades territoriais se voltar para Willmigton, em uma região na qual já havia outras famílias estabelecidas. A efetiva incorporação das terras acabou sendo aprovada no Conselho, do qual Smith fazia parte, em votação que contou com dois votos proferidos pelo próprio interessado.[181]

Nesse cenário, instaurou-se uma reação liderada por Richard Everard, Samuel Swan e Maurice Moore, que propuseram dezessete *articles of impeachment* contra Smith. Ainda que não tivessem a pretensão de alcançar sua efetiva condenação – dada a forte influência de Smith no Conselho e junto ao governador –, acreditava-se que se conseguiria sua aprovação na Assembleia baixa, o que já representaria alguma pressão política contra Smith e seus aliados. Os articles apresentados envolviam acusações de irregularidades em sua conduta judicial, como promoção de julgamentos arbitrários, ilegalidades na convocação de jurados, discricionariedade na instalação de tribunais e na imposição de penas em suas condenações, criação de taxas especiais que revertiam a si mesmo, entre outras denúncias de utilização de suas funções em benefício próprio.[182]

Entretanto, como demonstração de sua habilidade política e de seu apoio mesmo entre os colonos, Smith agiu junto a John Hodgson, *speaker* da Assembleia baixa, explorando uma rivalidade que existia entre grupos do norte e do sul da colônia, resultando no convencimento de abstenção de um conjunto de representantes nas sessões de novembro de 1738, quando as imputações formuladas seriam votadas. Sem que houvesse quórum para apreciação, a medida teve de ser adiada e acabou sendo definitivamente arruinada após a realização de novas

---

[180] HOFFER; HULL. Op. cit., p. 59.
[181] HOFFER; HULL. Op. cit., p. 60.
[182] HOFFER; HULL. Op. cit., p. 61.

eleições e a formação de uma nova composição para a Assembleia, que se reinstaurou em fevereiro de 1739, entre cujos membros havia vários apoiadores de Smith.

A ação orquestrada por Smith e seus aliados foi eficaz, havendo registros de que toda a iniciativa de formação de um processo em seu desfavor, desde a leitura dos dezessete *articles of impeachment* até a tentativa de votação, durou apenas três dias, dificultando a tarefa de reunir elementos probatórios mínimos que subsidiassem a aprovação das imputações, tendo a proposta sido rejeitada por uma maioria de seis votos.[183] Diferentemente do que se percebeu no caso Trott, Smith conseguiu manter algum apoio na Assembleia baixa, o que lhe deu respaldo político suficiente para inviabilizar a tentativa de aprovação do impeachment. Dessa forma, também imiscuído em um episódio de crise local e embate político, o caso já naquela época indicava como a existência de apoio nos órgãos de representação e a habilidade de agir politicamente são relevantes para o insucesso de uma tentativa de impeachment.[184]

A análise desses exemplos de processos de impeachment ocorridos durante o século XVIII nas colônias norte-americanas (casos Vetch, Logan, Trott e Smith) permite verificar que, extraídas as divergências pessoais, envolveram embates políticos pela disputa de poder entre as Assembleias locais e algumas autoridades indicadas pela Coroa britânica e seus representantes. Em geral, os conflitos foram resolvidos internamente à própria colônia, salvo quando algum dos agentes envolvidos requereu auxílio ou intervenção inglesa, especialmente pela possibilidade relativamente fácil de que, querendo, as autoridades britânicas revertessem qualquer decisão que se tomasse nas colônias, sem que essa reversão ainda despertasse grandes inquietações pelos colonos frente à interferência real. É por isso que se afirma que, "em todos os quatro casos, os líderes do impeachment na Câmara baixa se esforçaram para professar lealdade a seus senhores ingleses",[185] ainda que já houvesse traços distintos em comparação aos casos do século

---

[183] HOFFER; HULL. Op. cit., p. 60.
[184] Sobre o ponto, que guia muitas das análises políticas dos impeachments nos séculos XX e XXI de regimes presidenciais, rememora-se mais uma vez o trabalho de Aníbal Pérez-Liñán, em que destaca o grau de apoio político do acusado como um dos critérios determinantes para a forma pela qual se resolvem esses processos (PÉREZ-LIÑÁN, Aníbal. *Presidential impeachment and the New Political Instability in Latin America*. [S.l.]: Cambridge University Press, 2017).
[185] HOFFER; HULL. Op. cit., p. 62, tradução livre de: "(...) *in all four of the cases, lower house impeachment leaders took pains to profess loyalty to their English overlords*".

XVII. Pouco a pouco, porém, crescia o sentimento de revolta entre os colonos, que definitivamente atribuíram ao impeachment nova tendência de contraposição aos poderes reais e seus apoiadores nas colônias. De volta à Pensilvânia, já na segunda metade do século XVIII, houve outro relevante caso de processamento por impeachment voltado a um magistrado, dessa vez contra William Moore, juiz no condado de Chester. Em 1757, a Assembleia local recebeu diversas denúncias de comportamentos inadequados de Moore, entre os quais anulação indevida de vereditos de júri, atraso na execução de determinados julgamentos e mesmo recusa em pagar suas próprias dívidas.

Sem poder destituir por si só o juiz, cuja remoção dependia da concordância das autoridades reais, a Assembleia convocou Moore para que prestasse esclarecimentos, mas ele não compareceu. Os vários pedidos de sua destituição que se seguiram foram então encaminhados a William Denny, vice-governador colonial em exercício, que, sem querer ignorar por completo as pretensões da Assembleia em meio às negociações de um projeto de lei relativo aos suprimentos para guerra, determinou a instauração de uma investigação. Esta, porém, mostrou-se puramente formal, tendo sido encerrada após a manifestação do próprio Moore negando as acusações aludidas. Não satisfeito, porém, quando as reuniões da Assembleia foram suspensas para o inverno de 1757-1758, Moore publicou em um jornal local a acusação de que a Câmara baixa havia fabricado provas contra ele, reavivando a insatisfação daquele órgão, que desejava prendê-lo pela difamação que entendia ter sido feita.

Constituída uma assembleia em 1758 e tendo Denny novamente negado o pedido de sua destituição, aprovou-se na Assembleia baixa o impeachment de Moore. Invocando argumentos de ordem constitucional – mas ainda em referência à constituição inglesa –, a Assembleia buscou restringir os poderes de Denny, avisando-o de que qualquer tentativa de contornar o julgamento do impeachment seria incompatível com esse sistema de regras, que assegurava àquela Câmara baixa o poder de impeachment. Insistia-se, portanto, naquilo que desde o início era o objetivo: mais que apenas promover a condenação de Moore, buscava-se efetivamente desafiar a ordem do sistema colonial.[186]

Pressionado, Denny procurou encontrar algum motivo que impedisse o julgamento do impeachment sem se contrapor diretamente à Assembleia. Assim é que retomou o argumento anteriormente erigido por John Evans no caso Logan: a impossibilidade de que pudesse assumir

---

[186] HOFFER; HULL. Op. cit., p. 64.

funções equivalentes às da Câmara dos Lordes na Inglaterra e promover o julgamento do impeachment formulado pela Câmara baixa. Denny fundamentava, ainda, que se trataria de uma limitação sábia, já que, se "tal poder recaísse sobre um homem, ele poderia destruir os direitos e liberdades garantidos pela constituição inglesa".[187]

A resposta não satisfez à Assembleia, que respondeu a Denny reafirmando aquilo que entendia ser seus três poderes fundamentais: fazer leis (atribuição em relação à qual se apontava uma grande invasão e diminuição pelas determinações da metrópole); conceder ajudas à Coroa (atribuição que também se entendia violada pelas sucessivas alterações em suas previsões orçamentárias); e reparar as queixas do povo (atribuição que estava sendo totalmente esvaziada naquele caso). O embate levou à intervenção, em 1759, do Conselho Privado real, que negou à Assembleia o direito de processar Moore por eventuais ofensas causadas a uma formação assemblear anterior, bem como rechaçou qualquer possibilidade de reconhecimento de seus alegados privilégios parlamentares, incluindo o poder de impeachment.

Moore foi, então, plenamente restituído em suas funções e exonerado das acusações que lhe haviam sido feitas. Apesar do desfecho negativo para a Assembleia, esta se fortaleceu na autoafirmação de poderes que não poderiam ser limitados pelo governador colonial, restando evidente a "diferença entre seus interesses – concebidos para serem idênticos aos interesses do povo – e os interesses dos colonizadores e seus agentes".[188]

Insatisfações similares com as interferências excessivas nos assuntos locais também estiveram por trás do caso Oliver (1773). Peter Oliver, *chief justice* na colônia de Massachusetts, foi indicado ao cargo pelo governador colonial Thomas Hutchinson, em um ambiente de reação ao controle monárquico sobre o Tribunal Geral da colônia. Visto como alguém que poderia resistir às fortes pressões populares – que haviam feito Benjamin Lynde Jr renunciar ao cargo –, Oliver "logo se tornou um fraco peão na luta pelo poder entre o governador real e a assembleia revoltada".[189]

---

[187] HOFFER; HULL. Op. cit., p. 64-65, tradução livre de: "(...) *should such a power fall upon one man, he might overthrow the rights and liberties guaranteed by the English constitution*".

[188] HOFFER; HULL. Op. cit., p. 65, tradução livre de: "(...) *the difference between its interests — conceived to be identical with the interests of the people — and the interests of the proprietors and their agents*".

[189] HOFFER; HULL. Op. cit., p. 66, tradução livre de: "*The new chief justice soon became a weak pawn in the power struggle between the royal governor and the rebellious assembly*".

O estopim do episódio foi a notícia de que o governo inglês pretendia custear os salários dos juízes do tribunal da colônia. A Assembleia temia que, sem suas próprias dotações para a remuneração dos magistrados, estes se tornariam ainda menos sensíveis às postulações locais, pelo que desde logo se opuseram frente ao governador Hutchinson. Foi então que a Assembleia aprovou novos salários aos juízes do Tribunal geral, ultimando seus membros a declarar se aceitariam a remuneração real ou aquela fixada pela Câmara baixa, considerando-se a noção de que uma das previsões mais importantes de suas Cartas[190] era a de que a Assembleia detinha os poderes para custear os serviços públicos do governo colonial.

Todos os demais juízes consentiram com o recebimento da remuneração fixada pela Assembleia, mas Oliver se recusou, afirmando que aceitaria o salário da Coroa. Sentindo que havia se deixado comprar por um salário fixado em contraposição às leis da terra e que, portanto, teria agido contra o sentimento de seu povo, a Assembleia aprovou os *articles of impeachment* contra Oliver, requerendo que o governador e o conselho o julgassem para que, se condenado, fosse destituído de seu cargo.

Embora as recusas genéricas e formalistas de Oliver e Hutchinson impedissem seu efetivo afastamento – como a impossibilidade de julgá-lo por ter aceitado uma remuneração que lhe era devida pelo rei –, elas não eram suficientes para convencer a opinião pública local. Pedir a Hutchinson que julgasse um caso contra seu fiel apoiador político e esperar que houvesse efetivo afastamento era pouco crível, mas o requerimento forçava o governador a defender o impopular acusado. À medida que a revolução parecia cada vez mais iminente, colonos mostravam-se menos temerosos em contrapor os desejos das autoridades inglesas e, em várias colônias, aumentavam os episódios de conflitos expressos entre as Assembleias e os governadores coloniais.

Tratou-se, uma vez mais, da utilização do impeachment como ferramenta manejada contra o governo real e seus representantes, permitindo que a Assembleia local ganhasse força institucional e maior respaldo entre seus constituintes. Além do problema específico que Oliver causava àquela comunidade, os processos de impeachment como inciativas da Câmara baixa contra um membro da administração

---

[190] Também na colônia de Massachusetts Bay já havia algumas Cartas coloniais publicadas, como a *Explanatory Charter of Massachusetts Bay* (1725) e a *Charter of Massachusetts Bay* (1691), disponíveis em: https://avalon.law.yale.edu/subject_menus/statech.asp (acesso em: 20 maio 2021).

colonial por inadequação do exercício de suas funções e violação à confiança pública sinalizavam um compromisso inicial com os valores constitucionais e republicanos que em breve se desenvolveriam mais detidamente. Se suas origens remontavam à prática e aos precedentes ingleses, sua apropriação e utilização na América do Norte, ainda sob o período colonial, já demonstrava possibilidade de aplicações diversas.

Assim, de um lado, a utilização política do impeachment não descuidou de sua característica essencial de que se tratava de um instrumento legal para promover o afastamento daqueles que, no exercício de função pública, eram responsáveis por atos irregulares, corruptos ou que visavam ao benefício pessoal, cometidos em violação à confiança daquela comunidade; de outro lado, com base nessa utilização, ela se distanciava das origens inglesas de um instituto com caráter quase penal – em que, mesmo quando se partia de condutas não propriamente criminosas, esforçava-se para atribuir esse caráter, ainda que retroativamente, na busca de aplicação de sanções como a prisão e/ou a morte – e que, inicialmente, também configurou as características dos primeiros casos de impeachment nas colônias no século XVII.[191]

---

[191] Nesse sentido, é ilustrativo o cotejo que Hoffer e Hull fazem entre alguns casos ocorridos na Inglaterra e nas colônias norte-americanas, em que condutas relativamente próximas resultaram em desfechos bastante diferentes para os acusados, em indicação das distintas características que o impeachment parecia assumir em um e outro cenário: "Vetch e Dudley não foram menos culpados de trair a colônia frente a seus inimigos do que Buckingham com relação à Inglaterra, em 1626, mas Dudley nunca enfrentou julgamento e Vetch escapou da punição. Strafford não deu mais conselhos 'ilegais' a Carlos I do que Logan deu a Evans e a Penn, mas Logan manteve sua cabeça. O *chief justice* North enfrentou um impeachment em 1680 por impedir uma eleição – uma ofensa não maior do que a de Trott. Trott, no entanto, voltou para a Carolina do Sul como um homem livre. Smith e Moore foram acusados de agir em corrupção e de exceder seus poderes como juízes; o *chief justice* William Scroggs enfrentou acusações semelhantes em 1680, mas, ao contrário dos réus americanos, teria sofrido severamente se fosse considerado culpado. Oliver obedeceu às ordens de seu rei e sofreu impeachment, mas nunca foi a julgamento; por uma violação semelhante da confiança pública, os juízes do '*ship money*' [tributo cobrado na Inglaterra até o século XVII e que podia ser coletado sem autorização parlamentar] sofreram impeachment, foram julgados e severamente multados. (...) Como nos casos ingleses, as câmaras baixas americanas tomaram as medidas necessárias para levar uma acusação à câmara alta, mas os processantes de Logan e Moore sabiam que o Conselho não tinha poder para julgar os acusadores de Vetch, e seus colegas capitães do mar estavam cientes de que o Conselho não queria julgá-los, e os autores do impeachment de Trott tiveram de criar um novo Conselho para finalizar o processo". (HOFFER; HULL. Op. cit., p. 71-72, tradução livre de: "*Vetch and Dudley had been no less guilty of betraying the colony to its enemies than Buckingham had England in 1626, but Dudley never faced trial and Vetch eluded punishment. Strafford had given no more 'illegal' advice to Charles I than Logan had to Evans and Penn, but Logan kept his head. Chief Justice North faced impeachment in 1680 for impeding an election — no greater offense than Trott's. Trott, however, returned to South Carolina a free man. Smith and Moore were accused of corruption and of exceeding their powers as judges; Chief Justice William Scroggs faced similar charges in 1680, but, unlike the American defendants, would have suffered severely if proven guilty.*

Enquanto os representantes coloniais insistiam em sua utilização para a solução dos mencionados problemas locais, as autoridades da Coroa sustentavam que o afastamento dos acusados não poderia ser buscado pela via do impeachment, mas por pedido dirigido ao rei, a quem competiria destituí-los ou não. Respondia-se, porém, de forma implícita ou explícita (como no caso Oliver) que o poder de impeachment correspondia a uma prerrogativa dos legisladores coloniais, extraindo fundamento para isso no direito inglês ou mesmo na representação popular que desempenhavam.

Esse contínuo afastamento[192] de um processo com carizes penais e a criação consciente de novas características e finalidades ao impeachment permitiu que este se tornasse ferramenta de controle político das Assembleias coloniais, enquanto órgãos de representação popular, sobre a atuação de agentes do Executivo e do Judiciário, em um modelo autônomo e independente de responsabilização. Essa noção, para cuja construção os impeachments coloniais contribuíram, integraria o núcleo de um sistema de freios e contrapesos, inicialmente pelas Constituições estaduais e, posteriormente, pela Constituição da Federação. Deixava-se um legado para o desenvolvimento republicano, não no sentido de que "o impeachment pudesse ser realizado levianamente, apenas por malícia, ou para obter vantagem partidária, mas que, quando o abuso de poder não recai em categorias reconhecidamente criminais, a Câmara baixa ainda pode acionar o impeachment".[193]

Sabia-se – não apenas pelo aprendizado com os casos ingleses, mas por experiência própria – que o poder podia se corromper, sobretudo em suas manifestações mais elevadas, e o impeachment era um dos instrumentos que poderia prevenir e, quando necessário, remediar esse risco. Se o sistema colonial e monárquico britânico não reconhecia às Câmaras baixas o poder de declarar o impeachment e,

---

Oliver had obeyed the orders of his king and was impeached, but never came to trial; for a similar violation of public trust the ship money justices were impeached, tried, and severely fined. (...) As in the English cases, the American lower house went through the steps of bringing an indictment to the upper house, but the prosecutors of Logan and Moore knew that the Council had no power to try, the accusers of Vetch and his fellow sea captains were aware that the Council did not want to try, and the impeachers of Trott had to create a new Council to finish the process").

[192] Nesse afastamento sistemático de algumas características centrais do modelo inglês, Hoffer e Hull falam na ocorrência de um processo de "americanização do impeachment" (HOFFER; HULL. Op. cit., p. 74).

[193] HOFFER; HULL. Op. cit., p. 74, tradução livre de: *"The legacy of those cases is not that impeachment may be undertaken frivolously, through malice only, or to gain a partisan advantage, but that when abuse of power does not fall into recognizably criminal categories, the lower house may still bring impeachment".*

por essa ferramenta, exercer controle sobre outros ramos do governo, as Constituições estaduais pós-revolucionárias, produzidas a partir de sua independência, acolheram-no expressamente.

2.2 O tratamento das primeiras Constituições dos Estados independentes

Entre as Constituições estaduais que sucederam a declaração de independência em 4 de julho de 1776 e antecederam a Constituição da Federação em 1787, a figura do impeachment consolidava-se segundo essa apropriação que se havia feito.[194] Existiam, porém, algumas diferenças procedimentais entre suas previsões e outras inovações, e estas, ao final, seriam também adotadas para o modelo da Constituição da Federação.

Na Constituição de Massachussetts (1780), por exemplo, havia previsão expressa do impeachment, dividido entre seus dois órgãos legislativos. O procedimento, que poderia ser formulado contra qualquer ocupante de cargo público por má conduta ou má administração em suas funções, se iniciaria mediante acusação aprovada pela Câmara de Representantes (*house of representatives*), que era denominada como "a grande investigadora da comunidade". O processo deveria ser julgado perante o Senado, que não poderia se omitir em apreciá-lo, mediante prévio juramento pelos senadores de que apreciaram a causa de forma justa, imparcial e conforme as provas apresentadas. As sanções previstas limitavam-se à remoção do cargo e à desqualificação para ocupar qualquer outro posto de honra ou confiança na comunidade, sendo expressamente vedada a possibilidade de perdão por uma condenação por impeachment. Previa-se, ainda, de forma expressa, a independência dessa esfera de responsabilização, que se daria sem prejuízo de outras acusações, indiciamentos, julgamentos ou punições conforme as leis da

---

[194] O instituto era expressamente mencionado nas Constituições dos Estados de Massachusetts, Carolina do Norte, Carolina do Sul, Nova York, Geórgia, Pensilvânia, Nova Hampshire, Virgínia e Delaware. Optou-se por mencionar no corpo do texto, a título de exemplo, apenas os regramentos que apresentavam disciplina mais específica sobre o instituto ou que traziam aspectos distintos e/ou inovadores em sua normatização constitucional. As afirmações são feitas a partir da consulta aos textos das referidas Constituições (disponíveis em: https://avalon.law.yale.edu/subject_menus/18th.asp; acesso em: 20 maio 2021), bem como nos registros de Benjamin Poore (POORE, Benjamin Perley. *The Federal and State Constitutions, Colonial Charters, and Other Organic Laws of the United States*. Washington: Government Printing Office, 1877). As Constituições de Maryland e Nova Jersey não continham regulamentação específica do instituto e os Estados de Connecticut e Rhode Island não promulgaram Constituições próprias no século XVIII.

terra. Previsão bastante semelhante, ainda que mais simplificada, era também contida na Constituição da Geórgia (1789).

Na Carolina do Sul, houve a edição de Constituições em 1776 e 1778, sendo que nesta última tratava-se de forma específica sobre o impeachment. Além de reconhecê-lo como hipótese de sucessão do governador e do vice, previa-se, em regulamentação bastante parecida, a possibilidade de sua formulação contra todos os funcionários do Estado por má conduta e corrupção em suas funções, em acusação reconhecida pela Câmara de Representantes, mas a ser julgada em tribunal misto, composto por senadores e juízes do Estado, conforme regulamentação que deveria ser estabelecida pelo legislador. Como outro destacado aspecto inovador, previa-se o quórum de dois terços, tanto para a aprovação da acusação perante a Câmara de Representantes quanto para sua efetiva condenação perante esse tribunal misto.

Na Constituição de Nova York (1777), por sua vez, também se atribuía o julgamento da acusação aprovada pela Câmara de Representantes a um tribunal misto, composto por senadores, pelo chanceler e por juízes da Suprema Corte (salvo quando o impeachment se voltasse contra o chanceler ou estas últimas autoridades), exigindo-se o quórum de dois terços nessas duas etapas do procedimento. De forma distinta, previa-se a suspensão do exercício do cargo ocupado, até eventual absolvição, limitando-se os efeitos da condenação à remoção do cargo e desqualificação para ocupação de cargos de honra e confiança no Estado.

Na Pensilvânia, a Constituição de 1776 previa a possibilidade de impeachment a qualquer oficial de Estado dos ramos judicial ou executivo mediante acusação formulada pela Assembleia geral e julgada perante o Governador do Estado e seu conselho. Era expressamente previsto que o procedimento poderia também alcançar aqueles que, por renúncia ou destituição, não mais ocupassem cargos públicos. Regramento mais específico foi trazido, porém, em sua Constituição de 1790, que passou a atribuir o julgamento ao Senado, exigindo-se quórum de dois terços dos presentes para a condenação. Ainda, passava-se a prever que o impeachment seria possível ao governador e a qualquer outro oficial civil que cometesse qualquer contravenção no exercício do cargo.

Já na Constituição de Delaware (1776), estipulava-se a possibilidade de impeachment aos ocupantes de cargos públicos por má administração, corrupção ou quaisquer outros meios pelos quais se pudesse colocar em perigo a segurança da comunidade, mediante acusação aprovada pela Assembleia a ser julgada perante o conselho legislativo. De forma distinta, previa-se que, para o governador, o impeachment apenas poderia se dar a partir de sua saída do cargo, até um prazo máximo de dezoito meses; para as demais autoridades, fixava-se esse mesmo prazo, contado desde o cometimento da infração imputada. O pedido deveria ser processado pelo procurador-geral do Estado (*attorney-general*) ou outra pessoa que a Assembleia nomeasse e, como sanção, o condenado poderia ser impedido temporária ou perpetuamente de exercer qualquer outro cargo governamental.

Em Nova Hampshire, a Constituição de 1776 não fazia menção expressa ao impeachment, que foi detalhado no texto de 1792 (posterior à ratificação da Constituição da Federação). Seguindo o procedimento padrão de acusação pelos representantes do povo e julgamento pelo Senado, especificava-se um pouco mais as condutas em relação às quais o processamento de qualquer oficial do Estado era possível: suborno, corrupção, más práticas ou má administração. Como traço distintivo, havia ainda a previsão de uma antecedência mínima de quatorze dias desde a notificação do acusado até o início das audiências de julgamento, bem como que, no caso de processo de impeachment contra o governador, o Presidente da Suprema Corte local deveria presidir o julgamento sem que tivesse direito a voto.

Nota-se, desde logo, a previsão de vários mecanismos possíveis para o transcurso do procedimento de impeachment, especialmente sobre o órgão competente para seu julgamento e a existência ou não de quórum qualificado para a formalização das acusações e da condenação. Esses foram pontos debatidos na Convenção da Filadélfia para a construção de um modelo federal na Constituição de 1787, conforme explicitado na seção seguinte.

Como pontos comuns, porém, era possível identificar a natureza das condutas relevantes (má conduta, má administração, más práticas, corrupção, contravenções em geral, o que reafirmava sua característica político-administrativa, e não jurídico-penal), sempre praticadas por oficiais públicos, o desdobramento do procedimento entre dois órgãos, sendo a acusação de competência de uma assembleia legislativa que reunia representantes do povo, a limitação das sanções à remoção do cargo e ao impedimento de ocupar outros cargos públicos ou posições de confiança e honra naquelas comunidades, além da preocupação com um procedimento conduzido por um julgamento justo, imparcial e técnico considerando-se a avaliação dos elementos de prova produzidos sobre a procedência ou não da acusação. Em geral, também se previa a atribuição, ao órgão julgador, de poderes judiciais, como a citação dos acusados e a convocação de testemunhas, sendo essa possibilidade de produção de provas também estendida aos acusados, aos quais se atribuía expressamente o direito de defesa e aconselhamento jurídico. Consolidava-se, assim, o processo de incorporação do impeachment nas antigas colônias norte-americanas, bem como de sua remodelagem institucional. De fato, a análise histórica das diversas etapas de sua evolução permite observar que, apesar de suas origens britânicas, o impeachment nos Estados Unidos afirmou-se "com características próprias, a ponto de constituir um modelo absolutamente autônomo e independente em relação àquele a que originalmente tinha feito referência".[195]

Se, no período colonial, tratava-se de mecanismo de combate às prerrogativas reais abusivas, o impeachment se tornou, após a independência, uma ferramenta republicana para controlar abusos das autoridades estatais, prevenindo os perigos de uma degeneração monárquica.[196] Já se tinha, portanto, diversos exemplos próximos para que o tema fosse debatido na convenção constituinte da Filadélfia.[197]

2.3 A arquitetura constitucional do impeachment: os debates da Convenção da Filadélfia

A pluralidade dessas experiências anteriores permitiu que os debates sobre o impeachment na Convenção da Filadélfia se dessem de forma madura e experimentada. Com efeito, além de diversos de seus membros já terem sido ocupantes de cargos relevantes nos Estados e muitos terem participado, inclusive, da elaboração de suas Constituições,[198] desde a independência, em um sistema de convivência

---

[195] OLIVIERO; PAFFARINI. Op. cit., p. 66.
[196] SUNSTEIN. Op. cit., p. 18-19.
[197] Como destaca James Bryce, a Constituição de 1787, nas questões maiores sobre o impeachment, inspirou-se muito mais nas Constituições dos Estados norte-americanos do que propriamente no modelo inglês. Estas, porém, já haviam naturalmente incorporado grande parte das disposições inglesas sobre o tema (BRYCE, James. *La République américaine*. Tome 1: le gouvernement national. 2ᵉ. édition française, complétée par l'auteur. Paris: M. Giard & E. Brière libraires-éditeurs, 1911, p. 62; disponível em: https://gallica.bnf.fr/ark:/12148/bpt6k933151s/f5.item; acesso em: 16 jun. 2021). É nesse sentido que, no Brasil, Paulo Brossard fala que "ainda que o impeachment norte-americano derive de antecedentes britânicos, conforme a experiência das colônias e o modelo adotado pelos Estados – Bryce observa que ele resultou imediatamente das Constituições Estaduais e mediatamente do direito inglês –, embora conserve visíveis semelhanças com o instituto de origem, são nítidas as diferenças entre eles (...)" (BROSSARD. Op. cit., p. 25).
[198] Com efeito, como Oliviero destaca, "Muitos, de fato, eram ou tinham sido membros do Congresso, juízes ou Governadores dos respectivos Estados de proveniência. Muitos, ainda,

confederativa, os Estados experimentaram vários modelos diferentes de impeachment, que permitiram uma intermediação entre as origens do modelo inglês, sua aplicação ainda no período colonial e sua efetiva incorporação ao regime presidencialista na Convenção da Filadélfia.

Sua aprovação, porém, não foi simples, tendo em vista as preocupações de que o instituto pudesse representar indevida ameaça legislativa na parcela de independência que o Presidente da República deveria ter. Os membros da Convenção tiveram de enfrentar uma dura escolha, que trazia perigosos riscos como consequências para qualquer das opções que se adotasse: "incluir um poder de impeachment presidencial e arriscar seu uso indevido pelo Congresso ou negar à nação qualquer meio legal de remover rapidamente um líder desastroso".[199] Entretanto, eram maiores os receios de que o Executivo se transformasse em uma monarquia pelos abusos presidenciais,[200] resultando em um governo tirânico,[201] o que levou à conclusão de que o instituto deveria ser previsto no texto que então se compunha.

Além disso, depois de assentada a necessidade de previsão constitucional do impeachment, interessantes discussões quanto à definição de seu procedimento também se colocaram. Assim é que, na busca de um sistema que garantisse de forma equilibrada e simultânea a autonomia e a responsabilidade do Presidente, o impeachment foi compreendido na Constituição como instrumento entre os vários mecanismos de freios e contrapesos,[202] na definição institucional de um regime pautado na separação e na autonomia dos Poderes, que incluía também discussões quanto à composição do Poder Executivo

---

tinham participado da elaboração das constituições estatais, como Madison e Mason em Virginia, Read no Delaware e Morris no Estado de New York" (OLIVIERO; PAFFARINI. Op. cit., p. 66; ver nota de rodapé nº 121).

[199] TRIBE; MATZ. Op. cit., p. 9, tradução livre de: *"include a presidential impeachment power and risk its misuse by Congress, or deny the nation any lawful means of swiftly removing a disastrous leader"*.

[200] Jeffrey Engel relata comentário feito por Benjamin Franklin durante os debates da Convenção, no qual manifestava sua apreensão de que, no futuro, o governo dos Estados Unidos se transformasse em uma monarquia (ENGEL, Jeffrey A.; MEACHAM, Jon; NAFTALI, Timothy; BAKER, Peter. *Impeachment*: an American History. New York: Penguin Random House, 2018. p. 6).

[201] BERGER. Op. cit., p. 4-5.

[202] Scott Barker também destaca que, em incorporação do modelo inglês e adaptação ao sistema presidencial, o impeachment foi previsto como um último mecanismo de *check and balance* franqueado ao Poder Legislativo para controle dos outros Poderes, ainda que, na prática, seja por vezes invocado e manejado como "espada política" (BARKER. Op. cit., p. 2-3).

federal (se monocrático ou colegiado),[203] sua forma de eleição, a duração dos mandatos e a possibilidade ou não de reeleição. Nessa conformação, portanto, o impeachment repousa no "cerne do esforço intricado e majestoso dos constituintes para equilibrar os compromissos republicanos de liberdade, igualdade e autogoverno com a crença em um governo nacional forte e enérgico".[204]

Durante os debates da Convenção – a assembleia constituinte norte-americana –, os principais temas que permearam a discussão do desenho institucional que se daria ao impeachment eram as definições sobre o órgão competente para seu julgamento, a possibilidade e os limites de sua aplicação ao Presidente da República, o alcance das condutas que poderiam ensejar seu processamento e o número de votos necessários para a condenação e remoção do acusado.[205] O instituto foi inicialmente considerado para a finalidade de permitir a remoção do Presidente de seu cargo, como instrumento de controle legislativo de eventuais condutas abusivas praticadas pelo Executivo,[206] mas quanto a isso também havia objeções.

As propostas iniciais, feitas em junho de 1787 perante o *Committee of the Whole*, partiam da ideia de que o Executivo fosse eleito pelo Poder Legislativo, com mandato de sete anos, podendo o Presidente ser removido por cometimento de más práticas.[207] Entretanto, essa

---

[203] Cass Sunstein relata que se temia que a previsão de um chefe unipessoal para o Poder Executivo federal pudesse ser o embrião de uma monarquia, alguém que, apesar de eleito, em muito se aproximasse de um rei. Entretanto, a proposta prevaleceu em votação de 7 votos a 3, assumindo-se que a consolidação do Poder Executivo em um só Presidente representaria mais dinamicidade, maior possibilidade de controle e responsabilização, bem como de centralização e coordenação de ações (SUNSTEIN. Op. cit., p. 29-31). Scott Barker também relata a formação gradual dos principais aspectos relativos à figura do Presidente e de seus poderes, sendo o Poder Executivo aquele que mais espaço tomou nos debates da Convenção, considerado o mais difícil de ser equilibrado (BARKER. Op. cit., p. 21-22).

[204] SUNSTEIN. Op. cit., p. 2-3, tradução livre de: "*Impeachment lay at the core of the founders' intricate and majestic effort to balance the defining republican commitments to liberty, equality, and self-rule with the belief in a strong, energetic national government*".

[205] Cf. GERHARDT, Michael J. *The federal impeachment process*: a constitutional and historical analysis. Chicago and London: The University of Chicago Press, 2019, p. 5-11. BARKER. Op. cit., p. 24.

[206] Entretanto, até a redação final da Constituição, a possibilidade do impeachment foi estendida também a outras autoridades civis, havendo diversos exemplos de sua aplicação a juízes no curso da história constitucional norte-americana. Houve, também, a discussão quanto a sua aplicação ou não aos próprios parlamentares, conforme revela a sequência do texto.

[207] Quanto ao alcance de suas hipóteses, Roger Sherman, membro da assembleia, chegou a propor que o Legislativo tivesse o poder de remoção do Chefe do Executivo "*at pleasure*", isto é, conforme sua vontade. Com características próximas ao voto de desconfiança dos modelos parlamentaristas, a proposta foi logo rejeitada (OLIVIERO; PAFFARINI. Op. cit., p. 68; ver nota de rodapé nº 125).

compreensão foi desde logo rejeitada por prever um prazo muito longo de mandato, afirmando-se necessário um controle popular direto mais frequente, por meio de eleições periódicas. É dizer: mesmo a previsão de um mecanismo de controle popular indireto, manifestado por meio do Poder Legislativo, não poderia substituir, por tão largo prazo, o maior dos controles populares diretamente exercido: as eleições periódicas.

Em julho de 1787, a comissão atualizaria sua proposta para incluir a "negligência do dever" como hipótese a justificar o impeachment, indicando a ideia de que não apenas atos comissivos poderiam dar ensejo a tal processamento, mas também aqueles que representassem injustificadas omissões. Entretanto, nessa fase inicial dos debates, ainda havia receios quanto à excessiva intromissão legislativa que o instituto permitiria na autonomia do Executivo,[208] havendo um sentimento de que "o recurso periódico às eleições parecia (...) instrumento mais eficaz como garantia de um comportamento correto do Executivo, que não comprometia sua independência".[209]

Todavia, além do reforço à possibilidade de controle legislativo mais efetivo sobre a atuação do Presidente, contra-argumentava-se que a previsão de um mecanismo de remoção do cargo durante seu exercício poderia ser uma válvula que evitasse reações piores em tempos de grandes crises, como guerras civis ou mesmo o assassinato de chefes de Estado impopulares.[210] Aprovou-se, assim, a inclusão do impeachment na Constituição que se redigia, o que se deu por ampla maioria.[211] Ainda pendia, no entanto, a definição de aspectos importantes, como quais condutas poderiam dar ensejo ao processo de impeachment e quais eram os órgãos envolvidos, a competência de cada um deles e o alcance das sanções possíveis.

Sobre esses elementos, em agosto, formulou-se perante o *Committee of Detail* a proposta de que acusação fosse empreendida pela Câmara dos Representantes (*House of Representatives*) e seu julgamento se desse perante a Suprema Corte.[212] O procedimento seria possível nos casos

---

[208] Nesse sentido, havia propostas que limitavam a possibilidade do impeachment a juízes, como ideia que Rufus King chegou a manifestar (OLIVIERO; PAFFARINI. Op. cit., p. 71).

[209] OLIVIERO; PAFFARINI. Op. cit., p. 71.

[210] Laurence Tribe e Joshua Matz reportam advertência feita por Benjamin Franklin durante os debates da Convenção, no sentido de que se não se permitisse o impeachment presidencial; a única saída para os casos de abuso de poder seria o assassinato (TRIBE; MATZ. Op. cit., p. 1).

[211] Oliviero registra que houve apenas dois votos contrários, manifestados pelos representantes de Massachusetts e da Carolina do Sul (OLIVIERO; PAFFARINI. Op. cit., p. 71; ver nota de rodapé nº 137).

[212] GERHARDT. Op. cit., p. 6.

de "traição, suborno e corrupção", limitando-se as sanções à remoção do cargo e à interdição a cargos públicos futuros, vedado o exercício do poder de graça sobre essas condenações. Em setembro, porém, já perante o *Committee of Reading Matters*, alterou-se a definição do órgão julgador, passando-se a atribuir essa função ao Senado, dependendo a condenação de votação pelo quórum de dois terços, acolhendo a previsão que já existia em algumas Constituições estaduais, com o objetivo de garantir que a condenação apenas se daria nos casos em que se tivesse um quase consenso sobre sua necessidade.[213]

O debate voltou a se apresentar perante o *Committee for Remaining Matters*, em que membros como James Madison e Charles Pinckney manifestaram seu temor de que o Senado,[214] como órgão essencialmente político, pudesse se guiar pelas facções legislativas e maiorias políticas ocasionais, o que resultaria na possível remoção indevida de um presidente eleito. Todavia, em entendimento que acabou prevalecendo, pensava-se que o julgamento do impeachment pela Suprema Corte não garantiria a imparcialidade necessária, tendo em vista que seus membros eram indicados pelo Presidente. Ademais, como razão determinante para se afastar essa ideia, temia-se que, por se tratar de um colegiado composto por poucos integrantes, a corrupção de poucas pessoas já seria suficiente para implicar a remoção do Presidente, mesmo que indevida.

As discussões sobre o órgão julgador do impeachment e a atribuição desse poder ao Senado indicam aspectos importantes na decisão constitucional de que essa fosse uma questão a ser politicamente definida pelo Congresso, mediante a atribuição de funções específicas a cada uma de suas Casas, sem intervenção judicial. Além disso, a escolha do Senado e o afastamento da Suprema Corte dessa atribuição foram atos que indicavam as características que os constituintes buscavam encontrar no órgão julgador do impeachment: independência do Executivo na

---

[213] SUNSTEIN. Op. cit., p. 50. O quórum qualificado de dois terços foi erigido como parâmetro pelo constituinte norte-americano apenas em outras situações de elevadas importância e sensibilidade, como a derrubada de um veto presidencial; a expulsão de um membro do Congresso por uma de suas casas; a propositura de uma emenda constitucional; e a decisão sobre a existência ou não de incapacidade do Presidente de exercer o cargo ou ser substituído pelo vice-presidente, de acordo com a 25ª Emenda (TRIBE; MATZ. Op. cit., p. 126).

[214] GERHARDT. Op. cit., p. 7. Tribe e Matz destacam que, além da mais acirrada controvérsia entre o julgamento ser realizado perante a Suprema Corte ou o Senado, surgiram outras propostas como composição mista dos dois órgãos, um fórum de juízes estaduais, condenação pelo voto das legislaturas estaduais ou mesmo por votação entre os governadores dos Estados (TRIBE; MATZ. Op. cit., p. 116).

escolha de seus membros,[215] maior número de integrantes, para que se dificultasse qualquer tentativa de corrompê-los, e legitimidade, competência e coragem para resolver a disputa entre a Câmara dos Representantes e o Presidente da República.[216]

Também naquele momento houve a supressão de "corrupção" como ato ensejador do impeachment, ao que restava apenas a expressão "traição e suborno". Refletia-se, porém, que essa seria uma fórmula muito restrita, ao que George Mason propôs que se adotasse "má administração" (*maladministration*) como previsão genérica, que pudesse abranger uma maior gama de ofensas causadas às instituições.[217] Não obstante, também nesse ponto se manifestaram que esta já seria uma expressão ampla demais, critério puramente subjetivo e baseado em um sentimento unicamente político,[218] que poderia causar excessiva submissão do Presidente ao Legislativo e para cujas ameaças a realização de eleições periódicas já seria suficiente para afastar do poder os que assim agissem.[219]

Foi então que se pensou na fórmula "traição, suborno ou outros crimes ou contravenções contra o Estado" (*"treason, bribery, or other crimes and misdemeanors against the state"*) – ou "contra os Estados Unidos", em sugestão posterior que pretendia evitar ambiguidade –, em tentativa de cristalizar um meio-termo entre as propostas anteriores, que eram muito restritas ou amplas demais. Indicava-se, também, que as condutas – mesmo quando criminosas, mas não apenas estas – deveriam ser praticadas em prejuízo ao Estado. Na consolidação do texto final, porém, no momento dos ajustes redacionais pelo *Comittee on Arrangement and Style*, acabou-se suprimindo essa especificação final[220] e acrescentando-se a qualificação *"high"*, resultando na conhecida previsão da seção 4 do

---

[215] Tribe e Matz destacam que a escolha dos membros do Senado se dava por meio de votação indireta, realizada pelas legislaturas estaduais. Apenas a partir de 1913, com a ratificação da 17ª Emenda à Constituição dos Estados Unidos, é que se passou a adotar eleições diretas para a composição do Senado (TRIBE; MATZ. Op. cit., p. 117).
[216] TRIBE; MATZ. Op. cit., p. 123.
[217] GERHARDT. Op. cit., p. 8-9.
[218] ENGEL; MEACHAM; NAFTALI; BAKER. Op. cit., p. 37 e 40.
[219] ENGEL; MEACHAM; NAFTALI; BAKER. Op. cit., p. 40. BARKER. Op. cit., p. 27.
[220] BARKER. Op. cit., p. 27. A indicada supressão, porém, não pode ser interpretada como deliberada ampliação do escopo do impeachment. Como o nome indica, a referida Comissão, que suprimiu a expressão "contra os Estados Unidos", tinha por função apenas harmonizar e sistematizar o texto que se tinha aprovado, sem a legitimidade ou a pretensão de nele promover alterações materiais (ainda que tenham sido substanciais, ao final). O mais provável, como aponta Cass Sunstein, é que a modificação tenha sido feita por mero ajuste redacional, a fim de evitar redundância na previsão normativa (SUNSTEIN. Op. cit., p. 48).

artigo II da Constituição dos Estados Unidos: *"treason, bribery, or other high crimes and misdemeanors"*.[221]

Também nos momentos finais da convenção, aprovou-se sem dificuldades a extensão do alcance do impeachment também ao vice-presidente e a outros oficiais civis. Incluiu-se, ainda, o dever de juramento de imparcialidade a ser feito pelos senadores antes do julgamento. A preocupação com a justeza do julgamento também resultou na definição de que, nos casos de impeachment contra o Presidente da República, a Presidência do Senado fosse exercida, sem direito a voto, pelo *chief justice* da Suprema Corte. Isso porque é o vice-presidente da República[222] quem ordinariamente preside o Senado norte-americano – também sem direto a voto –, de modo que se teria na condução do julgamento alguém que seria diretamente beneficiado pelo afastamento do Presidente acusado. Assim, optou-se por apartar sua participação do julgamento, até mesmo porque, até a ratificação da 12ª Emenda à Constituição dos Estados Unidos e sua aplicação inicial nas eleições presidenciais de 1804, o cargo de vice-presidente era ocupado pelo segundo mais votado no colégio eleitoral,[223] alguém que poderia ser, inclusive, o principal inimigo político do Presidente titular. A intervenção do *chief justice*, porém, limita-se à condução do julgamento e sua supervisão, além da resolução de questões eminentemente técnicas que eventualmente se apresentem durante sua realização,[224] decisões que poderão ser derrubadas pela maioria do Senado.[225]

Destaca-se ter havido proposta feita por Edward Rutledge para que se previsse que o acusado fosse temporariamente suspenso do exercício cargo enquanto pendesse o processo de impeachment (previsão que já se tinha contida na Constituição de Nova York de 1777), operando seus efeitos a partir da aprovação da acusação perante a Câmara dos Representantes. Não obstante, a proposta foi rejeitada, pois se entendia que seria um poder muito amplo permitir que esse órgão legislativo pudesse, por sua única manifestação majoritária, afastar o Presidente, ainda que temporariamente.

---

[221] A expressão, ainda que indefinida por si só, traz consigo, como Sunstein assevera, inevitável ideia de ofensas graves e perigosas (*"great and dangerous offenses"*) (SUNSTEIN. Op. cit., p. 52).
[222] Essa é a previsão que consta da seção 3 do artigo I da Constituição dos Estados Unidos.
[223] TRIBE; MATZ. Op. cit., p. 132.
[224] SUNSTEIN. Op. cit., p. 155.
[225] TRIBE; MATZ. Op. cit., p. 112.

Ainda sobre o afastamento presidencial, destaca-se que, em 1967, após a morte de John Kennedy, foi editada a 25ª Emenda à Constituição dos Estados Unidos, que passou a prever outra possibilidade de sua ocorrência, de forma desvinculada do processo de impeachment. Em suas duas disposições iniciais, a Emenda prevê que, nos casos de morte, remoção ou renúncia, o Presidente será sucedido pelo vice e este novo titular escolherá novo vice-presidente, que deverá ser confirmado pela maioria das duas Casas legislativas. Na sequência, e ao que aqui interessa, estipula-se em suas terceira e quarta seções que o vice-presidente assumirá interinamente a presidência no caso de o Presidente estar temporariamente impossibilitado de exercer os poderes e os deveres de seu cargo.

Esse reconhecimento pode se dar por própria declaração escrita do Presidente, transmitida ao Presidente *pro tempore* do Senado (ou seja, não o próprio vice-presidente no exercício da Presidência do Senado) e ao Presidente da Câmara dos Representantes, durante seus efeitos até que seja transmitida nova declaração escrita em contrário. Entretanto, também é possível que o mecanismo seja acionado sem a declaração expressa do próprio Presidente, seja por se tratar de providência impossível (quando estiver em um estado de inconsciência, por exemplo), seja por discordar da existência de um estado de incapacidade de exercício do cargo e da implementação da medida.

Nesse caso, o incidente que desencadeia a sucessão temporária é a declaração feita pelo próprio vice-presidente, na qual afirma a incapacidade do Presidente, com apoio da maioria de seu gabinete. O Presidente poderá se opor, mediante declaração enviada ao Presidente *pro tempore* do Senado e ao Presidente da Câmara dos Representantes, ocasião em que o Congresso decidirá, exigindo-se quórum de votação de dois terços de cada uma das Casas legislativas para que se opere efetivamente a assunção interina do cargo pelo vice-presidente.

O instituto foi pensado para situações em que o Presidente se encontre gravemente ferido ou lidando com algum problema de saúde, físico ou mental, que lhe traga debilidade severa ou impossibilidade de exercer o cargo. A Emenda já foi invocada algumas vezes[226] – como em

---

[226] Em dezembro de 2020, após a confirmação da vitória de Joe Biden sobre Donald Trump nas eleições presidenciais norte-americanas, o candidato derrotado e então ainda Presidente da República apoiou protestos que questionavam o resultado eleitoral sem qualquer suspeita justa e que culminaram na ocupação do Capitólio dos Estados Unidos em 6 de janeiro de 2021, durante cerimônia de confirmação da vitória do Presidente eleito. O episódio, que resultou no segundo processo de impeachment aprovado pela Câmara dos Representantes contra Trump, também ressuscitou debates quanto à aplicação da 25ª Emenda, o que acabou

2007, para permitir que Dick Cheney se tornasse Presidente por algumas horas enquanto o titular, George W. Bush, passava por um procedimento médico sob anestesia –, mas tem-se que também sua aplicação deve ser excepcional, não se justificando pela constatação de discernimento ruim, preguiça ou mera incompetência do Presidente, reservando-se a situações em que se verifique uma incapacidade realmente séria, física ou mental.[227] Ademais, casos em que se verifique a prática de ato que enseje impeachment também não poderão ser conduzidos pela aplicação do instituto da 25ª Emenda, visto que para tanto já existe o procedimento de impeachment propriamente dito,[228] tampouco se prestam como ferramenta geral de *recall* ou "remédio universal para o remorso do comprador por ter eleito um presidente terrível".[229]

De toda forma, ainda que repouse certa controvérsia sobre a invocação da quarta seção da Emenda para caso de evidente incompetência do Presidente incumbente, destaca-se que o instituto também não se presta a fazer as vezes de um voto de desconfiança, instituto típico dos modelos parlamentaristas. Assim como o impeachment, não se trata de ferramenta que objetive a rediscussão do resultado eleitoral ou tentativa de atingir uma alternativa à resposta das urnas.[230]

---

não acontecendo. Michael Gerhardt destaca, porém, que a quarta seção da Emenda é a única que nunca foi invocada (GERHARDT. Op. cit., p. 213).

[227] SUNSTEIN. Op. cit., p. 144-145.

[228] Como asseveram Laurence Tribe e Joshua Matz, "esforços para atribuir à Vigésima Quinta Emenda um escopo muito mais amplo não são apenas historicamente injustificados; eles também arriscam a ilegitimidade e a instabilidade políticas" (TRIBE; MATZ. Op. cit., p. 227, tradução livre de: "*Efforts to give the Twenty-Fifth Amendment a much broader scope are not only historically unjustified; they also risk political illegitimacy and instability*"). Analisando algumas pretensões de aplicação da referida Emenda ao então Presidente norte-americano Donald Trump, sob a alegação de sua incapacidade para exercício do cargo, os autores afirmam: "A Vigésima Quinta Emenda foi elaborada para presidentes que inesperadamente se tornam mental ou fisicamente incapacitados durante o mandato; ela não é própria (ou legitimamente) aplicada a um presidente que era temperamentalmente incapaz desde o início" (Idem, p. 228, tradução livre de: "*The Twenty-Fifth Amendment was designed for presidents who unexpectedly become mentally or physically incapacitated while in office; it isn't properly (or legitimately) applied to a president who was temperamentally unfit from the very outset*").

[229] TRIBE; MATZ. Op. cit., p. 231, tradução livre de: "(...) *an all-purpose remedy for buyer's remorse at having elected a terrible president*".

[230] GERHARDT. Op. cit., p. 213-214.

2.4 A ratificação do projeto constitucional: a confirmação do impeachment

Concluído o texto aprovado pela Convenção da Filadélfia – que aqui é apreciado apenas relativamente a suas disposições sobre o impeachment –, era necessário que fosse ratificado pelas Assembleias estaduais. Também no momento dessas ratificações, houve valiosos debates sobre os contornos constitucionais do instituto, muitos deles registrados nos *Federalist Papers*, conjunto de 85 ensaios escritos por Alexander Hamilton, John Jay e James Madison entre outubro de 1787 e maio de 1788, os quais foram publicados anonimamente em jornais da época no estado de Nova York, onde a ratificação se deu por margem apertada de votos.[231] Nesses ensaios, defendia-se que os nova-iorquinos confirmassem o texto escrito na Filadélfia, argumentando pela necessidade de adotá-lo como Constituição em lugar dos então existentes Artigos da Confederação,[232] que se revelaram inadequados para manter os Estados Unidos entre si.[233] No que se refere ao impeachment, o tema é objeto de alguns ensaios escritos por Hamilton, em que são comentados aspectos da deliberação havida na convenção, guiando a interpretação dos dispositivos aprovados.

No Federalista nº 65, Hamilton justifica por que a Convenção escolheu atribuir ao Senado, um corpo mais numeroso e menos suscetível a se guiar por intrigas políticas ou por domínio de uma pequena facção, a função de julgamento. Referindo-se às ideias de que fosse a Suprema Corte a julgar, afirma que "seria muito duvidoso que seus membros tivessem sempre a coragem necessária e, por mais forte razão, assaz autoridade e crédito para fazer adotar e aprovar pelo povo decisões porventura contrárias à acusação instituída por seus

---

[231] GERHARDT. Op. cit., p. 12.
[232] Os Artigos da Confederação consubstanciavam um documento escrito entre 1776 e 1777, logo após a declaração de independência norte-americana, ratificado em 1781. Ali, ainda que se afirmasse formar os Estados Unidos, assegurava-se a cada um dos Estados confederados suas próprias liberdades, soberania, autonomia e independência. Nesse modelo, prevalecia um ambiente de instabilidade e discórdia, em que não se percebia efetiva cooperação entre os membros confederados, o que levou à percepção de que se necessitava de maiores instituições comuns entre eles, sobretudo algum chefe do Executivo que pudesse falar pela nação, representá-la externamente e unificar sua cooperação. Essa percepção, ainda que permeada por temores monárquicos, exerceu grande influência sobre a Convenção da Filadélfia. Cf. SUNSTEIN, Cass. Op. cit., p. 25-28.
[233] ENGEL; MEACHAM; NAFTALI; BAKER. Op. cit., p. 3. Scott Barker destaca que emendar os Artigos da Confederação não se mostrava uma opção viável, tendo em vista que essa alternativa requeria aprovação unânime dos entes confederados (BARKER. Op. cit., p. 11).

representantes diretos".²³⁴ Sustentando que o órgão julgador deveria ser necessariamente numeroso, aduzia que "o terrível poder com que o tribunal do impeachment fica necessariamente armado (...) não pode ser confiado a um pequeno número de juízes".²³⁵

Ainda eram refutadas ideias como a de formação de um tribunal de composição mista, entre membros do Senado e da Suprema Corte, bem como de órgão composto de pessoas que não ocupassem qualquer cargo no governo, reforçando, assim, a necessidade de ratificação do texto proposto, ainda que não se concordasse com alguns de seus tratamentos, tendo em vista que "para que aos adversários da Constituição possa dar-se ganho de causa, não basta que eles possam provar que algumas das suas disposições poderiam ser substituídas por outras melhores; incumbe-lhes demonstrar que toda ele é má e perniciosa".²³⁶

No ensaio seguinte, Hamilton respondia a algumas objeções que então se contrapunham ao impeachment, entre as quais: a confusão de funções legislativas e judiciais em um mesmo órgão, o que para alguns parecia contrário à separação de Poderes; a atribuição da função julgadora ao Senado o tornaria muito poderoso, atribuindo ao governo caráter excessivamente aristocrata; a desconfiança de que esse órgão não seria confiável para julgar o impeachment de oficiais cuja nomeação tivesse confirmado; e o fato de que os senadores seriam juízes em causa própria nos casos em que se julgasse o Presidente por eventual ato de traição cometido conjuntamente com o Senado na função de concluir tratados internacionais.²³⁷

Em resposta, argumentava-se que essa junção de funções não representava violação ao princípio constitucional de separação de Poderes, mas que "essa mistura parcial é de absoluta necessidade, para que os diferentes membros do governo possam defender-se

---

[234] HAMILTON, Alexander; MADISON, James; JAY, John. *O federalista*. Trad. Hiltomar Martins Oliveira. Belo Horizonte: Líder, 2003. p. 395.
[235] HAMILTON; MADISON; JAY. Op. cit., p. 396.
[236] HAMILTON; MADISON; JAY. Op. cit., p. 398.
[237] Havia, na época, um grande temor em relação a eventuais concessões indevidas que pudessem ser feitas a nações estrangeiras, inclusive por meio de tratados internacionais. Temia-se que o Presidente fosse muito amigável a outras nações (SUNSTEIN. Op. cit., p. 57). O tema relativo à possibilidade de julgamento de parlamentares pelo processo de impeachment era incerto e ainda geraria debates em casos concretos que futuramente ocorreriam. Michael J. Gerhardt relata que nos Estados da Virgínia e da Carolina do Norte chegou-se a propor, em seus debates de ratificação, que houvesse a criação de algum outro tribunal para julgar impeachment de senadores. O tema também foi objeto de debate específico nas ratificações de Massachusetts e Pensilvânia (GERHARDT. Op. cit., p. 17-19).

reciprocamente uns contra os outros",[238] sendo o impeachment a arma legislativa para se contrapor a abusos do Executivo. Entretanto, a própria forma de estruturação do procedimento ofereceria garantias adicionais contra eventuais abusos, como a divisão das funções de acusação e julgamento entre duas Câmaras distintas do Poder Legislativo, bem como a exigência do quórum qualificado de dois terços para a condenação, acautelando "o perigo de ver excitar perseguições, o espírito de facção que pode reinar em uma ou outra Câmara".[239] Ainda, quanto à alegada não confiabilidade do Senado para julgar o impeachment de oficiais cuja nomeação se deu com sua confirmação, dizia-se que essa era uma dificuldade que não havia se apresentado nas experiências dos modelos estaduais e que, do ponto de visto prático, a imaginada lealdade aos agentes confirmados não seria relevante.

No Federalista nº 79, ao se tratar da responsabilidade dos juízes, expunha-se a possibilidade de impeachment desses agentes públicos, aos quais o texto da Convenção atribuía cargos vitalícios, enquanto mantivessem "bom comportamento".[240] Preocupando-se em conciliar a independência e a inamovibilidade dos magistrados – em relação às quais tinha havido duras experiências no período colonial –, com a necessidade de previsão de mecanismos para sua responsabilização, afirmava-se que a acusação de impeachment pela Câmara dos Representantes e o julgamento pelo Senado configurava a "única disposição compatível com a independência das funções judiciárias".[241]

Do outro lado dessa moeda, no ensaio nº 81, rebatia-se a preocupação de que o instrumento poderia ser usado em retaliação legislativa à atuação judicial,[242] como em um caso de exercício do controle de constitucionalidade de uma lei,[243] editada pelo Parlamento. Mais uma vez,

---

[238] HAMILTON. Op. cit., p. 399.
[239] HAMILTON; MADISON; JAY. Op. cit., p. 399.
[240] A previsão da seção 1 do artigo III da Constituição norte-americana é de que "Os Juízes, tanto da Suprema Corte como dos tribunais inferiores, conservarão seus cargos enquanto tiverem bom comportamento" (tradução livre de: "*The Judges, both of the supreme and inferior Courts, shall hold their Offices during good Behaviour*").
[241] HAMILTON; MADISON; JAY. Op. cit., p. 465.
[242] GERHARDT. Op. cit., p. 17.
[243] Mesmo aqui, porém, o ensaio era cauteloso ao não afirmar expressamente a possibilidade de que, em comparação ao que já se fazia nos Estados, esse juízo de constitucionalidade fosse amplamente feito, cuja consolidação se deu a partir do célebre caso Marbury v. Madison, de 1803. Sem negar a possibilidade, Hamilton adotava tom de cautela na tentativa de convencer pela ratificação do texto, advertindo que não se tratava propriamente de uma novidade ao afirmar, por exemplo, que "(...) não há no plano que se discute uma só palavra que autorize expressamente os tribunais da União a interpretar as leis segundo o espírito da Constituição, ou que lhes dê a esse respeito mais latitude que nos diferentes Estados.

ressaltando os mecanismos concebidos pelos constituintes, apontava-se que a divisão das funções de acusação e de julgamento entre os órgãos legislativos, ao exigir um entendimento conjunto do Poder Legislativo para o impeachment de um juiz, representaria garantia suficiente para afastar os receios manifestados.[244]

Assim é que, ratificado o texto pelos Estados em junho de 1788, chegava-se à consolidação de uma verdadeira nova roupagem[245] atribuída ao impeachment,[246] um modelo que previa a possibilidade

---

É certo que a Constituição deve servir de base à interpretação das leis e que, todas as vezes que entre uma e outras houver oposição, as últimas devem ceder àquela; mas é um princípio que não pode deduzir-se de nenhuma circunstância particular à nova Constituição (...)" (HAMILTON. Op. cit., p. 474).

[244] HAMILTON; MADISON; JAY. Op. cit., p. 476.

[245] Retratando as grandes e propositais diferenças estruturais que se apresentavam frente às origens inglesas, Michael J Gerhardt sintetiza: "Embora muitos delegados da convenção constitucional estivessem familiarizados com a experiência inglesa com o impeachment, seu acordo geral em se desviar do impeachment inglês é significativo porque mostra que desde o início da convenção os delegados colocaram uma marca unicamente americana no processo federal de impeachment. Por exemplo, os delegados debateram vigorosamente as definições das ofensas passíveis de impeachment, enquanto o Parlamento inglês sempre se recusou a restringir sua jurisdição sobre o impeachment, definindo de forma restritiva as ofensas passíveis de impeachment. Os delegados também concordaram em limitar o impeachment aos detentores de cargos, mas, na Inglaterra, qualquer pessoa, exceto um membro da família real, poderia sofrer o impeachment. Enquanto a Câmara dos Lordes inglesa podia condenar por mera maioria, os delegados americanos exigiam uma maioria qualificada de votos dos membros do Senado presentes. Além disso, a Câmara dos Lordes poderia ordenar qualquer punição para a condenação, mas os delegados limitaram a punição na constituição federal àquelas normalmente encontradas – remoção e desqualificação – nas constituições estaduais. Além disso, o povo inglês não tinha meios de disciplinar seu rei, enquanto os constituintes concordaram em tornar o presidente passível de impeachment por certas ofensas" (GERHARDT. Op. cit., p. 10-11, tradução livre de: *"Even though many constitutional convention delegates were familiar whit the English experience with impeachment, their general agreement to deviate from English impeachment is significant because it shows that from de convention's outset the delegates put a uniquely American stamp on the federal impeachment process. For example, the delegates vigorously debated the definitions for impeachable offenses, whereas the English Parliament had always refused to constrain its jurisdiction over impeachment by restrictively defining impeachable offenses. The delegates also agreed to limit impeachment to officeholders, but in England, anyone, except for a member of the royal family, could be impeached. Whereas the English House of Lords could convict upon a bare majority, the American delegates required a supermajority vote of the members of the Senate present. In addition, the House of Lords could order any punishment upon conviction, but the delegates limited the punishment in the federal constitution to those typically found – removal and disqualification – in state constitutions. Moreover, the English people had no means by which to discipline their king, while the framers agreed to make the president impeachable for certain offenses"*).

[246] Paulo Brossard também destaca aspectos distintivos, afirmando que "a diferença básica entre o impeachment inglês e o norte-americano está em que, na Grã-Bretanha, a Câmara dos Lordes julga a acusação dos Comuns com jurisdição plena, impondo livremente toda sorte de penas, até a pena capital, ao passo que o Senado americano julga a acusação da Câmara com jurisdição limitada, não podendo impor outra sanção que a perda do cargo, com ou sem inabilitação para exercer outro, relegado o exame da criminalidade do fato, quando ele tiver tal caráter, à competência do Poder Judiciário" (BROSSARD. Op. cit., p. 22).

de impeachment[247] do Presidente, do vice-presidente e de qualquer outro ocupante civil de cargo oficial, pela prática de traição, suborno ou outros graves crimes e contravenções. O poder de reconhecer a ocorrência dessas condutas foi atribuído exclusivamente à Câmara dos Representantes (que as formaliza pela aprovação, por maioria de seus membros presentes, dos *articles of impeachment*), dando-se seu julgamento perante o Senado, a cujos membros cabe apreciar a causa sob juramento. Nos casos de acusação voltada contra o Presidente da República, o Senado passaria a ser presidido pelo *chief justice* da Suprema Corte e a condenação, que depende da concordância de pelo menos dois terços dos membros presentes, só poderia resultar nas sanções de remoção do cargo e desqualificação para assumir qualquer outro cargo de honra e confiança no país, sem prejuízo de apuração das condutas em outros âmbitos de responsabilidade, nos termos da lei.[248] Afirmou-se, ainda,

---

O constitucionalista brasileiro ainda destaca elementos distintivos específicos, como a decisão da Câmara dos Lordes por maioria simples, enquanto a do Senado norte-americano exige quórum de dois terços; o escopo mais largo do instituto na Inglaterra, onde podia alcançar todos os súditos do reino; além da possibilidade que havia, no modelo inglês, de o rei indultar o condenado ao final do processo (Idem, p. 23-25).

[247] Não obstante a sintética Constituição norte-americana já delineie os aspectos principais acerca do impeachment, há quem considere que o texto constitucional simplesmente se refere ao instituto, sem atribuir-lhe uma definição, que decorreria de uma indicação silenciosa aos precedentes ingleses. Nesse sentido, ver: DWIGHT, Theodore W. Trial by Impeachment. *The American Law Register (1852-1891)*, v. 15, n. 5, p. 258, Mar. 1867. Todavia, Hoffer e Hull destacam que nos debates realizados durante a Convenção da Filadélfia fazia-se mais menção aos precedentes ingleses do que aos coloniais. Imaginando razões para esse fato, os autores apontam que se tinha uma maior aura de autoridade na referência aos casos ingleses, além de ser uma estratégia para evitar contraposições entre os federalistas e os antifederalistas (HOFFER, Peter C.; HULL, N. E. H. Power and Precedent in the Creation of an American Impeachment Tradition: The Eighteenth-Century Colonial Record. *The William and Mary Quarterly*, v. 36, n. 1, p. 76, Jan. 1979.

[248] A previsão do impeachment federal na Constituição de 1787 não impediu que o instituto continuasse a ser regulamentado pelas Constituições dos Estados, no âmbito de suas competências. Em geral, segue-se a mesma lógica da previsão federal, mas com algumas divergências procedimentais, que Maurizio Oliviero assim bem destaca: "Os membros do Executivo e os funcionários civis são sujeitos a *impeachment* em todos os Estados, com exceção de Oregon, onde o procedimento desenvolve-se perante os tribunais ordinários, com os mesmos efeitos e as mesmas consequências. No Alaska, o poder de emitir a condenação cabe à Câmara dos Representantes, enquanto no Missouri, à Suprema Corte do Estado. No Estado de Nova York, o colégio judicante é composto pelos membros do Senado e pelos juízes da Corte de Apelação. Um número reduzido de Constituições estaduais não indica a maioria necessária para a condenação ou indica uma diferente daquela prefigurada na Constituição Federal: assim ocorre no Missouri, onde é exigida a maioria de cinco sétimos dos presentes. Quanto à sanção, é interessante destacar a previsão constitucional do Estado do Alabama, onde é prevista uma sanção temporal: com efeito, a eventual destituição e inabilitação terão efeito somente até o término do mandato para o qual o funcionário declarado culpado tinha sido eleito ou nomeado" (OLIVIERO; PAFFARINI. Op. cit., p. 79; ver nota de rodapé nº 152).

a impossibilidade de perdão para casos de impeachment, bem como a expressa vedação de utilização do *attainder*.[249] No texto final, portanto, subsistem quatro grandes limitações ao poder de impeachment:[250] a natureza restrita dos atos que ensejam sua instauração; os agentes que estão sujeitos a essa esfera de responsabilização; a previsão de um procedimento escalonado e dificultoso; e as sanções limitadas que podem ser apostas como consequência da condenação.

Elaborou-se, pode-se perceber, um modelo de responsabilização eminentemente político,[251] "restrito a personagens políticos, a crimes e contravenções políticas e a punições políticas", como em 1790-1791, já assentava o *justice* James Wilson,[252] um distinto modelo de responsabilização que em quase tudo se diferencia do exercício da função jurisdicional típica[253] e que, portanto, não poderia ser

---

[249] William Lawrence também aponta aspectos relevantes que distinguiam o modelo constitucional norte-americano na prática britânica, entre os quais: (i) o quórum de votos para condenação, que na Câmara dos Lordes era de maioria simples; (ii) o caráter e a extensão das sanções, que na Inglaterra assumiam natureza discricionária, por vezes resultando em perda de bens, títulos, prisão e morte; (iii) os sujeitos ativos possíveis, sendo que na Inglaterra era possível alcançar também particulares; (iv) a ausência de juramento dos Lordes britânicos julgadores; e (v) a impossibilidade de alcançar o rei, enquanto nos Estados Unidos se permitia atingir o Presidente. Cf. LAWRENCE, William. The law of impeachment. *The American Law Register (1852-1891)*, v. 15, n. 6, p. 643-644, Sep. 1867.

[250] TRIBE; MATZ. Op. cit., p. 10-11.

[251] A natureza eminentemente política do impeachment era também destacada por Alexander Hamilton no mencionado *paper* Federalista nº 65: "Como todos esses delitos [as malversações dos homens do poder ou o abuso ou violação da confiança pública] atacam diretamente a sociedade mesma, são, pela sua natureza, daqueles que com mais propriedade podem ser chamados políticos; e, por esse motivo, as causas dessa ordem não podem deixar de agitar as paixões da sociedade inteira e de dividi-la em partidos mais ou menos favoráveis ou mais ou menos inimigos do acusado" (HAMILTON. Op. cit., p. 394).

[252] James Wilson foi um dos seis primeiros juízes nomeados por George Washington para a Suprema Corte dos Estados Unidos em 1789. Antes disso, foi uma das seis pessoas que assinaram tanto a declaração de independência dos Estados Unidos quanto sua Constituição, em cuja Convenção era membro bastante influente. O trecho citado consta do registro de uma série de palestras por ele ministradas perante o *College of Philadelphia* entre 1790 e 1791 (WILSON, James. *Collected works of James Wilson*, v. 2 – Lectures on law, delivered in the College of Philadelphia (1790-1791) Edited by Kermit L. Hall and Mark David Hall. Indianapolis: Liberty Fund, 2007. p. 862; tradução livre de: "(...) *impeachments are confined to political characters, to political crimes and misdemeanors, and to political punishments*").

[253] Maurizio Oliviero assevera que "a presumida natureza jurisdicional do procedimento de *impeachment* parece definitivamente refutada pelas disposições contidas na quinta e na sexta emenda à Constituição norte-americana (OLIVIERO; PAFFARINI. Op. cit., p. 84). Com efeito, no que diz respeito ao tema, a Quinta Emenda assentou o direito de ser julgado apenas uma vez sobre mesmos fatos (vedação ao *bis in idem* ou ao *double jeopardy*), o que expressamente não alcança a responsabilização autônoma em procedimento de impeachment. Já a Sexta Emenda, ao estabelecer o direito de que todas as acusações criminais fossem julgadas perante um corpo de jurados e ao manter regime e procedimentos diversos para o impeachment, indicava que esse instituto assumia natureza jurídica de uma esfera de responsabilização política autônoma.

interpretado com base nas mesmas noções jurídicas e judiciais desses outros âmbitos de responsabilização, já que "são fundados em princípios diferentes, regidos por diferentes máximas e dirigidos a diferentes objetivos".[254] Uma possibilidade de que o próprio povo, por meio de seus representantes, possa interromper um mandato em que "o líder da nação provou ser corrupto, invadiu seus direitos, negligenciou seu dever ou de outra forma abusou de sua autoridade",[255] impedindo que atos como esses continuassem a ser praticados. Confirmava-se, assim, total dissociação do impeachment com qualquer finalidade punitiva imediata, assumindo com função principal a proteção das instituições democráticas republicanas.

De igual forma, ainda que se cuide de um procedimento marcadamente político, trata-se de um espaço constitucionalmente delimitado, isto é, em relação ao qual se erigem limites jurídicos.[256] Com efeito, construiu-se um modelo que, propositalmente, torna difícil a condenação final,[257] como reflexo da preocupação e do sentimento dominantes entre os constituintes de que não é qualquer falha ou erro, tampouco qualquer eventual impopularidade de um presidente que justificará sua

---

[254] WILSON, James. *Collected works of James Wilson*, v. 1. Edited by Kermit L. Hall and Mark David Hall. Indianapolis: Liberty Fund, 2007. p. 736; tradução livre de: *"They are founded on different principles, are governed by different maxims, and are directed to different objects"*.

[255] SUNSTEIN. Op. cit., p. 12, tradução livre de: *"If the nation's leader proved corrupt, invaded their rights, neglected his duty, or otherwise abused his authority, that mechanism gave We the People a way to say: NO MORE"*.

[256] Nesse sentido, rememora-se frase dita em abril de 1970 por Gerald Ford, quando ainda era membro da Câmara dos Representantes, no contexto dos debates sobre um possível impeachment de William Douglas, *justice* da Suprema Corte (BARKER. Op. cit., p. 34). Ford dizia que "uma ofensa passível de impeachment é qualquer uma que a maioria da Câmara dos Representantes considera que seja em um determinado momento da história" (tradução livre de: *"an impeachable offense is whatever a majority of the House of Representatives considers it to be at a given moment in history"*). A ideia é imprecisa ao traduzir que não haveria limites jurídicos e constitucionais ao poder de impeachment de tal órgão legislativo. Sunstein, por exemplo, aponta ser equivocada a conclusão de que o "impeachment é um ato político, sem limites legais" (SUNSTEIN. Op. cit., p. 177, tradução livre de: *"Impeachment is a political act, unbounded by law"*). Ford viria a se tornar Presidente dos Estados Unidos em 1974 após a renúncia de Richard Nixon, sendo o único de sua história a não disputar as eleições presidenciais como candidato a Presidente ou vice-presidente, tendo em vista que ascendeu ao cargo de vice-presidente durante a presidência de Nixon em 1973, após a renúncia de Spiro Agnew.

[257] John Labovski relembra as conhecidas palavras de Theodore Sedgwick, que, em 1789, quando então era membro da Câmara dos Representantes, descreveu o impeachment como um caminho demorado, tedioso e tortuoso (LABOVITZ, John. *Presidential impeachment*. Connecticut: Yale University Press, 1978, p. 253, tradução livre de: *"tardy, tedious, desultory road"*).

remoção do cargo pelo impeachment,[258] que não se justifica apenas pelo reconhecimento de decisões ruins ou politicamente questionáveis.[259] Para insatisfações em geral com as políticas praticadas por um determinado governo, o controle popular diretamente exercido de forma periódica por meio das eleições deveria ser o lócus adequado para a resolução de tais questões. O impeachment não substitui as eleições nem assume o caráter de um voto de desconfiança, não se prestando a finalidades de conflitos partidários,[260] tampouco a revanchismos pessoais.

Ao prever diversas etapas segmentadas e significativas barreiras procedimentais, o impeachment foi projetado para que a remoção presidencial fosse difícil de se alcançar,[261] retratando a excepcionalidade para a qual o instituto foi pensado. Isso porque, embora se reconhecesse sua importância como meio de controle do grave comportamento público, já se sabia de seu principal risco: sua utilização como arma de disputas político-partidárias para fazer prevalecer a vontade de uma determinada – e, por vezes, eventual – maioria parlamentar.

---

[258] Alexis de Tocqueville, escrevendo sobre a Constituição norte-americana, demonstrava preocupações com a utilização casual do impeachment, descrevendo que sua brandura, quando comparada ao modelo inglês, por exemplo, constituía a origem de seus perigos: "De fato, não devemos nos deixar enganar pela aparente brandura da legislação americana no que diz respeito aos julgamentos políticos. Cumpre notar, em primeiro lugar, que, nos Estados Unidos, o tribunal que pronuncia esses julgamentos é composto dos mesmos elementos e submetido às mesmas influências que o corpo encarregado de acusar, o que dá impulso quase irresistível às paixões vindicativas dos partidos. Se os juízes políticos, nos Estados Unidos, não podem pronunciar penas tão severas quanto os juízes políticos da Europa, há pois menos possibilidade de ser absolvido por eles. A condenação é menos temível e mais certa" (TOCQUEVILLE, Alexis de. *A Democracia na América*. Trad. Eduardo Brandão. São Paulo: Martins Fontes, 2005. p. 125. v. 1). Entretanto, a previsão não se revelou precisa no transcurso da história.

[259] SUNSTEIN. Op. cit., p. 55.

[260] Joseph Story, juiz da Suprema Corte norte-americana entre 1812 e 1845, ao afirmar a natureza política do impeachment, externava essas preocupações ao comentar o papel de julgamento pelo Senado: "A jurisdição deve ser exercida sobre ofensas cometidas por homens públicos em violação de sua confiança e deveres públicos. Essas atribuições são, em muitos casos, políticas (...) A rigor, então, o poder assume caráter político, na medida em que diz respeito aos danos à sociedade em seu caráter político; e, por conta disso, requer-se cautela em seu exercício contra o espírito de facção, a intolerância de partido e os movimentos repentinos de sentimento popular" (STORY, Joseph. *Commentaries on the Constitution of the United States*. 3 vol. (1833). Lonang Institute, 2005. Disponível em: https://lonang.com/wp-content/download/Story-CommentariesUSConstitution.pdf. Acesso em: 20 maio 2021 (tradução livre de: "*The jurisdiction is to be exercised over offenses, which are committed by public men in violation of their public trust and duties. Those duties are, in many cases, political (...) Strictly speaking, then, the power partakes of a political character, as it respects injuries to the society in its political character; and, on this account, it requires to be guarded in its exercise against the spirit of faction, the intolerance of party, and the sudden movements of popular feeling*").

[261] GERHARDT. Op. cit., p. 10 (prefácio).

De toda forma, ainda que já se delineasse na Constituição seu contorno jurídico-político[262] fundamental, as discussões sobre o tema não se encerravam ali. Apenas a partir de sua aplicação prática é que algumas novas controvérsias surgiram na discussão dos casos que passavam a se apresentar. Ainda que os constituintes tenham tido uma visão perspicaz quanto ao instituto, não se poderia presumir que sua compreensão pudesse responder a todos os questionamentos que surgiriam.[263]

2.5 O impeachment na prática estadunidense

Ao longo da história constitucional norte-americana, registram-se 21 casos de impeachment[264] aprovados pela Câmara dos Representantes.[265] Destes, oito resultaram em condenação,[266] oito, em absolvição,

---

[262] Nesse sentido, é ilustrativa a expressão "justiça legislativa", adotada por Roscoe Pound (POUND, Roscoe. Justice according to Law II. *Columbia Law Review*, v. 14, n. 1, p. 1-26, Jan. 1914.

[263] TRIBE; MATZ. Op. cit., p. XIX (prefácio).

[264] Registra-se, desde logo, que no contexto norte-americano denomina-se impeachment apenas a primeira fase do procedimento bifásico, que tramita perante a Câmara dos Representantes (etapa que corresponderia ao juízo de admissibilidade realizado pela Câmara dos Deputados no modelo brasileiro). Assim, naquele sistema constitucional, quando se fala na aprovação do impeachment contra alguma autoridade, corresponde-se à aprovação por aquele órgão legislativo inicial e não efetivamente à sua condenação e ao seu afastamento, que só resultarão do julgamento efetuado pelo Senado. No Brasil, diferentemente, fala-se em aprovação do impeachment não com o mero juízo de admissibilidade efetuado pela Câmara dos Deputados, mas com a efetiva condenação promovida pelo Senado. Apesar dessa distinção, no presente livro abordar-se-á a expressão "impeachment" nos moldes de sua concepção brasileira, isto é, em abrangência a todo procedimento bifásico aberto pela aprovação da Câmara e encerrado com o julgamento do Senado, fazendo-se as devidas adaptações e especificações das etapas a que o texto se refere, a bem da melhor compreensão pelo leitor. A distinção é também apresentada por Paulo Brossard, no início de sua obra específica sobre o tema: "A rigor, porém, por impeachment se entende, apenas, a acusação formulada pela representação popular, ou seja, a primeira fase do processo de responsabilidade, que, no sistema brasileiro, termina com o afastamento provisório da autoridade processada, o que não ocorre, por exemplo, nos Estados Unidos e na Argentina. Contudo, pelo mesmo vocábulo, anglicismo incorporado à nossa língua, se designa, e comumente, o processo político que começa e termina no seio do Poder Legislativo" (BROSSARD. Op. cit., p. 5-6).

[265] Michael J. Gerhardt registra 19 desses 21 casos, indicando os cargos dos acusados e os anos de sua ocorrência (GERHARDT. Op. cit., p. 23; 228-229): William Blount, senador pelo Tenessee (1798-99); John Pickering, juiz federal (1803-4); Samuel Chase, juiz da Suprema Corte (1804-5); James Peck, juiz federal (1826-31); West Humphreys, juiz federal (1862); Andrew Johnson, Presidente da República (1867-68); Mark Delahay, juiz federal (1873); William Belknap, secretário de guerra (1876); Charles Swayne, juiz federal (1903-5); Robert Archbald, juiz federal de segunda instância (1912-13); George English, juiz federal (1926); Harold Louderback, juiz federal (1932-33); Halsted Ritter, juiz federal (1936); Harry Claiborne, juiz federal (1986); Alcee Hastings, juiz federal (1988-89); Walter Nixon, juiz federal (1988-89);

dois foram recusados por razões formais[267] e três nunca foram julgados, em razão de prévia renúncia do acusado.[268] Entre os 21 casos, um aconteceu ainda no século XVIII, sete ocorreram no século XIX, nove tiveram lugar no século XX e outros quatro no século XXI. Ainda, de todo esse conjunto, quatro casos se voltaram contra o Presidente da República em exercício, um contra integrante do Poder Executivo, um contra um senador e quinze contra membros do Poder Judiciário (a grande maioria juízes de primeira instância). Ainda que o estudo individualizado de cada um desses casos não seja o objeto próprio do presente livro, a análise de alguns casos principais permite identificar alguns pontos de maior controvérsia e os principais parâmetros de sua aplicação no sistema constitucional em que o impeachment foi adaptado e reformulado para a República e o presidencialismo. A medida é importante porque influenciou – e ainda influencia – seu desenvolvimento no modelo brasileiro.

2.5.1 A nascença: os primeiros casos de impeachment na República norte-americana

Curiosamente, o primeiro caso de impeachment na história constitucional estadunidense se deu contra William Blount (1797), senador por Tennessee, acusado de violar as leis de neutralidade dos Estados Unidos e conspirar para ataques ingleses aos territórios espanhóis da Flórida e Louisiana.[269] Questionado perante o Congresso, a Câmara dos Representantes aprovou seu impeachment em 6 de julho

---

Bill Clinton, Presidente da República (1998-99); Samuel Kent, juiz federal (2009); e Thomas Porteous, juiz federal (2010). Os outros dois episódios se referem a Donald Trump (2019 e 2020), que por duas vezes teve seu impeachment aprovado pela Câmara, não obstante tenha sido absolvido em julgamento no Senado.

[266] Os oito casos de condenação pelo Senado estadunidense por ato de impeachment recaíram sobre juízes, conforme as seguintes acusações resumidas: John Pickering (embriaguez e senilidade); West Humphreys (incitação a revoltas contra o país); Robert Archbald (suborno/corrupção); Halsted Ritter (conspiração para suborno); Harry Claiborne (evasão fiscal); Alcee Hastings (conspiração para suborno); Walter Nixon (declarações falsas perante o júri); e Thomas Porteous (declarações financeiras falsas e ocultação de bens).

[267] Foi o que aconteceu nos casos de William Blount e de William Belknap.

[268] Os juízes Mark Delahay, George English e Samuel Kent renunciaram após a declaração de impeachment pela Câmara dos Representantes, impedindo a realização do julgamento pelo Senado.

[269] POTTS, C. S. Impeachment as a Remedy. *Sait Louis Law Review*, v. 12, issue 1, p. 17, 1926.

de 1797. Não obstante o Senado tivesse expulsado[270] Blount em 8 de julho, por votação expressiva (25 votos a 1), a Câmara prosseguiu no procedimento de impeachment, tendo aprovado, em 28 de janeiro de 1798, cinco *articles of impeachment* contra o ex-senador.

Enviada a acusação ao Senado, Blount – que àquela altura já havia sido eleito para o Senado estadual do Tennessee, órgão que presidia – não compareceu a seu julgamento, tendo sua defesa levantado argumentos de que ele não mais estaria sujeito àquela jurisdição.

A alegação foi acolhida pelo Senado, em votação majoritária de 14 votos a 11, com base em dois motivos, ainda que não tenham sido expressamente mencionados na decisão final de absolvição:[271] (i) um membro do Congresso não seria "oficial civil", nos termos do que prevê a Constituição, de modo que não estaria sujeito ao processo de impeachment; (ii) ainda que assim não fosse, Blount já havia sido expulso do Senado, de modo que também não mais estaria sujeito a julgamento nessa esfera. Além de firmar um precedente, que desde então é acolhido pela prática constitucional norte-americana, no sentido de que os membros do Senado Federal ou da Câmara dos Representantes não são abrangidos pelo impeachment – que alcançaria apenas os oficiais civis dos Poderes Executivo e Judiciário –,[272] outro ponto reflexamente colocado ali dizia respeito à possibilidade ou não de seguir com o processo de impeachment contra alguém que já não ocupava mais o cargo no exercício do qual teria cometido a ofensa que justificava seu processamento.[273]

O segundo caso enfrentado pelo Congresso norte-americano foi o de John Pickering (1803-4), juiz federal em New Hampshire. Diferentemente do primeiro, este se voltava, pela primeira vez, contra um membro do Poder Judiciário e resultou em condenação. O caso foi, também, o primeiro em que se discutiu mais detidamente sobre o alcance

---

[270] A Constituição dos Estados Unidos contém dispositivo (artigo 1, seção 5) que permite a cada uma das Casas legislativas expulsar um de seus membros, pelo quórum de votação de dois terços.

[271] Conforme informação do *site* do Senado norte-americano, na ocasião aprovou-se Resolução que afirmava: "O tribunal é da opinião de que a matéria alegada na petição do réu é suficiente em direito para demonstrar que este tribunal não deve ter jurisdição sobre o referido impeachment e que o referido impeachment é julgado improcedente" (tradução livre de: "*The court is of opinion that the matter alleged in the plea of the defendant is sufficient in law to show that this court ought not to hold jurisdiction of the said impeachment, and that the said impeachment is dismissed*". Disponível em: www.senate.gov/artandhistory/history/minute/The-First-Impeachment.htm. Acesso em: 20 maio 2021.

[272] TRIBE; MATZ. Op. cit., p. 11.

[273] SUNSTEIN. Op. cit., p. 107.

das condutas relevantes para o impeachment, tendo em vista que seu processamento se deu por razões essencialmente partidárias em um ambiente político de elevada insatisfação dos membros republicanos com a recente estruturação de um Poder Judiciário federal.[274]

Pickering era acusado de praticar condutas indevidas no exercício de suas funções, sobretudo por relatos de que comparecia às sessões de julgamento embriagado,[275] fatos que compuseram o pano de fundo dos quatro *articles of impeachment*[276] aprovados pela Câmara dos Representantes em 2 de março de 1803. Esses artigos, entretanto, estruturavam-se sobre determinadas condutas judiciais de Pickering interpretadas como julgamentos equivocados, sendo que apenas o quarto deles imputava conduta moralmente imprópria por sua embriaguez, sem que suas condutas fossem vinculadas à prática de traição, suborno ou graves crimes e contravenções, aspectos que indicavam que a tentativa de remoção de Pickering guiava-se por mera conveniência política.[277] Sem que existisse na Constituição Federal algum dispositivo que permitisse a destituição de juízes por fatos como esses de insanidade ou séria incapacidade para exercício do cargo – diferentemente do que ocorria em alguns Estados, que previam a possibilidade de suas Casas legislativas endereçarem a providência ao governador[278] –, o Senado aprovou a condenação de Pickering, determinando, em março de 1804, sua imediata remoção do cargo por votação amplamente majoritária (20 votos a 6).[279]

Outro fato curioso deste caso foi que, entre a aprovação do impeachment na Câmara dos Representantes e o julgamento perante o Senado, três antigos membros daquele primeiro órgão haviam se tornado senadores,[280] pelo que John Quincy Adams, então senador, propôs que

---

[274] Como Maurizio Oliviero destaca, "a acusação contra Pickering ia muito além da pessoa do juiz: ela dizia respeito ao Poder Judiciário, bastião dos Federalistas, há pouco derrotados pelos Republicanos, que tinham conquistado nas eleições de 1800 a maioria no Congresso e, pouco depois, a Presidência com Thomas Jefferson" (OLIVIERO; PAFFARINI. Op. cit., p. 130-131; ver nota de rodapé nº 274).

[275] TURNER, Lynn W. The Impeachment of John Pickering. *The American Historical Review*, v. 54, n. 3, p. 489, Apr. 1949.

[276] HINDS, Asher C. *Hinds' Precedents of the House of Representatives of the United States*. Washington: US Government Printing Office, 1907. p. 691-692. v. 3. Disponível em: www.govinfo.gov/content/pkg/GPO-HPREC-HINDS-V3/pdf/GPO-HPREC-HINDS-V3-20.pdf. Acesso em: 20 maio 2021.

[277] TURNER. Op. cit., p. 495.

[278] TURNER. Op. cit., p. 492.

[279] TURNER. Op. cit., p. 505.

[280] Foi o que aconteceu com Theodorus Bailey, John Condit e Samuel Smith (GERHARDT. Op. cit., p. 41-42).

estes fossem excluídos como juízes da causa, sob a premissa de que não se poderia julgar a própria acusação.[281] Apesar de a proposta ter sido rejeitada pelo Senado – que permitiu o voto dos três senadores, mediante o juramento constitucionalmente previsto –, trata-se de importante exemplo que será retomado nas discussões sobre o alcance da imparcialidade dos senadores julgadores.[282]

No mesmo dia em que o Senado condenava Pickering, a Câmara dos Representantes, motivada pelo êxito de sua iniciativa, aprovava a instauração de novo processo de impeachment contra Samuel Chase (1804), juiz da Suprema Corte desde 1796, por indicação de George Washington. Em meio ao cenário de ascensão dos Republicanos e o controle de 25 das 34 cadeiras do Senado durante a presidência de Thomas Jefferson – que havia sofrido amarga derrota no célebre caso Marbury v. Madison,[283] julgado pela Suprema Corte em 1803 –, Chase mantinha-se como um dos expoentes dos Federalistas no Poder Judiciário, atraindo, por essa razão, forte oposição política.

Incomodado com suas manifestações políticas no exercício de suas funções e com a defesa que fazia da independência do Judiciário, o próprio Presidente Thomas Jefferson acionou alguns membros da Câmara dos Representantes para que tentassem remover Chase.

---

[281] TURNER. Op. cit., p. 494-495.
[282] O tema é retomado mais adiante neste livro, sobretudo quando se dispuser, no terceiro capítulo, sobre o papel do Senado no processo de impeachment no Brasil.
[283] O caso é celebremente conhecido como uma das origens do controle de constitucionalidade e teve como pano de fundo as reformas que John Adams – ao fim de seu mandato e após perder as eleições para Thomas Jefferson – introduziu no *Judiciary Act* de 1789, criando novos cargos no Judiciário federal norte-americano, a fim de que pudesse realizar diversas nomeações que garantiriam o domínio dos federalistas em ao menos um dos Poderes. Entre os diversos nomeados, que ficaram conhecidos como "juízes da meia-noite" (*midnight judges*), estavam John Marshall, Secretário de Estado de Adams indicado ao cargo de *chief justice* da Suprema Corte, e William Marbury, que assumiria um posto em Colúmbia. Com a posse de Jefferson, em 4 de março de 1801, o novo Presidente nomeou James Madison para ser seu Secretário de Estado, incumbindo-lhe de analisar as nomeações de novos magistrados tardiamente feitas por Adams, quando notou que diversos nomeados ainda não tinham recebido suas cartas de nomeação, o que tornaria o ato presidencial incompleto, razão pela qual as nomeações pendentes – entre as quais a de Marbury – foram desfeitas. A situação gerou um processo judicial originário perante a Suprema Corte, que, sob a condução de Marshall, assentou previamente que a hierarquia superior da Constituição permitia que se fizesse a avaliação judicial de compatibilidade de outras leis, ainda que posteriores, com seu teor. Dessa forma, o julgamento resultou na declaração de inconstitucionalidade da Seção 13 do Judiciary Act, que atribuía a competência do julgamento do caso à Suprema Corte. Assim, não tendo competência para o caso, a Corte, por construção de Marshall, evitou confronto direto com o governo, ao mesmo tempo que se autoafirmava um destacado poder: o *judicial review*.

Tendo como estopim sua atuação e um discurso[284] que fez em um determinado júri realizado em Baltimore, foram aprovados oito *articles of impeachment*,[285] que lhe imputavam essencialmente má conduta desempenhada na condução de processos e comportamento rude e injusto na promoção de julgamentos.[286]

Em sua defesa apresentada ao Senado, Chase negava que qualquer das acusações configurasse crime ou contravenção e sustentava que eventuais erros que tivesse cometido não se caracterizariam como condutas sujeitas a impeachment (*impeachment offenses*).[287] Considerando, porém, a previsão da Constituição estadunidense no sentido de que os juízes manterão seus cargos vitalícios enquanto apresentarem bom comportamento, a acusação persistia na possibilidade de seu afastamento, mediante a propositura de um distinto padrão valorativo para as condutas dos membros do Poder Judiciário e daqueles do Poder Executivo. Entretanto, tratava-se de retórica argumentativa que,

---

[284] Richard Lillich cita excerto do discurso de Chase, proferido em defesa da independência do Judiciário e com críticas ao Presidente Thomas Jefferson: "A independência do judiciário nacional já está abalada em seus alicerces e só a virtude do povo pode restaurá-la (...) nossa constituição republicana afundará em uma oclocracia, o pior de todos os governos possíveis (...) as doutrinas modernas de nossos últimos reformadores, de que todos os homens, em um estado de sociedade, têm o direito de gozar de igual liberdade e direitos iguais, trouxeram este grande dano sobre nós; e temo que progrida rapidamente, até que a paz e a ordem, a liberdade e a propriedade sejam destruídas". (LILLICH, Richard B. The Chase Impeachment. *The American Journal of Legal History*, v. 4, n. 1, p. 50, Jan. 1960; tradução livre de: "*The independence of the national judiciary, is already shaken to its foundation, and the virtue of the people alone can restore it (...) our republican constitution will sink into a mobocracy, the worst of all possible governments (...) the modern doctrines by our late reformers, that all men, in a state of society, are entitled to enjoy equal liberty and equal rights, have brought this mighty mischief upon us; and I fear that it will rapidly progress, until peace and order, freedom and property, shall be destroyed*").

[285] LILLICH. Op. cit., p. 58-59. Sobre as acusações, Carrington destaca: "Em verdade, havia apenas três acusações de importância; a primeira em relação a um julgamento na cidade de Filadélfia de um homem chamado John Fries por traição; a segunda em relação ao julgamento na cidade de Richmond de um homem chamado James Thompson Callender por sedição; e o último em relação a um discurso para um grande júri em Baltimore, que foi, na verdade, um discurso político" (CARRINGTON. Op. cit., p. 487, tradução livre de: "*There were really only three charges of importance; the first in relation to a trial in the City of Philadelphia of a man by the name of John Fries for treason; the second in relation to the trial in the City of Richmond of a man by the name of James Thompson Callender for seditious libel; and the last in relation to an address to a grand jury in Baltimore which was in effect a political speech*").

[286] Richard Lillich assevera que "Os anais da história jurídica americana não contêm nenhum julgamento com maior conotação política e ramificações constitucionais do que o processo de impeachment de 1805 movido pela Câmara dos Representantes contra Samuel Chase, juiz associado da Suprema Corte dos Estados Unidos" (LILLICH. Op. cit., p. 49, tradução livre de: "*the annals of american legal history contain no trial with greater political overtones and constitutional ramifications than the 1805 impeachment proceeding brought by the House of Representatives against Samuel Chase, Associate Justice of the Supreme Court of the United States*").

[287] LILLICH. Op. cit., p. 60.

em verdade, buscava atribuir pretensa legitimação a uma acusação essencialmente política.[288]

Entre os oito artigos, houve maioria de votos para a condenação em três, mas sem que se atingisse o quórum necessário de dois terços, havendo absolvição unânime para uma das imputações. Seis republicanos votaram contra a condenação em todas as acusações, recusando-se a fazer uso meramente político do impeachment, diante da percepção de inexistência da prática de traição, suborno ou graves crimes e contravenções.

Chase foi, então, absolvido, forçando os republicanos a desistir daquilo que se considerava como o próximo objetivo em sua estratégia política: o impeachment do *chief justice* Marshall.[289] Com efeito, como lições do veredicto – além de se reportar[290] que as condutas dos juízes federais se aperfeiçoaram para uma abstenção de participação ativa na vida política norte-americana, freando a tendência de ameaças de impeachment contra membros do Poder Judiciário por suas atuações funcionais[291] –, contribuiu-se decisivamente para o estabelecimento e a manutenção de um Judiciário independente na República constitucional dos Estados Unidos.[292] Assim, afirmava-se como significativa e principal lição que o impeachment não se trata de ferramenta adequada para retaliar um juiz por suas posições jurídicas afirmadas, havendo mecanismos próprios no sistema judicial recursal para impugnação de eventuais erros jurídicos cometidos no exercício da atividade jurisdicional.[293]

Em relação aos Presidentes da República, o primeiro esforço significativo empreendido para a realização de procedimentos de

---

[288] OLIVIERO; PAFFARINI. Op. cit., p. 133.
[289] TURNER. Op. cit., p. 506.
[290] LILLICH. Op. cit., p. 71.
[291] Maurizio Oliviero indica que "nos 25 anos posteriores não foram levantadas mais questões de *impeachment*, evidenciando o abandono desse instrumento por parte dos republicanos para atingir os federalistas presentes na magistratura" (OLIVIERO; PAFFARINI. Op. cit., p. 133). Com efeito, o próximo procedimento de impeachment contra magistrados se daria em 1830, no caso do juiz James Peck, que, acusado de agir arbitrariamente em desfavor de um advogado que havia escrito um texto em que atribuía erros a uma decisão que proferira, foi absolvido pelo Senado.
[292] CARRINGTON. Op. cit., p. 60. O autor também destaca que "A condenação de Chase poderia muito bem ter tido uma má influência e teria encorajado os republicanos em seus ataques ao poder do Judiciário" (Idem, p. 60, tradução livre de: "*A conviction of Chase might well have had a bad influence, and would have encouraged the Republicans in their assaults upon the power of the judiciary*").
[293] GERHARDT. Op. cit., p. 191.

impeachment deu-se com John Tyler, em 1842.[294] Após a morte de William Henry Harrison em abril de 1841, apenas um mês após sua posse, Tyler se tornou o primeiro vice-presidente a ascender com definitividade ao cargo de Presidente, tendo enfrentado dificuldades políticas com um Congresso de controle *whig*.

No desempenho de sua presidência e em discordância de políticas que o Congresso tentava aprovar, Tyler se valia de uma prerrogativa constitucional que até então era pouco utilizada no início da República estadunidense,[295] a não ser por motivos de inconstitucionalidade: o poder presidencial de veto.[296] Seu exercício em relação a legislações aprovadas pelo Congresso que impunham significativas tarifas protecionistas representou o ponto de ignição para que a possibilidade de impeachment fosse cogitada.[297]

Incitada por representantes como John Botts e Henry Clay, o cerne da indignação de seus opositores repousava, então, sobre o uso do poder presidencial de veto, que apenas poderia ser derrubado por dois terços do Congresso. A iniciativa de imputar a Tyler a prática de "graves crimes e contravenções"[298] chegou a receber apoio inicial na Câmara dos

---

[294] CRAPOL, Edward P. *John Tyler*: the Accidental President. Chapel Hill: The University of North Carolina Press, 2006, p. 106; SUNSTEIN. Op. cit., p. 84.

[295] SUNSTEIN. Op. cit., p. 84.

[296] Jeffrey Engel comenta que a inesperada presidência de John Tyler estabeleceu alguns eventos importantes na construção da jovem República norte-americana, tendo em vista que foi o primeiro vice-presidente a assumir o cargo titular com definitividade, o mais jovem a ocupar o cargo até então, o primeiro a vetar legislação proveniente do Congresso por razões de interesse público, e não por motivos de incompatibilidade com a Constituição, e também o primeiro a ter seu veto derrubado por congressistas incomodados, além de ter sido o primeiro Presidente a enfrentar uma efetiva ameaça de impeachment (ENGEL; MEACHAM; NAFTALI; BAKER. Op. cit., p. XVII).

[297] Após esse ponto de ignição, havia outros fatos que constituíam o pano de fundo do contexto político de oposição que Tyler enfrentava no Congresso. É o caso, por exemplo, do fato de o Presidente ter sido dono de escravos, atraindo a antipatia de grupos legislativos abolicionistas, sobretudo de John Quincy Adams, que na ocasião liderou um comitê parlamentar que afirmou a existência de abuso no poder presidencial de veto e criticou a personalidade do presidente (CRAPOL. Op. cit., p. 58).

[298] Sobre o forçado enquadramento das acusações que se tentava fazer, Gary May cita carta enviada por John Tyler a seu amigo Robert McCandlish em 10 de julho de 1842, na qual afirmava seu espanto com as acusações que lhe eram imputadas, escrevendo: "O grave crime de sustentar a constituição do país eu cometi e me declarei culpado. O grave crime de (...) ousar ter uma opinião própria, apesar de contrária à do Congresso, eu me declaro culpado também por isso; e se estas são questões de impeachment, então eu deveria ser condenado" (MAY, Gary. *John Tyler – American presidents series*. New York: Henry Holt & Co., 2008. p. 78; tradução livre de: *"The high crime of sustaining the Constitution of the country I have committed, and I plead guilty. The high crime of (...) daring to have an opinion of my own, Congress to the contrary not withstanding, I plead guilty also to that; and if these be impeachable matters, why then I ought to be impeached"*).

Representantes, mas acabou sendo interrompida pela superveniência das eleições legislativas intercalares – realizadas no meio do mandato presidencial – no final de 1842, as quais consagraram a vitória dos democratas, que assumiram o controle majoritário do Congresso. Ao final, a iniciativa foi logo rejeitada por votação amplamente majoritária de 127 votos a 83.[299]

Não obstante a questão ter sido resolvida ainda em seu início, sem que o procedimento avançasse ao julgamento perante o Senado – que persistia controlado pelos *whigs* –, o caso possui elevada importância histórica ao se apresentar como primoroso exemplo de como o impeachment não deve ser utilizado, tendo em vista que "o poder de impeachment não é uma ferramenta para o Congresso ejetar um presidente apenas por discordar de suas políticas".[300] No caso, inclusive, tratava-se do exercício de um poder presidencial atribuído pela própria Constituição e para o qual também já se estipulava, dentro do sistema de balanceamento de Poderes (*checks and balances*), o mecanismo institucional próprio de reação congressual em caso de contraposição: a derrubada legislativa do veto presidencial. Além disso, insatisfações políticas do Parlamento com o Presidente deveriam ser manifestadas ou resolvidas pelo exercício legítimo de outros poderes atribuídos ao Poder Legislativo, como a possibilidade de rejeitar indicações promovidas pelo Presidente, aspecto que acabou se revelando concretamente na Presidência de Tyler.[301]

Foi com Andrew Johnson, porém, que o impeachment presidencial foi pela primeira vez aprovado pela Câmara dos Representantes do Congresso, chegando-se, assim, à fase de julgamento perante o Senado. Além desse pioneirismo, o caso também é relevante por evidenciar como o processo de tentativa de remoção de um presidente revela natureza mais política do que jurídica.[302]

---

[299] SUNSTEIN. Op. cit., p. 84; TRIBE; MATZ. Op. cit., p. 20; ENGEL; MEACHAM; NAFTALI; BAKER. Op. cit., p. XVII; GERHARDT, Michael J. *The Constitutional Legacy of Forgotten Presidents*. Oxford: Oxford University Press, 2013. p. 52.

[300] TRIBE; MATZ. Op. cit., p. 20, tradução livre de: "*The impeachment power is not a tool for Congress to eject a president solely because of disagreement with his policies*".

[301] Michael J. Gerhardt relata que o Senado rejeitou 27 indicações ministeriais de Tyler, além de ter impedido, nos últimos dois anos de seu mandato, a maioria de suas nomeações, rejeitando oito de suas nove indicações de membros para a Suprema Corte – o maior número já registrado de indicações não exitosas feitas por um Presidente (GERHARDT. Op. cit., p. 52).

[302] ENGEL; MEACHAM; NAFTALI; BAKER. Op. cit., p. 59. Os autores falam do impeachment como "arma da política" (Idem, p. 60, tradução livre de: "*weapon of politics*").

Johnson era vice-presidente de Abraham Lincoln e chegou à Presidência após a morte deste em 14 de abril de 1865. Como membro democrata dedicado aos direitos dos homens brancos, bastante conservador e resistente na defesa de direitos aos negros,[303] sua presidência foi marcada por diversos impasses políticos com o Congresso, que era então dominado pelos republicanos, em um momento político[304] já conturbado pela Guerra de Secessão, que chegava ao fim.[305]

No período da reconstrução norte-americana pós-guerra, as divergências políticas entre os estados do norte e do sul se acirraram, sobretudo em relação a iniciativas legislativas que tratavam de temas como a abolição da escravidão, a concessão de direitos civis a escravos libertos e a igualdade formal de direitos entre brancos e negros. Assim é que o Presidente Johnson vetou projetos legislativos como o *Civil Rights Act*, de 1866, inicialmente aprovado pelo Congresso em 1865 para afirmar o conceito de cidadania e a igualdade de direitos entre todos cidadãos estadunidenses, e o *Reconstruction Act*, de 1867, inicialmente aprovado pelo Congresso em 1866 para regulamentar as condições de reingresso dos estados separatistas na Federação, entre as quais a necessidade de aprovação de novas Constituições estaduais, confirmadas por eleição local que incluísse o voto de negros, a ratificação da 13ª e da 14ª Emenda à Constituição dos Estados Unidos, comprometendo-se à proteção – ainda que meramente formal – dos direitos civis dos afro-americanos; esses vetos foram posteriormente derrubados pelo Poder Legislativo. Houve, também, expressa contraposição de Johnson à edição da 14ª Emenda à Constituição,[306] aprovada pelo Congresso em julho de 1868, a qual dispunha sobre a igualdade formal, perante a lei, de direitos civis para todos os cidadãos nascidos ou naturalizados norte-americanos, fortalecendo as previsões da 13ª Emenda, aprovada em janeiro de 1865, por meio da qual se extinguia a escravidão e a prestação de serviços forçados, exceto como punição por crime.

---

[303] ENGEL; MEACHAM; NAFTALI; BAKER. Op. cit., p. 62.
[304] Jon Meacham, ao descrever o cenário da época e em alguma medida aproximá-lo daquele vivenciado nos Estados Unidos em 2018, menciona a existência de fatores como um Presidente obstinado, um Congresso dividido, uma nação polarizada, temores de que a democracia norte-americana estivesse ruindo, o que culminou na discussão da legitimidade ou não do processo de impeachment presidencial (ENGEL; MEACHAM; NAFTALI; BAKER. Op. cit., p. 56). Maurizio Oliviero também destaca o "contexto caracterizado por um conflito político áspero em que se confrontavam diversas posições sobre a questão da reconstrução após a guerra civil há pouco terminada" (OLIVIERO; PAFFARINI. Op. cit., p. 134).
[305] É nesse sentido que Scott Barker diz que Johnson era o homem errado para tempos turbulentos (BARKER. Op. cit., p. 46).
[306] ENGEL; MEACHAM; NAFTALI; BAKER. Op. cit., p. 58-59.

Nesse cenário de instabilidade e elevada contrariedade política sobre os programas entendidos como essenciais à reconstrução do país, os republicanos, que eram maioria no Congresso, buscavam motivos para afastar Johnson de seu cargo, em lugar de apenas esperar pelas eleições presidenciais de 1868.[307] Houve, assim, a manifestação de algumas tentativas de impeachment contra Johnson,[308] em um contínuo processo de busca de um motivo para sua remoção política, que encontraria um pretexto ideal para o impeachment na violação do *Tenure of Office Act*, de 1867.[309]

Tratava-se de uma lei promulgada após nova derrubada de veto, a qual impedia o Presidente de destituir membros de seu gabinete ou funcionário do Executivo sem a confirmação pelo Senado. Sua edição, aliás, deu-se para que se provocasse a ameaça de impeachment em caso de seu descumprimento,[310] tendo em vista que em seu próprio teor se consignava que a violação a suas disposições seria considerada "graves contravenções".[311] Johnson, porém, reputava a lei como inconstitucional[312]

---

[307] ENGEL; MEACHAM; NAFTALI; BAKER. Op. cit., p. 76.
[308] BARKER. Op. cit., p. 74. Ao comentar algumas dessas tentativas, Jon Meacham indica argumentos explícitos adotados pela minoria legislativa que se contrapunha ao afastamento de Johnson no sentido de que a inadequação ou incapacidade política do Presidente deveriam ser resolvidas nas urnas, e não pelo procedimento de impeachment perante o Congresso (ENGEL; MEACHAM; NAFTALI; BAKER. Op. cit., p. 80). Também Maurizio Oliviero, ao reportar duas tentativas de impeachment contra Johnson, afirma que "à base de ambos os pedidos havia claras motivações políticas que decorriam do profundo e prolongado contraste entre o Presidente e o Congresso", em que "o ponto central desse conflito dizia respeito à diversidade de posições quanto à política a ser seguida para a reconstrução dos Estados do Sul, derrotados na guerra civil" (OLIVIERO; PAFFARINI. Op. cit., p. 134).
[309] ENGEL; MEACHAM; NAFTALI; BAKER. Op. cit., p. 59; BARKER. Op. cit., p. 68-69.
[310] SUNSTEIN. Op. cit., p. 105.
[311] As disposições finais da seção 9 do referido ato legislativo indicavam: "qualquer pessoa que violar alguma das disposições dessa seção será considerada culpada de grave contravenção" (tradução livre de: "(…) *every person who shall violate any of the provisions of this section shall be deemed guilty of a high misdemeanor*"). O inteiro teor do *Tenure of Office Act* está disponível no *site* do Senado norte-americano, disponível em: www.senate.gov/artandhistory/history/resources/pdf/Johnson_TenureofOfficeAct.pdf; acesso em: 25 maio 2021.
[312] SUNSTEIN. Op. cit., p. 104. Oliviero reforça a compreensão ao aduzir: "A lei tinha sido aprovada pelo Congresso com a intenção clara de restringir os poderes presidenciais, não obstante Johnson tivesse exercitado seu poder de veto", razão pela qual "o Presidente infringiu voluntariamente a disposição legislativa, na esperança de uma intervenção da Suprema Corte que declarasse sua inconstitucionalidade, na medida em que, a partir do texto constitucional, resultava pacífico que o poder de remover os *executive officers* era um poder exclusivo do Presidente" (OLIVIERO; PAFFARINI. Op. cit., p. 136). Jon Meacham chega a afirmar que, nesse cenário, o caminho razoável seria aguardar uma definição da Suprema Corte quanto à constitucionalidade ou inconstitucionalidade da lei, mas a maioria dos membros da Câmara dos Representantes não queria aguardar a decisão daquele Tribunal, o que não seria possível de ocorrer antes das eleições presidenciais de novembro de 1868 (ENGEL; MEACHAM; NAFTALI; BAKER. Op. cit., p. 88).

e deliberadamente a descumpriu na tentativa de destituição de Edwin Stanton, que havia sido nomeado por Lincoln para o cargo de Secretário de Guerra,[313] substituindo-o por alguém com quem tivesse maior alinhamento.

O episódio foi o elemento que faltava para que a Câmara dos Representantes aprovasse, em fevereiro de 1868, a admissão do processo de impeachment contra Johnson, por ampla maioria de 126 votos a 47.[314] Foram, então, elaborados onze *articles of impeachment*,[315] que acusavam Johnson de graves contravenções praticadas no exercício do cargo, mas cuja redação evidenciava a natureza eminentemente política das imputações, que não pareciam corresponder à prática de traição, suborno ou outros graves crimes e contravenções. Sem que lhe fossem imputadas condutas específicas,[316] acusava-se o Presidente pelo tom e pela postura adotados em relação ao Congresso e suas iniciativas políticas.[317]

O processo seguiu, então, para o Senado, colocando-se o Presidente sob julgamento em processo de impeachment pela primeira vez na história da República estadunidense, sob a condução de Salmon Chase, então Presidente da Suprema Corte. À época constituído por 54 senadores, eram necessários 36 votos para que Johnson fosse de fato afastado e destituído do cargo. Entretanto, a votação majoritária pela condenação resultou em 35 a 19,[318] faltando apenas um voto para que se alcançasse o quórum de dois terços, que só não foi alcançado porque alguns senadores republicanos contrariaram a orientação do partido e votaram pela absolvição do Presidente.[319] De fato, após dez semanas

---

[313] Além dos debates relativos à compatibilidade ou não da lei com a Constituição, o fato de Stanton ter sido nomeado por Lincoln foi também aventado pela defesa de Johnson durante seu julgamento no Senado, a fundamentar a tese de que a lei não seria aplicável ao caso concreto, "na medida em que não se podia sustentar que sua intenção fosse aquela de obrigar um Presidente dos Estados Unidos a manter no cargo um ministro que ele próprio não tinha nomeado" (OLIVIERO; PAFFARINI. Op. cit., p. 137).
[314] SUNSTEIN. Op. cit., p. 106.
[315] A íntegra dos *articles of impeachment* encontra-se disponível no site do Senado norte-americano (www.senate.gov/artandhistory/history/common/briefing/Impeachment_Johnson.htm; acesso em: 25 maio 2021).
[316] BARKER. Op. cit., p. 86-88.
[317] ENGEL; MEACHAM; NAFTALI; BAKER. Op. cit., p. 85.
[318] BARKER. Op. cit., p. 99.
[319] Scott Barker assenta que alguns desses senadores que contrariaram a orientação partidária registraram suas opiniões em votos escritos, nos quais destacavam, como fundamento comum, que entendiam que o ato legislativo de cujo descumprimento Johnson era acusado não se aplicava a Stanton, que poderia ter sido destituído sem o consentimento do Senado (BARKER. Op. cit., p. 103). Em sentido semelhante, Rafael Mafei dispõe que a formulação de uma acusação mais estreita acabou representando fator importante para o insucesso da condenação, destacando que, "ao menos nos Estados Unidos, a tese jurídica da acusação

de julgamento, concluía-se, ainda que por ausência de atingimento do quórum qualificado, que mesmo que Johnson fosse um presidente ruim, a concretização de seu impeachment teria representado violação à Constituição.[320]

Ademais, o caso revela também outra importante lição: a de que a acusação de impeachment deve se voltar contra atos específicos praticados pelo Presidente da República, sendo essencial que a acusação formulada pela Câmara dos Representantes indique de forma individualizada as condutas que correspondem, em sua visão, à prática de alguma das condutas relevantes para fins de impeachment.[321] A medida é importante não apenas para consolidar os limites do processo de julgamento a ser realizado perante o Senado e a respectiva atividade de defesa que ali terá lugar, mas também para evitar que acusações genéricas ou exclusivamente políticas deem lugar ao afastamento do Presidente, transformando o impeachment em algo bastante próximo do voto de desconfiança dos modelos parlamentaristas.[322]

Não bastasse, o *Tenure of Office Act*, cujo descumprimento deu origem à aprovação do impeachment de Johnson perante a Câmara dos Representantes, seria totalmente revogado pelo Congresso em 1887, sem prejuízo de que uma lei com conteúdo bastante similar fosse posteriormente declarada inconstitucional pela Suprema Corte dos Estados Unidos em 1926. No caso Myers v. United States,[323] originado de

---

não é irrelevante, mesmo com a carga política inerente ao julgamento de um impeachment" (MAFEI. Op. cit., p. 49).

[320] SUNSTEIN. Op. cit., p. 106. Ao analisar o caso de Johnson, Raoul Berger assenta que sua condenação poderia ter debilitado por completo o sistema de separação de poderes desenhado pela Constituição, na medida em que seu processamento representava "um abuso abjeto do processo de impeachment, uma tentativa de punir o Presidente por discordar e obstruir as políticas do Congresso" (BERGER. Op. cit., p. 308, tradução livre de: "(...) *a gross abuse of the impeachment process, an attempt to punish de President for differing with and obstructing the policy of Congress*").

[321] TRIBE; MATZ. Op. cit., p. 55.

[322] A referida lição é ainda mais significativa quando considerado o caráter essencialmente bipartidário do sistema político norte-americano, em que a formação de maiorias parlamentares ocasionais parece ser mais provável e apresenta maior oscilação. É o que destaca também Maurizio Oliviero: "A própria ideia de colocar em prática um precedente que permitisse a qualquer maioria futura livrar-se, mediante o uso do *impeachment*, de uma pessoa politicamente malvista pelo partido dominante parecia pouco conveniente em um sistema, como o dos Estados Unidos, no qual dois partidos alternam-se no poder", de onde sobressai "a conveniência de valer-se, pelo menos formalmente, de um pretexto jurídico (como a violação de uma lei), que, além de esconjurar um precedente temido nesse sentido, permitisse alcançar o objetivo desejado, isto é, a remoção de Johnson" (OLIVIERO; PAFFARINI. Op. cit., p. 136).

[323] No *syllabus* proveniente desse julgamento, faz-se menção expressa ao *Tenure of Office Act*, de 1867 (disponível no *site* da Suprema Corte: https://supreme.justia.com/cases/federal/us/272/52/#tab-opinion-1931570; acesso em: 25 maio 2021).

evento ocorrido durante a Presidência de Woodrow Wilson, a Suprema Corte afirmou que a destituição de funcionários em geral nomeados pelo Poder Executivo é poder exclusivo do Presidente da República, de modo que seu condicionamento à aprovação do Senado representaria providência incompatível com a Constituição, em especial por violar a separação de Poderes nela disposta.[324]

A análise desse caso, portanto, permite compreender como o processo de impeachment pode ser utilizado, com base em contraposição de paixões políticas e em um sentimento de divisão nacional, como ferramenta eminentemente política de destituição de um presidente no exercício do cargo, ainda que contra ele não se consiga precisar a acusação de condutas específicas de traição, suborno ou outros graves crimes e contravenções.[325] Na conjugação de uma atuação mais passional e política da Câmara dos Representantes e pretensamente mais técnica do Senado, dava-se aos futuros presidentes e membros do Congresso "um precedente de impeachment mais assustador do que convidativo".[326]

As absolvições de Chase e Johnson pelo Senado ao longo do século XIX representaram, assim, a delimitação de limites ao uso político do impeachment, ainda que este seja elemento ínsito à sua natureza. De fato, ao manifestarem alguma resistência em afirmar condenações sem que houvesse mínimo substrato fático-jurídico que a fundamentasse, evitava-se a criação da prática de que o impeachment pudesse ser utilizado como instrumento que estaria à disposição de uma maioria parlamentar sempre que esta assim desejasse afastar determinada autoridade. Ainda, em momentos institucionais sensíveis e de significativas crises políticas, os casos representaram importantes precedentes para que o impeachment não fosse utilizado como arma de limitação das atribuições de outros Poderes por parte de uma maioria parlamentar, o que contribuía para assentar bases mais sólidas e estáveis de um sistema constitucional presidencialista e republicano.

---

[324] BARKER. Op. cit., p. 70.
[325] ENGEL; MEACHAM; NAFTALI; BAKER. Op. cit., p. 94.
[326] ENGEL; MEACHAM; NAFTALI; BAKER. Op. cit., p. 94, tradução livre de: "(...) *an impeachment precedent that was more daunting than inviting*".

2.5.2 A maturidade: casos de impeachment (contra juízes) no século XX

A definição de outras características relevantes para o processo de impeachment nos Estados Unidos adviria também da análise e do julgamento de novos casos ao longo do século XX. Temporalmente mais distante desses clamores de uma jovem República, esses novos casos indicam um período de maiores estabilidade e maturidade institucionais na utilização dessa ferramenta política de responsabilização.

Dos nove casos de impeachment aprovados pela Câmara dos Representantes ao longo do século XX, oito se voltaram contra juízes. Entre esses casos, dois resultaram em absolvição, um resultou em arquivamento pela renúncia superveniente do acusado e cinco resultaram em condenação e remoção do cargo pelo Senado, o que corresponde à totalidade das condenações em processos de impeachment ocorridas no período.[327]

Em julho de 1912, a Câmara aprovou, por 223 votos a 3,[328] a abertura de processo de impeachment contra Robert Archbald, juiz da Corte Federal de Comércio, órgão que atualmente não mais existe. Em síntese, o juiz era acusado de solicitar ou aceitar vantagens indevidas de partes que litigavam em processos na Corte perante a qual atuava, resultando em substanciais benefícios financeiros para si próprio.[329]

As acusações, concentradas em treze *articles of impeachment*, foram enviadas ao Senado, que concluiu o julgamento em janeiro de 1913, resultando na condenação em cinco das treze imputações. Archbald foi, então, removido do cargo e, por votação separada posterior, desqualificado para ocupar qualquer outro cargo público,[330] pela

---

[327] SUNSTEIN. Op. cit., p. 110-113. Os casos apresentados na sequência foram selecionados, dentro do recorte temporal indicado, em razão da maior relevância que apresentaram, considerado o objetivo anunciado de identificar como se desenvolveram, a partir de suas ocorrências, características relevantes para o processo de impeachment.

[328] GERHARDT. Op. cit., p. 32.

[329] SUNTEIN. Op. cit., p. 110; OLIVIERO; PAFFARINI. Op. cit., p. 139; GERHARDT. Op. cit., p. 55.

[330] Michael Gerhardt registra que, além de Archbald, a sanção de desqualificação para ocupação futura de outros cargos apenas tinha sido aplicada uma outra vez até então, no caso do impeachment de West Humphreys, juiz no Tennessee, condenado pelo Senado em junho de 1862 (GERHARDT. Op. cit., p. 62). Posteriormente, a sanção de desqualificação seria também aplicada a Thomas Porteous, juiz em um distrito da Louisiana, condenado pelo Senado em dezembro de 2010. Nesse caso, porém, até pelos desdobramentos do caso Hastings – na sequência descrito e no qual, mesmo condenado por impeachment e não tendo sido aplicada a pena de desqualificação, elegeu-se posteriormente como membro da Câmara dos Representantes –, a aplicação dessa sanção passou a ser sugerida já na redação

manifestação majoritária de 39 votos a 35, tendo em vista que, para a imposição dessa sanção, não se exige, no sistema estadunidense, o quórum qualificado de dois terços.[331]

Em fevereiro de 1933, foi a vez de Halsted Ritter, juiz de um distrito da Flórida, ter um processo de impeachment instaurado pela Câmara dos Representantes, por votação de 181 votos a 146. As acusações indicavam a ocorrência de favorecimentos indevidos em processos de falência, prática de advocacia enquanto atuava como juiz, sonegação fiscal, além de uma acusação genérica de causar descrédito ao Poder Judiciário (por aceitar, entre outras vantagens, hospedagem e refeições gratuitas no curso de um determinado processo).[332]

Elaborados sete *articles of impeachment*, o julgamento perante o Senado se encerrou em abril de 1936, alcançando-se a condenação apenas nesta última acusação.[333] Apesar de parecer ter sido uma condenação genérica, afirmada pela inadequação do acusado ao cargo, relata-se que havia provas suficientes de que Ritter havia praticado improbidades financeiras no exercício do cargo, trazendo prejuízo à confiança pública na administração da justiça e no Judiciário federal e colocando em descrédito sua imparcialidade e seriedade.[334] Essa condenação foi, inclusive, judicialmente impugnada por Ritter, sob alegação de que o Senado não havia promovido sua responsabilização por uma conduta específica, mas a iniciativa foi desde logo recusada, por se afirmar que o julgamento consistia em atribuição exclusiva do Senado, inviabilizando a possibilidade de sua revisão judicial.[335]

Para Ritter, porém, não houve a aplicação da sanção de desqualificação para a ocupação de outros cargos públicos. Confirmou-se, nesse caso, a ideia de que a votação para a aplicação ou não dessa sanção deveria se dar separadamente, após o prévio atingimento da condenação

---

dos *articles of impeachment* (Idem, p. 64). Com efeito, a primeira das acusações que eram feitas a Porteous continha a seguinte conclusão: "Consequentemente, o juiz G. Thomas Porteous Jr. se envolveu em conduta tão totalmente desprovida de honestidade e integridade que é culpado de graves crimes e contravenções, incapaz de ocupar o cargo de juiz federal e deve ser destituído do cargo" (disponível em: www.congress.gov/congressional-report/111thcongress/house-report/427/1; acesso em: 29 maio 2021; tradução livre de: "*Accordingly, Judge G. Thomas Porteous, Jr., has engaged in conduct so utterly lacking in honesty and integrity that he is guilty of high crimes and misdemeanors, is unfit to hold the office of Federal judge, and should be removed from office*").

[331] GERHARDT. Op. cit., p. 62 e 190.
[332] SUNTEIN. Op. cit., p. 110; OLIVIERO; PAFFARINI. Op. cit., p. 140; GERHARDT. Op. cit., p. 211.
[333] GERHARDT. Op. cit., p. 210-211.
[334] GERHARDT. Op. cit., p. 55-58.
[335] GERHARDT. Op. cit., p. 136.

supermajoritária por dois terços dos senadores, da qual resultaria o afastamento do cargo, sem necessidade de votação formalmente separada para que este último efeito fosse aplicado.[336]

Nesses dois casos – Archbald e Ritter –, os acusados enfrentavam acusações que, à época, não correspondiam a condutas criminalmente típicas ou relevantes.[337] Isso, aliás, consistiu no principal argumento de defesa apresentado durante os julgamentos, no sentido de que apenas condutas penalmente relevantes é que poderiam ensejar uma condenação por impeachment. A tese, porém, restou recusada em ambos os casos, reafirmando-se o entendimento de que a esfera política de responsabilização por impeachment não se vincula ao âmbito de tutela jurisdicional penal, tendo em vista que condutas que não correspondam a crimes podem dar ensejo ao afastamento político do cargo, assim como condutas penalmente típicas podem não ser suficientes para essa conclusão.

Os próximos casos de impeachment apenas teriam lugar na década de 1980, não obstante as fortes iniciativas não exitosas empreendidas em 1970 para afastar William Douglas, *justice* da Suprema Corte, de seu cargo, sem que, porém, a Câmara concluísse por sua acusação formal.[338] Também voltado contra juízes, os três casos ocorridos nesse período resultaram em condenação, tendo sido todos eles também processados criminalmente, sem que, entretanto, renunciassem a seus cargos.[339]

Harry Claiborne, juiz distrital em Nevada, teve processo de impeachment aberto contra si em julho de 1986, mediante votação unânime da Câmara dos Representantes,[340] que lhe imputava a prática de sonegação fiscal e a permanência no exercício do cargo mesmo já tendo sido penalmente condenado.[341] Isso porque Claiborne já havia sido criminalmente sentenciado em 1984 por falsificações em suas declarações de imposto de renda, condenado a dois anos de prisão e preso em março de 1986, não obstante continuasse ocupando seu cargo e recebendo seus proventos. Foi a primeira vez que se julgava processo de impeachment contra uma autoridade já condenada criminalmente.

As imputações foram formalizadas em quatro *articles of impeachment*, que lhe acusavam de mau comportamento e da prática de graves crimes

---

[336] GERHARDT. Op. cit., p. 190.
[337] GERHARDT. Op. cit., p. 55; OLIVIERO. Op. cit., p. 139-140.
[338] GERHARDT. Op. cit., p. 27; OLIVIERO; PAFFARINI. Op. cit., p. 141-142.
[339] GERHARDT. Op. cit., p. 30.
[340] GERHARDT. Op. cit., p. 32.
[341] SUNTEIN. Op. cit., p. 110; OLIVIERO; PAFFARINI. Op. cit., p. 147.

e contravenções no exercício do cargo. Com destaque, o terceiro desses artigos invocava, como fundamento bastante a seu afastamento, a existência de prévia condenação penal pelas falsificações tributárias.[342]

O caso apresentou, ainda, a peculiaridade de que a apresentação das provas e oitiva de testemunhas se deu em um comitê de doze membros especificamente criado para esse fim, o qual relataria suas conclusões ao plenário do Senado, perante o qual se deu a oitiva das alegações finais e a votação propriamente dita, que ocorreu em outubro de 1986. O procedimento diferenciado da fase de apresentação de provas era autorizado pela *Rule XI*, inicialmente editada em 1935, mas que ali encontrava sua primeira aplicação. Sua edição se deu com base na constatação de que a realização dessas fases instrutórias obrigatoriamente perante a totalidade dos senadores representaria atividade excessivamente complexa e que tomaria grande parte do tempo de funcionamento do órgão, para casos considerados menos relevantes.[343] A utilização dessa regra, como se verá adiante, serviu de fundamento para tentativas não exitosas de impugnação judicial das condenações afirmadas pelo Senado.

Em conclusão do julgamento, o Senado condenou Claiborne por ampla maioria (87 votos a 10 para o primeiro artigo; 90 votos a 7 para o segundo; e 89 votos a 8 para o quarto). Ainda que tenha havido alguma discussão quanto à existência ou não de ligação das condutas de falsificação fiscal com o exercício direto do cargo por Claiborne, prevaleceu, sob contexto geral, o entendimento de que sua continuidade na função e o recebimento de sua remuneração haviam sido totalmente comprometidos pela existência de uma condenação criminal e pela ocorrência de sua prisão.[344]

---

[342] A íntegra dos *articles* formulados contra Claiborne e a síntese das informações mais relevantes de seu julgamento encontram-se disponíveis no site do Senado norte-americano: www.senate.gov/artandhistory/history/common/briefing/Impeachment_Claiborne.htm; acesso em: 26 maio 2021.

[343] GERHARDT. Op. cit., p. 34.

[344] Michael Gerhardt afirma que "o Congresso entendeu que as práticas de fraude de imposto de renda de Harry Claiborne podem não ter sido diretamente relacionadas com, nem mesmo influenciado, seu desempenho na bancada do tribunal distrital, mas justificou seu impeachment e afastamento porque sua má conduta mostrou desdém pela lei federal e lhe subtraiu totalmente a autoridade moral para cumprir suas obrigações formais" (GERHARDT. Op. cit., p. 109, tradução livre de: "(...) *the Congress understood that Harry Claiborne's commissions of income tax fraud may not have been directly related to, nor even influenced his performance on, the district court bench, but nevertheless justified his impeachment and removal because his misconduct showed disdain for federal law and fully robbed him of the moral authority to discharge his formal obligations*").

A exceção se deu quanto ao terceiro artigo mencionado, cuja votação majoritária pela condenação não atingiu o quórum de dois terços.[345] Com efeito, havia temor de que sua aprovação poderia estabelecer um precedente duvidoso[346] quanto à vinculação de uma condenação judicial prévia como motivo automático para o afastamento em processo de impeachment, sobretudo quando essa premissa fosse considerada ao inverso: não se queria que, futuramente, se pudesse argumentar que eventual absolvição judicial prévia representaria uma automática absolvição no processo de impeachment.

Ao longo de todo esse processo, Harry Claiborne também buscou uma impugnação judicial contra os procedimentos que haviam ocorrido contra si, pautado na alegação principal relativa à ordem correta de sua acusação e condenação nas esferas política e criminal. Sustentava que sua condenação penal e prisão antes de seu julgamento de impeachment seriam inconstitucionais por representarem hipótese de remoção de seu cargo por via não prevista constitucionalmente, de modo que o processo judicial por sua responsabilização penal só poderia se dar após prévio processo de impeachment perante o Senado. Entretanto, a alegação foi rejeitada no caso United States v. Claiborne (1986), julgado pelo Nono Circuito do Judiciário Federal norte-americano, que considerou que não apenas a independência judicial era valor constitucional relevante, mas também sua integridade.[347]

Roteiro semelhante foi seguido para Walter Nixon, juiz distrital no Mississipi, contra quem foi instaurado processo de impeachment em maio de 1989, sob a acusação de perjúrio, em nova votação unânime da Câmara dos Representantes.[348] Assim como Claiborne, Walter Nixon também já havia sido condenado criminalmente por perjúrio e sentenciado a cinco anos de prisão, após negar o comprovado envolvimento que teve com investigações criminais contra o filho de um empresário

---

[345] Para o terceiro *article*, a votação resultou em 46 votos favoráveis a condenação e 17 contrários, tendo 35 senadores votado "presente", isto é, simplesmente não se manifestaram, a favor ou contra, sobre o mérito dessa acusação (GERHARDT. Op. cit., p. 50).
[346] GERHARDT. Op. cit., p. 45, 50. O autor destaca que esse terceiro *article* "pode ter exigido muito do Senado, solicitando-lhe que afirmasse que uma condenação criminal é uma conduta sujeita a impeachment, em vez de fazer um julgamento independente sobre se, aceitando os fatos subjacentes a uma condenação criminal, a conduta em questão constituía uma ofensa passível de impeachment" (Idem, p. 50, tradução livre de: "(...) *may have demanded too much from the Senate by requesting it to find that a felony conviction is an impeachable offense rather than to make an independent judgment on whether, accepting the facts underlying a felony conviction, the conduct at issue constituted an impeachable offense*").
[347] GERHARDT. Op. cit., p. 92, 136.
[348] GERHARDT. Op. cit., p. 32.

local. Sem que tivesse renunciado ao cargo, Nixon continuava a ocupá-lo e a receber seus proventos, ainda que estivesse preso.

Foram apresentados três *articles of impeachment* ao Senado, que imputavam a Nixon a prática de graves crimes e contravenções por dar falso testemunho perante um júri e trazer descrédito ao Judiciário Federal ao mentir para diversas agências de investigação. Para a realização das audiências de oitivas de testemunhas e apresentação de provas, adotou-se mais uma vez a *Rule XI*, tendo sido constituída comissão específica de doze membros, que apresentou detalhado relatório ao Plenário do Senado. Ao final, Nixon foi condenado em novembro de 1989 por duas das acusações (por votações de 89 votos a 9 e 78 votos a 19) – não se alcançando o quórum qualificado para a terceira imputação mais genérica (57 votos a 40) –, tendo sido removido de seu cargo.[349]

O destaque do caso, porém, se dá pelos debates posteriormente ocorridos, pela judicialização da condenação de Nixon, com base na alegada inconstitucionalidade da *Rule XI*, adotada pelo Senado para a formação de comitês de processamento e coleta de provas. Com base em discussões quanto ao alcance semântico das expressões "*try*" e "*sole*" contidas na cláusula constitucional do impeachment,[350] o argumento era que, como a Constituição dos Estados Unidos atribuía ao Senado o poder exclusivo de julgar esses processos, caberia ao plenário daquele órgão legislativo, composto pela totalidade de seus membros, não apenas votar efetivamente pela absolvição ou condenação do acusado, mas também participar da produção de provas, das oitivas de testemunhas e da apresentação de evidências, para que não se tivesse 88 senadores desinformados sobre o mérito de suas alegações de defesa.[351]

A questão foi apreciada pela Suprema Corte no caso Walter Nixon v. United States (1993), tratando-se de importante precedente que fundamenta a doutrina norte-americana da insindicabilidade judicial do impeachment, isto é, a impossibilidade de promoção de revisão judicial sobre seu julgamento. O caso ainda recolocou em debate o tema da doutrina das questões políticas (*political question doctrine*), anteriormente mitigada no caso Baker v. Carr (1962),[352] quando se tentou

---

[349] LEWIS, Neil A. Senate Convicts U.S. Judge, Removing Him From Bench. *New York Times*, New York, Nov. 4, 1989. Disponível em: www.nytimes.com/1989/11/04/us/senate-convicts-us-judge-removing-him-from-bench.html. Acesso em: 27 maior 2021.
[350] BARKER. Op. cit., p. 36.
[351] GERHARDT. Op. cit., p. 118.
[352] O caso dizia respeito ao redimensionamento dos distritos eleitorais no Tennessee, que não eram atualizados desde 1901, não obstante as diversas modificações populacionais que haviam ocorrido desde então. Na impugnação apresentada por Baker e outros cidadãos,

estabelecer alguns parâmetros que autorizariam a intervenção judicial em uma determinada questão.

Não obstante, a Corte considerou tratar-se de uma questão *nonjusticiable*[353] ou "não judicializável", isto é, que não pode ser judicialmente conhecida ou revista. Ainda que se tenha alegado que o poder de processar e julgar o impeachment é exclusivo do Senado, o que acarretaria a necessidade de que todos os seus membros também participassem de sua fase de instrução, afirmou-se por unanimidade[354] que as disposições constitucionais sobre o impeachment não adentram a detalhes de seu rito procedimental, deixando um espaço de definição a ser preenchido pelo próprio Congresso, já que cabe a cada uma de suas Casas, nos termos de norma constitucional expressa, "determinar as regras de seus procedimentos".[355] Dessa forma, a competência do Senado para o impeachment assume plena possibilidade para conceber seus

---

argumentava-se que havia regiões sub-representadas e outras super-representadas na Assembleia Legislativa do Estado, pelo que se sustentava a ocorrência de violação às cláusulas de igual proteção sob a lei e de iguais direitos civis, contidas na 14ª Emenda à Constituição dos Estados Unidos. Revisitando decisão que havia sido proferida para um contexto similar no caso *Colegrove v. Green* (1946) – quando a Corte entendeu se tratar de uma questão eminentemente política e para a qual não se admitiria intervenção judicial –, no caso *Baker* a matéria foi considerada questão judicializável, revertendo a decisão proferida Corte Federal do Tennessee, que havia recusado sua jurisdição para apreciar a reivindicação de Baker.

[353] Michael Gerhard aponta que essa característica é um dos fatores que contribui para a ínsita imprecisão do alcance das condutas relevantes para fins de impeachment, tendo em vista que as disposições constitucionais relativas ao tema não estão sujeitas aos mesmos processos decisórios usuais em matéria constitucional, de modo que, "depois de Nixon, os debates sobre a interpretação constitucional no contexto do processo de impeachment provavelmente ocorrerão sem o benefício da contribuição da Suprema Corte" (GERHARDT. Op. cit., p. 68, tradução livre de: "(...) *after Nixon, debates about constitutional interpretation in the context of the impeachment process are likely to occur without benefit of Supreme Court input*"). Ainda assim, a partir do caso *Nixon v. United States*, o autor assume três possibilidades de interpretação da possibilidade de revisão judicial do impeachment: "A primeira é que as únicas impugnações judicializáveis para *impeachments* são por violações de previsões constitucionais explícitas, enquanto a segunda é que a revisão judicial de qualquer impeachment nunca é permissível. Uma terceira perspectiva é um meio-termo entre as outras duas posições, que permitiria a revisão judicial apenas dos abusos mais extremos do poder de impeachment" (Idem, p. 125-126, tradução livre de: "*The first is that the only justiciable challenges to impeachments are for violations of explicit constitutional constraints, while the second is that judicial review of any impeachment challenge is never permissible. A third prospect is a compromise between the other two positions that would allow for judicial review of only the most extreme abuses of the impeachment power*").

[354] O *syllabus* da decisão proferida pela Suprema Corte no caso encontra-se disponível em seu *site*: https://supreme.justia.com/cases/federal/us/506/224/#tab-opinion-1959126; acesso em: 27 maio 2021.

[355] É o que dispõe a seção 5 do artigo 1 da Constituição dos Estados Unidos: "*Each House may determine the Rules of its Proceedings (...)*".

trâmites processuais conforme considerar adequado,[356] sem possibilidade de revisão judicial também sobre esses pontos.[357]

Na ocasião, resgatando os debates da Convenção da Filadélfia quanto ao órgão competente para essa atribuição designada ao Senado – quando se cogitou atribuí-la à Suprema Corte –, concluiu-se também que admitir a possibilidade de revisão judicial de condenações por impeachment contrariaria o sistema de freios e contrapesos estabelecidos na Constituição. Até mesmo porque a ferramenta foi concebida, naquela hipótese, como mecanismo legislativo de freio ao Poder Judiciário e de promoção da responsabilidade judicial, de modo que não se poderia afirmar, como autoridade revisora, o mesmo órgão ou Poder que o processo de impeachment buscava regular. No ponto, a Corte afirmou que, no sistema constitucional norte-americano, "o impeachment foi concebido para ser o único controle do Poder Judiciário pelo Legislativo".[358]

Além disso, considerou-se expressamente que a possibilidade de alocação de fóruns plurais para definição do julgamento de impeachment tornaria a questão ainda mais tumultuada e instável, além de possivelmente criar conflitos entre o Congresso e a Suprema Corte. Assim, a admissão da revisão judicial, ainda que relativa a aspectos procedimentais, sobre os julgamentos de impeachment representaria a exposição indefinida da sustentação política da nação, sobretudo quando se voltasse contra o Presidente da República.

Um pouco antes da abertura do processo contra Nixon, a Câmara dos Representantes aprovou, em agosto de 1988, com a manifestação de apenas três votos contrários,[359] a abertura de processo de impeachment contra Alcee Hastings, juiz distrital na Flórida, por acusações de perjúrio e conspiração para solicitação de suborno. Hastings também havia sido processado criminalmente em 1983 por supostamente receber vantagem indevida de US$150.000,00 para que proferisse uma sentença branda em determinado caso. Entretanto, diferentemente de Claiborne e Nixon, foi absolvido na esfera penal,[360] após a recusa do suposto coautor do

---

[356] GERHARDT. Op. cit., p. 183.
[357] BARKER. Op. cit., p. 37.
[358] O excerto consta da decisão então proferida, disponível no *site* da Suprema Corte dos Estados Unidos: https://supreme.justia.com/cases/federal/us/506/224/#tab-opinion-1959127 (acesso em: 30 maio 2021), tradução livre de: "(...) *impeachment was designed to be the only check on the Judicial Branch by the Legislature*".
[359] GERHARDT. Op. cit., p. 32.
[360] GERHARDT. Op. cit., p. 55.

crime – o advogado William Borders – em testemunhar no julgamento de Hastings, não obstante ele tivesse sido condenado por aqueles fatos. Foram, então, formulados dezessete *articles of impeachment* pela Câmara dos Representantes, os quais concentravam, além das acusações da própria solicitação da vantagem indevida, elementos como prática de perjúrio, falsificações durante o julgamento criminal, obstrução às investigações e descrédito da confiança pública na integridade e imparcialidade do Poder Judiciário.[361] Recebidas as acusações pelo Senado, foi novamente invocado o procedimento da *Rule XI*, tendo sido constituída comissão de doze senadores para ouvir e participar da apresentação das provas, relatando ao plenário daquele órgão o que ali tivesse ocorrido.

Em outubro de 1989, a matéria foi julgada pelo Senado, que votou apenas onze dos dezessete *articles*,[362] alcançando-se a maioria de dois terços pela condenação em oito deles.[363] Como consequência, Hastings foi afastado do cargo, mas a votação das outras seis acusações não foram retomadas, tampouco foi a ele aplicada a sanção de desqualificação para ocupar outros cargos públicos futuros, a qual sequer foi objeto de deliberação pelo Senado. Outros pontos relevantes exsurgiriam, porém, ao longo desse caso e em seus desdobramentos futuros.

Assim como fez Walter Nixon, a utilização do procedimento da *Rule XI* pelo Senado também deu origem a impugnações judiciais promovidas por Hastings contra sua condenação, sob o crivo da Quinta Emenda à Constituição dos Estados Unidos, que estabelece a cláusula do devido processo legal e da impossibilidade de dupla responsabilização pelos mesmos fatos. Apesar de receber um provimento judicial inicialmente favorável – que anulava sua condenação e devolvia o processo a nova apreciação pelo Senado, que deveria promover sua instrução perante a

---

[361] A íntegra dos *articles* formulados contra Hastings e a síntese das informações mais relevantes de seu julgamento encontram-se disponíveis no site do Senado norte-americano: www.senate.gov/about/powers-procedures/impeachment/impeachment-hastings.htm (acesso em: 29 maio 2021).

[362] GERHARDT. Op. cit., p. 36.

[363] Além dos oito *articles* em que se atingiu a maioria de dois terços, houve dois outros em que esse quórum qualificado não foi alcançado, além de outro em que se concluiu unanimemente pela absolvição. Não foram objeto de votação final pelo Senado as acusações constantes dos *articles* 10 a 15, os quais imputavam uma série de declarações falsas que Hastings teria feito durante seu julgamento criminal.

totalidade de seus membros –, a decisão foi revertida por aplicação do que foi decidido pela Suprema Corte no caso Walter Nixon.[364]

De outro lado, porém, ao longo do procedimento de julgamento pelo Senado, ressurgiu o tema do alcance da imparcialidade dos senadores julgadores, que já havia aparecido sob circunstâncias próprias no caso Pickering, em 1804. Isso porque, entre a aprovação do impeachment de Hastings pela Câmara dos Representantes (março de 1988) e seu julgamento pelo Senado (outubro de 1989), realizaram-se as eleições presidenciais e legislativas em novembro de 1988, modificando-se a composição dos órgãos legislativos a partir de janeiro de 1989. Por essa razão, três membros da Câmara dos Representantes que haviam votado no impeachment de Hastings passavam a ser senadores,[365] de modo que estariam aptos, portanto, a votar sobre sua condenação ou absolvição. Entretanto, para que se evitasse qualquer alegação de conflito de interesse, os três senadores recusaram-se a participar do julgamento, em desfecho diferente do que havia ocorrido no julgamento de Pickering.

A mesma situação também aconteceria futuramente em relação ao caso Bill Clinton, abordado na próxima seção, tendo a Câmara dos Representantes aprovado seu impeachment em dezembro de 1998 e o Senado julgado em janeiro e fevereiro de 1999. Com a posse dos novos senadores em janeiro de 1999, houve três que haviam participado, como membros da Câmara, da votação de abertura do processo de impeachment e acabaram votando, sem qualquer objeção, também no mérito da condenação ou absolvição do então Presidente da República.[366] Igualmente, no segundo impeachment de Donald Trump, entre sua aprovação na Câmara, em janeiro de 2021, e sua absolvição no Senado, em fevereiro desse mesmo ano, houve a posse de novos senadores, alguns dos quais já haviam participado do procedimento anteriormente como membros da Câmara que também votaram sobre o mérito da condenação.[367]

---

[364] GERHARDT. Op. cit., p. 136, 141-142. Destaca-se, porém, que, proferida a decisão da Suprema Corte no caso *Walter Nixon*, cujo entendimento pela impossibilidade de judicialização seria também aplicada à impugnação de Hastings, este já havia se eleito para a Câmara dos Representantes.

[365] Foi o que aconteceu com James Jeffords, Trent Lott e Connie Mack III (GERHARDT. Op. cit., p. 41-42).

[366] Foi o que aconteceu com Jim Bunning, Michael D. Crapo e Charles E. Schumer. Os dois primeiros, republicanos, votaram pela condenação de Clinton nas duas acusações que lhe eram imputadas; o terceiro, democrata, manifestou-se por sua absolvição em ambas.

[367] Foi o que aconteceu, por exemplo, com Ben Lujan (senador democrata pelo Novo México) e Roger Marshall (senador republicano pelo Kansas).

Outro desdobramento relevante se deu pela não aplicação da sanção de desqualificação a Hastings. Isso porque, mesmo tendo sido removido de seu cargo de juiz, Hastings se elegeu, em 1992, para se tornar membro da Câmara dos Representantes.[368]

Essa situação levantou debates quanto à possibilidade ou não de o Senado retomar o julgamento de impeachment de Hastings, não totalmente finalizado em 1989, mesmo já tendo sido ele removido de seu cargo então ocupado – e no exercício do qual foram praticadas as condutas que lhe eram imputadas. Discutia-se, também, sobre a possibilidade de votação da imposição a ele da sanção de desqualificação – que, no sistema norte-americano, decorre de votação específica, não decorrendo como sanção automática, como acontece com a remoção do cargo[369] –, como continuidade da jurisdição do Senado sobre o julgamento do juiz Hastings (e não como congressista), o que o impediria de assumir ou prosseguir no cargo para o qual havia sido eleito. A situação abrangia, ainda, um significativo elemento adicional: não obstante as acusações contra Hastings e sua condenação no procedimento de impeachment fossem conhecidas, houve manifestação popular, mediante as eleições, de que ele fosse o representante de seu distrito junto à Câmara dos Representantes.[370]

Entretanto, não houve qualquer significativa continuidade na tentativa de implementação dessas discutidas possibilidades, tendo em vista que o adiamento do julgamento de Hastings em 1989 havia encerrado a jurisdição do Senado sobre o caso, a menos que novas

---

[368] Michael Gerhardt reputa essa embaraçosa situação à falha do Senado em não concluir o julgamento de Hastings em 1989, não lhe impondo a sanção de desqualificação para ocupar outros cargos públicos (GERHARDT. Op. cit., p. 41-42). Foi a primeira vez, então, que uma autoridade condenada por impeachment se elegia como membro da Câmara dos Representantes, o que não teria sido possível se aplicada a aludida penalidade, que, no sistema norte-americano, decorre de votação separada e específica.

[369] Gerhardt registra que em alguns procedimentos iniciais de impeachment o Senado chegou a realizar votações separadas, após a condenação do acusado por maioria de dois terços, quanto à sua remoção do cargo. Em todos esses casos, porém, a sanção de remoção do cargo foi inevitavelmente aplicada. Foi o que ocorreu, por exemplo, no julgamento de Pickering, considerado culpado em votação de 19 votos a 7, após o que foi também afastado de seu cargo por votação majoritária de 20 votos a 6. De modo semelhante se deu no julgamento de West Humphreys, então juiz no Tennessee, condenado pelo Senado em votação supermajoritária em junho de 1862, após o que foi afastado de seu cargo por votação unânime feita separadamente (GERHARDT. Op. cit., p. 189-190).

[370] Nesse sentido, Michael Gerhardt argumenta que "(...) é plausível que uma das razões para o não re-impeachment de Alcee Hastings foi que sua eleição para o Congresso ratificou sua má conduta", ratificação que adveio de manifestação popular legítima e soberana (GERHARDT. Op. cit., p. 111, tradução livre de: "(...) *it is conceivable that one ground for not re-impeaching Alcee Hastings was that his election to Congress arguably ratified his misconduct*").

condutas ou novos elementos sobre sua atuação como juiz[371] surgissem e lhe fossem novamente imputados mediante deliberação da Câmara dos Representantes. Na ausência de procedimentos adicionais contra o agora ex-juiz, não poderia o Senado promover a restauração de sua jurisdição para aplicar-lhe a sanção de desqualificação, de modo que "o Senado poderia ter desqualificado Hastings apenas se o tivesse feito como parte de seu julgamento de impeachment de 1989 ou se posteriormente tivesse recebido outro conjunto de *articles of impeachment* em 1992, permitindo-lhe impor uma punição adicional".[372] De fato, afastada essa possibilidade e não tendo sido apresentadas novas acusações em seu desfavor, Hastings reelegeu-se sucessivamente, tendo ocupado seu cargo de congressista de janeiro de 1993 até sua morte, em abril de 2021.

Além das peculiaridades que ressaem em cada um deles, a análise desses cinco exemplos de condenações de impeachment contra juízes ao longo do século XX[373] – casos Archbald, Ritter, Claiborne, Hastings e W. Nixon – permite extrair significativas conclusões sobre o procedimento do impeachment e sua prática constitucional nos Estados Unidos. De modo mais específico, nota-se uma clara separação entre as esferas penal e política de responsabilização dos acusados,[374] bem como uma eventual adoção de um critério menos rígido para a condenação de juízes, quando em comparação a outras autoridades civis.

Inicialmente, nota-se a afirmação de uma independência de instâncias entre a esfera de responsabilização penal e o processo de impeachment.[375] Com efeito, trata-se de âmbito autônomo e separado de promoção de responsabilidade política de agentes públicos, de modo que a existência de anterior condenação criminal não implica a

---

[371] Rememora-se que, por tradição constitucional, não se admite nos Estados Unidos processos de impeachment contra membros do Congresso Nacional, na linha do que implicitamente assentado pelo Senado no caso William Blount (1797), já abordado neste livro.

[372] GERHARDT. Op. cit., p. 64, tradução livre de: "(...) *the Senate could have disqualified Hastings only if it had done so as part of his 1989 impeachment trial or if it had subsequently received another set of articles of impeachment in 1992, enabling it to impose an additional punishment*".

[373] Na linha do que foi anteriormente afirmado, esses não foram os únicos casos de impeachment promovidos contra juízes ao longo do século XX, tendo sido selecionados pela relevância de suas características e de seus desdobramentos para a compreensão de elementos e limites constitucionais ao impeachment.

[374] Nesse sentido, Akhil Reed Amar afirma que "A Constituição da América estruturou o impeachment como um sistema único de responsabilidade política nitidamente distinto da punição criminal comum" (AMAR, Akhil Reed. *America's Constitution*: a biography. New York: Random House Trade Paperbacks, 2005. p. 193; tradução livre de: "*America's Constitution structured impeachment as a unique system of political accountability sharply distinct from ordinary criminal punishment*").

[375] TRIBE; MATZ. Op. cit., p. 44.

automática afirmação do impeachment, assim como a prévia absolvição penal também não impedirá a efetiva condenação em processo de impeachment.

Sob outro viés, sobretudo a partir dos casos Archbald e Ritter, também restou claro que as condutas sujeitas a impeachment não se limitam àquelas de natureza criminal, de modo que algumas condutas penalmente típicas podem não dar ensejo à condenação por impeachment, bem como é possível que outras criminalmente irrelevantes resultem em condenação na esfera política. De fato, sem prejuízo de que elementos de prova possam ser eventualmente comunicados e trazidos à deliberação política do Senado, trata-se de figuras distintas, que se pautam por requisitos próprios, procedimentos diferenciados, órgãos julgadores diversos e que se guiam também por parâmetros ou critérios de julgamentos específicos, resultando em um juízo autônomo de absolvição ou condenação e a aposição, neste último caso, de sanções que assumem também natureza distinta.

Em segundo lugar, o estudo desses casos também parece revelar um possível questionamento quanto à adoção, pelo Congresso e, em especial, pelo Senado, de um *standard* menos rígido para que se alcance a condenação de juízes em processos de impeachment, quando em comparação a outras autoridades civis (entre as quais o Presidente da República).[376] Dessa forma, ainda que o texto constitucional seja o mesmo para todas as autoridades sujeitas a impeachment, especialmente no que diz respeito às condutas que podem legitimar sua realização,[377] "existe

---

[376] Além desse elemento, que parece mais relevante ao presente livro, Michael Gerhardt também evidencia, a partir desses casos, discussões quanto a se os senadores se comportam diferentemente ao longo de processos de impeachment conforme a popularidade do acusado ou da visibilidade do cargo que este ocupa. Assim, em julgamentos menos relevantes sob esses critérios, nos quais há menores pressão popular, envolvimento partidário e escrutínio midiático, os senadores se sentiriam mais livres, seja para atribuir maior atenção técnica às acusações feitas e às provas que são apresentadas, seja para não se importar com as questões de mérito ali discutidas. Assim, atitudes mais extremas em um ou outro polo seriam mais frequentes nessas situações, havendo aqueles que encaram o processo como uma oportunidade de exercício de um dever constitucional sagrado na apreciação de más condutas públicas e aqueles que o tratam como perturbador e desconcertante. Diferentemente, essas atitudes mais extremas, diz o autor, não se revelariam presentes nos casos de maior relevância, nos quais agentes públicos de escalão mais alto são submetidos a julgamento por impeachment, tendo em vista que atraem maior interesse público em geral (GERHARDT. Op. cit., p. 137).

[377] Ginsburg, Huq e Landau consideram que seria mais adequado ter parâmetros distintos de condutas, conforme a autoridade sobre a qual se trate, considerando as distintas funções que Presidentes, membros de seu gabinete ou juízes exercem (GINSBURG, Tom; HUQ, Aziz; LANDAU, David. The Comparative Constitutional Law of Presidential Impeachment. *The University of Chicago Law Review*, v. 88, n. 1, p. 81-164, Jan. 2021; disponível em: https://chicagounbound.uchicago.edu/uclrev/vol88/iss1/2; acesso em: 1º jul. 2021). Dessa forma,

uma diferença real entre os impeachments judicial e presidencial",[378] prática que se revela constitucionalmente justificada.

Com efeito, há que se considerar que a remoção por impeachment de um presidente de seu cargo é conduta bem mais desestabilizadora para uma nação do que a remoção de juízes. Ainda que a independência judicial seja um valor constitucional relevante, a remoção específica de um juiz dificilmente causará uma grande e significativa crise nacional, o que é perfeitamente factível em situações de condenação do Presidente da República.

Além disso, rememora-se que o modelo constitucional norte-americano assegura aos juízes federais mandatos vitalícios, enquanto mantiverem bom comportamento,[379] diferentemente do Presidente, que possui mandato de quatro anos e é, antes que possa se reeleger para novo mandato, submetido a escrutínio popular e eleitoral – não obstante esse reforço argumentativo não se aplique a atos eventualmente praticados em um segundo mandato.[380] Desse modo, a adoção desse mesmo critério mais rígido para juízes poderia resultar na necessidade de manutenção em exercício vitalício de suas funções de magistrados que praticassem atos sujeitos a impeachment, ainda que não se revelem tão graves quanto aqueles que tornariam necessário o afastamento parlamentar do Presidente da República antes das eleições. Esse conjunto

---

os autores argumentam que limitar a remoção a casos de maus agentes públicos pode fazer sentido para juízes, em nome da independência do Judiciário, mas seria um parâmetro muito limitado para a remoção do Chefe do Executivo, inibindo o impeachment como saída para situações de crises ou impasses políticos – o que consideram uma boa função (Idem, p. 113). Assim, concluem: "Um padrão único de impeachment agrupa vários tipos diferentes de atores que têm funções constitucionais diferentes, mandatos democráticos distintos, estão sujeitos a diferentes formas de *accountability* e cuja remoção precipitará repercussões radicalmente divergentes (...) O padrão para o impeachment deve ser adaptado à função desempenhada por cada ator, e não configurada automaticamente para todos os oficiais públicos" (Idem, p. 154, tradução livre de: "*A single impeachment standard bundles together several different types of actors who have different constitutional functions, distinct democratic mandates, are subject to different alternative forms of accountability, and whose removal will precipitate radically divergent repercussions (...) The standard for impeachment should be tailored to the function played by each actor, and not automatically set the same for all officials*").

[378] SUNSTEIN. Op. cit., p. 115, tradução livre de: "(...) *there is a real difference between judicial and presidential impeachments*". Scott Barker também destaca a existência dessas diferenças qualitativas entre o impeachment do Presidente e o de juízes (BARKER. Op. cit., p. 203-204). O ponto também é abordado por Michael Gerhardt, que estabelece mitigações a esse argumento (GERHARDT. Op. cit., p. 184-185).

[379] No ponto, retoma-se o que foi comentado em relação ao artigo Federalista nº 79, bem como a previsão da seção 1 do artigo III da Constituição norte-americana, segundo a qual: "Os Juízes, tanto da Suprema Corte como dos tribunais inferiores, conservarão seus cargos enquanto tiverem bom comportamento" (tradução livre de: "*The Judges, both of the supreme and inferior Courts, shall hold their Offices during good Behaviour*").

[380] GERHARDT. Op. cit., p. 185.

de fatores permite aferir que, mesmo partindo de um mesmo texto constitucional, "a estrutura da Constituição e seu contexto circundante sugerem possíveis razões para que se tome especial cautela antes de condenar presidentes por impeachment e para permitir uma barreira ligeiramente diferente e um pouco mais baixa para o impeachment de juízes".[381]

Outro aspecto relevante consiste na possibilidade ou não de continuidade de um processo de impeachment quando há a renúncia superveniente ao cargo ocupado ou mesmo o encerramento do mandato da autoridade acusada. A situação já havia surgido anteriormente de modo específico durante o caso de William Belknap (1876), então Secretário de Guerra durante a presidência de Ulysses Grant, acusado por atos de corrupção e recebimento de vantagens indevidas no exercício do cargo.[382]

Sabendo da iminente instauração do procedimento contra si, Belknap renunciou a seu cargo em 2 de março de 1876, momentos antes da sessão marcada para que a Câmara dos Representantes aprovasse seu impeachment. A renúncia, porém, não impediu aquele órgão legislativo, prosseguindo na aprovação unânime de cinco *articles of impeachment*, acusando-o, em síntese, de "descumprir criminalmente seus deveres como Secretário de Guerra e prostituir com vileza seu alto cargo para sua luxúria por ganhos privados".[383]

Enviadas as acusações ao Senado, houve discussão prévia quanto à possibilidade ou não de continuidade do procedimento após a renúncia, tendo em vista que sua principal consequência – o afastamento do cargo – não mais seria possível. A Constituição não oferecia resposta direta ao ponto e não se tratava de insistência em um procedimento sem qualquer desdobramento prático, tendo em vista a possibilidade de imposição da sanção de desqualificação, bem como a própria condenação pública e política – sem qualquer chance de posterior perdão presidencial e com efeitos pedagógicos para o futuro – de atos ofensivos ao interesse público, sem que se acolhesse a renúncia como artifício à disposição do acusado para deliberadamente escapar dessa

---

[381] SUNSTEIN. Op. cit., p. 115, tradução livre de: "(...) *the structure of the Constitution and its surrounding context suggest possible reasons for taking special caution before impeaching presidents, and for allowing a mildly different and somewhat lower bar for impeaching federal judges*".

[382] SUNSTEIN. Op. cit., p. 107.

[383] O excerto consta da síntese do caso disponível no *site* do Senado estadunidense (www.senate.gov/about/powers-procedures/impeachment/impeachment-belknap.htm; acesso em: 29 maio 2021; tradução livre de: "*criminally disregarding his duty as Secretary of War and basely prostituting his high office to his lust for private gain*").

esfera de responsabilização.[384] Dessa forma, apesar de o ponto despertar controvérsias ao longo de semanas de debates parlamentares,[385] a continuidade do procedimento acabou sendo aprovada pelo Senado, em votação majoritária de 37 votos a 29.[386]

Ao final, porém, não foi alcançado o quórum qualificado de dois terços para a condenação de Belknap em qualquer das cinco acusações que lhe eram imputadas, encerrando-se o julgamento por absolvição em agosto daquele mesmo ano. Sendo necessários 40 votos, a condenação majoritária se deu por 35 votos a 25, persistindo a resistência em reconhecer a jurisdição do Senado após a renúncia, não obstante houvesse ampla convicção da efetiva prática dos atos imputados ao acusado (23 dos 25 senadores que votaram pela não condenação teriam manifestado publicamente que Belknap era mesmo culpado pelos fatos descritos nos articles).[387] A renúncia de Belknap e sua rápida aceitação por Grant foram suficientes para salvá-lo de uma condenação que parecia inevitável.[388]

Ao longo do século XX, a questão voltou a ter lugar no caso de George English, juiz em um distrito de Illinois, cujo processo de impeachment foi aprovado pela Câmara dos Representantes em abril de 1926. Foram formulados cinco *articles of impeachment*, que concentravam as acusações de atos de abuso de poder,[389] praticados no exercício de suas funções, em evidente violação a sua parcialidade e em favorecimento indevido a partes e agentes específicos. Enviado o processo ao Senado, English renunciou em novembro de 1926, poucos dias antes de que seu julgamento final começasse, de modo que, por indicação do próprio órgão acusador, o procedimento foi arquivado em dezembro daquele mesmo ano.

---

[384] Maurizio Oliviero ainda descreve outra finalidade possível que poderia justificar a continuidade do processo de impeachment mesmo após eventual renúncia: "(...) se o acusado pretendesse, após a renúncia, emolumentos e benefícios econômicos pelas funções exercidas, a sentença condenatória [no impeachment] negaria tal pretensão, que se traduziria em uma subtração indébita de fundos públicos" (OLIVIERO; PAFFARINI. Op. cit., p. 118).

[385] Maurizio Oliviero reporta que, à época, era muito significativa a posição de Joseph Story, para quem o procedimento de impeachment deveria ser totalmente interrompido com a renúncia do acusado (OLIVIERO; PAFFARINI. Op. cit., p. 117).

[386] PURCELL, L. Edward. Belknap, William Worth. HUDSON, David; BERGMAN, Marvin; HORTON, Loren (eds.). *The Biographical Dictionary of Iowa*. Iowa City: University of Iowa Press, p. 34. OLIVIERO; PAFFARINI. Op. cit., p. 118. MCFEELY, William S. *Grant*: a biography. New York and London: W. W. Norton & Company, 1981. p. 554-557. E-book.

[387] PURCELL. Op. cit., p. 34

[388] MCFEELY. Op. cit., p. 557-558.

[389] SUNSTEIN. Op. cit., p. 110.

Situação análoga voltaria a acontecer com Samuel Kent, juiz de um distrito do Texas, cujo processo de impeachment foi aprovado pela Câmara dos Representantes em junho de 2009, após ter se declarado culpado por obstrução de justiça, por ter mentido perante um comitê judicial que investigava denúncias de assédio sexual contra Kent,[390] pelo que foi sentenciado a 33 meses de prisão. Foram aprovados quatro *articles of impeachment*, os quais foram enviados ao Senado, mas Kent apresentou sua renúncia em junho daquele ano, após o que a Câmara aprovou resolução em que pedia ao Senado que encerrasse seu processo de julgamento, o que foi efetivamente realizado em 22 de julho, já que ele não era mais oficial civil dos Estados Unidos, sem que se cogitasse continuar com o procedimento.

Dessa forma, apesar de haver situação em contrário (caso Belknap), a prática parlamentar parece ter se afirmado no sentido de que a renúncia do acusado deve acarretar a extinção do processo de impeachment. Trata-se, assim, de uma solução final e antecipada para essa esfera de responsabilização, que se interromperia definitivamente.[391] Destaca-se, porém, que no segundo caso de impeachment contra Donald Trump, aprovado pela Câmara na semana anterior ao encerramento de seu mandato, em janeiro de 2021, houve apreciação da acusação pelo Senado, em fevereiro de 2021, na linha do que será mais bem elucidado na sequência.

2.5.3 O alcance à Casa Branca: a ameaça do impeachment contra Nixon, Clinton e Trump

Em relação a outras iniciativas de impeachment voltadas contra Presidentes da República, além do já analisado caso de Andrew Johnson, pode-se dizer que sua utilização foi efetivamente considerada em outras quatro ocasiões. Nesse sentido, os casos de Richard Nixon, Bill Clinton e Donald Trump (por duas vezes) também permitem apreender elementos significativos.

Richard Nixon enfrentou a ameaça do impeachment em desdobramentos do caso Watergate, relativo à descoberta de invasão empreendida em 1972 por cinco homens – entre os quais ex-agentes do FBI e da CIA – na sede do Partido Democrata em Washington, com a

---

[390] HURWITZ, Mark S. The Impeachment of Federal District Court Judge Samuel B. Kent. *The Justice System Journal*, v. 30, n. 2, p. 223, 2009.
[391] OLIVIERO; PAFFARINI. Op. cit., p. 119.

finalidade de instalar escutas telefônicas que permitissem a obtenção de informações privilegiadas, no contexto das eleições presidenciais daquele ano. Não obstante o evento tenha sido revelado ainda em seu primeiro mandato – o que, em um primeiro momento, quando ainda inexistiam comprovações de envolvimento direto do Presidente, não prejudicou sua reeleição[392] –, foi sobretudo em seu segundo mandato que Nixon se viu efetivamente sob risco de impeachment.

A partir das novas descobertas provenientes do avanço de cerca de dois anos de atividades parlamentares investigativas, abusos significativos de seu poder executivo tornaram-se evidentes, incluindo a interferência direta nas investigações e na nomeação e destituição dos investigadores, ocultação de provas e ordens para que oficiais de sua administração acossassem seus inimigos políticos mediante atuação tributária ou policial mais rigorosas e específicas,[393] até que se chegasse às provas irrefutáveis decorrentes da fortuita descoberta da existência de um sistema secreto de gravação de conversas e telefonemas realizados na Casa Branca,[394] em cujas fitas havia evidências do envolvimento direto e criminoso do Presidente.

Assim é que as atividades do Comitê Judiciário da Câmara dos Representantes para o caso resultaram na aprovação, em 27 de julho de 1974, de três *articles of impeachment* contra Richard Nixon,[395] para os quais a revelação contínua de novas provas cada vez mais irrefutáveis desenvolveu um progressivo apoio bipartidário.[396] Nesse momento ainda

---

[392] ENGEL; MEACHAM; NAFTALI; BAKER. Op. cit., p. 105; BARKER. Op. cit., p. 132.
[393] ENGEL; MEACHAM; NAFTALI; BAKER. Op. cit., p. 194.
[394] Após a descoberta desse sistema, travou-se uma intensa e longa batalha judicial para que os comitês investigativos tivessem acesso ao conteúdo dessas gravações e suas transcrições. Apesar de intimado a apresentar judicialmente as fitas de gravação no curso de um processo criminal que transcorria contra outros acusados de envolvimento no caso *Watergate*, Nixon alegava que seu conteúdo estaria protegido por "privilégio Executivo" (*executive privilege*), pelo qual poderia reter informações internas do Poder Executivo a outros órgãos e autoridade pela preservação de comunicações que entendia ser confidenciais para proteger o interesse nacional. Entretanto, por decisão unânime da Suprema Corte no caso United States v. Nixon, proferida em 24 de julho de 1974, afirmou-se que o direito de o Presidente salvaguardar algumas informações como confidenciais não se revelaria absoluto ou ilimitado, não sendo imune à revisão judicial nem aplicável ao caso concreto. Limitando o privilégio a questões mais sensíveis da segurança nacional (como informações militares ou diplomáticas), a Corte determinou que Nixon apresentasse, no âmbito do processo judicial, as provas solicitadas, cuja publicação representou o golpe final contra a continuidade de seu governo. A decisão, porém, não contraria a tese da impossibilidade de revisão judicial (*nonjusticiable*) de condenações ou aspectos relativos ao impeachment, posteriormente assentada na impugnação de Walter Nixon (GERHARD. Op. cit., p. 116; ENGEL; MEACHAM; NAFTALI; BAKER. Op. cit., p. 168; BARKER. Op. cit., p. 125, 143).
[395] BARKER. Op. cit., p. 145.
[396] GERHARD. Op. cit., p. 56-57; ENGEL; MEACHAM; NAFTALI; BAKER. Op. cit., p. 176-177.

preliminar, foram rejeitadas outras duas acusações, que se relacionavam à alegada prática de fraude fiscal e à ausência de pagamento de tributos, bem como ao suposto recebimento de compensação indevida referente ao pagamento de algumas despesas em propriedades particulares do Presidente com recursos públicos.[397]

As acusações aprovadas, assim, concentravam-se ao redor das diversas tentativas de obstrução das investigações do caso Watergate, atos considerados abusivos dos poderes presidenciais, além do descumprimento inconstitucional a diversas intimações empreendidas pela Câmara ao longo das investigações. Com efeito, "se um presidente usa o aparato do governo de forma ilegal, para comprometer processos democráticos e invadir direitos constitucionais, chegamos ao cerne do que trata a cláusula de impeachment".[398]

Diante de um impeachment que parecia cada vez mais certo e inevitável,[399] Nixon renunciou ao cargo em 9 de agosto de 1974,[400] encerrando também a continuidade do processo, que ainda não tinha sido aprovado pelo plenário da Câmara. O episódio ainda contou com o perdão presidencial endereçado por Gerald Ford a Richard Nixon em setembro daquele mesmo ano.[401] Note-se, porém, que, mesmo diante de sérias acusações de fatos que pareciam incontestáveis e sobre os quais havia um crescente consenso bipartidário, Nixon conseguiu terminar seu primeiro mandato, reeleger-se e ainda cumprir quase metade do segundo mandato,[402] evidenciando a dificuldade do procedimento.

Já Bill Clinton, reeleito Presidente em 1996, teve como origem de seu processo de impeachment acusações de envolvimentos sexuais extraconjugais com Paula Jones (antiga funcionária do governo de Arkansas, no período em que Clinton era governador do Estado)[403]

---

[397] OLIVIERO; PAFFARINI. Op. cit., p. 145; SUNSTEIN. Op. cit., p. 86-90.
[398] SUNSTEIN. Op. cit., p. 99, tradução livre de: *"If a president uses the apparatus of government in an unlawful way, to compromise democratic processes and to invade constitutional rights, we come to the heart of what the impeachment provision is all about"*.
[399] Timothy Naftali destaca que se revelavam presentes as condições necessárias para um exitoso impeachment presidencial: "uma base de fatos comumente aceita, uma atmosfera de confiança entre os membros do Comitê Judiciário da Câmara e um compromisso disciplinado por parte do presidente do Comitê e a equipe de investigação com o bipartidarismo" (ENGEL; MEACHAM; NAFTALI; BAKER. Op. cit., p. 180-181, tradução livre de: "(...) *a commonly accepted baseline of facts, an atmosphere of trust among the members of the House Judiciary Committee, and a disciplined commitment by the committee chair and the inquiry staff to bipartisanship"*).
[400] BARKER. Op. cit., p. 151.
[401] BARKER. Op. cit., p. 152.
[402] ENGEL; MEACHAM; NAFTALI; BAKER. Op. cit., p. 181.
[403] BARKER. Op. cit., p. 162-163.

e Monica Lewinsky (ex-estagiária da Casa Branca), colocando em questão os limites entre a moralidade pública e a privada.[404] O caso, que começou com a iniciativa de promoção de responsabilização judicial do Presidente por Paula Jones na esfera civil,[405] desdobrou-se no escândalo de seu envolvimento com Lewinsky, ganhando conotação política a partir da constatação da inveracidade das negativas públicas feitas por Clinton quanto a seu envolvimento nos casos, bem como outras feitas judicialmente sob juramento.

Apesar do bom desempenho democrata nas eleições intercalares de 1998, pelo qual não se perdia o número de representantes no Senado e aumentava-se cinco cadeiras na Câmara dos Representantes (era a primeira vez, desde 1934, que o partido do Presidente incumbente ganhava assentos na Câmara em pleito eleitoral de meio de mandato),[406] seus membros aprovaram o processo de impeachment contra Clinton. Foram formulados dois *articles* por votação partidariamente orientada,[407] os quais imputavam a prática de perjúrio (acusação aprovada por 228 votos a 206) e de obstrução de justiça (acusação aprovada por 221 votos a 212),[408] tendo sido recusadas pelo plenário da Câmara outras duas acusações que se buscava fazer (outra de perjúrio e uma mais genérica por abuso de poder).[409]

Clinton se tornava, então, o primeiro presidente eleito – já que Andrew Johnson havia ascendido à presidência pela morte de Abraham Lincoln – a ter contra si impeachment aprovado pela Câmara dos

---

[404] ENGEL; MEACHAM; NAFTALI; BAKER. Op. cit., p. 184.

[405] Clinton tentou frear o avanço do processo de indenização civil que Paula Jones ajuizara contra si, valendo-se da alegada imunidade presidencial, que acarretaria a impossibilidade de ser responsabilizado por esses atos enquanto estivesse no exercício da Presidência, já que se tratava de atos ocorridos anteriormente ao mandato que então se exercia. O caso chegou também à Suprema Corte (Clinton v. Jones), que, em maio de 1997, decidiu unanimemente que a imunidade presidencial para litígios civis deveria ser absolutamente restrita, não se justificando por eventual sigilo das informações ou mesmo pela invocação do princípio da separação dos Poderes, que devem se controlar reciprocamente (o *syllabus* do caso está disponível em: https://supreme.justia.com/cases/federal/us/520/681/#tab-opinion-1960128; acesso em: 30 maio 2021). A tese contou, inclusive, com os votos favoráveis dos dois *justices* que Clinton havia indicado: Ruth Bade Ginsburg e Stephen Breyer, confirmando-se, em grande medida, aquilo que já havia sido afirmado no caso Richard Nixon cerca de duas décadas antes (ENGEL; MEACHAM; NAFTALI; BAKER. Op. cit., p. 190-191; BARKER. Op. cit., p. 167).

[406] Peter Baker afirma, nesse sentido, que o resultado eleitoral era um claro repúdio à utilização que se fazia da ameaça de impeachment de Clinton, tema que pautou os debates para aquelas eleições (ENGEL; MEACHAM; NAFTALI; BAKER. Op. cit., p. 211).

[407] BARKER. Op. cit., p. 197.

[408] SUNSTEIN. Op. cit., p. 102; BARKER. Op. cit., p. 196-197.

[409] ENGEL; MEACHAM; NAFTALI; BAKER. Op. cit., p. 218.

Representantes e a ser colocado sob julgamento pelo Senado, que, à época, era composto por 55 membros republicanos.[410] Ainda que fosse preciso grande esforço para que se argumentasse que as condutas imputadas eram relevantes para fins de impeachment, Clinton deu margem política à atuação de seus oponentes, que efetivamente se esforçaram.[411]

Sob a presidência do *chief justice* William Rehnquist,[412] o Senado realizou o julgamento contra Clinton, colocando-se, ao longo de seus debates, as mesmas questões usualmente invocadas: qual era o alcance das condutas relevantes para o impeachment, se estas abrangeriam ações praticadas pelo Presidente em sua esfera privada e se as acusações eram graves o suficiente para promover seu afastamento do cargo.[413] Ao longo dos debates, percebendo-se que provavelmente não seriam alcançados os 67 votos necessários para a condenação, chegou-se a cogitar a aplicação de soluções intermediárias,[414] mas as alternativas acabaram se reduzindo a um resultado binário: culpado ou inocente.

Ao final, em votação realizada em 12 de fevereiro de 1999, chegou-se ao resultado: para a acusação de perjúrio, foram 45 votos favoráveis à condenação e 55 contrários (entre os quais dez senadores

---

[410] ENGEL; MEACHAM; NAFTALI; BAKER. Op. cit., p. 227.
[411] SUNSTEIN. Op. cit., p. 99. O autor argumenta que as condutas imputadas a Clinton de mentir sob juramento para tentar encobertar uma relação sexual extraconjugal, ainda que contrárias ao Direito, não seriam, sob o cenário constitucional, justificáveis para o afastamento do Presidente, especialmente por não se relacionarem ao exercício abusivo de suas prerrogativas e da autoridade presidencial (Idem, p. 102). De outro lado, Peter Baker argumenta que se o impeachment de Andrew Johnson, ao se guiar por finalidade puramente política, era nítido exemplo de má utilização do instituto e as acusações a Richard Nixon configuravam um episódio em que de fato se justificaria o afastamento do Presidente de seu cargo, o caso de Bill Clinton ficaria em algum lugar entre os dois extremos. Se se concordava que o Chefe do Executivo não poderia simplesmente descumprir a lei, não se julgava tratar-se de uma violação grave o suficiente para desencadear a drástica solução constitucional (ENGEL; MEACHAM; NAFTALI; BAKER. Op. cit., p. 241). A conclusão é secundada por Jeffrey Engel, que afirma se tratar de um caso difícil, cujas mentiras presidenciais se davam em relação a questões pessoais e mais mesquinhas que as atinentes à própria Presidência (Idem, p. 261). Ainda, Michael Gerhardt propõe que a compreensão sobre uma determinada acusação ser ou não ensejadora de impeachment deve ser cultural e temporalmente colocada. Dessa forma, destaca que o comportamento de Clinton emergiu em meio a um contexto de significativa evolução cultural das regras e normas sociais relativas à reprovação do assédio sexual, de modo que compreende que as comprovadas acusações contra ele formuladas justificariam sim sua condenação e seu afastamento do cargo (GERHARD. Op. cit., p. 220).
[412] BARKER. Op. cit., p. 200.
[413] ENGEL; MEACHAM; NAFTALI; BAKER. Op. cit., p. 216.
[414] Peter Baker comenta que se cogitava suspender o processo sem uma manifestação final sobre o julgamento de culpa ou inocência ou mesmo aprovar uma moção parlamentar de censura ao Presidente, o que acabou não acontecendo, prosseguindo o processo à votação final (ENGEL; MEACHAM; NAFTALI; BAKER. Op. cit., p. 235-236).

republicanos); para a acusação de obstrução de justiça, houve empate de 50 votos manifestados para cada posição.[415] Clinton estava absolvido, evidenciando que, no modelo norte-americano, nenhum impeachment seria exitoso se não fosse bipartidário.[416] Embora o partidarismo tenha sido evidente na condução de seu impeachment, permitindo sua instauração perante a Câmara dos Representantes, esse também foi o elemento que garantiu sua absolvição perante o Senado.[417]

Os casos de Richard Nixon e Bill Clinton permitem aportar um novo prisma à discussão relativa ao alcance das condutas ensejadoras do impeachment, sobretudo no que diz respeito à necessidade ou não da existência de um nexo funcional entre a acusação formulada e o exercício efetivo das funções do cargo público ocupado. Em outras palavras: condutas reprováveis praticadas por uma autoridade no âmbito de sua esfera privada poderiam dar ensejo à condenação por impeachment e seu afastamento do cargo?

Rememora-se que, no caso de Nixon, ainda no momento de apreciação pelo Comitê Judiciário da Câmara dos Representantes, foi rejeitada a formulação de um *article of* impeachment para a acusação de fraude fiscal, por se considerar que essa era uma ilegalidade de caráter privado, não se relacionando ao exercício do cargo, tampouco se revelando como situação de abuso de poder.[418] De outro lado, a

---

[415] SUNSTEIN. Op. cit., p. 103-104. BARKER. Op. cit., p. 206.
[416] ENGEL; MEACHAM; NAFTALI; BAKER. Op. cit., p. 238. Michael Gerhard também evidencia essa mesma característica ao afirmar que a remoção apenas se revela factível quando é possível construir um apoio bipartidário ao impeachment: "Se o partido de um oficial impeachmado pela Câmara controlar assentos suficientes no Senado para bloquear a condenação e se todos os senadores permanecerem unidos em oposição à remoção, a remoção é uma impossibilidade prática" (GERHARD. Op. cit., p. 138, tradução livre de: "*If an impeached official's party controls enough seats in the Senate to block conviction and if all of those senators remain unified in opposing removal, removal is a practical impossibility*"). Não se trata, porém, do único motivo a explicar o impeachment de Clinton, como o próprio autor destaca, vigorando outros elementos que subsidiaram o andamento inicial do processo e seu desfecho absolutório, como, por um lado, a ausência de uma verificação parlamentar de fatos efetivamente independente e a pressão midiática e, por outro, a constância da aprovação popular do Presidente, a partir da ideia geral de que suas transgressões limitavam-se à esfera particular de sua vida privada (Idem, p. 178-180).
[417] GERHARD. Op. cit., p. 56. O autor afirma que "O partidarismo foi claramente evidente nos padrões de votação em cada fase do procedimento do impeachment do Presidente Clinton" (Idem, p. 138, tradução livre de: "*Partisanship was clearly evident in the voting patterns in every phase of President Clinton's impeachment proceedings*").
[418] Sunstein registra que a reprovação dessa acusação perante o Comitê se deu por 26 votos a 12, mas que deveria ter sido unânime, por entender que, ainda que se tratasse de quantia significativa (cerca de US$400 mil), fraude fiscal não é uma ofensa ensejadora de impeachment, tendo em vista que não se revela como abuso da autoridade oficial do Presidente, revelando-se categoria completamente distinta daquelas condutas que preocupavam os constituintes e para as quais o instituto do impeachment foi concebido (SUNSTEIN. Op. cit., p. 90).

distinção parece ter sido reproposta no caso Clinton, que teve todo seu processo de impeachment baseado em declarações falsas decorrentes de responsabilização por fatos praticados em sua esfera particular,[419] ainda que se tentasse justificar a possibilidade do processo por se tratar de condutas praticadas durante o exercício da presidência – inclusive dentro do Salão Oval da Casa Branca.

Como premissa geral, deve-se assumir a noção de que apenas são ofensas ensejadoras do impeachment aquelas condutas publicamente relevantes, ou seja, aquelas que, encaixando-se nas categorias constitucionalmente previstas, relacionem-se com o exercício do cargo ocupado e revelem o exercício abusivo das prerrogativas e dos poderes a ele inerentes. Dessa forma, quando se trate de ofensas de natureza privada, isto é, cometidas no âmbito da esfera particular da autoridade, sem vinculação direta com sua função pública exercida, o impeachment não deve ser uma ferramenta possível, ainda que sejam condutas penalmente relevantes, sem prejuízo da devida responsabilização em outras esferas adequadas.

Com efeito, considerando a já assentada motivação histórica que originou a criação do impeachment – sobretudo a partir de sua conformação constitucional, republicana e presidencialista no modelo norte-americano –, trata-se de instituto que se relaciona à imposição de limites ao exercício das funções públicas, durante o exercício de mandato ou cargo público, em prevenção e repressão a atos abusivos neles praticados. Dessa forma, "a interpretação das condutas relevantes para os fins do impeachment concentrava-se sobre a tutela da integridade das instituições e, em particular, sobre o respeito aos deveres constitucionais no exercício das funções públicas".[420]

Comparativamente, em relação às outras acusações já descritas e que foram formuladas contra Nixon, o autor assenta se tratar de uma situação evidente e enfática que justificaria o afastamento do presidente (Idem, p. 99).

[419] Destaca-se que, ao longo do processo de impeachment contra Clinton, houve a apresentação ao Congresso de cartas subscritas por mais de quatrocentos professores, acadêmicos e constitucionalistas norte-americanos no sentido de que as acusações não consubstanciavam condutas ensejadoras de impeachment, cuja continuidade poderia colocar em risco a configuração do sistema presidencial estadunidense (OLIVIERO; PAFFARINI. Op. cit., p. 151). O evento também é citado no registro de evidências do processo (disponível em: www.govinfo.gov/content/pkg/GPO-CDOC-106sdoc3/pdf/GPO-CDOC-106sdoc3-20.pdf; acesso em: 31 maio 2021).

[420] OLIVIERO; PAFFARINI. Op. cit., p. 145. A distinção é também afirmada por Sunstein, que destaca haver certo consenso quanto à sua destinação para a remoção daqueles que abusam da confiança e dos poderes públicos, havendo crimes e ofensas essencialmente privados (como não pagar tributos, agredir alguém, ultrapassar a velocidade máxima de uma via pública), ou mesmo que não são se revelam sérios. De outro lado, há também condutas que

Essa conclusão se soma à já assentada noção de que essas condutas relevantes independem da natureza criminal das ofensas, reforçando essa ideia inicial.[421] De fato, é possível que comportamentos graves e abusivos relacionados ao cargo de uma autoridade pública justifiquem seu impeachment, não obstante se revele conduta penalmente atípica.[422] Ao mesmo tempo, infrações penalmente relevantes podem não autorizar a remoção, quando praticadas pela autoridade na qualidade de cidadão privado e sem que revele interesse público relativo a perigos causados à integridade do cargo e ao sistema constitucional e institucional como um todo.

Assentada essa premissa, vislumbra-se, porém, que sua aplicação prática apresentará dificuldades em dois conjuntos principais de situações. Em primeiro lugar, quanto àquelas condutas limítrofes, em relação às quais não se revele nítida distinção sobre se tratar de uma ofensa pública ou particular, como de fato alguns sustentaram em justificativa ao procedimento instaurado contra Clinton.[423] Em segundo lugar, no âmbito das ilegalidades cometidas na esfera privada da autoridade, quanto às ofensas que se revelam especialmente graves, como eventual homicídio praticado por um presidente, por exemplo.

Nessa análise, porém, haverá casos em que se pode formar uma certeza quanto à viabilidade do impeachment[424] ou à impossibilidade de sua utilização para determinadas condutas,[425] não obstante persistam,

---

mesmo não sendo criminosas são suficientes, citando-se o exemplo da prática de mentir sistematicamente ao povo ou ao Congresso, a punição a inimigos políticos ou a decisão de tirar um ano sabático (SUNSTEIN. Op. cit., p. 62-63). De toda forma, porém, reforça-se que a expressão constitucional autorizadora do impeachment não abrange tudo o que a Câmara dos Representantes simplesmente entender como apto, havendo parâmetros ali estabelecidos a serem observados.

[421] OLIVIERO; PAFFARINI. Op. cit., p. 145-146.
[422] BARKER. Op. cit., p. 209.
[423] ENGEL; MEACHAM; NAFTALI; BAKER. Op. cit., p. 241; GERHARD. Op. cit., p. 220.
[424] Nesse contexto, Cass Sunstein indica alguns exemplos de condutas hipotéticas que facilmente se revelariam como aptas a justificar um afastamento do Presidente, como quando revela informação confidencial a outras nações, a fim de favorecê-las e enfraquecer sua própria nação; aceita vantagem indevida para o direcionamento do exercício de alguma função ínsita às suas atribuições; ordena que algum inimigo político seu seja assassinado por ser seu opositor ou mesmo que seja agredido ou devassado por investigações orientadas dos órgãos oficiais (Receita Federal, Ministério Público, Polícia Federal); entre outras situações citadas pelo autor (SUNSTEIN. Op. cit., p. 119-124).
[425] Da mesma forma, o autor menciona exemplos de situações em que o impeachment não seria possível: a edição de atos executivos contrários à legislação ou mesmo reputados como inconstitucionais pela Suprema Corte ou a sonegação fiscal praticada por um Presidente da República em relação a proventos pessoais recebidos antes da assunção de seu cargo ou mesmo durante o exercício de suas funções (SUNSTEIN. Op. cit., p. 124-127). Em tais casos, dispõe o autor que, ainda que o Presidente esteja errado, não terá cometido graves

inevitavelmente, casos mais tênues sobre essa definição.[426] Todavia, ainda nos casos considerados certos e evidentes para a responsabilização política da autoridade pública, o processo de impeachment não avançará sem o necessário apoio congressual, o que, contrariamente, poderá acontecer mesmo nas situações tidas por incertas, se nesse sentido se movimentarem as coalizões legislativas no parlamento.[427]

Dessa forma, portanto, ainda que se defenda que determinadas condutas possam ou não se adequar à previsão constitucional das situações que autorizam o impeachment e sem que se negue que sua natureza política não é desprovida de balizas jurídicas que devem guiar sua interpretação e utilização, essa é uma análise que deverá ser feita pelo próprio parlamento, na atuação conjugada de suas Casas

---

crimes ou contravenções. Mesmo nessas situações, porém, afirma que a eventual aprovação do impeachment pelo Congresso seria condenação também não sujeita a revisão judicial (Idem, p. 126).

[426] O autor ainda exemplifica situações limítrofes, para as quais não há deslinde fácil sobre se tratar ou não de condutas que podem ensejar o impeachment e o afastamento do Presidente, como quando toma decisões erráticas sobre os destinos políticos do país; no âmbito de uma guerra travada pelo país, mente sistematicamente ao povo sobre suas ações e iniciativas, sob a alegação de proteção ao interesse nacional; promove a restrição de direitos e liberdades civis na sequência de um sério ataque terrorista sofrido pela nação; resiste a investigações que o Congresso quer promover contra ele, recusando-se a cooperar e a entregar documentos, invocando em seu favor o privilégio executivo (*executive privilege*), por exemplo, que é defendido inclusive em processos judiciais manejados; ordena o assassinato ou a agressão de alguma pessoa sem qualquer motivação política e por circunstâncias estritamente pessoais que não se vinculam com seu cargo (SUNSTEIN. Op. cit., p. 128-133). Nesses casos, com maior razão, a decisão final também deve ser atribuída ao Congresso, já que "Onde a questão constitucional é razoavelmente debatida e nenhuma solução é claramente correta, nós, o povo, agindo por meio de nossos representantes eleitos, devemos decidir" (Idem, p. 118, tradução livre de: *"Where the constitutional issue is reasonably debated, and where no resolution is clearly correct, We the People, acting through our elected representatives, get to decide"*).

[427] Ainda que se trate de uma inegável possibilidade fática, há controvérsia sobre se, juridicamente, constatada a existência de uma ofensa relevante para fins de impeachment, essa solução exsurge como dever constitucional imputado ao legislador ou se há discricionariedade legislativa quanto à sua efetiva realização. Cass Sunstein afirma como uma das incompreensões relativas ao impeachment a noção de que "Mesmo que o presidente tenha cometido um ato claramente sujeito a impeachment, a Câmara dos Representantes tem liberdade para recusá-lo" (SUNSTEIN. Op. cit., p. 177, tradução livre de: *"Even if the president has committed a clearly impeachable act, the House of Representatives has discretion to refuse to impeach him"*). Laurence Tribe e Joshua Matz, por sua vez, sustentam a existência de uma discricionariedade legislativa sobre aprovar ou não o impeachment, já que se trata de um poder atribuído ao Legislativo, e não um dever. Assim, afirmam que "Mesmo quando membros da Câmara e do Senado acreditam que o presidente cometeu 'graves crimes e contravenções', eles possuem uma prerrogativa legalmente ilimitada de não encerrar seu mandato" (TRIBE; MATZ. Op. cit., p. 70, tradução livre de: *"Even when members of the House and Senate believe that the president has committed "high Crimes and Misdemeanors," they possess a legally unlimited prerogative not to end his term in office"*).

legislativas, como órgãos de representação popular. Ante a afirmada impossibilidade de revisão judicial, não há remédio legal.[428]

Por fim, a prática norte-americana ainda reserva a ocorrência de dois impeachments aprovados pela Câmara dos Representantes contra Donald Trump – o único Presidente em relação ao qual se registra a instauração de dois processos desse tipo. Aliás, antes mesmo de que se realizassem as eleições, já se falava na possibilidade de impeachment contra Trump,[429] não porque já se imputava a ele ofensa relevante para tanto, mas porque se discordava fortemente de suas opiniões políticas e de sua postura.[430] Após sua vitória eleitoral e sua posse,[431] esses debates naturalmente se intensificaram, levando a duas tentativas concretas de sua responsabilização.

O primeiro desses processos deu-se entre o final de 2019 – quando, em 18 de dezembro, a Câmara dos Representantes aprovou dois *articles de* impeachment contra Trump – e o início de 2020 – quando, em 5 de fevereiro, o Senado o absolveu. O processo partia de investigações sobre um conjunto de denúncias que abrangiam questões relativas a ilegalidades em suas finanças pessoais e familiares, más condutas que degradavam o cargo e, sobretudo, suspeita de colusão com a Rússia para interferências nas eleições de 2016, cujas investigações Trump tentava obstruir mediante atos abusivos de seu poder.[432]

Os *articles*[433] foram aprovados por 228 votos a 193.[434] O primeiro acusava Trump de abuso dos poderes presidenciais, por ter solicitado, na tentativa de favorecer sua reeleição no pleito que estava por se realizar, a interferência de uma nação estrangeira (a Ucrânia) para as eleições de 2020, mediante o pedido de investigação do filho do então principal pré-candidato democrata (Joe Biden), que compunha o conselho de uma empresa de gás ucraniana. Em retorno ao atendimento desse pedido, reporta-se que se prometia possível ajuda militar àquele país. O segundo dizia respeito à obstrução da atividade parlamentar

---

[428] SUNSTEIN. Op. cit., p. 154.
[429] ENGEL; MEACHAM; NAFTALI; BAKER. Op. cit., p. 241; GERHARD. Op. cit., p. 244.
[430] SUNSTEIN. Op. cit., p. 176.
[431] GEHARDT. Op. cit., p. 175.
[432] GEHARDT. Op. cit., p. 193-194.
[433] A detalhada e minuciosa redação das duas acusações então formuladas contra Trump pode ser consultada em: /www.documentcloud.org/documents/6572304-Articles-of-Impeachment. html (acesso em: 31 maio 2021).
[434] Na ocasião, apenas um membro do partido democrata votou contrariamente ao impeachment, enquanto nenhum dos membros republicanos da Câmara se manifestou favoravelmente à sua abertura.

praticada pelo Presidente, por dificultar o exercício de suas investigações, instruindo agências, órgãos e funcionários do Poder Executivo a não cumprir intimações provenientes do Congresso para apresentação de documentos e depoimentos. Determinado a excluir qualquer possibilidade de sua responsabilização, o Presidente teria utilizado seus poderes constitucionais de forma abusiva e desviada, com o intuito de minar e impedir a investigação legítima de qualquer dos fatos contra ele imputados.[435]

Enviadas as acusações ao Senado – que passou a ser presidido pelo *chief justice* John Roberts –, a votação final deu-se em 5 de fevereiro de 2020, quando houve absolvição majoritária de Trump. Foram registrados, para a primeira acusação, 48 votos pela condenação e 52 para a absolvição e, para a segunda, 47 votos pela condenação e 53 pela absolvição. Seguindo as linhas partidárias, todos os votos dos membros democratas do Senado foram pela condenação, assim como todos os votos de absolvição advieram de membros republicanos.[436]

Trump voltaria, porém, a enfrentar novo processo de impeachment, já depois de realizadas as eleições de 2020, das quais o candidato democrata Joe Biden saiu vencedor. Em um ambiente polarizado, o Presidente incumbente manifestava publicamente sua indignação com o resultado das urnas e pessoalmente se envolvia na promoção de acusações infundadas de fraude contra o processo eleitoral, no curso das quais pressionava autoridades eleitorais a cancelar ou promover recontagens dos resultados inicialmente divulgados. Ante a iminente realização da sessão conjunta do Congresso, agendada para 6 de janeiro de 2021, que formalizaria a contagens dos votos do colégio eleitoral e certificaria a vitória de Biden com sua diplomação, Trump pressionava seu próprio vice-presidente, Mike Pence, a não realizar a sessão e conclamava, por suas manifestações em redes socais[437] e em discursos

---

[435] ENGEL; MEACHAM; NAFTALI; BAKER. Op. cit., p. 241; GERHARD. Op. cit., p. 247.

[436] Além dos 45 democratas que então compunham o Senado, houve também a votação de dois senadores independentes a favor da condenação. Ainda, quanto à primeira acusação, houve voto favorável de Mitt Romney, senador republicano pelo Estado de Utah, que votou pela absolvição quanto à segunda imputação.

[437] Por meio de sua conta no Twitter, o Presidente Donald Trump postou mensagem em 19 de dezembro de 2020 na qual afirmava: "Estatisticamente impossível ter perdido as eleições de 2020. Grande protesto em D.C. no dia 6 de janeiro. Estejam lá, será selvagem" (tradução livre de: "*Statistically impossible to have lost the 2020 Election. Big protest in D.C. on the January 6th. Be there, will be wild*"). Em 8 de janeiro de 2021, a conta de Trump naquela rede social foi permanentemente suspensa, em razão do risco de incitamento à violência, conforme mensagem oficial divulgada pelo próprio Twitter disponível em: https://blog.twitter.com/en_us/topics/company/2020/suspension.html (acesso em: 2 jun. 2021). Os tuítes de Donald Trump já causavam polêmicas antes disso, ao veicular ofensas a adversários políticos como

por ele proferidos,[438] sua massa de apoiadores a protestar ferozmente contra a proclamação oficial do resultado das eleições. O chamado foi atendido. Em 6 de janeiro de 2021, uma multidão de apoiadores de Trump invadiu violentamente o Capitólio dos Estados Unidos, promovendo atos de vandalismo e violência, causando, direta ou indiretamente, a morte de cinco pessoas, além de danos a outras mais de 140, que ficaram feridas. A sessão legislativa teve de ser suspensa e

---

Barack Obama e Hillary Clinton, promover mensagens de ódio a opositores, publicar ofensas à liberdade de imprensa e de expressão, além de veicular informações falsas. Nesse ponto, Michael Gerhardt lança interessante discussão sobre ser ou não possível que um presidente sofra impeachment em razão de seus tuítes (GERHARDT. Op. cit., p. 215-217).

[438] É marcante e exemplificativo o discurso proferido por Trump, em 6 de janeiro de 2021, para apoiadores que se concentravam nas proximidades da Casa Branca, no qual exortava os presentes a marchar em direção ao Capitólio para desafiar a sessão de diplomação de Joe Biden. Há passagens significativas do referido discurso, entre as quais se destacam as seguintes afirmações: "Todos nós aqui hoje não queremos ver nossa vitória eleitoral roubada por encorajados democratas radicais de esquerda, que é o que eles estão fazendo, e roubada pela mídia do *fake news*. Isso é o que eles fizeram e o que estão fazendo. Nunca iremos desistir. Nunca iremos ceder, isso não vai acontecer. Não se cede quando há roubo envolvido. Nosso país está farto. Não vamos aguentar mais e é disso que se trata. Para usar um termo favorito que todos vocês realmente criaram, nós vamos interromper o roubo. (…) Espero que Mike faça a coisa certa. Espero que sim. Espero que sim, porque se Mike Pence fizer a coisa certa, ganharemos a eleição. Tudo o que ele precisa fazer. (…) Ele tem o direito absoluto de fazer isso. Devemos proteger nosso país, apoiar nosso país, apoiar nossa constituição e proteger nossa constituição. Os Estados querem votar novamente. Os Estados foram defraudados. Eles receberam informações falsas. Eles votaram com base nisso. Agora eles querem se recertificar. Eles o querem de volta. Tudo o que o vice-presidente Pence precisa fazer é mandá-lo de volta aos Estados para que recertifiquem e nós nos tornamos presidente e vocês serão as pessoas mais felizes. (…) e então estamos presos a um Presidente que perdeu a eleição por muito e temos que conviver com isso por mais quatro anos. Não vamos deixar isso acontecer. (…) Não se enganem, essa eleição foi roubada de vocês, de mim e do país. (…) e se vocês não lutarem como o inferno, vocês não terão mais um país". A íntegra do discurso, cuja transcrição foi realizada pela rede de notícias CNN, está disponível em: https://assets.documentcloud.org/documents/20475169/trump-speech-jan6.pdf (acesso em: 2 jun. 2021), de onde os excertos foram traduzidos livremente do original: "*All of us here today do not want to see our election victory stolen by emboldened radical left Democrats, which is what they're doing and stolen by the fake news media. That's what they've done and what they're doing. We will never give up. We will never concede, it doesn't happen. You don't concede when there's theft involved. Our country has had enough. We will not take it anymore and that's what this is all about. To use a favorite term that all of you people really came up with, we will stop the steal. (…) I hope Mike is going to do the right thing. I hope so. I hope so because if Mike Pence does the right thing, we win the election. All he has to do. (…) He has the absolute right to do it. We're supposed to protect our country, support our country, support our constitution, and protect our constitution. States want to revote. The States got defrauded. They were given false information. They voted on it. Now they want to recertify. They want it back. All Vice-President Pence has to do is send it back to the States to recertify, and we become president, and you are the happiest people. (…) and then we're stuck with a president who lost the election by a lot, and we have to live with that for four more years. We're just not going to let that happen. (…) Make no mistake, this selection stolen from you, from me and from the country. (…) and if you don't fight like Hell, you're not going to have a country anymore*").

os congressistas e seus funcionários tiveram de evacuar o prédio, até que se pudesse retomar a diplomação de Biden no Congresso.

Os eventos deram origem, então, a novo processo de impeachment contra Trump, que era acusado de incitar a insurreição. Em 13 de janeiro de 2021, uma semana antes da posse de Biden, a Câmara dos Representantes aprovou a abertura do procedimento por 232 votos a 197, de cuja maioria participaram os 222 membros democratas e outros 10 republicanos.

Foi então redigido um *article of* impeachment, no qual Trump era acusado de ter praticado graves crimes e contravenções ao incitar a violência contra o Governo dos Estados Unidos.[439] Descrevendo os eventos de 6 de janeiro e sua incitação feita pelo Presidente, a acusação concluía que o "Presidente Trump ameaçou gravemente a segurança dos Estados Unidos e suas instituições governamentais (...), ameaçou a integridade do sistema democrático, interferiu na transição pacífica de poder e colocou em perigo um ramo coigual do governo",[440] traindo sua confiança como Presidente e causando danos à população dos Estados Unidos.

O processo foi enviado ao Senado em 25 de janeiro, já após a posse do novo Presidente. Tratando-se, naquele momento, do julgamento de impeachment de um ex-Presidente, a presidência do Senado não foi exercida pelo *chief justice* John Roberts, já que não mais se tratava do Presidente em exercício (quando já se tinha, por consequência, também uma nova vice-presidente), recaindo esse papel sobre o Presidente *pro tempore* do Senado, o senador Patrick Leahy. A votação final se realizou em 13 de fevereiro, registrando 57 votos favoráveis à condenação contra 43 manifestados pela absolvição, de cuja maioria fizeram parte os 48 membros democratas daquele órgão legislativo, os quais foram acompanhados por outros 7 senadores republicanos, além de 2 independentes.

---

[439] A detalhada e minudente redação da acusação que então foi imputada a Trump pode ser consultada em: www.congress.gov/117/bills/hres24/BILLS-117hres24ih.pdf (acesso em: 14 set. 2021). Em seu teor, fez-se menção à disposição da seção 3 da 14ª Emenda à Constituição dos Estados Unidos, disposição que impede de ser congressista ou ocupar qualquer emprego civil ou militar no governo dos Estados Unidos ou de qualquer dos seus Estados alguém que, mesmo tendo jurado defender a Constituição, tenha tomado parte em insurreição ou rebelião contra ela ou prestado auxílio e apoio a seus inimigos.

[440] Tradução livre do seguinte excerto, extraído da acusação constante do referido *article of impeachment*: "*In all this, President Trump gravely endangered the security of the United States and its institutions of Government. He threatened the integrity of the democratic system, interfered with the peaceful transition of power, and imperiled a coequal branch of Government*".

No primeiro processo, colocou-se nas fases iniciais das discussões a questão sobre ser ou não possível a promoção de impeachment de uma autoridade por atos praticados anteriormente à assunção do cargo público ocupado, sobretudo no que dizia respeito às denúncias de influência russa, e conluio com a campanha de Trump, nas eleições presidenciais de 2016. Ainda que esses fatos não tenham sido, ao final, incluídos nos dois *articles of impeachment* apresentados ao Senado pela Câmara, deve-se considerar que tal responsabilização será possível quando as condutas imputadas, ainda que anteriores ao cargo, demonstram natureza pública e possuem relação com o processo de obtenção do posto, de modo que "se o presidente obtém o cargo por meios questionáveis, o impeachment é possível".[441]

No segundo processo, houve outra vez a discussão sobre a possibilidade ou não de continuidade do julgamento, pelo Senado, do impeachment aprovado pela Câmara dos Representantes, ante a superveniência do fim do mandato de Trump. Esse ponto foi arguido expressamente pela defesa durante o julgamento – que sustentava uma indevida utilização do processo de impeachment contra alguém que, àquela altura, já era um cidadão particular –, mas não impediu sua conclusão, tendo em vista, até mesmo, a possibilidade que se tinha de aplicar ao acusado a sanção de inabilitação para ocupação futura de outros cargos públicos na esfera do Governo dos Estados Unidos, desfecho não atingido a partir de sua absolvição.

2.6 Algumas lições parciais possíveis

A análise do impeachment nos Estados Unidos permite colher algumas valiosas lições parciais. Desde sua apropriação do modelo inglês ainda durante o período colonial, sua incorporação nas Constituições dos Estados após a independência, sua construção institucional durante os períodos de convenção da Constituição Federal e sua aplicação em diversos casos ao longo dos anos que se seguiram, consolidaram-se diversas características do instituto em um modelo republicano e presidencial. Trata-se, portanto, de contribuições que, se bem compreendidas,

---

[441] SUNSTEIN. Op. cit., p. 122. O autor destaca ser tentadora a ideia de se limitar as ofensas relevantes para o impeachment apenas àquelas praticadas durante o exercício do cargo. Entretanto, entende possível tal responsabilização por condutas anteriores, quando existente esse nexo com a obtenção do próprio posto, conclusão que entende ser compatível com as discussões travadas ao longo da Convenção constituinte da Filadélfia.

permitem melhor analisar sua incorporação e sua aplicação também ao modelo constitucional brasileiro.

Uma das constatações que se pode fazer é que presidentes populares, isto é, com apoio majoritário da população, são menos suscetíveis ao afastamento pelo impeachment, ocasião em que este se revela um mecanismo limitado de controle. Em um modelo bipartidário e no qual a manifestação da Câmara dos Representantes se dá por votação não qualificada, ainda que tais líderes possam até ser formalmente acusados por uma maioria rival que domine esse órgão legislativo inicial, sua efetiva condenação e afastamento por votação qualificada no Senado parece improvável.[442] Tal como demonstra o exemplo de Bill Clinton, sem o necessário apoio bipartidário,[443] é pouco crível que um procedimento de impeachment nos Estados Unidos chegue a um desfecho condenatório.

De outro lado, porém, também se nota como autoridades impopulares são mais vulneráveis ao impeachment. Como evidencia o caso de Andrew Johnson, a ausência de apoio popular, que, por vezes, se reflete na corrosão da própria base de apoio político-partidário do Presidente,[444] pode se mostrar como elemento decisivo para a maior probabilidade da remoção final do cargo, sobretudo quando a insatisfação impopular é gerada ou fortalecida por uma intensa cobertura dos meios de comunicação social,[445] o que se agrava em tempos das mídias digitais.

Todos esses aspectos indicam, ainda, o inseparável desafio, para os que defendem um impeachment, de comprovar sua desvinculação de qualquer finalidade político-partidária.[446] Isso porque, ao lado desses elementos de natureza institucional, a utilização do impeachment – sobretudo contra o Presidente da República – parece mais provável, em uma apropriação político-partidária desse instrumento, quanto maiores forem a polarização social e a existência de um ambiente político segmentado,[447] no qual a ausência de experiências comuns entre os cidadãos torna mais difícil a construção de consensos, mesmo sobre

---

[442] ENGEL; MEACHAM; NAFTALI; BAKER. Op. cit., p. 261.
[443] GERHARDT. Op. cit., p. 181.
[444] TRIBE; MATZ. Op. cit., p. 144.
[445] PÉREZ-LIÑÁN. Op. cit., p. 36-37.
[446] GERHARDT. Op. cit., p. 183.
[447] ENGEL; MEACHAM; NAFTALI; BAKER. Op. cit., p. 264.

fatos básicos daquela sociedade,⁴⁴⁸ despertando paixões irrefletidas sobre os destinos da nação. Essas preocupações se intensificam consideravelmente com as mudanças nas formas de comunicação e a ascensão das diversas redes sociais. Se por um lado tem-se a ampliação do acesso à informação e a diminuição das barreiras de conexão, a emergência de novas tecnologias e formas de comunicação representa direto impacto democrático, em um ambiente político cada vez mais polarizado,⁴⁴⁹ já que a concentração dos meios de comunicação, que permitia marginalizar opiniões extremas,⁴⁵⁰ é mitigada pelo *boom* da internet e das mídias sociais, que ampliou espaços de voz de políticos antes à margem dos meios tradicionais de informação.⁴⁵¹

Ao final, porém, o impeachment se revelará sempre uma ferramenta essencialmente política,⁴⁵² como já imaginavam os criadores da Constituição estadunidense.⁴⁵³ Ainda que se trate de uma atividade para

---

⁴⁴⁸ De outro lado, porém, há quem indique que essa ausência de consensos básicos sobre os destinos da nação torna improvável a construção de uma indignação social generalizada suficiente para que os membros do Senado corram o risco político de votar contra seus eleitores ou a orientação de seu partido, o que pode dificultar alcançar a maioria qualificada de dois terços (ENGEL; MEACHAM; NAFTALI; BAKER. Op. cit., p. 264).

⁴⁴⁹ SUNSTEIN, Cass. R. *#Republic*: divided democracy in the age of social media. Princeton and Oxford: Princeton University Press, 2018, p. 70-71, 144.

⁴⁵⁰ Sunstein aponta que nas mídias sociais a curadoria das fontes de informação é feita pelas próprias pessoas que as utilizam, as quais se cercam de usuários com pensamentos similares e produzem *câmaras de eco*, agravando e fortalecendo ideias odiosas e a polarização sociopolítica (SUNSTEIN. Op. cit., 2018, p. 26). No ponto, é conhecida a frase de Umberto Eco proferida na Universidade de Turim, em 10 de junho de 2015: "As mídias sociais deram o direito à fala a legiões de imbecis que, anteriormente, falavam só no bar, depois de uma taça de vinho, sem causar dano à coletividade. (...) agora eles têm o mesmo direito à fala que um ganhador do Prêmio Nobel. O drama da internet é que ela promoveu o idiota da aldeia a portador da verdade". Trata-se de preocupações que também se manifestam na utilização político-partidária do impeachment.

⁴⁵¹ Como destaca Yascha Mounk, até a ascensão das redes sociais como formas de comunicação social, o fluxo de informação mantinha, desde a prensa móvel, características similares: poucos produtores de conteúdo e muitos receptores. Se o fato representa a emancipação e o empoderamento de excluídos, também cria eficiente plataforma para propagação de ideias contrárias à democracia constitucional e a governos eleitoralmente constituídos, contribuindo para que a polarização se agrave. Reduzindo diferenças de espaço de fala entre *insiders* e *outsiders* políticos, crescem o ímpeto por mudanças radicais e a polarização de ideias, que se manifestam durante as eleições, mas também após sua realização, nas discussões políticas relevantes de uma nação, como um eventual processo de impeachment (MOUNK, Yascha. *O povo contra a democracia*: por que nossa liberdade corre perigo e como salvá-la. São Paulo: Companhia das Letras, 2019. p. 169, 179).

⁴⁵² PÉREZ-LIÑÁN. Op. cit., p. 137.

⁴⁵³ ENGEL; MEACHAM; NAFTALI; BAKER. Op. cit., p. 241-242. Em tal passagem, analisando a acusação e a absolvição de Bill Clinton, Peter Baker conclui que a afirmação de Gerald Ford, feita em abril de 1970 quando ainda era membro da Câmara dos Representantes (ver nota de rodapé nº 254), não se revela de todo equivocada.

a qual são estabelecidas balizas jurídico-constitucionais, a construção de um caso de impeachment, sua acusação e seu julgamento constituem, como a longa e madura experiência norte-americana permite apreender, fenômenos de natureza política, isto é, guiados não propriamente por interpretações jurídicas e dogmáticas de categorias legais, mas pela acepção assumida por órgãos eminentemente políticos – como a Câmara dos Representantes e o Senado – em certo momento da história e com base em um determinado contexto social, que se ressignifica a partir da ocorrência de tal processo.

Essa constatação, porém, não significa dizer que haja discricionariedade irrestrita para que esses órgãos políticos reconheçam determinada conduta como sujeita ao impeachment e promovam sua realização.[454] Não se tratando de instrumento análogo ao voto de desconfiança do parlamentarismo, a interpretação de que o impeachment serviria como forma de destituição de outras autoridades a bel-prazer do Legislativo foi recusada por diversas vezes, nos debates constitucionais[455] e também nos casos efetivamente apreciados pelo Congresso norte-americano.

Assim, o alcance das condutas relevantes para o impeachment, a partir de sua leitura histórica e constitucional, não se revela tão amplo – para que seja utilizado como instrumento puramente político para remoção de qualquer autoridade que não esteja alinhada à maioria parlamentar –, tampouco se mostra restrito apenas a condutas penalmente relevantes. Ainda sobre a delimitação das condutas relevantes, a noção de nexo funcional também se mostra importante para uma primeira diferenciação das condutas privadas das públicas, mesmo que também não se revele um critério rígido ou taxativo, tendo em vista que devem ser igualmente avaliadas a natureza e a intensidade das condutas e de suas relações com o cargo público.

Assim é que apenas na análise de cada caso é que se tornou possível, na prática constitucional norte-americana, a definição sobre uma conduta estar ou não submetida ao processamento via impeachment, na linha do que, aliás, já vislumbravam os fundadores da Constituição dos Estados Unidos.[456] Ainda que a fórmula adotada no texto constitucional já representasse delimitação inicial, sobretudo quando em comparação ao modelo inglês, trata-se de disposição ainda aberta, que atrai uma inevitável imprecisão conceitual.[457] Assim, com base nessa definição

---

[454] OLIVIERO; PAFFARINI. Op. cit., p. 153-158.
[455] Ver nota de rodapé nº 205.
[456] GERHARDT. Op. cit., p. 185.
[457] BARKER. Op. cit., p. 218.

ampla da Constituição, cada processo de impeachment conteve e conterá debates sobre se as acusações imputadas constituem ou não ofensa política relevante para esses fins, sem que se tenha revelado possível a definição de um padrão único e uniforme para que se defina, em abstrato, o alcance dessas condutas.

Mesmo que esse consenso abstrato e geral não seja possível, a análise dos casos permite aferir alguns padrões significativos. De fato, nos oito casos em que houve condenação pelo Senado estadunidense e a consequente remoção das autoridades de seus cargos, todos relativos a juízes federais, as condutas imputadas diziam respeito a prejuízos causados à República, isto é, à existência de danos públicos, os quais decorriam de suas atuações funcionais e derivavam do desempenho de seus deveres oficiais. Ainda em relação a esse último aspecto, a análise do Congresso – em especial do Senado[458] – considerava também o grau de lesividade[459] da conduta imputada, em análise comparativa da gravidade das ofensas praticadas e das responsabilidades do cargo ocupado, em avaliação da adequação ou não da sanção de destituição àquela situação.

Em todo caso, porém, essa é uma análise que deverá ser feita pelo Poder Legislativo e apenas por ele. Afirmou-se, assim, no modelo estadunidense, a impossibilidade de revisão judicial dessas questões, com base na afirmação de que o impeachment é uma matéria não judicializável (*nonjusticiable*).

Ainda que se reconheçam os riscos de manipulação dessa ferramenta, para que seja aplicada abusivamente para finalidades exclusivamente político-partidárias, não se trata de erros a serem corrigidos pelo Poder Judiciário. Do ponto de vista constitucional, além

---

[458] Sobre o ponto, Sunstein argumenta a existência de parâmetros distintos adotados pelo Senado para a condenação e pela Câmara dos Representantes para a aprovação da acusação de impeachment, tendo em vista que não há consequências materiais significativas para esta última, o que, nesse ponto, ensejaria uma atuação política menos responsável ou refletida desse órgão legislativo inicial (SUNSTEIN. Op. cit., 2017, p. 153). Também Ginsburg, Huq e Landau destacam que essa situação permite o desenvolvimento de uma dinâmica de risco moral que induz membros da Câmara dos Representantes a apresentar pedidos iniciais de impeachment, sem que tenham de assumir os ônus e os riscos de uma destituição presidencial que parece improvável e cuja aprovação, naquele órgão legislativo inicial, não apresenta grandes impactos imediatos (GINSBURG; HUQ; LANDAU. Op. cit., p. 114). Trata-se, portanto, de modelo institucional diferente do que existe no Brasil, em que há a previsão constitucional do afastamento cautelar por até 180 dias do Presidente da República após a aprovação do impeachment na Câmara dos Deputados e seu processamento perante o Senado (artigo 85, §1º, II, da Constituição de 1988).

[459] Em seus trabalhos específicos sobre o impeachment, essa análise de grau ou de proporção da conduta imputada é também considerada por Cass Sunstein (SUNSTEIN. Op. cit., 2017, p. 63), bem como por Laurence Tribe e Joshua Matz (TRIBE; MATZ. Op. cit., p. 18).

de se conclamar a uma atuação legislativa republicana e consciente, colocam-se as diversas garantias procedimentais em proteção contra esses riscos, como o escalonamento em um procedimento bifásico, a exigência de quórum qualificado de dois terços para a condenação e destituição, a possibilidade de produção e apresentação de provas, as quais serão objeto de avaliação imparcial pelos julgadores, que, no caso de processo contra o Presidente, serão presididos pelo *chief justice* da Suprema Corte.

Sobre essa desejada imparcialidade dos julgadores no contexto do impeachment – tema que se revelou presente em alguns dos casos analisados neste capítulo –, é certo que assume significado distinto da compreensão que se afirma em um ambiente judicial.[460] No julgamento político, é reconhecidamente inadequado presumir-se que algum membro do Congresso aja de forma indiferente ou neutra em relação ao Presidente, seja como um de seus apoiadores, seja como um de seus opositores. Assim é que a participação ou não de determinados congressistas nas etapas do impeachment, sobretudo em sua fase de julgamento perante o Senado, revela-se como uma questão de grau e de atitude, a ser avaliada pela autodisciplina e autorreflexão de cada participante, conforme o compromisso que se deve continuamente assumir com a cultura democrática da Constituição, para além dos meros interesses partidários ou pessoais que inevitavelmente existam.

As decisões do congresso, portanto, são finais, não estando sujeitas a revisão judicial.[461] Destaque-se que, no modelo norte-americano, essa definitividade alcança não apenas o próprio mérito do julgamento que se faz sobre a acusação, mas também a definição dos aspectos procedimentais do impeachment (como ficou evidente na questão da

---

[460] TRIBE; MATZ. Op. cit., p. 139.
[461] Para além da compreensão do papel do Judiciário no norte-americano, Ginsburg, Huq e Landau assentam que a função das Cortes Constitucionais nos processos de impeachment são diversas na análise constitucional comparada, havendo países em que não se admite sua intervenção (como assentado em relação aos Estados Unidos), outros em que se trata do único órgão responsável pela remoção do presidente (Honduras), além de atribuições intermediárias, como assegurar que os procedimentos sejam seguidos em atendimento ao devido processo constitucional e legal (como no Brasil) ou exigindo a ratificação posterior do processo de destituição, como ocorre na Coreia do Sul, por exemplo (GINSBURG; HUQ; LANDAU. Op. cit., p. 131-132). Em conclusão, os autores defendem um papel mais ativo para as Cortes Constitucionais no processo de impeachment, ao menos para imprimir maior credibilidade aos aspectos fáticos e legais relacionados (Idem, p. 90), não obstante reconheçam que novos riscos e problemas poderiam advir do envolvimento da participação direta de novos agentes nessa forma de responsabilização política.

aplicação da *Rule XI* pelo Senado), que podem, inclusive, variar de um caso para outro.⁴⁶² De toda forma, em relação ao Presidente da República, quando houver dúvida relevante sobre a prática ou não de ato sujeito ao impeachment – sobretudo ante a inerente imprecisão conceitual desses atos –, aguardar a realização de novas eleições pode ser a melhor solução, evitando-se movimentos de instabilidade institucional e de agravamento das polarizações políticas e sociais. Nesse ponto, é essencial que o funcionamento das instituições democrático-constitucionais, ainda quando abaladas ou irritadas por esse ambiente político desfavorável, assegurem a certeza da realização das próximas eleições e de seus resultados confiáveis, a fim de que se ofereça uma resposta intrainstitucional – isto é, interna às normas constitucionais de operação das instituições democráticas – aos dissensos que se instaurarem. Assim, em vez de prolongar disputas eleitorais passadas, as tensões e frustrações podem ser menores quando os esforços se concentram em vencer as próximas eleições.⁴⁶³

Com base nessa visão de discricionariedade regrada, percebe-se, por exemplo, a inadequação do impeachment para retaliação por decisões judiciais de cujo mérito se discorda, na linha do que elucida o caso de Samuel Chase. Considerando existir mecanismos próprios na estrutura interna do Poder Judiciário para a impugnação das decisões judiciais, a responsabilização política de um agente público simplesmente por considerar suas decisões erradas, sem que se aponte a prática efetiva e concreta de um ato ensejador de impeachment, revelar-se-ia abusiva.

Em outro reflexo dessa mesma afirmação, também se pode apreender que essa ferramenta se mostra igualmente imprópria para punir presidentes ou membros do Executivo por decisões políticas erradas que tenham tomado ou para corrigir eventuais erros derivados de julgamentos políticos equivocados, como indica o caso de Andrew Johnson.⁴⁶⁴ Uma vez mais, não sendo o caso da prática de conduta

---

[462] GERHARDT. Op. cit., p. 185. Além da adoção ou não do regulamento específico da mencionada *Rule XI*, há outros possíveis desdobramentos práticos dessa liberdade procedimental adotada pelo Senado para o julgamento de acusações de impeachment, como a realização ou não de novas investigações independentes, a oitiva ou não de testemunhas, entre outros aspectos também indicados pelo autor (Idem, p. 183).

[463] ENGEL; MEACHAM; NAFTALI; BAKER. Op. cit., p. 265.

[464] Scott Barker afirma que as paixões partidárias foram os verdadeiros motivos que se colocaram por trás dos processos de impeachment contra Johnson e Clinton, desvirtuando a válvula de freio e contrapeso desenhada pelos constituintes da Convenção da Filadélfia (BARKER. Op. cit., p. 4).

relevante para fins de impeachment, as eleições são o mecanismo popular e democrático primordial para julgar bons e maus presidentes pela condução política da nação, sem prejuízo de outras esferas possíveis de responsabilização por atos praticados – como no âmbito cível e penal –, as quais podem se concretizar sem a remoção da autoridade de seu cargo. É dizer: nesse sistema constitucional, "o impeachment existe apenas para um pequeno ou raro conjunto de ofensas, enquanto existem outros fóruns para responsabilizar presidentes por suas más condutas não sujeitas ao impeachment".[465]

O ponto, aliás, foi objeto de discussão pela Suprema Corte dos Estados Unidos no caso Nixon v. Fitzgerald, julgado em 1982. O episódio derivava de uma ação de natureza civil ajuizada por um ex-funcionário da Força Aérea norte-americana demitido injustamente em 1969 por ato imputado, entre outros oficiais, ao então Presidente Richard Nixon, no bojo da qual se requeria indenização pelos danos sofridos. A questão constitucional ali colocada repousava sobre a existência ou não de imunidade presidencial quanto à responsabilidade civil por atos presidenciais oficiais, o que no caso se revelava por supostos danos sofridos por um cidadão privado alegadamente imputados a uma violação constitucional ou ato ilegal praticado pelo Presidente.

Por maioria de 5x4, a Suprema Corte afirmou a imunidade presidencial absoluta quanto à responsabilização por danos civis decorrentes de qualquer ação oficial realizada durante seu mandato.[466] Não obstante, também se assentou que a afirmação dessa imunidade não isentaria o Presidente de outras esferas de responsabilização, no âmbito penal e na esfera política, por meio de ferramentas como o impeachment, as eleições, a supervisão do Congresso, a opinião pública, a mídia e mesmo o julgamento da história.[467] Afirmava-se,

---

[465] GERHARDT. Op. cit., p. 191, tradução livre de: "(...) *in our constitutional system impeachment exists only for a small or rare set of misdeeds, while there are other forums for holding presidents accountable for their nonimpeachable misconduct*". A afirmação se refere ao sistema constitucional norte-americano.

[466] O *syllabus* da relevante decisão proferida pela Suprema Corte no caso encontra-se disponível em seu *site*: https://supreme.justia.com/cases/federal/us/457/731/#tab-opinion-1954624 (acesso em: 9 jun. 2021).

[467] No *syllabus* supramencionado, consta a afirmação de que: "A afirmação de imunidade absoluta para o Presidente não deixa a Nação sem proteção suficiente contra suas más condutas. Permanece o remédio constitucional do impeachment, bem como os efeitos dissuasores do escrutínio constante pela imprensa e da supervisão vigilante pelo Congresso. Outros incentivos para evitar más condutas podem incluir o desejo de ganhar a reeleição, a necessidade de manter o prestígio como elemento de influência presidencial e a preocupação tradicional do presidente com sua estatura histórica" (tradução livre de: "*A rule of absolute immunity for the President does not leave the Nation without sufficient protection against his*

portanto, para além do impeachment, a pluralidade de mecanismos de responsabilização política do Presidente por seu mau desempenho do cargo.[468] Esse conjunto de ferramentas, articulados em formas mais ou menos abruptas mediante uma avaliação da gravidade das condutas imputadas, permite um mais efetivo controle social e parlamentar das condutas presidenciais, em que o impeachment não é a única ferramenta constitucional de responsabilização do presidente.[469]

Desde logo se adianta que esse é um ponto que permite a construção, sobretudo no modelo brasileiro – objeto do próximo capítulo –, de novas formas de responsabilização política do Presidente, em que o impeachment, como solução final e excepcional, ceda lugar a alternativas menos polarizadas para condutas menos graves. Escapando da binaridade do afastamento ou continuidade da autoridade no cargo, a institucionalização de outras medidas menos gravosas de responsabilização política nos regimes presidenciais pode oferecer deslindes menos traumáticos e desestabilizadores para malfeitos menos graves. Antes, porém, é preciso compreender as origens e os contornos do impeachment no modelo constitucional brasileiro.

---

misconduct. There remains the constitutional remedy of impeachment, as well as the deterrent effects of constant scrutiny by the press and vigilant oversight by Congress. Other incentives to avoid misconduct may include a desire to earn reelection, the need to maintain prestige as an element of Presidential influence, and a President's traditional concern for his historical stature").

[468] GERHARDT. Op. cit., p. 207-208.
[469] GERHARDT. Op. cit., p. 187. Nesse sentido, Peter Baker reporta que, durante as discussões parlamentares do impeachment de Bill Clinton, vislumbrando a inexistência de votos necessários para a condenação no Senado pela acusação aprovada pela Câmara dos Representantes, cogitou-se tentar encontrar um meio-termo entre a absolvição e a remoção do Presidente. Seria o caso, por exemplo, de uma censura legislativa formal, que já havia sido aprovada contra Andrew Johnson em 1834 (ENGEL; MEACHAM; NAFTALI; BAKER. Op. cit., p. 218).

CAPÍTULO 3

IMPEACHMENT NO BRASIL: ORIGENS, MODELOS E DESAFIOS DO INSTITUTO EM UMA REPÚBLICA PRESIDENCIALISTA MULTIPARTIDÁRIA

O desenvolvimento do modelo constitucional norte-americano, estruturado a partir da separação dos Poderes como um dos pilares sustentadores de um regime republicano e presidencialista, serviu de inspiração para a elaboração de outras Constituições mundo afora, as quais se basearam em algumas das previsões da experiência estadunidense, adaptando-as às próprias realidades e finalidades buscadas pelo sistema institucional desenhado. Em relação ao impeachment, também se percebe a ocorrência dessas influências, as quais se somam aos influxos ingleses que se arraigaram sobretudo nos países europeus de tradição parlamentar.

Ainda que sob formas variadas, registra-se que o instituto do impeachment, como mecanismo de responsabilização política de autoridades públicas por atos lesivos aos interesses gerais do Estado praticados de forma vinculada ao exercício do próprio cargo, encontra-se previsto em grande parte dos regimes constitucionais, sobretudo os presidencialistas. Existem, porém, algumas distinções importantes, especialmente no que concerne a seus regramentos procedimentais, sendo possível o agrupamento aproximado dessas previsões conforme a similaridade de suas disposições.[470]

Nos países de sistema presidencialista, prevalece a estruturação do modelo de responsabilização do Presidente pela via do impeachment, atribuído essencialmente aos órgãos parlamentares, dividindo-se as

---
[470] OLIVIERO; PAFFARINI. Op. cit., p. 27, nota de rodapé nº 22.

funções de acusação e julgamento entre suas casas (quando não se trate de sistema unicameral). É o que ocorre, com algumas relevantes distinções, em países como o Brasil – cujo modelo será detidamente analisado na sequência deste capítulo –, Argentina, Chile, Colômbia, Coreia do Sul, Equador, Filipinas, Honduras, México, Paraguai, República Dominicana, entre outros.[471]

Diversamente, porém, há países de sistema parlamentar ou semipresidencialista[472] nos quais se encontram previsões de responsabilização política similares – para além dos institutos próprios desses modelos, como o voto legislativo de desconfiança – com a formulação da acusação pelo Poder Legislativo e o julgamento atribuído a outra instituição, seja um próprio órgão judicial da jurisdição comum ou ao Tribunal Constitucional (como ocorre na Bélgica[473] e nos Países Baixos,[474] em relação a seus ministros membros do gabinete, além da Itália,[475]

---

[471] O Apêndice do presente livro traz as disposições constitucionais desses e outros países sobre o impeachment ou outros institutos análogos que permitam a destituição política do Presidente da República. Além de apresentar parte do material de pesquisa produzido e utilizado, optou-se por fazer essas referências em apartado, para que a leitura e a fluidez do texto não fossem prejudicadas pela aposição de múltiplas e extensas notas de rodapé nesse momento. Assim, na sequência do texto, faz-se menção resumida, em nota de rodapé, às previsões constitucionais sobre o tema relativas a alguns países de sistema parlamentarista ou semipresidencialista, remetendo-se ao Apêndice os leitores que se interessarem por maiores informações sobre os modelos adotados pelas Constituições de outros países.

[472] A classificação dos países que se enquadram como sistemas semipresidencialistas não encontra definição estanque, admitindo critérios distintos para sua realização. Jorge Reis Novais, por exemplo, indica oscilações doutrinárias quanto aos casos de Finlândia e Islândia (NOVAIS, Jorge Reis. *Semipresidencialismo*: teoria geral e sistema português. 2. ed. Coimbra: Almedina, 2018. p. 68-76), em relação aos quais Carlos Blanco de Morais já apresenta compreensão diversa (MORAIS. Op. cit., p. 375-377). Entretanto, essa exata categorização não se revela central aos objetivos da presente seção, de modo que não se preocupou em analisar mais detidamente e classificar categoricamente os países mencionados no texto conforme os sistemas de governo adotados.

[473] Ainda que se trate de um regime parlamentarista, a Constituição da Bélgica prevê a responsabilidade dos ministros que compõem o gabinete, mediante autorização da Câmara dos Representantes, podendo aqueles serem processados, no caso de ofensas cometidas no exercício de suas funções, exclusivamente perante uma Corte de Apelação, cujos detalhes procedimentais são remetidos à lei, nos termos de seu artigo 103 (disponível em: www.dekamer.be/kvvcr/pdf_sections/publications/constitution/GrondwetUK.pdf; acesso em: 11 jun. 2021).

[474] Na Holanda, que também é um regime parlamentar, há previsão constitucional de que os membros do Parlamento, ministros e secretários de Estado poderão ser processados e julgados perante a Suprema Corte por ofensas praticadas no exercício de seus cargos, cujo procedimento será instituído por decreto real ou por resolução da Câmara baixa do Poder Legislativo, na forma de seu artigo 119 (texto disponível em: www.government.nl/binaries/government/documents/reports/2019/02/28/the-constitution-of-the-kingdom-of-the-netherlands/WEB_119406_Grondwet_Koninkrijk_ENG.pdf; acesso em: 11 jun. 2021).

[475] O artigo 90 da Constituição italiana prevê que o Presidente da República não responde pelos atos praticados no exercício de suas funções, salvo em caso de alta traição ou violação

em relação ao Presidente da República), ou mesmo a um tribunal misto constituído especialmente para o julgamento de processos de impeachment (como é o caso da Finlândia[476] e da Islândia[477]), havendo ainda previsões que aludem, até mesmo, à realização de referendos populares para o afastamento ou confirmação do Presidente (como se pode identificar na Áustria).[478] Há disposições constitucionais similares

---

da Constituição, situações em que poderá ser acusado de impeachment pelo Parlamento, reunido em sessão conjunta e mediante votos da maioria absoluta dos seus membros. A análise dessa acusação, porém, é reservada ao Tribunal Constitucional, conforme previsão do artigo 135 daquela Constituição, que, para esse julgamento de impeachment contra o Presidente, entretanto, assume composição diversa: além de seus quinze membros que ordinariamente compõem o Tribunal, há a previsão de que outros dezesseis membros, sorteados de uma lista de cidadãos que reúnem as condições necessárias para que fossem eleitos senadores, a qual é preparada a cada nove anos por eleição do Parlamento, conforme os mesmos procedimentos adotados para a indicação ordinária de juízes (a íntegra do texto constitucional italiano de 1947 está disponível em: www.senato.it/documenti/repository/istituzione/costituzione_inglese.pdf; acesso em: 11 jun. 2021).

[476] A seção 101 da Constituição da Finlândia, de 1999 e revista em 2011, prevê a constituição de uma Alta Corte do Impeachment, a quem compete o julgamento de acusações de condutas ilegais no cargo formuladas contra um membro do governo, o Chanceler de Justiça, o *ombudsman* parlamentar ou um membro da Suprema Corte ou do Supremo Tribunal Administrativo. Além disso, nos termos da seção 103 daquela Constituição, essa Corte também é competente para julgar o Presidente da República no caso de traição ou crime contra a humanidade, mediante acusação aprovada por três quartos dos membros do Parlamento, caso em que o Presidente ficará afastado de suas funções durante o curso do processo. Também se dispõe que o processo de impeachment poderá alcançar ministros e membros do governo que praticarem condutas ilegais (seção 114). A Constituição prevê, ainda, que esse Alto Tribunal é composto pelo Presidente da Suprema Corte (que o preside), pelo Presidente do Supremo Tribunal Administrativo, pelos três presidentes mais antigos das Cortes de Apelação e por cinco membros eleitos pelo Parlamento por um período de quatro anos. As disposições procedimentais específicas são remetidas à previsão legal pela Constituição. O texto está disponível em: https://finlex.fi/en/laki/kaannokset/1999/en19990731.pdf (acesso em: 11 jun. 2021).

[477] A Constituição da Islândia prevê, em seu artigo 14, a responsabilidade dos ministros por todos os seus atos executivos, cabendo ao Althingi (o Parlamento islandês) a acusação por condutas indevidas praticadas no exercício de seus atos oficiais, cuja competência para julgamento recai sobre a Corte de Impeachment (texto disponível em: www.constituteproject.org/constitution/Iceland_2013.pdf?lang=en; acesso em: 11 jun. 2021). No ato legislativo que dispõe sobre essa Corte de Impeachment, dispõe-se que o órgão é constituído por quinze membros, que inclui membros mais antigos da Suprema Corte, professores universitários de direito constitucional, além de oito membros indicados pelo Parlamento para mandatos de seis anos. A lei especifica aspectos procedimentais e ainda estabelece requisitos curiosos para que se possa ser membro da Corte de Impeachment, como ter entre 30 e 70 anos de idade, ter cidadania e domicílio islandeses, não ser membro do Parlamento ou funcionário do governo, além de ser civilmente capaz e ter o próprio controle de suas finanças pessoais (disponível em: https://sakal.is/media/skjol/Act-on-the-Court-of-Impeachment.pdf, acesso em: 11 jun. 2021).

[478] Na Áustria, que adota o semipresidencialismo, o Poder Legislativo repousa sobre a Assembleia Federal, composta por dois órgãos: o Conselho Nacional e o Conselho Federal. Além disso, existem as figuras do Chanceler Federal (que é o chefe de governo, assemelhando-se à figura mais comum do primeiro-ministro), que é indicado pelo Presidente (chefe de Estado).

ao impeachment também em outros países semipresidencialistas como a França,[479] Portugal[480] e a Romênia.[481]

Na linha dessas influências, cujas origens foram detidamente analisadas nas seções anteriores do texto, o presente capítulo tem por

---

A Constituição austríaca prevê, em seu artigo 60, que, antes do termo do seu mandato, o Presidente pode ser destituído por votação do Conselho Nacional, cujo procedimento requer a presença de pelo menos metade de seus membros e o quórum qualificado de maioria de dois terços. Essa votação resultará no impedimento do Presidente Federal de continuar a exercer seu cargo e será enviada ao Chanceler Federal para convocação da Assembleia Federal, que poderá exigir referendo popular para confirmação ou não da destituição do Presidente. Diz ainda a Constituição que a rejeição do impeachment pelo referendo corresponde a uma nova eleição do Presidente, respeitado o limite total de doze anos de mandato, acarretando a dissolução do Conselho Nacional (texto disponível em: www.constituteproject.org/constitution/Austria_2009.pdf; acesso em: 11 jun. 2021).

[479] O artigo 68 da Constituição francesa prevê que o Presidente da República só pode ser destituído em caso de violação de funções manifestamente incompatível com o exercício do mandato. A destituição é pronunciada pelo Parlamento constituído em uma Alta Corte, mediante aprovação de uma de suas assembleias, que é transmitida à outra para igual deliberação. Instaurado o julgamento, o Tribunal é presidido pelo Presidente da Assembleia Nacional, que decidirá, no prazo de um mês e em votação secreta, sobre a destituição, decisão que entrará em vigor imediatamente. Todas as decisões relativas aos procedimentos desse artigo exigem maioria dois terços dos membros que compõem a assembleia respectiva, bem como o Tribunal de julgamento, sendo vedada qualquer delegação de voto, remetendo-se à lei as especificações de aplicação dessa disposição constitucional (texto disponível em: www.conseil-constitutionnel.fr/sites/default/files/as/root/bank_mm/constitution/constitution.pdf; acesso em: 16 jun. 2021).

[480] Na Constituição portuguesa, além das disposições relativas à moção de confiança para a permanência ou destituição do primeiro-ministro, há previsão no artigo 117 que afirma que os titulares de cargos políticos respondem política, civil e criminalmente pelas ações e omissões que pratiquem no exercício das suas funções, nos termos da lei que regulamente seus deveres, responsabilidades e incompatibilidades, bem como as consequências dos respectivos descumprimentos. Remete-se também à lei a previsão dos crimes de responsabilidade dos titulares de cargos políticos, que disporá sobre as sanções aplicáveis e os respectivos efeitos, podendo incluir a destituição do cargo ou a perda do mandato. Ainda, relativamente ao Presidente da República, há possibilidade de sua responsabilização penal por crimes praticados no exercício de suas funções, em julgamento que se dará perante o Supremo Tribunal de Justiça. A iniciativa desse processo compete à Assembleia da República, mediante proposta de um quinto de seus membros e aprovação por dois terços deles. Em caso de condenação, o Presidente será destituído do cargo e impossibilitado de se reeleger (a íntegra do texto da Constituição da República Portuguesa encontra-se disponível em: www.parlamento.pt/Legislacao/Paginas/ConstituicaoRepublicaPortuguesa.aspx; acesso em: 16 jun. 2021).

[481] O artigo 96 da Constituição romena trata do procedimento de impeachment, dispondo que a Câmara dos Deputados e o Senado podem decidir, em sessão conjunta, pela sua instauração contra o Presidente por alta traição, mediante votação de, pelo menos, dois terços do número de deputados e senadores. A iniciativa do procedimento pode ser pela maioria dos deputados e senadores, devendo ser notificada ao Presidente, para que apresente defesa e dê explicações sobre os fatos pelos quais é acusado. Aprovada a instauração do procedimento de impeachment, o Presidente é afastado de suas funções até o julgamento final. O julgamento propriamente dito é realizado pela Alta Corte de Cassação e Justiça, de cuja condenação derivará a destituição do Presidente (texto disponível em: www.presidency.ro/en/the-constitution-of-romania; acesso em: 16 jun. 2021).

objetivo analisar o instituto do impeachment no Brasil. Partindo de suas origens ainda no período imperial e passando por sua apropriação republicana em 1891, busca-se chegar a seu panorama atual, identificando-se os principais casos de sua aplicação prática e o papel das instituições em sua realização, bem como permitindo a propositura de eventuais pontos de aprimoramento dessa ferramenta constitucional. Essa análise inicial é importante porque "as instituições políticas de um país somente podem ser entendidas com base no processo histórico que leva à sua formação".[482]

3.1 Origens do impeachment no Brasil: a responsabilização política de Ministros na Constituição imperial

A primeira previsão de um instituto como o impeachment no Brasil antecede a República. Ainda durante o período imperial, a outorgada Constituição brasileira de 1824 já fazia menção a instituto similar,[483] ainda que as noções de responsabilidade do governo fossem ainda muito incipientes.

Se a Constituição de 1824 afirmava que a pessoa do Imperador era inviolável e sagrada, não estando sujeita a qualquer tipo de responsabilidade (artigo 99), previa-se também a responsabilização dos Ministros de Estado,[484] pelos quais o Poder Executivo do Imperador era exercido.[485] O artigo 133 daquele texto constitucional afirmava essa possibilidade nos casos de traição; peita, suborno ou concussão; por abuso do poder; pela inobservância da lei; por condutas contrárias à

---

[482] HORBACH, Carlos Bastide. O parlamentarismo no Império do Brasil (I): origens e funcionamento. *Revista de Informação Legislativa*, v. 43, n. 172, p. 10, out./dez. 2006. Disponível em: www2.senado.leg.br/bdsf/handle/id/92827; acesso em: 16 jun. 2021).

[483] BROSSARD. Op. cit., p. 15. O autor descreve o contexto que antecedia a Constituição de 1824, que ainda mantinha forte resistência à responsabilização do Estado e dos governantes, não obstante já houvesse alguns influxos do movimento constitucionalista que então se fortalecia. Nesse sentido, afirma que o referido texto constitucional "não ficou imune à renovação operada no século que se chamou de constitucionalismo" (Idem, p. 19).

[484] VELLOSO, Carlos Mário da Silva. O impeachment no constitucionalismo brasileiro. ALVIM, Eduardo Arruda; LEITE, George Salomão; SARLET, Ingo Wolfgang; NERY JR, Nelson (coords.). *Jurisdição e Hermenêutica Constitucional*: em homenagem a Lenio Streck. Rio de Janeiro: GZ, 2017. p. 312.

[485] Sobre o ponto, Jacopo Paffarini afirma que nesse sistema "a irresponsabilidade do Imperador é compensada pela possibilidade de a Assembleia Geral remover ministros" (OLIVIERO; PAFFARINI. Op. cit., p. 166-167).

liberdade, à segurança ou à propriedade dos cidadãos; bem como pela dissipação dos bens públicos.[486]

A Constituição remetia à lei a especificação da natureza dessas ofensas, bem como a fixação de seu processamento (artigo 134). Entretanto, desde logo já assentava que a acusação dos ministros era atribuição da Câmara dos Deputados (artigo 38) e seu julgamento competia ao Senado (artigo 47, II).[487]

A exigência do texto constitucional foi satisfeita pela Lei de 15 de outubro de 1827,[488] que dispunha sobre a responsabilidade dos ministros, secretários e conselheiros de Estado. Sua regulamentação, porém, revelava uma responsabilidade de natureza penal, pelo que se assemelhava em grande medida ao instituto inglês,[489] ainda que com escopo restrito às autoridades indicadas.

Quanto às condutas sujeitas à aplicação desta lei, eram especificadas as disposições constitucionais, prevendo algumas tipificações

---

[486] O rol do artigo 133 da Constituição imperial brasileira de 1824 espelhava-se, em grande medida, na disposição do artigo 159 da Constituição monárquica portuguesa de 1822 (embora assentasse a responsabilização perante as Cortes), segundo o qual: "Os Secretários de Estado serão responsáveis às Cortes: I – Pela falta de observância das leis; II – Pelo abuso de poder que lhes foi confiado; III – Pelo que obrarem contra a liberdade, segurança ou propriedade dos cidadãos; IV – Por qualquer dissipação ou mau uso dos bens públicos. Esta responsabilidade, de que não os escusará nenhuma ordem do Rei verbal ou escrita, será regulada por uma lei particular" (disponível em: www.parlamento.pt/Parlamento/Documents/CRP-1822.pdf; acesso em: 14 jul. 2021).

[487] Em referência aos *Annaes do Parlamento Brazileiro* da sessão legislativa de 30 de maio de 1826, Paulo Brossard faz menção ao discurso proferido por Lino Coutinho, então membro da Câmara dos Deputados, em que se pode perceber a tentativa de afirmação de responsabilidade dos ministros não apenas perante o Imperador, como seu senhor, mas perante a Constituição e os cidadãos (BROSSARD. Op. cit., p. 21). Com efeito, assim se pronunciou o deputado na ocasião (adaptado da redação original): "Os ministros de Estado nunca tiveram regimento algum por que se governassem, e ainda menos lei, que declarasse seus abusos, e omissões e as penas correspondentes. Têm sido até agora considerados como guardas do monarca, que os escolhe, e divindades, que por nada devem responder. Sendo eleitos pelo imperante, eles eram contemplados como irresponsáveis perante a nação, não devendo dar contas senão ao seu senhor, que os chamava para junto de si. Porém, tendo prevalecido as luzes do século, e achando-se felizmente estabelecida entre nós a forma representativa de governo, qual será, Sr. Presidente, nosso primeiro cuidado, quando se trata de conter nos seus limites os delegados do poder nacional? Não será providenciar já a respeito destes, cujo mando tem sido até agora ilimitado, com preferência àqueles, que em todo o tempo se reconhecerão responsáveis?" (*Annaes do Parlamento Brazileiro – Primeiro Anno da Primeira Legislatura: sessão de 1826*. Tomo Primeiro. Rio de Janeiro, 1874. p. 191; disponível em: http://memoria.bn.br/pdf/132489/per132489_1826_00001.pdf; acesso em: 16 jun. 2021).

[488] A íntegra da lei está disponível em: www.planalto.gov.br/ccivil_03/leis/lim/lim-15-10-1827.htm (acesso em: 16 jun. 2021).

[489] BROSSARD. Op. cit., p. 39.

para cada um dos incisos do artigo 133 da Constituição de 1824.[490] Assim, o ato normativo fazia menção à traição (condutas como atentar contra a forma de governo estabelecida, contra o livre exercício dos poderes políticos reconhecidos pela Constituição do Império, contra a independência, integridade e defesa da nação, contra a pessoa ou vida do Imperador, da Imperatriz ou de algum membro da família imperial e maquinar pela destruição da religião católica apostólica romana); por peita (aceitação de vantagem direta ou indireta para a prática de ato sujeito a seu ministério), suborno (agir, por influência ou pedido de alguém, contra o dever de ofício no exercício de funções públicas) ou concussão (solicitação ou exigência de vantagem indevida); abuso de poder (má utilização da autoridade em atos não especificados em lei ou que tenham produzido prejuízo público ou danos a particular, além de usurpação de atribuições dos poderes Legislativo ou Judiciário); inobservância da lei (descumprimento do que ordenasse a lei ou não promoção da responsabilidade de seus subordinados); atuação contrária à liberdade, à segurança ou à propriedade dos cidadãos; e dissipação dos bens públicos (quando se ordenasse ou concorresse para despesas públicas não autorizadas por lei ou para a celebração de contratos manifestamente lesivos, não praticar os atos possíveis para a arrecadação ou conservação dos bens ou rendas da nação, além de não conservar em bom estado a contabilidade de sua repartição). Havia, ainda, a previsão da responsabilidade dos Conselheiros de Estado, quando seus atos se opusessem às leis ou, de forma manifestamente dolosa, aos interesses do Estado.

As sanções, por sua vez, confirmavam a natureza essencialmente penal dessa responsabilização[491] e distinguiam-se entre máximas, médias e mínimas, abrangendo punições como multa, reparação dos danos, remoção da corte, perda da confiança na nação, desonra, perda ou suspensão do cargo, inabilitação perpétua para o cargo ocupado ou para

---

[490] Desde então, afirmava-se no Brasil um modelo de imputação que tentava estabelecer em lei anterior, geral e abstrata as práticas possivelmente correspondentes aos crimes de responsabilidade. Nesse sentido, "a opção por uma lei que tentava prever em detalhes cada possível crime de responsabilidade distanciava o Brasil Império dos países da Europa e dos Estados Unidos, onde o Legislativo tinha margem mais ampla para decidir, a cada caso concreto, se teria havido ou não violação de dever que merecesse responsabilização jurídica" (MAFEI. Op. cit., p. 53).

[491] OLIVIERO; PAFFARINI. Op. cit., p. 167. A corroborar essa percepção, o Código Criminal Imperial, de 1830, expressamente previa que suas disposições não compreendiam os crimes de responsabilidade dos ministros e conselheiros de Estado, que deveriam ser punidos com as sanções estabelecidas na lei respectiva (artigo 308, §1º), dando o ar de se tratar de responsabilidade de natureza criminal especial.

qualquer outro cargo público de confiança, suspensão do exercício dos direitos políticos, prisão e até mesmo a morte. Daqui se nota que, apesar de a perda do cargo ser possível (a lei mencionava a sanção de "perda do emprego" em algumas disposições), a destituição da autoridade não consubstanciava a finalidade principal dessa responsabilização.[492]

Quanto ao procedimento, as disposições da Lei contribuíam para exprimir "uma mistura entre interesses de natureza política e garantias do julgamento criminal".[493] Previa-se, inicialmente, que a denúncia de algum desses atos poderia ser feita por qualquer cidadão, no prazo de três anos, na forma do que previa o artigo 179, XXX, da Constituição.[494] Também se facultava a apresentação de denúncia pelos parlamentares e suas comissões, observado, nesses casos, o prazo de duas legislaturas (oito anos). As denúncias deveriam conter a identificação de seu autor e desde logo apontar documentos que indicassem a prática das ofensas imputadas ao acusado.

Recebida a denúncia, a Câmara dos Deputados deveria constituir comissão especial para sua análise, podendo rejeitá-la ou proceder à produção de provas, oitivas de testemunhas e manifestação de defesa do acusado. Ao final, a comissão deveria apresentar um relatório à deliberação da Câmara, que, em caso de aceitação da denúncia, expediria o decreto de acusação,[495] intimando-se o acusado e enviando-se o processo ao Senado.

Desse decreto de acusação já derivavam os seguintes efeitos (artigo 17): suspensão do acusado do exercício de todas as funções públicas até o julgamento final; inabilitação, durante esse período, para que fosse indicado a outro cargo; sujeição à acusação criminal; prisão, nos casos em que a lei o autorizasse; suspensão de metade dos subsídios recebidos, que seriam perdidos no caso de condenação final. A acusação perante o Senado se dava por uma Comissão de cinco a sete membros, constituída pela própria Câmara (artigo 18).

---

[492] BROSSARD. Op. cit., p. 39.
[493] OLIVIERO; PAFFARINI. Op. cit., p. 168.
[494] O dispositivo dispunha: "Todo o Cidadão poderá apresentar por escripto ao Poder Legislativo, e ao Executivo reclamações, queixas, ou petições, e até expôr qualquer infracção da Constituição, requerendo perante a competente Auctoridade a effectiva responsabilidade dos infractores".
[495] A fórmula desse decreto de acusação constava do artigo 14 da Lei, que assim o determinava: "A Camara dos Deputados decreta a accusação contra o Ministro e secretario de Estado dos Negocios de (...) F. ou o Conselheiro de Estado F. pelo delicto de (...) e a envia á Camara dos Senadores com todos os documentos relativos, para se proceder na fórma da Constituição e da Lei".

O julgamento dava-se perante o Senado, que, nos termos da lei, se convertia "em Tribunal de Justiça" (artigo 20), declarando-se os senadores como juízes competentes para conhecerem as condutas imputadas, momento em que a lei já adotava a expressão "crimes de responsabilidade" (artigo 21). Havia, inclusive, previsão de causas de impedimento dos senadores (em algumas situações de parentesco, quando tivesse deposto como testemunha na fase inicial – que então se denominava "formação da culpa" – ou no processo, além dos que tivessem demandas de discussão de bens contra o acusado, na forma do artigo 22), que poderiam ser alegadas perante o próprio Senado. Em curiosa previsão, que se assemelha a disposições existentes no processo penal do júri, dispunha-se que o acusado poderia recusar até seis senadores imotivadamente, os quais ficariam impedidos de participar de seu julgamento (artigo 23).

Perante o Senado, realizava-se a sessão de julgamento com a possibilidade de novas oitivas de testemunhas (que deveriam ser juramentadas, depondo isoladamente uma das outras, a partir de perguntas feitas pelo Presidente do Senado, qualquer membro da comissão de acusação, qualquer senador, além do acusado e seus defensores), presença e manifestação do acusado (inclusive em debates orais com a acusação), que deveria ser assistido por defesa técnica. Em caso de não comparecimento do acusado, inclusive, o próprio Senado indicaria um advogado para a promoção de sua defesa (artigo 30).

Concluída a instrução e considerada a matéria discutida, a votação dava-se de forma pública (artigo 41), sem qualquer previsão de quórum especial e presumindo-se a inocência do acusado em caso de empate. Obtida a condenação, realizava-se votação separada para a definição da sanção aplicável, confirmada em sentença, da qual não caberia recurso – tampouco a possibilidade de impugnação judicial –, salvo a oposição única de embargos pelo acusado (artigo 45), os quais seriam inicialmente apreciados pela Câmara (artigos 46 a 51). Entendia-se, porém, que o Imperador, como decorrência de seu Poder Moderador, poderia indultar ou comutar as sanções que fossem aplicadas nesse juízo de responsabilização (artigo 101, VIII, da Constituição de 1824). Em caso de absolvição, o acusado – quanto estivesse preso – deveria ser imediatamente colocado em liberdade, reabilitando-se para voltar a ocupar cargos públicos.

Reporta-se que houve várias tentativas de aplicação da Lei de 15 de outubro de 1827, havendo denúncias de ministros perante a Câmara entre 1827-1832, os quais tiveram de se defender perante aquele órgão legislativo.[496] Não obstante, apenas um chegou a ser efetivamente acusado em 5 de agosto de 1831: José Clemente Pereira, que havia sido Ministro da Guerra entre agosto e dezembro de 1829, a quem eram imputadas as condutas de "ter usurpado os poderes do Legislativo e dissipado bens públicos (...), por ter mandado recrutar homens para as tropas sem lei que o autorizasse e por ter comprado armas sem aprovação de orçamento para tanto".[497] Entretanto, José Clemente Pereira foi absolvido em 9 de junho de 1832 pela unanimidade dos 35 senadores.[498]

Essa forma de responsabilização de ministros e conselheiros de Estado, porém, logo cairia em desuso durante o Segundo Reinado. Com a abdicação de Dom Pedro I em 7 de abril de 1831, quando seu filho tinha ainda seis anos, instaurou-se o período regencial, marcado "como um tempo de conturbações políticas e sociais",[499] que culminou em um movimento pela antecipação da maioridade de Dom Pedro II em julho de 1840 e sua assunção oficial do trono, quando ainda não havia completado quinze anos.[500]

Com base nesse cenário de um contexto sociopolítico conturbado e de um imperador ainda inexperiente, surgiu, nos momentos de formação dos Ministérios, "a necessidade de uma liderança de fato, de uma força que ditasse os rumos do Governo, que estabelecesse as metas que o Imperador, por inexperiência, era incapaz de ditar".[501] Assim é que, pouco a pouco, formou-se, sem modificação constitucional formal nesse sentido, um sistema parlamentar no império brasileiro, como um "claro exemplo de modelo institucional nascido da prática constitucional".[502] Essa prática foi corroborada e mais bem institucionalizada com a superveniência do

---

[496] BROSSARD. Op. cit., p. 41.
[497] MACÁRIO, Mariana Pedron. *José Clemente Pereira e o debate jurídico do Império (1830-1850)*. 2011. Dissertação (Mestrado em Filosofia e Teoria Geral do Direito) – Faculdade de Direito, Universidade de São Paulo, São Paulo, 2011. p. 46. Disponível em: https://teses.usp.br/teses/disponiveis/2/2139/tde-15052012-091245/fr.php. Acesso em: 16 jun. 2021. Apesar de uma natureza próxima à criminal, o relato da autora indica o uso político que se fazia dessa possibilidade de responsabilização, afirmando que "muitos deputados, ao discursarem sobre a questão, não se restringem aos fatos que deram ensejo à denúncia, mas fazem menção aos sentimentos que eles mesmos e a 'opinião pública' tinham do ministro" (Idem, p. 47).
[498] BROSSARD. Op. cit., p. 41; MACÁRIO. Op. cit., p. 48-49.
[499] HORBACH. Op. cit., p. 11.
[500] LYRA, Maria de Lourdes Viana. *O império em construção*: Primeiro Reinado e Regência. 2. ed. São Paulo: Atual, 2000. p. 115-119.
[501] HORBACH. Op. cit., p. 12.
[502] HORBACH. Op. cit., p. 8.

Decreto nº 523/1847,[503] que criava a figura do Presidente do Conselho de Ministros, o qual funcionava como verdadeiro Primeiro-Ministro,[504] em movimento que sinalizava a "adesão da Coroa ao funcionamento de um sistema parlamentar adaptado às nossas circunstâncias".[505]

Note-se que essa experiência parlamentar não derivou de criação do poder constituinte – já que a Constituição de 1824 seguia inalterada quanto a suas disposições sobre a forma de organização do poder político –, mas a partir da prática político-constitucional que se originou das necessidades advindas do contexto que então se vivia, corroborada pela edição de um ato normativo infraconstitucional. Nesse sentido, "não previsto na Constituição, o sistema parlamentar em torno dela se formou, à maneira de aluvião, envolveu-a e chegou a ser a nota dominante das instituições imperiais".[506]

Assim, o Presidente do Conselho de Ministros era escolhido pelo Imperador e incumbido de formar o Ministério, cujas indicações não se limitavam aos membros da Assembleia Nacional, não obstante a nomeação fosse formalmente feita pela Coroa. Sob essa perspectiva, pode-se afirmar que se instaurou, na prática, "uma separação da Chefia de Estado e da Chefia de Governo, sendo a primeira exercida pelo Imperador, titular do Poder Moderador, e a segunda pelo Presidente do Conselho de Ministros, que atuava como se chefe fosse do Poder Executivo".[507]

Ainda, se o Poder Moderador atribuído pela Constituição ao Imperador já permitia que este promovesse a dissolução da Câmara dos Deputados (artigo 101, V), a prática parlamentarista nesse momento do império assimilou a possibilidade de este órgão legislativo promover votos de desconfiança ante ao Ministério, promovendo sua derrubada,[508]

---

[503] A íntegra do Decreto consta da *Collecção das Leis do Império do Brasil de 1847* – Tomo X, Parte II, p. 83, disponível em: https://bd.camara.leg.br/bd/handle/bdcamara/18346 (acesso em: 17 jun. 2021).
[504] HORBACH. Op. cit., p. 13.
[505] FRANCO, Afonso Arinos de Melo. *Direito constitucional*: teoria da constituição: as constituições do Brasil. Rio de Janeiro: Forense, 1976. p. 164.
[506] BROSSARD. Op. cit., p. 43. No ponto, por essas razões, o autor afirma: "Reproduzir-se-ia no Brasil, de certa forma, o fenômeno que ocorrera no país onde o *impeachment* surgiu, agigantou-se, entrou em declínio e feneceu" (Idem, p. 41).
[507] HORBACH. Op. cit., p. 14.
[508] Sobre esse aspecto, assim dispunha Levi Carneiro: "Bastou o meio-parlamentarismo, intermitente, do Império para acarretar a característica instabilidade dos ministérios e dos ministros. (...) poucos ministérios duraram mais de dois anos, alguns de poucos meses, e um somente poucas horas. No segundo reinado, de 1840 a 1889, houve 36 gabinetes, com 222 Ministros (...) Os únicos fatos em que se apoia o suposto parlamentarismo do Império são alguns casos de demissão de Ministros, que se podem atribuir ao voto da Câmara, e

como decorrência da fiscalização político-administrativa que lhe era atribuída. Mesmo assim, ainda prevaleciam os poderes imperiais, tendo em vista que, se a Câmara dos Deputados se opusesse ao Ministério e promovesse um voto de desconfiança em seu desfavor, o Imperador poderia aceitar a demissão dos ministros – formando outro ministério a partir da escolha de um novo Presidente do Conselho de Ministros –, bem como poderia manter a formação ministerial e determinar a dissolução da Câmara dos Deputados.

Assim é que o sistema de responsabilização da Lei de 1827 tornou-se desnecessário e caiu em desuso, "à medida que o jogo da responsabilidade política passou a se operar em termos de confiança parlamentar".[509] Entretanto, com o fim do império e de sua prática parlamentarista, a Proclamação da República em 1889 – forma de governo estabelecida por todas as Constituições brasileiras a partir de 1891 – e a consolidação de um sistema presidencialista permitiram a solidificação das bases políticas para a efetiva construção do impeachment no modelo constitucional brasileiro. De toda forma, também no Brasil já se tornava possível perceber que "a coexistência dialética de Direito e Política (…) caracteriza o instituto do impeachment desde as origens".[510]

3.2 Impeachment na República brasileira: as previsões da Constituição de 1891

A Constituição brasileira de 24 de fevereiro de 1891 foi fortemente influenciada pelo texto constitucional norte-americano, a partir do qual se adotou o sistema presidencialista, a periodicidade de mandatos, a forma federativa de Estado, a separação dos três Poderes (estando extinto o Poder Moderador) e os mecanismos de freios e contrapesos a ele inerentes (entre os quais o impeachment). Não obstante, apesar de se tratar de passo importante para a consolidação do Estado brasileiro – que passava a se chamar República dos Estados Unidos do Brasil – e das

---

atos imperiais de dissolução da Câmara" (CARNEIRO, Levi. *Uma experiência parlamentarista*. São Paulo: Martins, 1965. p. 38-39).

[509] BROSSARD. Op. cit., p. 43. O autor destaca, nesse sentido, que: "à margem da lei constitucional, sacudida pelos terremotos políticos que provocaram a abdicação, convulsionaram a regência e anteciparam o segundo reinado, iria processar-se notável evolução institucional, mercê da qual imprimir-se-ia estilo novo às relações entre os poderes, substituindo o sistema repressivo, minuciosamente instituído em lei, pelo método preventivo, legitimado pelo costume, que se fundou na necessidade social de socorrer as crises de governo com soluções políticas, não com processos criminais" (Idem, p. 42).

[510] OLIVIERO; PAFFARINI. Op. cit., p. 169.

instituições nacionais, não se tratou da instauração de uma verdadeira democracia eletiva e participativa. Ao contrário, sua vigência foi marcada pela realização de pactos oligárquicos entre as elites agropecuárias, pela institucionalização de fraudes eleitorais, pelo coronelismo, pelo voto de cabresto e pela Política dos Governadores,[511] aspectos que marcaram toda a República Velha,[512] evidenciando "descompasso entre o texto constitucional e a realidade social, econômica, política e cultural brasileira".[513]

Como decorrência da forma de governo republicana, chefiada no Executivo pelo Presidente da República, passava-se a afirmar a responsabilidade legal dessa autoridade, em razão dos atos que praticava no exercício de suas funções. Dessa forma, teve-se pela primeira vez um tratamento constitucional específico sobre o impeachment, como forma de responsabilização política do Presidente da República. Suas principais características materiais e procedimentais foram também incorporadas com base na experiência norte-americana, embora já se buscasse atribuir peculiaridades, sobretudo na tentativa de atribuir maior especificidade às hipóteses que ensejariam a remoção do Presidente.[514]

Essa conformação republicana do instituto, em distinção da antecedente forma imperial de responsabilização dos ministros e conselheiros de Estado, assumia natureza jurídica não criminal,[515] tanto em relação às situações nas quais o impeachment poderia ser invocado quanto às sanções cuja aplicação era possível. Não obstante, manteve-se no texto constitucional a nomenclatura dos "crimes de responsabilidade", na linha do que anteriormente já se adotava. Ainda

---

[511] LEAL, Victor Nunes. *Coronelismo, enxada e voto*: o Município e o regime representativo no Brasil. 7. ed. São Paulo: Companhia das Letras, 2012. Concluindo sobre o círculo vicioso que se instaurava nos primeiros anos republicanos brasileiros – tanto no aspecto político, quanto no econômico –, Victor Nunes Leal afirma que o coronelismo "falseia a representação política e desacredita o regime democrático, permitindo e estimulando o emprego habitual da força pelo governo ou contra o governo" (Idem, p. 239).
[512] ABRANCHES, Sérgio. *Presidencialismo de coalizão*: raízes e evolução do modelo político brasileiro. São Paulo: Companhia das Letras, 2018. p. 21-38.
[513] SARLET, Ingo Wolfgang; MARINONI, Luiz Guilherme; MITIDIERO, Daniel. *Curso de Direito Constitucional*. 6. ed. São Paulo: Saraiva, 2017. p. 240. Essa, porém, não foi uma peculiaridade exclusiva daquela Constituição, tendo em vista que "as contradições entre o texto constitucional e a realidade são uma característica constante do constitucionalismo brasileiro até os dias de hoje" (SILVA, Virgílio Afonso da. Direito Constitucional Brasileiro. São Paulo: Edusp, 2021. p. 68).
[514] OLIVIERO; PAFFARINI. Op. cit., p. 162-164.
[515] BROSSARD. Op. cit., p. 45.

assim, não se trata de condutas de natureza penal, já que "os crimes de responsabilidade não são crimes".[516]

A partir dessas considerações, o artigo 53 da Constituição de 1891 dispunha que o Presidente poderia ser processado mediante acusação aprovada pela Câmara dos Deputados, cabendo seu julgamento ao STF, no caso de crimes comuns, e ao Senado, no caso de crimes de responsabilidade. Desde a declaração da procedência da acusação pela Câmara, porém, o Presidente já ficaria suspenso de suas funções (sem que houvesse previsão de prazo máximo para tanto), em disposição normativa distinta da que se identificava no modelo norte-americano, em que a aprovação do impeachment pela Câmara dos Representantes não acarreta o afastamento do Presidente.

No artigo 54, para além da afirmação de uma cláusula genérica – como a que se identificava na Constituição norte-americana – e em linha similar ao que fazia o artigo 133 da Constituição brasileira de 1824, o artigo seguinte do texto constitucional de 1891 apresentava uma especificação dos crimes de responsabilidade que poderiam ser cometidos pelo Presidente,[517] quando este praticasse atos que que atentassem contra a existência política da União; a Constituição e a forma do Governo Federal; o livre exercício dos poderes políticos; o gozo e o exercício legal dos direitos políticos ou individuais; a segurança interna do país; a probidade da administração; a guarda e o emprego constitucional dos dinheiros públicos; e as leis orçamentárias votadas pelo Congresso. Desde logo, porém, a Constituição exigia duas leis especiais, as quais deveriam ser editadas na primeira sessão do primeiro Congresso a se formar: uma para definir os crimes de responsabilidade e outra para regular o procedimento de acusação e julgamento do impeachment. A exigência constitucional de regulamentação infraconstitucional foi cumprida pelo Decreto nº 27/1892,[518] que regulava o processo e o julgamento do Presidente da República e dos Ministros de

---

[516] BROSSARD. Op. cit., p. 57. O autor cita, ainda, os ensinamentos de José Frederico Marques, que afirmava: "O crime de responsabilidade, embora assim chamado, infração penal não o é, pois só se qualificam como entidades delituosas os atos ilícitos de cuja prática decorra sanção criminal" (MARQUES, José Frederico. *Observações e apontamentos sobre a competência originária do Supremo Tribunal Federal*. São Paulo: Saraiva, 1961. p. 44). Ainda, Brossard conclui: "São infrações estranhas ao direito penal os chamados crimes de responsabilidade. São infrações políticas da alçada do Direito Constitucional" (Idem, p. 57).
[517] Paulo Brossard afirma que "raros são os países que em lei definiram os crimes ou infrações que ensejam o processo parlamentar" (BROSSARD. Op. cit., p. 52).
[518] Disponível em: www.planalto.gov.br/CCIVIL_03/decreto/Historicos/DPL/DPL0027-1892.htm. Acesso em: 17 jun. 2021.

Estado, e pelo Decreto nº 30/1892,[519] que dispunha sobre os crimes de responsabilidade do Presidente da República.[520] Curiosamente, a edição dos Decretos, que advinham de debates parlamentares, tinha lugar em conturbado momento político de disputa entre o Poder Legislativo e o então Presidente Deodoro da Fonseca, que chegou a vetar os projetos legislativos, sendo os vetos posteriormente derrubados no Congresso.[521]

De toda forma, tinha-se desde logo definido no texto constitucional que à Câmara competia declarar a procedência ou improcedência da acusação (artigos 29 e 53), a qual, quando versasse sobre crimes de responsabilidade, seria julgada pelo Senado (artigos 33 e 53). Nessas situações, o Senado, que deveria deliberar como Tribunal de Justiça, passaria a ser presidido pelo Presidente do STF (artigo 33, §1º), exigindo-se maioria de dois terços dos membros presentes para a condenação (§2º). As sanções, por sua vez, limitavam-se à perda do cargo e à incapacidade de exercer qualquer outro – sem que houvesse delimitação constitucional de um prazo para essa inabilitação[522] –, sem prejuízo de outras esferas judiciais de responsabilização contra o condenado.

Em relação aos ministros de Estado, previa-se a competência de julgamento pelo STF nos crimes comuns e de responsabilidade, salvo quando houvesse conexão com ato imputado ao Presidente da República (artigos 52, §2º, e 59, I, 'a'). Havia, ainda, a previsão de que o competia ao Senado o julgamento dos membros do STF nos casos de crimes de responsabilidade, cabendo ao STF o julgamento dos juízes federais inferiores (artigo 57, §2º).

O Decreto nº 27/1892 afirmava expressamente que o processo de impeachment apenas poderia ocorrer durante o mandato presidencial (artigo 3º). Previa ser possível a denúncia formulada por qualquer decisão perante a Câmara dos Deputados (artigo 2º), o que também poderia

---

[519] Disponível em: www.planalto.gov.br/CCIVIL_03/decreto/Historicos/DPL/DPL0030-1892. htm, Acesso em: 17 jun. 2021.

[520] Em análise de debates parlamentares que ocorreram na aprovação desses Decretos, Rafael Mafei assenta que já se discutia sobre dois aspectos ainda atualmente relevantes e controversos sobre o impeachment: a "unidade ou dualidade das penas de afastamento do cargo e inabilitação" e "a possibilidade de haver processo de impeachment contra autoridade que não mais ocupasse o cargo" (MAFEI. Op. cit., p. 55).

[521] MAFEI. Op. cit., p. 57-58.

[522] Retratando visão de parte da doutrina constitucionalista da época, Galdino Siqueira afirmava: "Quanto à limitação do tempo em que deva perdurar tal incapacidade, é ponto que só a lei federal poderá regular" (O impeachment no regime constitucional brasileiro. *Revista de Direito Civil, Commercial e Criminal*, n. 27, p. 250, jan./mar. 1913).

decorrer das ofensas de que tivessem conhecimento as comissões da Câmara ou do Senado.

A denúncia deveria ser analisada por uma comissão de nove membros constituída pela Câmara, que, em oito dias, deveria emitir parecer sobre a viabilidade ou não de sua apreciação, podendo promover as diligências necessárias. Se a Câmara entendesse que a denúncia deveria ser objeto de deliberação, intimava-se o denunciado para oferecer resposta escrita, que era encaminhada à Comissão para análise, realizava-se a oitiva de testemunhas da acusação e da defesa, além de outros meios de prova possíveis, facultando-se ao denunciado acompanhar todos os atos e diligências praticados. A Comissão expediria, então, novo parecer, dessa vez sobre a procedência ou improcedência da acusação (artigos 7º a 9º).

A matéria era então enviada para apreciação da Câmara, que, em caso de aprovação, decretava a acusação contra o Presidente, enviando-a a julgamento pela autoridade competente.[523] Desse decreto, decorriam os efeitos de suspensão do exercício das funções, sujeição a eventual acusação criminal e suspensão de metade do subsídio recebido (artigo 12). Além disso, no caso de crime de responsabilidade, a Câmara deveria nomear uma nova comissão de três membros, à qual caberia formular a acusação perante o Senado.

Quanto ao julgamento – que se dava sob a condução do Presidente do STF (artigo 16, parágrafo único) –, eram previstas, em semelhança do que fazia a Lei imperial de 1827, causas de impedimento dos senadores (artigo 14). O acusado seria notificado para comparecer ao julgamento, podendo indicar testemunhas (artigo 17), assegurando-se a nomeação de defensor em caso de revelia (artigo 19). O procedimento garantia a produção de provas perante o Senado e realização de debates verbais entre a comissão acusadora e o acusado (artigo 22).

Concluída a instrução, procedia-se à votação, que se dava em dois momentos separados, a exemplo do que se identificava na prática constitucional norte-americana. Inicialmente, votava-se se o acusado era ou não culpado da acusação que enfrentava, aplicando-se, em caso de condenação, a consequente destituição do cargo. Na sequência, em caso de votação favorável pela maioria de dois terços ao primeiro item, votava-se se a sanção de perda do cargo deveria ser agravada com a

---

[523] O decreto de acusação, nos termos do artigo 10 do Decreto, deveria ser assim formulado: "A Camara dos Deputados decreta a acusação contra o Presidente da Republica (...) e a envia ao Senado (ou ao Supremo Tribunal Federal) com todos os documentos relativos para se proceder na fórma da Constituição e da lei".

inabilitação para exercício de outras funções públicas (artigos 23 e 24). O quórum de dois terços era também exigido para a aplicação dessa segunda sanção (artigo 27). Em caso de absolvição, porém, o acusado deveria ser imediatamente reintegrado ao cargo do qual havia sido afastado, assegurado também o direito à percepção das quantias de subsídio que haviam sido suspensas.

Já o Decreto nº 30/1892 especificava os crimes de responsabilidade do Presidente da República, isto é, os atos que poderiam ensejar seu impeachment. Além de reproduzir algumas previsões constitucionais (limitação das sanções e julgamento pelo Senado, sem prejuízo da responsabilização na jurisdição comum), o ato normativo tratava de cada um dos oito itens do artigo 54 da Constituição de 1891, buscando especificar suas condutas respectivas, os quais poderiam ser caracterizados também pela coautoria ou participação do Presidente com atos praticados por outros (artigo 3º).

Em relação aos crimes contra a existência política da União, fazia-se menção essencialmente a atos que representavam traição à pátria ou alguns reflexos danosos de sua atuação na política externa. Individuavam-se, assim, condutas como tentar submeter a União ou algum de seus Estados ao domínio estrangeiro ou separar da União qualquer Estado ou forças do território nacional; provocar ou instigar governo estrangeiro a fazer a guerra ou a cometer hostilidades contra a República, auxiliar nações estrangeiras em guerra com o país fornecendo pessoas, armas, dinheiro, munições, embarcações ou comunicar informações de inteligência nacional, facilitando as operações do inimigo; entregar porção do território nacional a inimigo ou não empregar os meios de defesa disponíveis; revelar negócios políticos ou militares que deveriam ser mantidos em sigilo, a bem da segurança nacional; celebrar tratados, ajustes ou convenções que comprometessem a honra, a dignidade ou os interesses da nação; decretar guerra ou fazer a paz sem autorização do Congresso, salvo os casos de invasão ou agressão de nação estrangeira; violar tratados legitimamente feitos com as nações estrangeiras; violar a imunidade dos embaixadores ou ministros estrangeiros; cometer atos de hostilidade para com alguma nação estrangeira que comprometessem a neutralidade da República ou a expusessem a perigo de guerra.

Os crimes contra a Constituição e a forma do governo federal relacionavam-se à estabilidade da própria organização constitucional da União e dos Estados. Assim, o Decreto fazia referência à conduta de tentar mudar por meios violentos a forma de governo, a Constituição Federal ou a Constituição de algum dos Estados.

Por sua vez, os crimes contra o livre exercício dos poderes políticos buscavam proteger o livre funcionamento das instituições e órgãos constitucionais, prevenindo interferências presidenciais indevidas. Havia, assim, condutas como a oposição a que o Senado ou a Câmara se reunissem ou a tentativa de dissolver esses órgãos e impedir que exercessem suas funções, além de usar de violência, ameaças ou coação contra seus membros para interferir no exercício de seus mandatos e assim também em relação a agentes dos poderes Judiciário e Executivo no desempenho de suas atribuições.

Quanto aos crimes contra o exercício dos direitos políticos ou individuais, o Presidente poderia ser responsabilizado se atentasse contra esses direitos reconhecidos na Constituição. Era o caso de condutas como impedir que o eleitor exercesse livremente seu direito de voto; comprar votos ou solicitá-los mediante promessas ou abuso da influência do cargo; impedir o funcionamento das mesas eleitorais ou juntas apuradoras ou violar o escrutínio das eleições; impedir a reunião pacífica do povo; tolher a liberdade de imprensa; impedir ou perturbar a prática de culto de qualquer confissão religiosa; privar ilegalmente alguém de sua liberdade; infringir as leis que garantiam a inviolabilidade do domicilio, o segredo da correspondência e o direito de propriedade; além de tomar ou autorizar medidas de repressão durante o estado de sítio que excedessem os limites estabelecidos na Constituição.

Em relação aos crimes contra a segurança interna do país, tinha-se a dimensão doméstica de atos abusivos do Presidente. Previam-se as condutas de suspender as garantias constitucionais, achando-se reunido o Congresso, ou mesmo na ausência deste, se não houvesse comoção interna ou agressão de nação estrangeira; provocar algum crime por discursos proferidos ou por escritos publicados; além de uma remissão que se fazia a alguns dispositivos do Código Criminal então vigente, que tipificava como crimes algumas condutas contrárias à Constituição e ao governo.

Também os crimes contra a probidade da administração podiam causar o impeachment do Presidente. O decreto mencionava condutas como expedir atos contrários às disposições da Constituição e da lei ou deixar de cumpri-las; não publicar ou retardar dolosamente a publicação das leis e resoluções do Poder Legislativo; tolerar, dissimular ou encobrir os crimes de seus subordinados; recusar as providências, informações ou esclarecimentos de seu ofício que lhe fossem requeridas por pessoa ou autoridade pública ou fossem determinadas por lei; usurpar alguma das atribuições de outro Poder; abusar de sua autoridade, causando danos a algum particular ou ao Estado; receber qualquer vantagem ou promessa de vantagem para praticar ou deixar de praticar algum ato do ofício ou receber recompensa por ter praticado ou deixado de praticar um ato oficial; corromper-se ativa ou passivamente; praticar concussão; comprometer a honra e a dignidade do cargo por incontinência pública e escandalosa, ou pelo vício de jogos proibidos ou de embriaguez repetida, ou pelo postura com notória inaptidão ou desídia habitual no desempenho de suas funções.

Por fim, os crimes contra a guarda e o emprego constitucional do dinheiro público e contra as leis orçamentárias recebiam tratamento conjunto. Consistiam em condutas como dissipar ou gerir mal os bens da União (ordenando despesas não autorizadas por lei ou contra a forma ou antes do tempo determinado por lei; excedendo ou transportando ilegalmente as verbas do orçamento; abrindo créditos sem as formalidades ou fora dos casos em que as leis os facultam; celebrando contratos manifestamente lesivos; contraindo empréstimos, emitindo apólices ou efetuando outras operações de crédito sem autorização do Poder Legislativo; alienando os imóveis nacionais ou empenhando rendas públicas sem a mesma autorização; apropriando-se, consumindo ou extraviando recursos públicos; e negligenciando os meios a seu alcance para a conservação dos bens públicos); além de não prestar as contas anuais ao Congresso ou deixar de enviar a proposta de lei orçamentária.

Esse panorama das disposições iniciais sobre o impeachment no Brasil permite identificar suas contribuições principais: em primeiro lugar, a consolidação, no modelo brasileiro, da separação entre o processo penal e a responsabilização política, não apenas pela expressa previsão de que o processo de impeachment se daria sem prejuízo das instâncias judiciais ordinárias, mas também pela natureza das sanções que podiam ser aplicadas (apenas perda do cargo e inabilitação para funções públicas).

De outro lado, também representou a confirmação da responsabilidade política dos governantes e afirmação do impeachment como elemento da engrenagem da separação dos Poderes e proteção do Estado. Sem que apresentasse preponderante aspecto repressivo, a afirmação constitucional dos ideais republicanos – ainda que muitas vezes distante da realidade que se vivenciava – representou ajuste no foco desse âmbito de responsabilidade para "a preservação do Estado de direito contra possíveis abusos por parte de pessoas que ocupam cargos importantes".[524]

---

[524] OLIVIERO; PAFFARINI. Op. cit., p. 168.

Ainda, por mais que se buscasse atribuir especificações jurídicas aos atos que poderiam ensejar o impeachment – sobretudo pela analisada regulamentação infraconstitucional – e garantias procedimentais a seu julgamento, o impeachment se introduziu na ordem constitucional republicana como "feito essencialmente político".[525] De fato, já na análise que à época fazia a doutrina constitucionalista,[526] afirmava-se seu perfil de processo eminentemente político, visão que também era corroborada em casos que chegavam à apreciação do STF.[527]

Aliás, ante esse caráter político, a tentativa de especificação ou tipificação legislativa dos atos capazes de gerar a destituição do Presidente seria sempre limitada, ante a impossibilidade fática de se alcançar uma delimitação absoluta, havendo inerente e inevitável indefinição na interpretação dessas condutas. Entretanto, trata-se de esforço que sinaliza que afirmar o caráter político do impeachment não significa dizer que se trata de matéria sujeita à ampla e irrestrita discricionariedade parlamentar ou à arbitrariedade dos agentes que atuam nesse processo, guiando-se por parâmetros jurídicos mínimos.

No início da República, houve poucas tentativas de impeachment empreendidas, nenhuma delas resultando em processo que fosse levado até o seu fim. Já nessa época, porém, registrava-se que as denúncias surgiam "em momentos de agitação política".[528]

---

[525] DA CUNHA, Fernando Whitaker. O Poder Legislativo e o "Impeachment". *Revista de Informação Legislativa*, v. 29, n. 116, p. 31-38, out./dez., 1992.

[526] Nesse sentido, assim se pronunciava Galdino Siqueira (adaptado da redação original): "À parte a semelhança de algumas de suas formulas e atos, visto como implica um julgamento, é um processo *sui generis*, de caráter eminentemente político, porquanto é por este prisma que se considera a infração, que lhe serve de motivo, abstraído do seu aspecto jurídico, assumpto do procedimento da justiça ordinária, que lhe é concorrente; não visa punição do acusado, mas como providência política, afastá-lo logo dos negócios públicos" (SIQUEIRA. Op. cit., p. 236-237). Paulo Brossard também faz citações a obras de Ruy Barbosa, grande jurista de então e um dos principais artífices da Constituição de 1891, em que despontava a assunção do impeachment como esfera política de responsabilização (BROSSARD. Op. cit., p. 47-51).

[527] O ponto será objeto de análise detida nas próximas seções deste livro.

[528] FREIRE, Annibal. *Do Poder Executivo na República brasileira*. Rio de Janeiro: Imprensa Nacional, 1916. p. 127. Também sobre esses casos, veja-se a manifestação feita pelo então procurador-geral da República, Themístocles Brandão Cavalcanti, perante o Supremo Tribunal Federal no âmbito da Representação 96, julgada em 3 de outubro de 1947, na qual se fazia referência à obra de Annibal Freire: "A nossa história constitucional não é farta em exemplos de impeachment, sendo que nenhuma tentativa logrou êxito nem contra o Marechal Floriano em 1893 (denúncia dos deputados Telma Jaques Oriques e Espírito Santo), nem contra Campos em 1901 e 1902 (a primeira do almirante Custódio de Mello e a segunda do deputado Fausto Cardoso), nem contra o Marechal Hermes em 1912 (do professor Coelho Lisboa)". Na manifestação, concluía-se, ainda, que: "não lograram êxito aquelas iniciativas não só por considerações de ordem jurídica, mas principalmente por motivos de ordem política, que absorvem, em sua origem e no seu próprio conteúdo, todo

Em maio de 1893, os deputados Seabra, Jacques Ourique e Espírito Santo apresentaram denúncia à Câmara dos Deputados contra o Presidente Floriano Peixoto (1891-1894), acusando-o de condutas como promoção de reforma ilegal de oficiais das Forças Armadas, recrutamento militar forçado, fusão dos Bancos da República e do Brasil e intervenção indevida em estados como o Rio Grande do Sul.[529] Houve a constituição de comissão especial na Câmara, cujo parecer concluía que se tratava de atos regulares, não tendo prosseguido à deliberação de sua admissibilidade.

Anos depois, em julho de 1901, Custódio de Mello, militar e político da época, apresentou denúncia contra o Presidente Campos Sales (1898-1902), por ter usado de violência contra o denunciante, em referência a disposições do Código da Armada (Decreto nº 18/1891). Entretanto, a acusação foi considerada inepta perante a comissão especial, não tendo sido processada nova denúncia, dessa vez revestida de maior juridicidade, outra vez apresentada por Custódio de Mello após a negativa da primeira.[530]

Campos Sales foi alvo de nova denúncia formulada em setembro de 1902, dessa vez promovida pelo deputado Fausto Cardoso, que o acusava de fatos como usurpação de funções legislativas, exercício de atribuições que não lhe haviam sido outorgadas e atuação diplomática na negociação com a Bolívia sobre a titularidade do território do Acre.[531] O parecer da comissão especial considerava a denúncia injurídica, inoportuna e ineficaz, tendo sido aprovada pela Câmara com apenas um voto contrário (o do próprio denunciante).

Também o Presidente Hermes da Fonseca (1910-1914) teve denúncia apresentada contra si, por iniciativa de Coelho Lisboa, que havia sido deputado federal e senador da República. As acusações diziam respeito a atos como intervenção armada no estado da Bahia, coação contra o direito de voto nas eleições cearenses de 1912, corrupção de um ministro do STF para que votasse favoravelmente ao governo em processo relativo à intervenção militar promovida na província de Parahyba do Norte, edição de decretos relativos às eleições do Distrito Federal em contrariedade à Constituição e às leis, má gestão dos bens

---

o processo de responsabilidade" (disponível em: https://redir.stf.jus.br/paginadorpub/paginador.jsp?docTP=AC&docID=597869; acesso em: 24 jun. 2021).
[529] FREIRE. Op. cit., p. 127.
[530] FREIRE. Op. cit., p. 128.
[531] FREIRE. Op. cit., p. 128-129.

da União e promoção de despesas não autorizadas por lei.[532] O parecer da comissão especial então constituída foi novamente contrário, tendo sido aprovado por ampla maioria de votos na Câmara.

Nesse contexto, entendia-se no início da República que "a arma única estabelecida contra o chefe do Executivo não tem sido utilizada nem o poderá ser, pelas dificuldades que se lhe opõem", afirmando-se "o desuso dessa grossa peça de artilharia".[533] Vislumbrava-se, assim, a necessidade de reforma do modelo, a fim de que se garantissem formas efetivas de responsabilização do Presidente da República, sem que fosse necessária a modificação da forma de sua eleição ou mesmo do regime de governo.

3.3 O impeachment nas Constituições brasileiras de 1934, 1937, 1946 e 1967/1969

3.3.1 A Constituição de 1934

Com a promulgação da Constituição de 16 de julho de 1934, houve significativas modificações nas previsões constitucionais sobre o processo de impeachment. Sua vigência, porém, foi efêmera, tendo sido logo substituída pela Constituição de 10 de novembro de 1937, outorgada por Getulio Vargas na implementação do Estado Novo.

Quanto à especificação dos atos ensejadores do impeachment, não havia grandes novidades em relação à Constituição de 1891: havia nova previsão dos mesmos oito itens anteriormente estabelecidos, com o acréscimo de atos que dificultassem o cumprimento das decisões judiciais. Assim, o artigo 57 da Constituição de 1934 dispunha como crimes de responsabilidade os atos do Presidente da República que atentassem contra a existência da União, a Constituição e a forma de Governo Federal; o livre exercício dos poderes políticos; o gozo ou o exercício legal dos direitos políticos, sociais ou individuais; a segurança interna do país; a probidade da administração; a guarda ou emprego legal do dinheiro público; as leis orçamentárias; e o cumprimento das decisões judiciárias. Também se remetia à lei a especificação dessas condutas.

Quanto às previsões do procedimento, o artigo 58 da Constituição de 1934 mantinha o julgamento do Presidente da República pela Corte

---

[532] FREIRE. Op. cit., p. 129-130.
[533] FREIRE. Op. cit., p. 131.

Suprema nos casos de crimes comuns, mas estabelecia diversamente que, nos crimes de responsabilidade, essa autoridade deveria ser julgada por um tribunal especial, composto de nove juízes: três Ministros dessa Corte, três membros do Senado Federal e três membros da Câmara dos Deputados, os quais seriam presididos pelo Presidente do STF, a quem se reservava apenas o voto de qualidade. A escolha desses membros deveria se dar por sorteio, depois de decretada a acusação.

Também a fase prévia ao julgamento foi alterada. Previa-se que a denúncia contra o Presidente deveria ser oferecida ao Presidente do STF, que convocaria Junta Especial de Investigação, composta de um Ministro daquela Corte, um membro do Senado Federal e um representante da Câmara dos Deputados, os quais eram eleitos anualmente pelos respectivos órgãos. Caberia a essa junta proceder à investigação dos fatos descritos na denúncia, ouvido o acusado, após o que deveria enviar à Câmara dos Deputados um relatório sobre essa apuração preliminar.

Na Câmara, após o parecer emitido por comissão competente, os Deputados decidiriam, no prazo de trinta dias, sobre o decreto ou não da acusação. Se transcorrido esse prazo sem pronunciamento daquele órgão legislativo, dispunha a Constituição que a junta de investigação deveria remeter seu relatório ao Presidente do STF, para que este convocasse a formação do tribunal especial, que passaria a decidir também sobre a aceitação ou não da acusação.

Mantinha-se a disposição constitucional expressa de que o decreto da acusação implicaria o afastamento do Presidente da República de seu cargo, bem como a limitação das sanções à perda de cargo, com a inabilitação para o exercício de qualquer função pública, sem prejuízo das ações civis e criminais cabíveis. Previa-se, agora, prazo máximo de cinco anos para a sanção de inabilitação, que passava a ser automática pela condenação e pela perda do cargo, por decisão do tribunal especial.

Em relação aos ministros de Estado, mantinha-se seu julgamento perante o STF, salvo quando se tratasse de ato conexo à conduta do Presidente, quando, nos crimes de responsabilidade, também seria julgado pelo Tribunal Especial. Além das mesmas condutas já descritas no artigo 57, também se considerava crime de responsabilidade a ausência injustificada de comparecimento perante a Câmara dos Deputados, quando esta convocasse algum ministro para prestar informações sobre alguma questão de sua pasta (artigo 37). A Constituição ainda estabelecia a possibilidade de impeachment dos ministros da Corte Suprema, que deveriam ser processados e julgados também pelo tribunal especial.

3.3.2 A Constituição de 1937

A Constituição de 1937, por sua vez, estabelecia que o julgamento do Presidente da República seria de competência do então chamado Conselho Federal, depois de aprovada a acusação por dois terços de votos da Câmara dos Deputados (artigo 86). Passava-se a exigir, portanto, o quórum qualificado para a admissão da acusação perante a Câmara, em inovação ao que se previa nos modelos anteriores e na Constituição norte-americana. A condenação perante o Conselho Federal, para a qual curiosamente não se estabelecia quórum qualificado específico, só poderia resultar nas mesmas sanções de perda do cargo e inabilitação.

Restaurava-se, assim, a sistemática da Constituição de 1891 de processamento e julgamento perante os órgãos do Poder Legislativo, aspecto que desde então se manteve em todos os textos constitucionais brasileiros. Não obstante, algumas modificações implementadas em 1934 foram mantidas, como a fixação do prazo máximo de cinco anos para a inabilitação para o exercício de outra função pública, bem como sua vinculação à perda do cargo derivada da condenação.

Os ministros de Estado seriam julgados pelo Senado nos crimes de responsabilidade conexos aos do Presidente e pelo STF nas demais situações (artigo 89, §2º). Os ministros do STF também estavam sujeitos a essa esfera de responsabilização, quando seriam processados e julgados também pelo Conselho Federal.

Ainda se estabelecia ao Supremo a competência para processar e julgar os crimes comuns e de responsabilidade praticados pelas seguintes autoridades: os ministros de Estado, o procurador-geral da República, os juízes dos Tribunais de Apelação dos Estados, do Distrito Federal e dos Territórios, os ministros do Tribunal de Contas e os embaixadores e ministros diplomáticos (artigo 101, I, 'b'). Também havia previsão de que os Estados pudessem legislar sobre a competência privativa do Tribunal de Apelação para o processo e julgamento dos juízes inferiores, nos crimes comuns e de responsabilidade (artigo 103, 'e').

Quanto às condutas que poderiam constituir crimes de responsabilidade do Presidente da República, havia parcial condensação das disposições constitucionais anteriores em cinco itens, sem que houvesse modificações substanciais. Nesse sentido, o artigo 85 da Constituição de 1937 fazia menção aos atos que atentassem contra a existência da União, a Constituição, o livre exercício dos poderes políticos, a probidade administrativa e a guarda e o emprego de dinheiro público e a execução das decisões judiciárias. Remetia-se à lei especial a especificação dessas condutas, bem como a regulação do procedimento de acusação, processo e julgamento, não obstante o Congresso, fechado por Getulio Vargas em 1937, não tenha se reunido sob a vigência de tal Constituição.[534] Acrescia-se, ainda, a disposição de que o Presidente da República não poderia ser responsabilizado durante o exercício de seu mandato por atos estranhos a essas funções (artigo 87).

A vigência dessa Constituição marcou-se, porém, por um período de governo autoritário e ditatorial, durante todo o qual o Congresso Nacional permaneceu fechado, de modo que essas disposições existiam apenas no papel. Aliás, seu artigo 187 previa a submissão daquele texto constitucional a plebiscito nacional, na forma regulada em decreto do Presidente da República, evento que nunca ocorreu.[535]

3.3.3 A Constituição de 1946

Essas disposições sobre o impeachment e os crimes de responsabilidade eram essencialmente mantidas pela Constituição de 1946, promulgada em 18 de setembro daquele ano. Conservavam-se as competências de aprovação da acusação pela Câmara dos Deputados (artigo 59, I), que deveria se pronunciar pela maioria absoluta dos seus membros (não se manteve a exigência do quórum de dois terços nessa fase), e de julgamento pelo Senado (artigo 62) para crimes de responsabilidade imputados ao Presidente da República (e aos ministros de Estado em caso de conexão), além dos ministros do STF e o do procurador-geral da República. A Presidência do Senado, durante o julgamento, exercia-se pelo Presidente do STF e a condenação dependia do voto de dois terços dos senadores, mantidas as sanções de perda de cargo com inabilitação de até cinco anos para o exercício de qualquer função pública, sem prejuízo de outras ações judiciais de responsabilização (artigo 62, §§2º e 3º).

A aceitação da acusação implicava a suspensão do Presidente (artigo 88, parágrafo único), e a previsão de seus crimes de responsabilidade resgatava a previsão da Constituição de 1934, sob nova redação. Elencavam-se, no artigo 89, os atos que atentavam contra a Constituição Federal e, sobretudo, contra a existência da União, o livre exercício do Poder Legislativo, do Poder Judiciário e dos poderes constitucionais dos Estados, o exercício dos direitos políticos, individuais

---

[534] ARABI, Abhner Youssif Mota. *A tensão institucional entre Judiciário e Legislativo*: controle de constitucionalidade, diálogo e a legitimidade da atuação do Supremo Tribunal Federal. Curitiba: Prismas, 2013. p. 65.
[535] SARLET; MARINONI; MITIDIERO. Op. cit., p. 244.

e sociais, a segurança interna do País, a probidade na administração, a lei orçamentária, a guarda e o legal emprego de dinheiro público e o cumprimento das decisões judiciárias.[536]

Assim, em nova técnica legislativa, ao mesmo tempo que se previa uma cláusula geral – "os atos do Presidente da República que atentarem contra a Constituição federal" –, os incisos indicavam parâmetros de aferição do cometimento dos crimes de responsabilidade, fazendo-o de forma exemplificativa (o que se conclui da utilização da expressão "essencialmente"). Ainda, como de costume, remetia-se à lei a definição das condutas e as normas de processo e julgamento.

Em relação aos ministros de Estado, também se preservava a mesma disciplina (artigo 93), inclusive quanto ao injustificado não atendimento à convocação da Câmara dos Deputados, do Senado Federal ou de qualquer das suas comissões (artigo 54). Também os ministros do STF continuavam sujeitos à responsabilização por crimes de responsabilidade perante o Senado.

Ao Supremo competia processar e julgar, nos crimes comuns e de responsabilidade, os ministros de Estado, os juízes dos Tribunais Superiores Federais, os desembargadores dos Tribunais de Justiça dos Estados, do Distrito Federal e dos Territórios, os ministros do Tribunal de Contas e os chefes de missão diplomática em caráter permanente, redação que foi ajustada pela Emenda Constitucional nº 16/1965 para incluir também os juízes dos Tribunais Regionais do Trabalho. Já os estados, aos quais competia organizar seus ramos do Poder Judiciário, deveriam observar a competência privativa do Tribunal de Justiça para processar e julgar os juízes de instância inferior nos crimes comuns e nos de responsabilidade (artigo 124, IX), exceto quando se tratasse de crimes eleitorais (conforme alteração da Emenda Constitucional nº 14/1965).

Foi sob a vigência dessa Constituição que foi editada a Lei nº 1.079/1950, em cumprimento do mandamento constitucional de definir os crimes de responsabilidade e regular seu processo de julgamento.[537]

---

[536] Havia também previsão de que a não apresentação à Justiça Eleitoral de declaração de bens noventa dias antes do término de mandato eletivo no Executivo ou no Legislativo, em que fossem indicadas as alterações patrimoniais ocorridas em seu curso, representaria crime de responsabilidade nos termos da lei (artigo 221, incluído pela Emenda Constitucional nº 15/1965).

[537] Rafael Mafei registra o tumultuado trâmite legislativo do qual resultou a edição da Lei nº 1.079/1950, sobretudo em razão de resistência promovida por diversos governadores que se viam ameaçados por possíveis processos de impeachment em seus Estados. O autor registra que, na fase de tramitação perante a Comissão de Constituição e Justiça da Câmara dos Deputados, "um dos membros da comissão chegou a desaparecer com os autos do processo: pediu vista e jamais os devolveu" (MAFEI. Op. cit., p. 67-68).

Por se tratar de lei ainda em vigor sob a égide da Constituição de 1988, sua análise será feita mais adiante, em conjunto com as disposições do atual texto constitucional brasileiro.

O período do texto constitucional de 1946, porém, foi também marcado por diversas crises políticas e institucionais, registrando a invocação de processos de impeachment contra os Presidentes Getulio Vargas (1954), Carlos Luz (1955) e Café Filho (1955), em um período de menos de dois anos. Ainda, foi também durante sua vigência que se tentou também instituir, por uma Emenda Constitucional editada às pressas, uma experiência parlamentarista no Brasil (1961).

3.3.3.1 As tentativas de impeachment contra Getulio Vargas

As tentativas de impeachment contra Getulio Vargas originavam-se de um contexto em que os setores conservadores da política brasileira, derrotados nas urnas, buscavam algum motivo para a destituição do Presidente. Nas eleições de 1950, Vargas havia vencido Eduardo Gomes, candidato da União Democrática Nacional (UDN), com ampla margem de votos e, com o respaldo popular, implementou políticas nacionalistas, de valorização do salário mínimo e de expansão dos direitos sociais e trabalhistas, que contrariavam seus oposicionistas.

Nesse contexto, em 1953, instaurou-se uma Comissão Parlamentar de Inquérito (CPI), na qual se investigava alegado favorecimento a Samuel Wainer – jornalista russo-brasileiro que havia fundado o jornal *Última Hora* – na obtenção de financiamentos junto ao Banco do Brasil.[538] No ano seguinte, em fevereiro, militares do Exército brasileiro editaram o "Manifesto dos Coronéis", dirigido ao ministro da Guerra e a oficiais superiores, em que relatavam suas insatisfações com as políticas do Presidente, sobretudo com o aumento do salário mínimo, que representaria uma "aberrante subversão de todos os valores profissionais".[539] O evento teve ampla repercussão, culminando, inclusive, na troca da chefia do Ministério do Trabalho, que era então ocupada por João Goulart.

---

[538] A CPI foi instaurada pela Resolução da Câmara dos Deputados nº 313/1953, em que são mencionados os fatos relacionados ao conjunto de empresas jornalísticas "Érica S. A"., "Editora Última Hora" e "Rádio Clube do Brasil" e que deram ensejo à sua criação (disponível em: www2.camara.leg.br/legin/int/rescad/1950-1959/resolucaodacamaradosdeputados-313-27-maio-1953-319451-publicacaooriginal-1-pl.html; acesso em: 21 jun. 2021).

[539] A íntegra do documento está disponível em: http://memorialdademocracia.com.br/card/coroneis-batem-de-frente-com-getulio/docset/1003 (acesso em: 21 jun. 2021).

Em abril, noticiava-se, a partir do relato de João Neves da Fontoura, ex-ministro das Relações Exteriores, a tentativa de confecção de um acordo político-econômico entre os Presidentes brasileiro e argentino (Juan Domingo Perón), com o objetivo de diminuir a influência dos Estados Unidos na região.[540] Em maio, o temido aumento de 100% do salário mínimo se concretizava.

Nesse ambiente de tensão, vozes oposicionistas como as de Carlos Lacerda (criador do jornal *Tribuna da Imprensa*) e Aliomar Baleeiro intensificavam-se, assim como as conspirações para a derrubada de Vargas, com o apoio de grande parte da imprensa, que promovia uma forte campanha contra o Presidente.[541] Em junho de 1954, a partir de denúncia apresentada por Wilson Leite Passos (que não era membro do Congresso Nacional)[542] em iniciativa que contava com as lideranças da UDN, sob as acusações de condutas de corrupção, conivência com atos criminosos, imoralidade e da prática de atos que trariam indignidade ao país,[543] a Câmara dos Deputados enfrentou em votação a admissão ou não da denúncia apresentada contra Getulio Vargas, que poderia culminar na abertura de processo de impeachment.[544] A proposta foi recusada em 16 de junho de 1954, por expressiva manifestação de 136

---

[540] Sobre o ponto, Paulo Roberto de Almeida relata: "No final, Vargas foi denunciado por seu próprio ex-ministro das relações exteriores, João Neves da Fontoura, que pretextou apoio peronista a Vargas e a seu ministro do Trabalho, João Goulart. Essa denúncia deu origem a um malogrado processo de impeachment no Congresso. A Câmara rejeitou o processo na votação de admissibilidade, mas a crise se precipitou com diversas outras denúncias pelas forças de oposição a Vargas – com forte componente militar – e o seu desenlace foi o suicídio do ex-ditador, em agosto de 1954" (ALMEIDA, Paulo Roberto de. A diplomacia presidencial brasileira em perspectiva histórica. *In*: PEIXOTO, João Paulo M. (org.). *Presidencialismo no Brasil*: história, organização e funcionamento. Brasília: Senado Federal, Coordenação de Edições Técnicas, 2015. p. 170. Disponível em: www2.senado.leg.br/bdsf/item/id/518604. Acesso em: 21 jun. 2015.

[541] DORATIOTO, Francisco Fernando Monteoliva; DANTAS FILHO, José. *De Getúlio a Getúlio*: o Brasil de Dutra a Vargas, 1945-1954. 11. ed. São Paulo: Atual, 1991. p. 19-22.

[542] Nesse tempo, já vigorava a Lei nº 1.079/1950, cujo artigo 14 dispunha que a denúncia poderia ser formulada por qualquer cidadão ("É permitido a qualquer cidadão denunciar o Presidente da República ou Ministro de Estado, por crime de responsabilidade, perante a Câmara dos Deputados").

[543] MOTTA, Marly. *O início do fim: das tentativas de impeachment ao atentado da Tonelero*. Centro de Pesquisa e Documentação de História Contemporânea do Brasil (CPDOC). Fundação Getulio Vargas (FGV). Disponível em: http://cpdoc.fgv.br/producao/dossies/AEraVargas2/artigos/CrisePolitica/InicioDoFim. Acesso em: 21 jun. 2021.

[544] Argumentos utilizados pelas alas favoráveis e contrárias à aceitação da denúncia feita contra Vargas podem ser encontrados na edição do jornal "Correio da Manhã" de 16 de junho de 1954, dia da votação (disponível em: http://memoria.bn.br/pdf/089842/per089842_1954_18779.pdf; acesso em: 21 jun. 2021).

votos contrários e 35 favoráveis.[545] Entretanto, esse desfecho não colocou fim ao conturbado momento político[546] e às tentativas de derrubada de Vargas, eventos que culminaram em sua morte, no Palácio do Catete, em 24 de agosto de 1954.

3.3.3.2 As destituições de Carlos Luz e Café Filho

Com a morte de Vargas, o então vice-presidente João Fernandes Campos Café Filho ascendeu ao cargo titular. Assumindo um governo provisório para finalizar um mandato que apenas duraria pouco mais de um ano, os esforços passavam a se concentrar nas eleições presidenciais de outubro de 1955.

Nesse pleito, porém, a UDN saiu mais uma vez perdedora: seu candidato, Juarez Távora, havia sido batido por Juscelino Kubitschek (do Partido Social Democrático – PSD), dessa vez em menor margem de votos, em pleito que também contou com votação expressiva para Adhemar de Barros (Partido Social Progressista – PSP) – à época, inexistia segundo turno. Também na eleição para a vice-presidência – que se dava separadamente, sem constituição de uma chapa única para ambos os cargos –, o candidato da UDN, Milton Campos, havia sido derrotado por João Goulart (do Partido Trabalhista Brasileiro – PTB).

A partir desse resultado, antes mesmo que assumissem, a UDN retomava suas pretensões conspiratórias, iniciando movimentos para impedir a posse dos candidatos eleitos, em defesa da conveniente tese de necessidade de maioria absoluta de votos. Setores mais extremos, liderados por Carlos Lacerda, assumiam iniciativas mais bruscas, defendendo a deflagração de um golpe militar.

---

[545] Relatos da sessão legislativa em que se deliberou sobre a abertura ou não do processo de impeachment contra Vargas constam do jornal "Correio da Manhã" de 17 de junho de 1954, dia seguinte à votação (disponível em: http://memoria.bn.br/pdf/089842/per089842_1954_18780.pdf; acesso em: 21 jun. 2021). Nessa mesma edição, o jornal também noticiava que, no mesmo dia, houve a apresentação de projeto pelo deputado Augusto do Amaral Peixoto para modificação da Lei nº 1.079/1950, para que as denúncias de crimes de responsabilidade contra membros do Executivo só pudessem ser apresentadas pelos partidos políticos, como representantes do povo na esfera política.

[546] É como destaca Maria Celina Soares D'Araujo: "No Congresso, em junho de 1954, é votado o impeachment de Vargas, que, embora rejeitado por ampla margem, dá o termômetro do clima político da época" (D'ARAUJO, Maria Celina Soares. *A herança de Vargas*: a crise de 1954 e a carta testamento. *In*: Centro de Pesquisa e Documentação de História Contemporânea do Brasil (CPDOC). Fundação Getulio Vargas (FGV). Disponível em: http://cpdoc.fgv.br/producao/dossies/Jango/artigos/NoGovernoGV/A_heranca_de_Vargas. Acesso em: 21 jun. 2021).

O contexto ganharia ainda complexidade adicional pelo afastamento, por motivos médicos, de Café Filho da Presidência da República, abrindo espaço para que o próximo da linha sucessória – o Presidente da Câmara dos Deputados – assumisse o posto. Foi assim que, em 8 de novembro de 1955, Carlos Coimbra da Luz tornou-se Presidente da República.

Entretanto, seu aparente alinhamento com as alas que buscavam impedir a posse dos candidatos eleitos fez com que sua assunção da Presidência não passasse do terceiro dia.[547] Em 11 de novembro de 1955, tropas lideradas pelo general Henrique Teixeira Lott, que era ministro da Guerra, ocuparam diversos espaços públicos no Rio de Janeiro, em um verdadeiro "golpe preventivo",[548] que levou à expressa destituição de Carlos Luz pelo Congresso Nacional:[549] na Câmara, foram 185 votos favoráveis e 72 contrários; no Senado, foram 43 votos a 8. Nereu Ramos, então vice-presidente do Senado – já que a Presidência daquela Casa era incumbida ao vice-presidente da República –, assumiria a Presidência da República em 11 de novembro de 1955.[550]

---

[547] Aponta-se como estopim da queda de Carlos Luz e da movimentação militar do general Lott a recusa do novo Presidente em punir o coronel Jurandyr de Bizarria Mamede. Boris Fausto narra que Lott estava empenhado na punição do coronel que, em novembro de 1955, teria se manifestado no enterro do general Canrobert Pereira da Costa, Presidente do Clube Militar e um dos principais conspiradores contra Getúlio, na qual "atacou os interessados em defender uma 'pseudolegalidade imoral e corrompida' e chamou de 'mentira democrática' um regime presidencial que concentrava nas mãos do Executivo uma vitória da minoria", em referência à eleição de Juscelino (FAUSTO, Boris. *História do Brasil*. 12. ed. São Paulo: Edusp, 2006, p. 421). Mamede, porém, estava diretamente submetido ao Presidente da República, por ser membro da direção da Escola Superior de Guerra. Carlos Luz recusou-se a punir o coronel Mamede.

[548] É como Boris Fausto se refere ao evento: "A partir daí, ocorreu o chamado 'golpe preventivo', intervenção militar para garantir a posse do presidente eleito e não para impedi-la. A principal personagem da ação ocorrida a 11 de novembro de 1955 foi o general Lott, que mobilizou as tropas do Exército do Rio de Janeiro. As tropas ocuparam edifícios governamentais, estações de rádio e jornais. Os comandos do Exército se colocaram ao lado de Lott, enquanto os ministros da Marinha e da Aeronáutica denunciavam a ação como 'ilegal e subversiva'. As forças do Exército cercaram as bases navais e da Aeronáutica, impedindo um confronto das Forças Armadas" (FAUSTO. Op. cit., p. 421-422). É nesse sentido que se fala na ocorrência de um "impeachment de fato de Café Filho, decretado pelo Congresso Nacional (1955), protegido ou apoiado pelas tropas da Vila Militar que o cercavam" (BONAVIDES, Paulo; AMARAL, Roberto. *Textos políticos da história do Brasil*. Brasília: Senado Federal, 2002. p. 67. v. 3).

[549] WESTIN, Ricardo. *Arquivo S*: o Senado na História do Brasil. Brasília: Senado Federal, 2019. p. 111. v. 2. Disponível em: www2.senado.leg.br/bdsf/item/id/546864. Acesso em: 21 jun. 2021.

[550] O §1º do artigo 79 da Constituição de 1946 previa que, após o Presidente da Câmara dos Deputados, integrava a ordem sucessória o vice-presidente do Senado Federal ("Em caso de impedimento ou vaga do Presidente e do Vice-Presidente da República, serão sucessivamente chamados ao exercício da Presidência o Presidente da Câmara dos Deputados,

Com a destituição de Carlos Luz, as forças oposicionistas a Lott tentavam articular o retorno de Café Filho, que havia sobrevivido ao alegado ataque cardíaco que justificara seu afastamento. Assim é que, em 21 de novembro, comunicou seu restabelecimento a Nereu Ramos, a fim de que retomasse a Presidência, em movimento que gerou dúvidas sobre a própria existência de sua doença.[551]

Diante da ameaça de um novo golpe, Lott articulou-se em um novo contragolpe. Mandando seus soldados cercarem o edifício em que residia Café Filho e impedindo que este voltasse ao Palácio do Catete, articulou com o Congresso Nacional a aprovação de sua destituição, em novas sessões que se estenderam pela madrugada. Ao final, na manhã de 22 de novembro de 1955, o Congresso aprovava a destituição de Café Filho: foram 179 votos a 94, entre os deputados,[552] e 35 votos a 16, entre os senadores. Confirmava-se Nereu Ramos na Presidência, que governou sob estado de sítio decretado em 23 de novembro de 1955, que durou até 15 de fevereiro de 1956, quando Juscelino Kubitschek já estava empossado como Presidente da República.[553]

Café Filho, derrotado na arena política, impugnou as decisões do Congresso junto ao STF. No Mandado de Segurança nº 3.557 (relatoria do ministro Hahnemann Guimarães), eram impugnadas as resoluções da Câmara dos Deputados e do Senado que afirmaram sua destituição,

---

o Vice-Presidente do Senado Federal e o Presidente do Supremo Tribunal Federal"). O motivo dessa previsão é que, nessa época, a Presidência do Senado era exercida pelo vice-presidente da República (artigo 61 daquela Constituição: "O Vice-Presidente da República exercerá as funções de Presidente do Senado Federal, onde só terá voto de qualidade"). Entretanto, o dispositivo foi alterado pela Emenda Constitucional nº 6/1963, a partir de quando passou a constar o Presidente do Senado nessa linha sucessória ("Em caso de impedimento ou vaga do Presidente e do Vice-Presidente da República, serão sucessivamente chamados ao exercício da presidência o Presidente da Câmara dos Deputados, o Presidente do Senado Federal e o Presidente do Supremo Tribunal Federal").

[551] Relatando análise dos arquivos do Senado Federal, Ricardo Westin afirma: "Até hoje, não se sabe se o mal cardíaco foi uma mentira de Café Filho para abrir caminho para que os golpistas, liderados por Carlos Luz, agissem livremente ou se ele de fato adoeceu por não suportar a pressão do grupo anti-Juscelino" (WESTIN. Op. cit., p. 113). O autor menciona, ainda, fala atribuída ao senador Kerginaldo Cavalcanti, que dizia se tratar de um "enfarte golpista": "O senhor Café Filho se encontrava às portas da morte e agora está curado. Recomendo a todos os afetados por enfarte as Vitaminas Lott, remédio que representa a última palavra da farmacopeia nacional e cura com rapidez surpreendente" (Idem, p. 113).

[552] Rememora-se que a Constituição de 1946 não exigia quórum de dois terços na manifestação da Câmara dos Deputados, bastando que sua aprovação, nesse órgão inicial, se desse pelo voto da maioria absoluta dos seus membros (artigo 88).

[553] O Estado de Sítio foi decretado em 23 de novembro de 1955 (Lei nº 2.654/1955) pelo prazo de trinta dias – o máximo que permitia o artigo 210 da Constituição de 1946 –, tendo sido renovado sucessivamente até a posse de Juscelino, em 31 de janeiro de 1956, cessando seus efeitos apenas em 15 de fevereiro daquele ano (Lei nº 2.726/1956).

sob a alegação de que eram inconstitucionais e representavam abuso de poder. As mesas da Câmara dos Deputados e do Senado, por sua vez, aduziram em suas informações que se trataria de matéria não sujeita a revisão judicial pelo STF, já que se tratava de ato de cunho eminentemente político.[554] Havia, ainda, a manifestação do então procurador-geral da República, Plínio de Freitas Travassos, no sentido do não conhecimento do Mandado de Segurança.

Em sua apreciação inicial pela Corte, em 14 de dezembro de 1955, algumas posições distintas se colocaram.[555] Inicialmente, o ministro Hahnemann Guimarães, relator, entendia possível o conhecimento da causa, mas indeferia o pedido, entendendo não haver inconstitucionalidade nas Resoluções do Congresso.[556]

Havia, também, quem entendesse que a impetração não poderia ser conhecida, tendo em vista que vigia estado de sítio decretado pelo Congresso Nacional em novembro de 1955, o que implicava a suspensão de direitos constitucionais, inclusive o direito de ação quanto a mandados de segurança. Dessa forma, a menos que se considerasse o próprio estado de sítio inconstitucional, não se poderia prosseguir ao exame

---

[554] VALADÃO, Marcos Aurélio Pereira. *Ministro Hahnemann Guimarães*. Brasília: Supremo Tribunal Federal, 2010. p. 129.

[555] FUCK, Luciano Felício. *Memória jurisprudencial*: Ministro Nelson Hungria. Brasília: Supremo Tribunal Federal, 2012. p. 96-97.

[556] Em seu voto, assim afirmava o ministro relator: "Penso que cabe às duas Casas do Congresso verificar a existência de impedimento para o Presidente da República exercer o cargo. Tal poder está implícito no sistema constitucional, que dá à Câmara dos Deputados competência para declarar procedente ou improcedente acusação contra o Presidente da República, que, no primeiro caso, ficará suspenso de suas funções (arts. 59, I, e 88, parágrafo único); e atribui competência ao Congresso Nacional para autorizar o Presidente da República a se ausentar do país (arts. 66, VII, e 85). Se o poder de declarar o Presidente da República impedido ou desimpedido está sujeito a exame, este há de caber ao Congresso Nacional. No caso, reconheceram a Câmara dos Deputados e o Senado Federal que o requerente estava impedido de reassumir o pleno exercício do cargo, assegurando a 131 ministro Hahnemann Guimarães sobrevivência do regime e, em consequência, a tranquilidade da Nação. O Congresso Nacional verificou, pela maioria absoluta de seus membros, a existência desse impedimento (...); e o Tribunal não pode rever a verificação neste processo, que não comporta a discussão de fatos. A cessação do impedimento não está sujeita a condição potestativa, que anule a resolução; não está sujeita ao mero arbítrio do Congresso, que, certamente, não se negará ao reconhecimento da possibilidade de reassumir o requerente o exercício do cargo. A forma adotada é válida, porque a resolução tem por fim regular matéria de caráter político (Resolução 582, de 31 de janeiro de 1955, da Câmara dos Deputados, art. 96). Rejeito a arguida inconstitucionalidade do ato do Congresso Nacional, e nego o mandado requerido".

de mérito do processo, como assentou o ministro Nelson Hungria,[557] acompanhado pelo ministro Mario Guimarães.[558]

Uma terceira posição foi defendida pelo ministro Ribeiro da Costa,[559] que reconhecia a existência de direito líquido e certo do impetrante, tendo em vista a inconstitucional atuação do Congresso. Dessa forma, entendia que Café Filho tinha o direito de ser reconduzido à Presidência da República, determinando ao Poder Legislativo que assim o fizesse.[560]

---

[557] Em seu voto, o ministro externava, ainda, as preocupações relativas à exequibilidade de uma eventual decisão de procedência que fosse tomada pelo Supremo Tribunal Federal, conforme se extrai do seguinte trecho: "A lei do estado de sítio foi sancionada por quem, constitucionalmente, está substituindo o Sr. Café Filho, na presidência da República, dado o impedimento deste, decorrente do inelutável *sic vole, sic inbec*, das forças insurrecionais. Contra uma insurreição pelas armas, coroada de êxito, somente valerá uma contrainsurreição com maior força. E esta, positivamente, não pode ser feita pelo Supremo Tribunal, posto que este não iria cometer a ingenuidade de, numa inócua declaração de princípio, expedir mandado para cessar a insurreição. Aí está o nó górdio que o Poder Judiciário não poder cortar, pois não dispõe da espada de Alexandre. O ilustre impetrante, ao que me parece, bateu em porta errada. (...) Senhor Presidente, o atual estado de sítio é perfeitamente constitucional, e o impedimento do impetrante para assumir a presidência da República, antes de ser declaração do Congresso, é imposição das forças insurrecionais do Exército, contra a qual não há remédio na farmacologia jurídica. Não conheço do pedido de segurança".

[558] Este, por sua vez, assentava em seu voto: "A regra, pois, é que a magistratura não examina a origem dos governos de fato. A ascensão do Poder máximo é assunto de natureza estritamente política. (...) Não é o direito do Sr. Nereu Ramos ou do Sr. Café Filho, simplesmente, que está em jogo. É a orientação a ser dada aos destinos da nação. Essa compete aos órgãos políticos, não a nós".

[559] KAUFMANN, Rodrigo de Oliveira. *Memória jurisprudencial*: Ministro Ribeiro da Costa. Brasília: Supremo Tribunal Federal, 2012. p. 32-38.

[560] Do voto do ministro Ribeiro da Costa, constou o seguinte excerto: "Senhor Presidente, entendo que, se o afastamento do presidente da República resultou do ato de força e de violência, já exposto ao Supremo Tribunal, a assunção àquele alto cargo do Sr. Nereu Ramos é ato que não somente ofende a Constituição, como também resulta manifestamente nulo. O Sr. Nereu Ramos, a meu ver, é um funcionário de fato, nada mais do que isso. Não é detentor autêntico da autoridade que exerce, porque o afastamento do legítimo substituto do presidente da República se deu por maneira inconstitucional. O Sr. Nereu Ramos é, pois, tão somente um funcionário de fato, que assina papéis na Presidência da República. Qual será, porém, a consequência lógica, inevitável e jurídica dessa situação de fato? A Câmara dos Deputados e o Senado, votando a lei de estado de sítio, entregaram ao Sr. Nereu Ramos a complementação desse irrisório veículo da lei. Pergunto eu: nestas condições, estará a lei do estado de sítio vigendo no país? Deverá ser respeitada? Em face dela, poderá alguém sofrer vexame por ato político, de natureza política? Não, não e não, conforme diz a Bíblia. (...) Qual a função do juiz? A maior, a mais elevada, a mais pura? É aplicar a Constituição. Talvez quarenta anos de serviços à causa pública, dos quais trinta e dois à magistratura, também eu tenha de dizer, com melancolia, como o grande escritor: 'Perdi meu ofício'. Arrebataram meu instrumento de trabalho, meu gládio e meu escudo: a Constituição. Assim, concedo o mandado de segurança, para que a Câmara dos Deputados, acatando nossa decisão, tome as providências que quiser para que o presidente Café Filho se empose no cargo de que é legítimo detentor".

Restou majoritária, porém, a posição sustentada pelos ministros Sampaio Costa (convocado para substituir o ministro Nelson Hungria), Afrânio Costa (convocado para substituir o ministro Luiz Gallotti), Lafayette de Andrada, Edgard Costa e Orozimbo Nonato, que firmavam que o julgamento deveria ser suspenso até o fim do estado de sítio, quando estariam restabelecidas as garantias constitucionais, entre as quais a de se valer do mandado de segurança.

Naquela mesma sessão de 14 de dezembro de 1955, iniciou-se também a impetração do *Habeas Corpus* nº 33.908 (de relatoria do ministro convocado Afrânio Costa), em que se alegava que a instalação de tropas militares ao redor da residência de Café Filho representava restrição ilegal a sua locomoção. O relator manifestava-se pelo prejuízo da impetração em razão das informações prestadas pela Presidência da República no sentido de que a presença militar não impedia a locomoção de qualquer pessoa, mas buscava a preservação da ordem no local. Entretanto, após o ministro Ribeiro da Costa suscitar que o processo fosse julgado depois de apreciado o mandado de segurança, instaurou-se empate na Corte, resolvido pelo voto de qualidade do ministro presidente José Linhares, pela continuidade do julgamento. Em conclusão, prevaleceu o prejuízo da impetração, que não teve seu mérito apreciado.

Por fim, o julgamento do suspenso mandado de segurança foi retomado pelo STF em 7 de novembro de 1956, tendo em vista que o estado de sítio havia cessado em fevereiro daquele ano. Concluiu-se, porém, pela perda de seu objeto, posto que o mandato presidencial ao qual Café Filho queria ser reintegrado já havia se encerrado com a posse de Juscelino Kubitschek na Presidência da República, em 31 de janeiro daquele mesmo ano.

Em todo caso, nota-se, assim, que as destituições parlamentares de Carlos Luz e Café Filho representaram procedimentos açodados, sem efetiva denúncia de prática de crime de responsabilidade ou mesmo a existência de um processo, com acusação e defesa. Em verdade, partindo da previsão do artigo 79, §1º, da Constituição de 1946[561] então vigente, articulava-se a tese de um impedimento presidencial de origem

---

[561] O dispositivo, antes da alteração promovida no §1º pela Emenda Constitucional nº 6/1963, era assim estabelecido: "Art. 79 – Substitui o Presidente, em caso de impedimento, e sucede-lhe, no de vaga, o Vice-Presidente da República. §1º – Em caso de impedimento ou vaga do Presidente e do Vice-Presidente da República, serão sucessivamente chamados ao exercício da Presidência o Presidente da Câmara dos Deputados, o Vice-Presidente do Senado Federal e o Presidente do Supremo Tribunal Federal".

parlamentar,⁵⁶² improviso criado para os fatos identificados, sem que verdadeiramente se atendesse o rito adequado do impeachment.

3.3.3.3 A tentativa do parlamentarismo

Esses eventos de instabilidade política e crises institucionais que tiveram lugar sob a vigência da Constituição de 1946 também culminaram na busca da instauração do parlamentarismo, o que se deu pela Emenda Constitucional nº 4/1961, que representava a primeira tentativa oficial de implementar esse sistema de governo no regime republicano brasileiro.⁵⁶³ A medida foi aprovada às pressas, após a renúncia de Jânio Quadros, em 25 de agosto daquele ano, em razão da grande resistência que os setores conservadores e militares tinham com o nome de João Goulart, vice-presidente que, após momentos de grande instabilidade política, assumiria o cargo titular em 7 de setembro de 1961.⁵⁶⁴

A Emenda estabelecia que o Presidente da República seria eleito pelo Congresso Nacional por maioria absoluta de votos para um mandato de cinco anos e instituía um Conselho de Ministros.⁵⁶⁵ Ao Presidente competiria nomear o Presidente do Conselho de Ministros, que indicaria os demais ministros de Estado. Todos os atos do Presidente da República, para que fossem válidos, deveriam ser referendados pelo Presidente do Conselho e pelo ministro competente, estabelecendo-se, ainda, o sistema de confiança parlamentar.

A medida, porém, durou apenas um ano e quatro meses, tendo em vista que foi amplamente rejeitada em plebiscito realizado em 6 de janeiro de 1963, quando 83% dos votos válidos manifestaram-se pela

---

⁵⁶² MAFEI. Op. cit., p. 73-79.
⁵⁶³ SILVA. Op. cit., p. 72 ; SARLET; MARINONI; MITIDIERO. Op. cit., p. 246.
⁵⁶⁴ A aprovação dessa Emenda Constitucional serviria de argumento em 1992 para a defesa do Presidente Fernando Collor no curso de seu processo de impeachment, quando se alegou, perante o Supremo Tribunal Federal, que a Lei nº 1.079/1950 teria sido derrogada pela instituição do parlamentarismo pela Emenda Constitucional nº 4/1961. O argumento, porém, não foi acolhido pelo Tribunal, que assentou a recepção daquela Lei pela Constituição de 1988, até mesmo pela revogação do parlamentarismo pela Emenda Constitucional nº 6/1963, a qual teria invalidado esse eventual efeito derrogatório (MEIRELES FILHO, Antonio Capuzzo. *Dois impeachments, dois roteiros*: os casos Collor e Dilma. São Paulo: Almedina. 2020. p. 98).
⁵⁶⁵ DORATIOTO, Francisco Fernando Monteoliva; DANTAS FILHO, José. *A República bossa-nova*: a democracia populista, 1954-1964. 13. ed. São Paulo: Atual, 1991. p. 15.

volta do presidencialismo, restaurando os poderes de João Goulart.[566] A alteração foi, então, revogada pela Emenda Constitucional nº 6/1963, não obstante o governo democrático daquele Presidente logo chegasse ao fim pelo golpe militar de 1º de abril de 1964.[567]

3.3.4 A Constituição de 1967/1969

Em uma ordem jurídica marcada pela edição dos Atos Institucionais (AI) e dos Atos Complementares (AC) – editados no âmbito do próprio Poder Executivo, mas que prevaleciam sobre a Constituição e por vezes alteravam sua redação –, a edição da Constituição tinha ares eminentemente formais de legitimação. Afirmando no papel um regime democrático, a realidade do poder se impunha pelo autoritarismo, pela repressão e pela violência.

No que dizia respeito ao impeachment, a Constituição outorgada[568] de 1967 promoveu poucas modificações em relação ao regime da Constituição de 1946, mas introduziu novos elementos que seriam, em alguma medida, mantidos pelo texto constitucional de 1988. Eram três as alterações principais: (i) resgatava-se a previsão de 1937 no sentido de que a admissão da acusação contra o Presidente da República exigia voto favorável de dois terços dos membros da Câmara dos

---

[566] Maiores informações podem ser acessadas em infográfico elaborado pelo Arquivo do Senado Federal, disponível em: www12.senado.leg.br/noticias/infograficos/2018/02/no-plebiscito-de-1963-brasil-derruba-parlamentarismo-e-devolve-poderes-a-jango (acesso em: 18 jun. 2021).

[567] Como bem destaca Virgílio Afonso da Silva, a afirmação de se tratar de um golpe militar não deve descuidar de que a existência do regime ditatorial que então se instalou só foi possível com o apoio de grandes corporações e de parte significativa da população civil, sobretudo suas elites econômicas, políticas e jurídicas (SILVA. Op. cit., p. 73).

[568] Não obstante tenha havido uma formal aprovação desse texto constitucional, tratou-se de homologação meramente formal, não acompanhada de debates legislativos e populares sobre sua redação ou suas disposições, de modo que aqui se considera tratar-se de uma Constituição outorgada, e não promulgada.

Deputados (artigo 85);[569] (ii) estipulava-se o prazo de sessenta dias[570] para o julgamento da acusação admitida pela Câmara, após o qual se previa que, em caso de não conclusão, o processo deveria ser arquivado (artigo 85, §2º); e (iii) excluía-se da exemplificação constitucional dos crimes de responsabilidade que poderiam ser cometidos pelo Presidente da República a menção aos atos que atentassem contra "a guarda e o legal emprego dos dinheiros públicos" (o artigo 84 passava a ter, então, sete incisos). Esses pontos seriam também mantidos pela Emenda Constitucional nº 1/1969, materialmente considerada por muitos como uma nova Constituição.[571]

Em relação às modificações implementadas por essa alteração constitucional relativamente ao impeachment e aos crimes de responsabilidade de autoridades públicas, pode-se identificar uma alteração mais substancial. O texto inicial afirmava competir ao STF processar e julgar originariamente, nos crimes comuns e de responsabilidade, os ministros de Estado (salvo quando houvesse conexão com o Presidente), os juízes federais, os juízes do trabalho e os membros dos Tribunais Superiores da União, dos Tribunais Regionais do Trabalho, dos Tribunais de Justiça dos Estados, do Distrito Federal e dos Territórios, os ministros dos Tribunais de Contas, da União, dos Estados e do Distrito Federal e os chefes de missão diplomática de caráter permanente (artigo 114, I, 'b'). Na Emenda de 1969, por sua vez, dispunha-se que essa competência se mantinha quanto aos ministros de Estado (feita a mesma ressalva), membros dos

---

[569] Nesse sentido, destaca-se que a característica de exigir quórum qualificado de dois terços nesse primeiro momento do procedimento junto à Câmara dos deputados mostrava-se, inicialmente, como traço típico de Constituições com tendências autoritárias, não obstante tenha sido mantida no texto constitucional de 1988. Essa distinção, que já sobressai no relato feito sobre o tratamento do instituto nas Constituições brasileiras, também é apontado por Paulo Brossard: "Para que a acusação fosse declarada procedente, a Constituição de 1891 não exigia maioria qualificada da Câmara (arts. 29 e 58); no mesmo sentido caminhou a Constituição de 1934, art. 58, §§1º e 4º; a Carta de 1937 demandou o voto de dois terços da Câmara para que a acusação fosse admitida; a Constituição de 1946 abandonou a exigência da Carta autoritária, mas não voltou à fórmula de 1891, que, aliás, era a da Constituição americana: satisfez-se com o voto da maioria absoluta (arts. 59, I, e 88); o Código de 1967 voltou a 1937 – dois terços (arts. 42, I, e 85), no que foi repetido pela Carta de 1969, arts. 40, I, e 83; foi também a linha seguida pela Constituição de 1988, arts. 51, I, e 86; como as Cartas de 1937, 1967 e 1969, de forte inspiração autoritária e origens poluídas, a Constituição prescreveu que só por dois terços da Câmara a instauração do processo de responsabilidade pode ser autorizada" (BROSSARD. Op. cit., p. 8-9).

[570] A primeira previsão de prazo para a conclusão do julgamento do processo de impeachment advinha da Lei nº 1.079/1950, cujo artigo 82 estabelecia o prazo de 120 dias ("Não poderá exceder de cento e vinte dias, contados da data da declaração da procedência da acusação, o prazo para o processo e julgamento dos crimes definidos nesta lei"). Não se previa, porém, o arquivamento como consequência do descumprimento desse período.

[571] SILVA. Op. cit., p. 74.

Tribunais Superiores da União e dos Tribunais de Justiça dos Estados, dos Territórios e do Distrito Federal, ministros do Tribunal de Contas da União e chefes de missão diplomática de caráter permanente (artigo 119, I, 'b'); enquanto se atribuía aos Tribunais Federais de Recursos a competência para julgar crimes de responsabilidade de juízes federais, juízes do trabalho e membros dos tribunais regionais do trabalho, membros dos Tribunais de Contas dos Estados e do Distrito Federal (artigo 122, I, 'b').

Ainda, estipulava-se competir ao Tribunal de Justiça processar e julgar os membros do Tribunal de Alçada e os juízes de instância inferior, nos crimes comuns e nos de responsabilidade, ressalvada a competência da Justiça Eleitoral quando se tratasse de crimes eleitorais (artigo 136, §3º). Essa disposição foi também mantida pela alteração de 1969 (artigo 144, §3º).

Ao longo dessa evolução do tratamento normativo nas Constituições brasileiras, não se tinha, porém, desde sua instituição no período republicano, o impeachment como ferramenta efetivamente disponível para responsabilização presidencial. Para além dos longos períodos de vigência de regimes ditatoriais e autoritários, não obstante tenha se chegado a cogitar sua utilização em algumas situações, tinha-se em geral que o impeachment se tratava de processo rígido, dificultoso, de improvável aplicação prática, revelando-se, por vezes, como "falácia institucional, pomposa e inútil".[572] Sob a vigência da Constituição de 1988, porém, essa aparente falácia logo se transformaria em realidade, em contexto no qual a ferramenta do impeachment ascendeu a finalidades até mesmo mais amplas das que então se podia conceber.

---

[572] O trecho consta da seguinte passagem da obra de Paulo Brossard, escrita já sob a vigência da Constituição de 1988, mas antes que eclodisse o impeachment do Presidente Fernando Collor: "Em cem anos, o processo jamais funcionou; as denúncias nunca foram consideradas objeto de deliberação; no entanto, como se a experiência tivesse sido negativa e abusos tivessem sido praticados, normas constitucionais têm dificultado, sucessivamente, o processo de apuração de responsabilidade do Presidente da República, mediante exigências crescentes. Tenho como certo que a República não foi feliz ao abandonar a solução construída consuetudinariamente, à margem da Constituição, sem lei que a prescrevesse ou sequer a permitisse, atendendo antes à lógica das instituições democráticas, que há de consagrar a responsabilidade dos eleitos, e a coerência e harmonia entre os Poderes, para adotar um sistema, cuja obsolência se evidencia no fato de, em um século, não ter funcionado em caso algum, a despeito da gravidade dos abusos cometidos e que, até aqui, não passou de uma falácia institucional, pomposa e inútil" (BROSSARD. Op. cit., p. 14).

3.4 O impeachment na Constituição de 1988

Sob o ponto de vista de suas disposições abstratas, a Constituição de 1988 consolidou a normatização do impeachment em um regime democrático-constitucional, sem promover alterações muito significativas em seu regramento, em comparação aos textos anteriores. Entretanto, foi de sua aplicação prática e da interpretação das normas atinentes pelas instituições e agentes constitucionais envolvidos que sobressaíram os elementos mais relevantes sobre como remover um Presidente, sobretudo a partir de dois episódios de sua utilização efetiva contra Presidentes da República.

Como já acontecia nas ordens constitucionais anteriores, há na Constituição de 1988 dois artigos principais sobre o impeachment. O artigo 85, mantendo a nomenclatura que desde 1827 já se utilizava, define os crimes de responsabilidade do Presidente da República como atos que atentem contra a Constituição Federal e, especialmente, contra a existência da União; o livre exercício do Poder Legislativo, do Poder Judiciário, do Ministério Público e dos poderes constitucionais das unidades da Federação; o exercício dos direitos políticos, individuais e sociais; a segurança interna do País; a probidade na administração; a lei orçamentária; e o cumprimento das leis e das decisões judiciais. Nesse aspecto, nota-se ter havido a inclusão do Ministério Público no inciso II e a continuidade da adoção do vocábulo "especialmente", indicando se tratar de rol exemplificativo.[573] Seu parágrafo único também remete à lei especial a definição desses crimes, bem como das normas de seu processo e julgamento.

Já o artigo 86, dispondo sobre regras procedimentais e de competência mínimas, dispõe que a Câmara dos Deputados fará a admissão da acusação contra o Presidente da República, exigindo-se voto favorável de dois terços de seus membros (tal como faziam as Constituições de

---

[573] BROSSARD. Op. cit., p. 56. Não obstante essa compreensão, Jacopo Paffarini afirma a necessidade de um "duplo nível de legalidade" (constitucional e infraconstitucional) para que se proceda à remoção do cargo, segundo a qual a conduta que enseja a acusação deve encontrar correspondência nos incisos do artigo 85 da Constituição e em tipificação constante da legislação regulamentadora (OLIVIERO; PAFFARINI. Op. cit., p. 206). Há também julgado do Supremo Tribunal Federal que afirma a reserva legal para especificação dos crimes de responsabilidade: ADI 834-MC, de relatoria do ministro Celso de Mello, julgamento em 11 de fevereiro de 1993, em cuja ementa se afirmou: "Decreto legislativo, ainda que emanado da União Federal, não se qualifica como instrumento juridicamente idôneo a tipificação de crimes de responsabilidade. O tratamento normativo dos crimes de responsabilidade ou infrações político-administrativas exige, impõe e reclama, para efeito de sua definição típica, a edição de lei especial. Trata-se de matéria que se submete, sem quaisquer exceções, ao princípio constitucional da reserva absoluta de lei formal".

1937 e de 1967/1969), submetendo-o, como consequência, a julgamento perante o STF, quando se tratar de infração penal comum, ou perante o Senado Federal, quando for o caso de crime de responsabilidade. Nessas duas situações, seu §1º prevê que o Presidente ficará suspenso de suas funções se recebida a denúncia ou queixa-crime por infração penal comum pelo STF;[574] e, nos crimes de responsabilidade, após a instauração do processo pelo Senado Federal.

Em todo caso, há previsão constitucional do prazo máximo de 180 dias para a conclusão do julgamento, cujo descumprimento resultará na cessação do afastamento do Presidente, prosseguindo-se regularmente o processo com o acusado de volta ao cargo (§2º), sem que se fale em seu arquivamento (nesse sentido, retomava a previsão da Constituição de 1967/1969, atribuindo-lhe, porém, dimensão e consequência diversas). Renova-se, ainda, a previsão que havia na Constituição de 1937, no sentido de que o Presidente da República, na vigência de seu mandato, não pode ser responsabilizado por atos estranhos ao exercício de suas funções (§4º).

Mantiveram-se, assim, as disposições relativas aos órgãos competentes, já que a Câmara dos Deputados detém a atribuição de autorizar a instauração do processo contra o Presidente, o vice-presidente da República e os ministros de Estado (artigo 51, I), e o Senado, de processar e julgar o Presidente e o vice-presidente da República nos crimes de responsabilidade, bem como os ministros de Estado e os comandantes da Marinha, do Exército e da Aeronáutica nos crimes da mesma natureza conexos com aqueles (artigo 52, I, conforme Emenda Constitucional nº 23/2009), além dos ministros do STF, dos membros do Conselho Nacional de Justiça e do Conselho Nacional do Ministério Público, do procurador-geral da República e do advogado-geral da União nos crimes de responsabilidade (artigo 52, II, conforme Emenda Constitucional nº 45/2004). Nesses casos, atuará como Presidente do Senado o do STF (mesmo quando o acusado não for o Presidente da República) e a condenação depende do voto favorável de dois terços dos senadores, da qual resultará a perda do cargo, com inabilitação, por oito anos, para o exercício de função pública, sem prejuízo das demais sanções cabíveis, mediante apuração judicial e administrativa (artigo 52, parágrafo único).

---

[574] Nas infrações penais comuns, há previsão de imunidade de prisão ao Presidente da República, que só poderá ser preso após a ocorrência de sentença condenatória (artigo 86, §3º).

Além disso, fora dessas situações, ao Supremo caberá processar e julgar os ministros de Estado e os comandantes da Marinha, do Exército e da Aeronáutica, os membros dos Tribunais Superiores, os do Tribunal de Contas da União e os chefes de missão diplomática de caráter permanente, nas infrações penais comuns e nos crimes de responsabilidade (artigo 102, I, 'c').

Há ainda outras previsões na Constituição relativa aos crimes de responsabilidade, interpretando-se como tal a injustificada ausência de comparecimento de ministros de Estado ou titulares de órgãos diretamente subordinados à Presidência da República para prestarem informações quando convocados pela Câmara dos Deputados, pelo Senado Federal ou qualquer de suas Comissões, bem como recusar, não atender tempestivamente ou responder com elementos falsos os pedidos escritos de informações enviados pelas mesas desses órgãos legislativos (artigo 50). Nas disposições relativas à gestão orçamentária, elencando as condutas vedadas, dispõe-se que "nenhum investimento cuja execução ultrapasse um exercício financeiro poderá ser iniciado sem prévia inclusão no plano plurianual, ou sem lei que autorize a inclusão, sob pena de crime de responsabilidade" (artigo 167, §1º). Igualmente, segundo inclusão recente na Constituição, a retenção indevida de alguns recursos destinados aos Estados, ao Distrito Federal e aos Municípios para manutenção e ao desenvolvimento do ensino na educação básica poderá importar em crime de responsabilidade da autoridade competente (artigo 212-A, IX, incluído pela Emenda Constitucional nº 108/2020).

Ainda no âmbito do Poder Executivo, o artigo 29-A, §2º, especifica condutas que constituem crime de responsabilidade dos prefeitos municipais, previsão que deriva de inclusão da Emenda Constitucional nº 25/2000, que estabeleceu limites de despesas com o Poder Legislativo municipal. Assim, são mencionadas as condutas de efetuar repasse que supere os limites definidos naquele artigo; não enviar o repasse ao órgão legislativo municipal até o dia 20 de cada mês; ou enviá-lo a menor em relação à proporção fixada no orçamento. Trata-se, a rigor, de condutas que já estariam relacionadas ao cumprimento das leis orçamentárias. Ainda nesse âmbito, em rara imputação de crime de responsabilidade a membro do Poder Legislativo – mas ainda assim no exercício de uma competência administrativa –, o §3º desse artigo prevê como tal o desrespeito, pelo Presidente da Câmara Municipal, ao limite de despesa estabelecido no §1º ("A Câmara Municipal não gastará mais de setenta por cento de sua receita com folha de pagamento, incluído o gasto com o subsídio de seus Vereadores").

Em relação aos membros do Poder Judiciário e do Ministério Público, destaca-se a menção expressa à possibilidade de responsabilização, por crime de responsabilidade, dos ministros do STF, dos membros dos Tribunais Superiores e do procurador-geral da República, além daqueles que sejam membros do Conselho Nacional de Justiça e do Conselho Nacional do Ministério Público (na forma dos artigos 103-B e 130-A da Constituição). Já em relação aos desembargadores dos Tribunais de Justiça dos Estados e do Distrito Federal, aos membros dos Tribunais de Contas dos Estados e do Distrito Federal, aos dos Tribunais Regionais Federais e dos Tribunais Regionais Eleitorais e do Trabalho, aos membros dos Conselhos ou Tribunais de Contas dos Municípios e aos do Ministério Público da União que oficiem perante tribunais, atribui-se a competência para processamento e julgamento ao Superior Tribunal de Justiça, nos crimes comuns e nos de responsabilidade.

Ainda, o artigo 96, III, assevera ser de competência privativa dos Tribunais de Justiça julgar os juízes estaduais e do Distrito Federal e Territórios, bem como os membros do Ministério Público, nos crimes comuns e de responsabilidade, ressalvada a competência da Justiça Eleitoral. Paralelamente, há previsão de que compete aos Tribunais Regionais Federais processar e julgar os juízes federais da área de sua jurisdição, incluídos os da Justiça Militar e da Justiça do Trabalho, nos crimes comuns e de responsabilidade, e os membros do Ministério Público da União, também ressalvada a competência da Justiça Eleitoral (artigo 108, I, 'a').

Não obstante, há também na Constituição brasileira a estruturação da possibilidade de responsabilização dessas autoridades em nível administrativo e correicional, tanto no âmbito dos órgãos dos quais fazem parte quanto no âmbito do mencionado Conselho Nacional de Justiça.[575]

---

[575] Sobre esse ponto comparativo, Michel J. Gerhardt analisa algumas propostas de reforma à Constituição dos Estados Unidos relativamente à responsabilização de magistrados e às acusações de impeachment contra eles. Menciona, nesse sentido, a existência de projetos como a eliminação da vitaliciedade dos juízes, a remoção automática de seus cargos quando haja condenação em relação a determinados crimes de maiores seriedade e gravidade, a criação de um novo órgão de competência disciplinar e constitucionalmente autorizado a remover magistrados de seus cargos em algumas situações, a instituição de novos mecanismos e procedimentos de fiscalização parlamentar de juízes por má atuação ou incapacidade para o cargo ou mesmo o envolvimento da Suprema Corte nessa aferição de condutas (GERHARDT. Op. cit., p. 166-173). As propostas de reforma e de aprimoramento são analisadas pelo autor a partir da busca de um equilíbrio entre dois objetivos que um sistema judicial constitucional disciplinar deve apresentar: sua integridade e sua independência.

Ademais, há a previsão constitucional expressa de que, no âmbito do regime da sistemática dos precatórios, a conduta comissiva ou omissiva de Presidente do Tribunal competente de retardar ou tentar frustrar sua liquidação regular representará também crime de responsabilidade e responderá, também, perante o Conselho Nacional de Justiça (artigo 100, §7º, incluído pela Emenda Constitucional nº 62/2009). Aqui, porém, está-se diante de competência administrativa imputada a essa autoridade, em atuação que não ostenta natureza jurisdicional.[576]

Esse conjunto de disposições constitucionais encontra desdobramentos normativos e jurisprudenciais importantes. A exigência de lei específica para regulamentar os crimes de responsabilidade e o procedimento de impeachment é atualmente desincumbida pela Lei nº 1.079/1950, editada sob a vigência da Constituição de 1946. Ainda, é importante identificar o papel de cada uma das instituições envolvidas nesse processo, tanto em relação ao expresso envolvimento dos órgãos legislativos quanto à atuação do STF, em uma eventual admissão de revisão judicial. Com base nessas análises, os casos concretos de aplicação do impeachment presidencial no Brasil poderão ser mais bem analisados, permitindo a identificação das formas práticas de sua invocação e interpretação nos processos instaurados contra os ex-Presidentes Fernando Collor (1992) e Dilma Rousseff (2016).

3.4.1 Os crimes de responsabilidade

Apesar de a Constituição fazer referência à prática de crimes de responsabilidade em relação a diversas autoridades, apenas há especificação daqueles imputados ao Presidente da República, nos termos do artigo 85. Ainda, a menção que se faz à lei especial que deverá definir essas condutas também se refere, inicialmente, apenas aos atos do Presidente da República. Ao que se pergunta: "Por que a Lei Fundamental determinou que apenas os crimes de responsabilidade do Presidente da República (e reflexamente os dos Ministros de Estado

---

[576] Nesse sentido, a Súmula nº 733 do Supremo Tribunal Federal dispõe que "não cabe recurso extraordinário contra decisão proferida no processamento de precatórios", justamente por ser ato de natureza administrativa, desprovido de conteúdo jurisdicional. O entendimento é também ratificado pela Súmula nº 311 do Superior Tribunal de Justiça, que estatui: "Os atos do presidente do tribunal que disponham sobre processamento e pagamento de precatório não têm caráter jurisdicional".

(...)) fossem definidos em lei especial, que estabeleceria ainda as normas de processo e julgamento"?[577]

Paulo Brossard aponta que essa foi uma atecnia do constituinte, reproduzida desde a Constituição de 1891 e que tem raízes ainda mais remotas na analisada Lei de 15 de outubro de 1827 e do Código Criminal do Império, a partir de uma confusão que se faz ao adotar a mesma expressão ("crime de responsabilidade") para se referir a infrações políticas e a crimes funcionais, isto é, aqueles cometidos por funcionários públicos no exercício de suas atividades.[578]

É preciso, porém, distinguir a natureza jurídica dos crimes de responsabilidade que podem dar ensejo ao impeachment, tendo em vista que "não é o nome que faz o conceito e nem sempre o *nomen juris* corresponde ao conceito jurídico".[579] Até mesmo porque, se ao tempo do Império a Lei de 15 de outubro de 1827 tratava da responsabilização dos ministros do Imperador como de natureza penal, já desde a Constituição de 1891 e do Decreto nº 27/1892 se observava nítida separação entre a esfera de responsabilidade política e a jurisdição criminal, o que se confirma pelos tipos de sanções que passaram a ser cominadas àquelas infrações políticas.

Melhor seria, assim, que a Constituição adotasse nomes distintos para institutos distintos, referindo-se às condutas que podem ensejar o impeachment como infrações políticas ou ilícitos políticos, reservando-se a expressão "crime" às situações que verdadeiramente revelem ofensas de natureza penal. De toda forma, adota-se na Constituição a expressão "crime de responsabilidade", com a qual também se trabalha neste livro, sem que isso signifique tratar-se de atos penalmente relevantes ou de condutas de natureza criminal, já que há independência entre uma e outra esfera de responsabilização. Uma conduta penalmente típica pode se revelar insuficiente para o reconhecimento de uma infração política ensejadora de impeachment, assim como um ilícito político dessa natureza pode não se tratar de comportamento de natureza penal, sem que se negue a possibilidade de que um mesmo fato possa gerar responsabilização tanto na esfera política como na esfera criminal.[580]

---

[577] BROSSARD. Op. cit., p. 65.
[578] BROSSARD. Op. cit., p. 65. Ainda nesse mesmo sentido, a Lei de 29 de novembro de 1832, que instituiu o Código do Processo Criminal de primeira instância, previa sobre a "denúncia dos crimes de responsabilidade dos empregados públicos".
[579] BROSSARD. Op. cit., p. 69.
[580] Essa interpretação é corroborada por Paulo Brossard, que afirma: "É que inexiste correlação obrigatória entre crime de responsabilidade e crime comum. E mesmo quando ela eventualmente ocorra, o fato de um 'crime' previsto na lei de responsabilidade ser definido

Ainda, em relação a um mesmo fato, a absolvição penal não implicará a impossibilidade de responsabilização política, assim como a ausência de condenação por infração política não representará impossibilidade de condenação criminal.

É por essa razão que o impeachment assume natureza política, tendo em vista que "tem feição política, não se origina senão de causas políticas, objetiva resultados políticos, é instaurado sob considerações de ordem política e julgado segundo critérios políticos – julgamento que não exclui, antes supõe, é óbvio, a adoção de critérios jurídicos".[581] De fato, mais que oferecer uma punição ao agente responsável, o impeachment tem por objetivo primordial a proteção da Constituição e dos interesses públicos, permitindo-se que seja afastado do poder aquele que o exerce abusiva, negligente ou antidemocraticamente, oferecendo riscos de dano ao Estado e à democracia constitucional.[582]

Assim, não se justificaria a imposição de sanções como a de prisão – como outrora se fazia –, mas tão somente a díade de remoção do cargo e inabilitação para o exercício de outras funções públicas no futuro, ainda que temporalmente delimitado. Como já advertia Tocqueville, "A finalidade principal do julgamento político (...) é, portanto, retirar o poder daquele que o utiliza mal e impedir que esse mesmo cidadão volte a possuí-lo no futuro".[583]

---

como crime na lei penal não dá nem tira coisa alguma ao ilícito político, que continua a ser o que é, tão somente, ilícito político, apreciado através de critérios políticos numa jurisdição política" (BROSSARD. Op. cit., p. 74).

[581] BROSSARD. Op. cit., p. 76.

[582] Esse, aliás, é um entendimento que já se tinha presente desde o início da República, na linha do que já foi destacado quando se tratou da Constituição de 1891. Destaque-se, nesse sentido, trecho da manifestação feita por José Hygino Duarte Pereira – que havia sido constituinte, era consultor jurídico da oposição à Presidência do Marechal Deodoro da Fonseca e logo no ano seguinte seria indicado ao Supremo Tribunal Federal por Floriano Peixoto – em sessão do Congresso Nacional de 23 de outubro de 1891, quando se discutia a regulamentação do processo e julgamento do Presidente da República por crimes de responsabilidade: "O Senado não é chamado a julgar e a punir o Presidente da República criminalmente, o *impeachment* é um julgamento político, uma medida de salvação pública, que tem por fim ser destituído do cargo o Presidente que delinquiu e cujo governo pode comprometer a segurança, os interesses ou a honra da nação. O Presidente que trai sua pátria ou perpetra crimes de igual gravidade não pode continuar à frente da República. O Senado converte-se então em tribunal de justiça para julgá-lo politicamente, como medida de governo, destituí-lo do cargo (...)" (*In: Annaes do Senado Federal – Primeira Sessão da Primeira Legislatura*. Rio de Janeiro: Imprensa Nacional, 1892. p. 103. v. 5. Disponível em: www.senado.leg.br/publicacoes/anais/pdf/Anais_Republica/1891/1891%20Livro%206.pdf. Acesso em: 22 jun. 2021). Paulo Brossard também apresenta posições similares defendidas por juristas da época, como Galdino Siqueira, Gabriel Luiz Ferreira, Epitácio Pessoa, Carlos Maximiliano, além da posição divergente de Aurelino Leal (BROSSARD. Op. cit., p. 79-83).

[583] TOCQUEVILLE. Op. cit., p. 124.

3.4.2 Competência legislativa sobre o impeachment

Assentada a natureza não penal do impeachment e dos crimes de responsabilidade, decorre uma interessante discussão sobre o alcance da competência legislativa dos entes federativos para dispor sobre a matéria. A Constituição de 1988, assim como também faziam os textos constitucionais anteriores,[584] dispõe ser competência privativa da União legislar sobre direito penal e processual, excluindo essas temáticas das atribuições legislativas deferidas aos estados e municípios. Não sendo, porém, os crimes de responsabilidade ilícitos penais, mas infrações políticas, seria de logo se imaginar a não aplicação daquela norma constitucional. Não obstante, o dispositivo foi por vezes invocado como um dos fundamentos a justificar a competência legislativa privativa da União para dispor sobre a definição dos crimes de responsabilidade e o estabelecimento das respectivas normas de processo e julgamento. A melhor compreensão desse tema exige, porém, a análise da evolução de entendimento jurisprudencial do STF.

Logo no início das disposições da Constituição de 1891, que efetivamente implementou o impeachment na República brasileira, as manifestações do STF nos primeiros julgamentos que realizou sobre o tema reconheciam a competência estadual para dispor sobre o processo de responsabilidade política das autoridades de seu âmbito local.[585] Em casos como o do Acórdão nº 3.018/1911 e do *Habeas Corpus* nº 4.091/1916,[586] esse entendimento prevalecia ao restarem mantidas as iniciativas de Assembleias estaduais de promoção do impeachment de autoridades estaduais.

À época, a estranha exceção foi o *Habeas Corpus* nº 4.116/1918, quando se afirmou na ementa do acórdão que os Estados não poderiam legislar sobre os crimes de responsabilidade e o impeachment das autoridades locais, justamente sob o fundamento de que se tratava de responsabilização de caráter penal, a ensejar uma competência legislativa privativa da União. Entretanto, essa disposição não correspondia ao

---

[584] Essa disposição constava dos seguintes dispositivos dos textos constitucionais anteriores: artigo 34, item 22, da Constituição de 1891; artigo 5º, XIX, 'a', da Constituição de 1934; artigo 16, XVI, da Constituição de 1937; artigo 5º, XV, 'a', da Constituição de 1946; artigo 8º, XVII, 'b', da Constituição de 1967/1969. Em relação ao direito processual, a Constituição de 1891 fazia, nessa parte, referência apenas ao direito processual da justiça federal.
[585] Galdino Siqueira admitia que o impeachment fosse adotado e regulado pelos Estados em suas Constituições, observadas as limitações da Constituição da República, como em relação às sanções que poderiam ser aplicadas (SIQUEIRA. Op. cit., p. 250).
[586] Os casos citados nesse parágrafo e no próximo são objeto de análise mais detida em tópico posterior relativo ao papel do Supremo Tribunal Federal.

que efetivamente era decidido pela Corte, quando consideradas as fundamentações dos votos então proferidos.[587]

Já sob a Constituição de 1934, no período final de sua vigência, no julgamento do *Habeas Corpus* nº 26.544/1937, retomava-se aquele entendimento anterior. Reafirmando-se a natureza política do impeachment e afastando seu caráter criminal, voltava-se a afirmar expressamente a possibilidade constitucional de que os Estados-membros dispusessem, em leis próprias, sobre os crimes de responsabilidade das autoridades locais e o procedimento de sua apuração. Esse também era o entendimento amplamente prevalecente entre os juristas da época.[588] Todavia, a superveniência da Constituição de 1937, outorgada por um governo autoritário, representaria uma interrupção dessa interpretação.

A instauração do Estado Novo e a outorga da Constituição de 1937, como reflexo do governo autoritário que então vigia, deram lugar a uma prática federalista centralizadora, em que "a federação se transformou em palavra vã".[589] A crescente centralização de competências e atribuições junto à União, não obstante contrariasse as premissas descentralizadoras da adoção de uma forma federalista de Estado, influenciou a formação do pensamento jurídico da época e das decisões do STF, que, mesmo quando já não mais vigia o texto de 1937, repelia grande parte das iniciativas normativas estaduais.[590]

Assim é que, já sob a vigência de 1946, a Corte apreciou uma série de representações de inconstitucionalidade voltadas contra disposições normativas das Constituições dos Estados-membros da Federação, nas quais estabeleciam regramentos relativos aos crimes de responsabilidade e ao procedimento de sua apuração, remetendo

---

[587] BROSSARD. Op. cit., p. 102-103.
[588] Nesse sentido, assim reporta Paulo Brossard: "De resto, os mais autorizados jurisconsultos, penalistas inclusive, nunca puseram em dúvida a competência estadual a respeito. De Ruy Barbosa a João Barbalho, de José Higino a Galdino Siqueira, de Clóvis Bevilacqua a Pedro Lessa, de Epitácio Pessoa a Amaro Cavalcanti, de Afrânio de Melo Franco a Prudente de Moraes Filho, de Carlos Maximiliano a Viveiros de Castro, de Afonso Celso a Laudelino Freire, de Pisa e Almeida a Eneas Galvão, de Lúcio de Mendonça a Oliveira Ribeiro, em quase-unanimidade, dissertando ou decidindo, todos prestigiaram, direta ou indiretamente, explícita ou implicitamente, as práticas vigentes nesse sentido" (BROSSARD. Op. cit., p. 90-91).
[589] BROSSARD. Op. cit., p. 107.
[590] Sobre o papel do Supremo Tribunal Federal nesse contexto, Paulo Brossard afirma: "O Supremo Tribunal não se livrou dessa influência e dessa mentalidade. De um grande tribunal federal ele se foi transformando numa espécie de corte local, cujo acesso ficava reservado quase que a magistrados da metrópole do País. Perdeu a perspectiva nacional, vista através de critérios federativos. Foi desaparecendo o colorido local, a variedade das províncias na unidade da nação" (BROSSARD. Op. cit., p. 107).

também à lei suas maiores especificações. Nessas ocasiões, o Tribunal assentou a inconstitucionalidade dessas disposições, não obstante se notasse alguma oscilação quanto à exata fundamentação dessa compreensão.

Nesse momento, sem que ainda tivesse sido editada uma lei federal que dispusesse sobre os crimes de responsabilidade dos governadores e autoridades estaduais, grande parte dos Estados passou a dispor sobre a matéria em suas Constituições estaduais, definindo tais condutas, bem como seu respectivo processo.[591] Essas disposições, porém, passaram a ser objeto de representações de inconstitucionalidade, direcionadas pelos próprios governadores ao procurador-geral da República, que, nos termos do que dispunha o parágrafo único do artigo 8º da Constituição de 1946,[592] as submetia ao STF.

Na Representação nº 96,[593] julgada em 3 de outubro de 1947, o STF analisou impugnação encaminhada pelo procurador-geral da República[594] a partir de arguição inicialmente feita pelo governador

---

[591] BROSSARD. Op. cit., p. 98. Como destaca o autor: "Com efeito, não só a União, àquele tempo, se omitiu em legislar, e jamais definiu 'crimes de responsabilidade' de governantes estaduais, como a maioria dos Estados usou da outorga constitucional e regulou o impeachment, arrolando os crimes de responsabilidade de suas autoridades políticas, e dispôs sobre o respectivo processo. Assim, o Amazonas, o Piauí, o Ceará, a Paraíba, Pernambuco, Alagoas, o Sergipe, a Bahia, Minas Gerais, o Paraná, o Rio Grande do Sul, o Mato Grosso" (Idem, p. 99).

[592] O artigo dispunha que a intervenção federal poderia ser decretada para assegurar a observância de princípios como a forma republicana representativa; a independência e harmonia dos Poderes; a temporariedade das funções eletivas, limitada a duração destas à das funções federais correspondentes; a proibição da reeleição de governadores e prefeitos, para o período imediato; a autonomia municipal; a prestação de contas da Administração; e as garantias do Poder Judiciário. Nesses casos, o ato impugnado deveria ser submetido pelo procurador-geral da República à análise do Supremo Tribunal Federal, que, se reconhecida a inconstitucionalidade, poderia decretar a intervenção.

[593] A íntegra do longo acórdão resultante desse julgamento encontra-se disponível em: https://redir.stf.jus.br/paginadorpub/paginador.jsp?docTP=AC&docID=597869 (acesso em: 24 jun. 2021).

[594] Na manifestação do procurador-geral da República pela qual encaminhava as alegações do governador do Estado quanto à inconstitucionalidade dos dispositivos, Themístocles Brandão Cavalcanti opinava pela constitucionalidade das disposições da Constituição estadual. Quanto à pretensão de subordinar a Constituição Estadual ao mesmo regime delineado pelo texto federal, dizia: "Seria, entretanto, desconhecer toda a nossa tradição republicana, quando as Constituições estaduais, embora obedecendo em linhas gerais aos preceitos federais, orientaram-se diferentemente quanto às particularidades, diferenciando-se no processo e muitas vezes até pelos órgãos incumbidos de julgar as autoridades sujeitas ao processo político de responsabilidade". Fazia menção ao fato de que, sob a Constituição Federal de 1891, diversos Estados estabeleceram em suas Constituições tribunais especiais para o julgamento de processos de impeachment, sem que essas disposições fossem reputadas inconstitucionais. Ainda, afastava o argumento de que se tratara de matéria penal e, portanto, submetida à competência legislativa da União, argumentando que "ninguém ousaria negar aos Estados o poder de regular o seu regime disciplinar. Não se

do estado de São Paulo relativamente à alegada inconstitucionalidade de diversos dispositivos de sua Constituição estadual de 9 de julho de 1947.[595] Em seu artigo 44, esse texto constitucional inaugurava uma seção relativa à responsabilidade do governador, elencando seus crimes de responsabilidade (em exata correspondência adaptada ao que previa o artigo 89 da Constituição Federal), estabelecia a competência da Assembleia estadual para seu julgamento (em que a denúncia seria recebida por sua maioria absoluta, momento a partir do qual o governador ficaria afastado do exercício do cargo até decisão final do processo, instituindo-se comissão especial para promover o processo e dependendo a condenação, também, de maioria absoluta de votos de todos os membros), prevendo-se as sanções de perda do cargo, com inabilitação pelo prazo máximo de cinco anos para o exercício de qualquer função pública, sem prejuízo de procedimento civil ou criminal.

Seguindo a posição do ministro Goulart de Oliveira, relator, a Corte reconheceu, por unanimidade, a inconstitucionalidade desses dispositivos da Constituição paulista, afirmando que as normatizações constitucionais dos Estados deveriam se cingir ao que dispunha a Constituição Federal. Com base nessa premissa, reconhecia-se a existência de divergências entre as disposições da Constituição Federal e a de São Paulo, quando esta, por exemplo, qualificava os crimes de responsabilidade, o que seria de competência exclusiva do Poder Legislativo da União, a partir da invocação do artigo 5º, XV, 'a', da Constituição de 1946;[596] afirmava o afastamento do governador a

---

pode, por isso mesmo, (...) subordinar o processo de responsabilidade ao sistema repressivo federal, pelo menos dentro do quadro das instituições penais, precisamente por se tratar de direito político, regulado pelos princípios e normas de direito constitucional". Por essas razões, quanto ao ponto, concluía, ao final: "1 – que as Constituições estaduais não se acham adstritas aos termos da Constituição federal na terminologia sobre o processo e julgamento do impeachment; 2 – que o impeachment é processo político e que, por isso mesmo, exclui a apreciação pelo Tribunal político das infrações à lei penal; 3 – que as Constituições estaduais, desde as promulgadas sob o regime da Constituição Federal de 1891 até as atuais, usaram de terminologia diversa na determinação do momento em que se pode dar o afastamento do governador de seu cargo; 4 – que, entretanto, se confundem ao permitir tal afastamento na fase inicial do processo, antes da fase de julgamento, ao reconhecer a procedência da denúncia, ao decretar a acusação, ou receber a acusação ou finalmente ao receber a denúncia, por reconhecer a existência de elementos suficientes para o procedimento político; 5 – que, assim, não se afigura manifestamente inconstitucional o dispositivo da Constituição Paulista". Entende-se como irretocável essa manifestação, mas não foi o entendimento adotado pela Corte.

[595] Texto disponível em: www.al.sp.gov.br/leis/constituicoes/constituicoes-anteriores/constituicao-estadual-1947/#_ftn8. Acesso em: 24 jun. 2021.
[596] Em sua redação original, vigente à época do julgamento, o dispositivo previa que competia à União legislar sobre "direito civil, comercial, penal, processual, eleitoral, aeronáutico e

partir do recebimento da denúncia ou atribuía "arbítrio à Câmara para instauração do processo do impeachment", em violação à independência e à harmonia dos Poderes. Dizia-se, inclusive, que as disposições estaduais seriam inconstitucionais por desrespeitar "o princípio básico do Direito Penal, que exige lei anterior que defina os crimes".[597]

Cerca de um mês depois, em 12 de novembro de 1947, julgava-se a Representação nº 97,[598] encaminhada pelo procurador-geral da República dessa vez a partir de impugnações que o governador do Piauí fazia a dispositivos de sua Constituição estadual, de 22 de agosto de 1947.[599] Seu artigo 67 previa as hipóteses e o procedimento de impeachment contra o governador do Estado, estabelecendo que caberia à maioria absoluta da Assembleia declarar procedente a acusação (a partir de quando ficaria suspenso das suas funções), após o que se deveria constituir, para seu julgamento, um Tribunal Especial composto de sete membros (o Presidente do Tribunal de Justiça, que serviria como Presidente do Tribunal Especial e a quem se atribuía apenas voto de qualidade; dois desembargadores escolhidos por sorteio entre os membros do Tribunal de Justiça; e quatro deputados eleitos pela Assembleia Legislativa).

Em seu encaminhamento, de 3 de outubro daquele ano, o procurador-geral da República, Themístocles Cavalcanti, manifestava-se, nesse ponto, pela inconstitucionalidade das disposições relativas à organização do Tribunal Especial, não por vislumbrar um vício intrínseco de competência nessa regulamentação estadual, mas pela forma de seleção de seus membros por eleição, uma vez que não se assegurava "a voz dos partidos nem a representação das minorias, mas a escolha dos representantes da maioria, únicos que devem constituir também a maioria do Tribunal Especial". Essa disposição se revelaria contrária "ao próprio sistema do impeachment, que pressupõe um

---

do trabalho". Pela Emenda Constitucional nº 10/1964, acresceu-se à sua redação a menção ao direito agrário.

[597] Os trechos citados foram todos extraídos do voto proferido pelo ministro Goulart de Oliveira (relator), no julgamento da Representação. Também se destaca, desse caso, trecho proferido pelo ministro Hahnemann Guimarães em seu voto, quando afirmou que o impeachment "é uma velharia que só tem permitido a exploração política".

[598] O inteiro teor do acórdão proferido neste julgamento encontra-se disponível em: https://redir.stf.jus.br/paginadorpub/paginador.jsp?docTP=AC&docID=263237 (acesso em: 24 jun. 2021).

[599] Disponível em: https://biblioteca.ibge.gov.br/visualizacao/livros/liv44722.pdf (acesso em: 24 jun. 2021).

Tribunal político em sua complexidade político-partidária, e não os representantes apenas da maioria".[600]

O dispositivo foi também considerado inconstitucional pela unanimidade dos ministros, não obstante tenham sido diversas as fundamentações que levaram a essas conclusões. Nesse sentido, a ausência de fundamento comum à declaração de inconstitucionalidade não permitia afirmar taxativamente que a Corte entendia ser vedado aos Estados-membros legislar sobre os crimes de responsabilidade e o procedimento de impeachment.

O ministro Edgard Costa, relator, por exemplo, parecia afirmar a existência de algum espaço de determinação legislativa atribuída aos Estados para dispor sobre o impeachment, desde que ficassem adstritos às disposições da Constituição Federal. Afirmava, nesse sentido, que "ainda, pois, que se reconheça aos Estados a faculdade de estabelecerem, em suas Constituições, a maneira de compor o órgão ou tribunal a que se atribua a competência para julgamento dos crimes de responsabilidade dos seus governadores", no caso, a disposição violaria o princípio da independência e harmonia dos Poderes.

O ministro Hahnemann Guimarães, por sua vez, manifestava o entendimento de que "a Constituição estadual não pode restringir a garantia devida aos governadores, que somente podem ser responsabilizados por fatos e segundo processo definidos em lei federal". De maneira semelhante, o ministro Annibal Freire, fazendo referência ao caso de São Paulo (Representação nº 96), afirmava que "em se tratando de ponto concernente à independência de poderes, a medida terá como padrão a Constituição Federal, nos termos precisos em que a matéria está regulada".

Já o ministro Lafayette de Andrada, afirmando a natureza política do julgamento, entendia que deveria existir uma cautela maior para evitar abusos partidários, de modo que a organização do Tribunal Especial posteriormente à declaração de procedência da denúncia pela Assembleia Legislativa prejudicaria a escolha de julgadores independentes por eleição. Desse modo, afirmava que "o tribunal deve ser organizado antes de ser oferecida a denúncia, antes que a Assembleia se manifeste sobre a acusação".[601]

---

[600] Os trechos constam da manifestação encaminhada pelo procurador-geral da República ao Tribunal, citada no relatório do acórdão já referido.

[601] As citações correspondem a trechos dos votos então proferidos pelos respectivos ministros durante o julgamento da Representação 97, constantes no acórdão já referenciado.

Preocupações similares foram manifestadas pelo ministro Castro Nunes, que considerava marcadamente partidária a investidura de alguns membros do Tribunal Especial por eleição, entendendo que o sorteio possibilitaria a participação de membros de outros partidos. Além disso, também entendia que a não observância do quórum de dois terços para a condenação representava desrespeito a uma garantia constante da Constituição Federal e que o Tribunal especial deveria preexistir à imputação, sendo constituído por sorteio anteriormente à instauração do procedimento de impeachment.

A Constituição do Piauí voltaria a ser discutida na Representação nº 102,[602] julgada em 24 de novembro de 1948. Dessa vez, eram impugnados, relativamente ao impeachment, os artigos 68, 69 e 74,[603] os quais dispunham sobre os crimes de responsabilidade do governador e dos secretários de Estado, bem como as sanções possivelmente aplicáveis, remetendo à lei especial a definição desses crimes e das normas de processo e julgamento.

Nessa nova ocasião, ficou mais evidente na fundamentação dos votos proferidos a interpretação de que, muito embora o impeachment possa ser instituído no âmbito estadual, seu modelo deve guardar absoluta correspondência com a sistemática estabelecida na Constituição Federal, sem que se atribua qualquer espaço de atividade legislativa criadora às Assembleias estaduais. O ministro Barros Barreto, relator, conduziu a conclusão, manifestando em seu voto que seria vedado aos Estados modificar a legislação federal definidora de crimes de responsabilidade para acrescentar novas figuras ou suprimir alguns de seus elementos, de modo que a previsão da Constituição piauiense de

---

[602] O inteiro teor do acórdão proferido neste julgamento encontra-se disponível em: https://redir.stf.jus.br/paginadorpub/paginador.jsp?docTP=AC&docID=594531 (acesso em: 24 jun. 2021).

[603] Os dispositivos eram assim redigidos: "Art. 68 – São crimes de responsabilidade os atos do Governador que atentarem contra a Constituição. Federal e a do Estado e, especialmente, contra: a) a existência da União, do Estado ou do Município; b) o livre exercício dos Poderes Constitucionais da União, dos Estados e dos Municípios; c) o exercício dos direitos individuais, sociais e políticos; d) a segurança interna do Estado; e) a probidade da administração e legal emprego dos dinheiros públicos; f) a lei orçamentária do Estado; g) a autonomia dos Municípios; h) o cumprimento das decisões judiciárias. Parágrafo único – Lei especial definirá estes crimes e estabelecerá as normas do processo e julgamento, que, em caso de codelinquência (art. 73), serão unificados. Art. 69 – Não poderá o Tribunal Especial impor outra pena que não seja a de perda do cargo com inabilitação, até cinco anos, para o exercício de qualquer função pública, sem prejuízo da ação da justiça ordinária. (...) Art. 74 – São crimes de responsabilidade o não comparecimento (art. 28 §1.º) e a recusa de informações à Assembleia, bem como os atos definidos no art. 68, quando praticados ou ordenados pelos Secretários. Parágrafo único – O Secretário é responsável pelos atos que assinar, ainda que juntamente com o Governador, ou que praticar por ordem deste".

reservar ao Estado a possibilidade de legislar sobre a matéria, definir crimes de responsabilidade e regular seu processo e julgamento violaria a Constituição Federal.

Asseverava, também, que a competência privativa da União para legislar sobre direito penal impediria que legislação estadual criasse penas – ainda que houvesse uma reprodução das penas previstas pela Constituição Federal, com o acréscimo do critério temporal de cinco anos para a inabilitação –, ao fundamento de que "sendo a cominação de pena parte integrante de uma lei penal e não podendo ser esta feita por um Estado, é indiscutivelmente vedado à Constituição Estadual estabelecê-las". Em sentido idêntico também se manifestaram outros ministros, como Armando Prado ("somente à União compete elaborar leis sobre direito penal, sem possibilidade de celebração estadual supletiva ou complementar"), Hahnemann Guimarães ("somente à União compete legislar sobre o direito processual e penal e, assim, somente à União compete legislar definindo os crimes de responsabilidade, seu processo e punição") e Annibal Freire ("só o legislador federal poderá definir os crimes de responsabilidade e cominar-lhes penas").[604]

Ainda, discussões similares também tiveram lugar na Representação nº 111,[605] julgada em 23 de setembro de 1948, quando foram analisados dispositivos da Constituição do Estado de Alagoas, de 9 de julho de 1947. Seus artigos 57 e 58[606] dispunham sobre o impeachment do governador, atribuindo a competência para seu julgamento ao Tribunal de Justiça do Estado, definindo os crimes de responsabilidade e as sanções aplicáveis (perda do cargo e inabilitação para função pública),

---

[604] As citações correspondem a trechos dos votos então proferidos pelos respectivos ministros durante o julgamento da Representação 102, constantes no acórdão já referenciado.

[605] O inteiro teor do acórdão proferido neste julgamento encontra-se disponível em: https://redir.stf.jus.br/paginadorpub/paginador.jsp?docTP=AC&docID=471824 (acesso em: 25 jun. 2021).

[606] Os dispositivos impugnados, citados no próprio acórdão, eram assim redigidos: "Art. 57 – O Governador do Estado, depois que a Assembleia Legislativa, pelo voto da maioria absoluta dos seus membros, declarar procedente a acusação, será submetido a processo e julgamento nos crimes comuns e nos de responsabilidade, perante o Tribunal de Justiça do Estado. (...) §2º – A sentença condenatória importará perda do cargo e incapacidade para exercer qualquer função pública na forma da lei. (...) Art. 58 – São crimes de responsabilidade os atos do Governador do Estado que atentarem contra as Constituições Federal e Estadual, e especialmente contra: I – a existência da União, do Estado e dos Municípios; II – o livre exercício do Poder Legislativo, do Poder Judiciário e dos Poderes Constitucionais dos Municípios; III – o cumprimento das decisões judiciárias; IV – a probidade na administração; V – a lei orçamentária; VI – a guarda e o legal emprego dos dinheiros públicos; VII – o exercício dos direitos políticos, individuais e sociais; VIII – a segurança interna do Estado. Parágrafo único – Esses crimes serão definidos em lei especial, que estabelecerá as normas de processo e julgamento".

remetendo à lei especial sua especificação e a regulamentação do seu procedimento.

Uma vez mais, a Corte afirmou a inconstitucionalidade dos dispositivos impugnados, sob a condução do voto do Ministro Hahnemann Guimarães, relator, em que se assentava ser "contrário à independência do Poder Executivo submeter quem o exerce a regime penal não admitido em lei federal, pois que somente à União compete legislar sobre direito penal e o processo". Não obstante, houve divergência de fundamentação manifestada pelo ministro Orozimbo Nonato[607] – que entendia que a inconstitucionalidade decorria da inobservância do modelo federal, ao se atribuir a competência de julgamento ao Tribunal de Justiça –, além de divergência parcial erigida pelo ministro Edgar Costa, que levantou o ponto de que, na definição dos crimes de responsabilidade e das sanções, a Constituição alagoana apenas reproduzia a federal.

Todas essas decisões do STF representaram impulso a que o Congresso Nacional editasse lei federal que cumprisse a exigência da Constituição de 1946 de regulamentação da matéria. Assim é que foi editada a Lei nº 1.079/1950, que será objeto de análise específica na próxima seção e, no ponto relativo às competências dos entes federativos, trouxe importantes determinações que ensejaram novos debates jurisprudenciais.

Em sua quarta parte, a Lei nº 1.079/1950 passou a dispor sobre os crimes de responsabilidade dos governadores dos Estados ou dos seus secretários, estabelecendo ainda normas relativas às fases de denúncia, acusação e julgamento. Mais especificamente, no artigo 78 afirmava-se que caberia à Constituição de cada Estado definir a forma de julgamento dos governadores, respeitando as sanções de perda do cargo, com inabilitação até cinco anos, para o exercício de função pública; observando, quando se tratasse de tribunal de composição mista, paridade de representantes dos órgãos que o integrarem, garantida

---

[607] O fundamento declarado pelo ministro Orozimbo Nonato pode ser bem apreendido a partir do seguinte excerto de seu voto então proferido: "Entendo que o impeachment, sendo processo eminentemente político (juízo político), pode ser disciplinado pelo poder constituinte estadual porque não se trata aqui de punir, criminalmente, alguém, o que seria função legislativa, mas de declarar incompatibilidade, desqualificações, destinações, todas de ordem política, admissíveis, assim no plano federal, como no estadual. Apenas, impõe-se ao legislador estadual constituinte o dever de não deixar de se submeter ao molde da lei federal. Esse molde é que foi quebrado pelo constituinte alagoano, dando ao impeachment feição de processo penal, julgado, sobretudo, pelos órgãos do Poder Judiciário. Essa noção, esse conceito que ressai do texto constitucional alagoano está ao arrepio não só da índole mesma do instituto, senão, ainda, do modelo fixado e regulado, irremovivelmente pelo constituinte federal".

sua presidência ao Presidente do Tribunal de Justiça; e dependendo a condenação da votação de dois terços de seus membros.

Ainda, o §3º desse dispositivo estabelecia que, se não houvesse regramento na Constituição, deveria ser aplicada a solução ali disposta, realizando-se o julgamento perante tribunal composto de cinco membros do Legislativo e de cinco desembargadores, sob a presidência do Presidente do Tribunal de Justiça local, que teria direito de voto no caso de empate, observada a escolha dos membros do Legislativo mediante eleição pela Assembleia e a dos desembargadores por sorteio. Por fim, o §4º estabelecia que a constituição do Tribunal misto se daria posteriormente à declaração da procedência da acusação pela Assembleia. Essas disposições dos §§3º e 4º, porém, geraram novos debates perante o STF, próximos aos que tiveram lugar na Representação nº 97, relativa à Constituição do Piauí.

No Recurso em Mandado de Segurança nº 4.928, julgado em 20 de novembro de 1957, apreciou-se impugnação apresentada por Sebastião Marinho Muniz Falcão, governador do Estado de Alagoas, que havia impetrado, perante o Tribunal de Justiça local, mandado de segurança contra ato da Assembleia Legislativa estadual, em razão de denúncia por crimes de responsabilidade de que era acusado.[608] Não tendo obtido sucesso na Corte estadual, levava-se a matéria ao Supremo em recurso, alegando-se, com base na jurisprudência construída pelo Tribunal nas Representações, direito líquido e certo a continuar no exercício de suas funções.

No julgamento, instaurou-se como questão de destaque a tese de inconstitucionalidade dos §§3º e 4º do artigo 78 da Lei nº 1.079/1950, por arguição do ministro Cândido Motta Filho, que afirmava que "o título único, da parte quarta, capítulo primeiro, é excessivo e extravasa da competência da União, quando cuida da responsabilidade dos governadores dos Estados e dos seus secretários, chegando, para tanto, a minúcias de fórmulas processuais".[609] Dessa forma, como o impeachment

---

[608] Em referência às disposições da Lei nº 1.079/1950, as acusações então feitas ao governador eram as descritas no artigo 6º, 2 ("2 – usar de violência ou ameaça contra algum representante da Nação para afastá-lo da Câmara a que pertença ou para coagi-lo no modo de exercer o seu mandato bem como conseguir ou tentar conseguir o mesmo objetivo mediante suborno ou outras formas de corrupção); artigo 8º, 7 ("permitir, de forma expressa ou tácita, a infração de lei federal de ordem pública"); artigo 9º, 5 ("infringir no provimento dos cargos públicos, as normas legais"); e artigo 11, 1 ("ordenar despesas não autorizadas por lei ou sem observância das prescrições legais relativas às mesmas").

[609] As citações feitas nesse e nos próximos parágrafos relativamente aos votos proferidos pelos respectivos ministros correspondem a trechos do acórdão proferido como resultado do julgamento referenciado.

se revelava como instituto de direito político, ínsito à autonomia dos entes federativos estaduais, reputava-se inconstitucional a Lei na parte referente às autoridades estaduais.

Também o ministro Antonio Vilas Bôas (relator), com base em sua compreensão do impeachment como "instituto ontologicamente político e só acidentalmente penal", retomava que, mesmo tendo a Corte afirmado em casos anteriores que o legislador estadual não poderia dispor sobre crimes de responsabilidade, "a designação do órgão competente, para a apuração da incompatibilidade e votação do impeachment (...) compete privativamente ao Estado, que deve fazê-la na sua Constituição, sem quebra dos princípios da Carta Federal". Entendia, ainda, que a designação de magistrados para composição do Tribunal especial seria inconstitucional, tendo em vista que se trataria de função do Legislativo e que se proibia aos juízes o exercício de qualquer outra função pública; assim como a constituição do órgão julgador posteriormente ao recebimento da denúncia o transformaria em tribunal de exceção. Assim, reconhecendo a inconstitucionalidade dos dispositivos, votava pelo provimento do recurso.

Ainda o ministro Nelson Hungria, em destacado voto, manifestou-se pela inconstitucionalidade dessas disposições da lei federal, esclarecendo o que considerou uma "grande confusão" realizada por alguns ministros que consideravam o impeachment procedimento judicial e criminal. Sustentando que o impeachment é um processo marcadamente político, já que não conduz à aplicação de pena criminal e tinha lugar sem prejuízo expresso de posterior ação penal no juízo comum, foi interpelado pelo ministro Ary Franco sobre se tratar de processo misto, ao que respondeu que "de modo algum", afirmando que "a Lei nº 1.079 cuida tão somente da aplicação de medida político-administrativa, que é o afastamento do acusado do cargo que ocupa e sua subsequente inabilitação temporária para a função pública", de modo que "tratando-se de processo político-administrativo, e não judicial, não há que intervir, no plano estadual, a lei federal". Afastava, assim, a aplicação do dispositivo constitucional que garantia competência legislativa privativa da União para dispor sobre matéria processual – que alcançaria apenas o processo judiciário civil ou penal –, dispondo que o processo de impeachment em relação às autoridades dos Estados apenas poderia ser objeto de disposição por suas Constituições ou leis estaduais.[610]

---

[610] Nos debates travados durante o julgamento, o ministro Nelson Hungria ainda se opôs à proposta do ministro Luiz Galotti, que tentava salvar a constitucionalidade do dispositivo

Essa conclusão também foi seguida pelo ministro Lafayette de Andrada, mas acabou restando minoritária. Prevaleceu, como nos julgamentos anteriores, a posição de que a legislação federal não representava invasão à competência legislativa dos Estados, não violando a Constituição Federal, mas, antes, resguardando-a e assegurando-a, posição afirmada pelos ministros Afrânio Antônio da Costa, Luiz Gallotti, Ary Franco, Ribeiro da Costa, Hahnemann Guimarães e Barros Barreto. Objetando-se apenas a previsão da eleição como forma de seleção dos membros dos representantes da Assembleia estadual no Tribunal misto, determinava-se que se procedesse via sorteio, dando-se, por maioria, provimento ao recurso então julgado.[611]

Essas mesmas discussões sobre a competência legislativa também podem ser estendidas em relação às autoridades públicas municipais, sobretudo após terem sido todos os municípios alçados à categoria de entes federativos autônomos e independentes pela Constituição de 1988. A matéria também foi objeto de disposição pela Lei nº 3.528/1959, posteriormente revogada pelo ainda vigente Decreto-Lei nº 201/1967.

Inicialmente, no Recurso em *Habeas Corpus* nº 3.715,[612] julgado em 27 de janeiro de 1915, apreciava-se irresignação de Julio Viveiros Brandão, intendente municipal da capital da Bahia, que impugnava decisão do Conselho Municipal que havia declarado a procedência de acusação contra ele formulada, sem prejuízo do processo criminal perante a justiça comum, em consequência da qual restou suspenso de seu cargo. No recurso, alegava-se que a Lei estadual nº 1.065/1914

---

atribuindo-lhe solução criativa e não prevista em lei para a forma de constituição do Tribunal misto, dizendo: "Seria isso qualquer coisa como o médico ortopedista que, para exercer o seu mister, que é o de suprir artificialmente a falta de membros do corpo humano, corta um braço a alguém para poder aplicar um postiço".

[611] Na ementa do acórdão, fixou-se: "Ao Congresso Nacional cabe fixar normas uniformes, que devem presidir a tranquilidade do país e a solidez do regime; sendo o Brasil uma federação, onde, mais que em qualquer outra, as unidades que a compõem, se caracterizam por uma perfeita homogeneidade de costumes políticos, não há como encontrar singularidades, que aconselhem processo diverso, para, em cada uma coibir abusos de cidadão investido em altas funções públicas nem tribunais de constituição diversa, para julgá-los. – Não contraria a Constituição que de tais tribunais especiais participem membros do Poder Judiciário. – Ao Supremo Tribunal Federal, em sua função construtiva, cabe suprir, com elementos colhidos da própria lei, as lacunas e omissões neles verificadas, dando maiores garantias à defesa e conduzindo a lei à sua finalidade. – É inconstitucional a escolha dos representantes da Assembleia, para o Tribunal, mediante eleição pela maioria, um só deve ser o critério de seleção para a constituição do Tribunal Especial, critério que deve abranger todos os seus membros, que, presumidamente, estão em pé de igualdade para o julgamento; o sorteio aplicável aos desembargadores deve ser extensivo a todos os deputados, com exclusão do que tomou a iniciativa da acusação, que, por motivos óbvios, não pode participar do julgamento".

[612] *In: Revista do Supremo Tribunal Federal*, Rio de Janeiro, v. VIII, n. I, ano III, p. 7-25, jul. 1916.

sujeitava os intendentes à suspensão de seus cargos por aceitação de denúncia, pelos Conselhos Municipais, por "delitos funcionais ou por abusos e crimes praticados (...) na gestão financeira do município", enquanto o artigo 113 da Constituição de 1891 do Estado[613] previa que deveriam ser julgados perante os juízes de direito. Em julgamento de procedência do pedido, o Supremo reconheceu que a lei referida era incompatível com a previsão da Constituição estadual e, por isso, seria nula, resultando em coação ilegal, sem que se afirmasse, porém, a impossibilidade absoluta de que os legisladores dos entes subnacionais dispusessem sobre o tema sem oposição às previsões constitucionais federal e estadual expressas.[614]

Sob outro viés, no Recurso Extraordinário nº 22.241, julgado em 9 de julho de 1954, decidia-se sobre a validade do artigo 160 da Constituição de 1947 do estado do Rio Grande do Sul, segundo o qual, nos crimes de responsabilidade, os prefeitos e subprefeitos seriam julgados pelo juiz de direito da comarca mais próxima, com recurso para o Tribunal de Justiça.[615] Seguindo posição do ministro Hahnemann Guimarães, relator, assentou-se que a previsão da Constituição estadual não encontrava correspondência com as hipóteses de competência estipuladas pelo Código de Processo Penal nem com a Lei nº 1.079/1950, que não trazia previsões específica a respeito dos prefeitos. Assim, invocando mais uma vez a disposição constitucional que assegurava competência privativa da União para legislar sobre direito penal e processual, o dispositivo foi considerado inconstitucional, já que "só na lei processual federal é lícito estabelecer regras sobre competência e sobre recurso".[616]

Em aplicação do artigo 64 da Constituição de 1946,[617] o dispositivo teve sua execução suspensa mais de sete anos depois pela Resolução

---

[613] Disponível em: www2.senado.leg.br/bdsf/item/id/224181. Acesso em: 30 jun. 2021.
[614] BROSSARD. Op. cit., p. 101-102.
[615] O texto integral da Constituição do Rio Grande do Sul de 1947 encontra-se disponível em: www2.al.rs.gov.br/biblioteca/LinkClick.aspx?fileticket=1_ts3HiCSvI%3d&tabid=3107&language=pt-BR (acesso em: 28 jun. 2021).
[616] O trecho citado consta do voto então proferido pelo ministro relator. Na ementa do acórdão, fixou-se: "É inconstitucional a disposição do art. 160 da Constituição do Rio Grande do Sul, que estabeleceu competência por prerrogativa de funções, desconhecida no regime do processo penal". Mais uma vez, parecia se fazer confusão entre a responsabilização política por crimes de responsabilidade e a esfera penal.
[617] O dispositivo previa que "incumbe ao Senado Federal suspender a execução, no todo ou em parte, de lei ou decreto declarados inconstitucionais por decisão definitiva do Supremo Tribunal Federal".

nº 48/1961 do Senado.[618] Entre o julgamento e essa suspensão, porém, o Congresso Nacional havia editado a Lei nº 3.528/1959,[619] que dispunha sobre a aplicação da Lei nº 1.079/1950 aos prefeitos e cujo artigo 3º estabelecia que, nos crimes de responsabilidade, essas autoridades seriam processadas e julgadas pela forma prevista na Constituição e nas leis estaduais, reconhecendo, a princípio, a competência para que os Estados legislassem sobre o tema.[620]

Ainda, na Representação nº 350, julgada em 13 de agosto de 1958, enfrentava-se a alegação de inconstitucionalidade de disposições da Constituição de 1947 do estado de Minas Gerais (§§2º, 3º e 4º de seu artigo 91), conforme a redação dada pela Lei Constitucional nº 3/1951.[621] Versando sobre os crimes de responsabilidade contra os prefeitos, previa-se que o julgamento se daria pela Câmara de Vereadores, com recurso cabível, sempre com efeito suspensivo para o Tribunal de Contas ou a Assembleia Legislativa,[622] sendo este obrigatório quando se concluísse pela perda do mandato. Exigia-se o quórum de dois terços para a condenação e para sua confirmação em sede de recurso, o que também seria observado para situações de perda do mandato do vice-prefeito e dos vereadores.

As disposições foram consideradas incompatíveis com os artigos 23 e 28 da Constituição Federal de 1946 – que dispunham sobre as situações em que os estados poderiam intervir nos municípios e a autonomia destes para eleição do prefeito, dos vereadores e para sua

---

[618] Disponível em: https://legis.senado.leg.br/norma/562668/publicacao/15641409. Acesso em: 28 jun. 2021.

[619] Disponível em: www.planalto.gov.br/ccivil_03/leis/1950-1969/l3528.htm. Acesso em: 28 jun. 2021.

[620] O artigo 4º dessa lei ainda previa procedimento supletivo para as situações em que as normas estaduais não dispusessem sobre o tema, estabelecendo que nessas situações o julgamento incumbiria à Câmara de Vereadores, que só poderá proferir sentença condenatória pelo voto de dois terços dos seus membros, cabendo recurso de ofício, com efeito suspensivo, para a Assembleia Legislativa estadual.

[621] Disponível em: www.almg.gov.br/consulte/legislacao/completa/completa.html?tipo= LCO&num =3&comp =&ano=1951. Acesso em: 28 jun. 2021.

[622] A definição do órgão competente para apreciação do recurso dependia do crime de responsabilidade imputado, entre aqueles que a própria Constituição já elencava. Nas condutas de não apresentar contas documentadas ou não obter sua aprovação por motivo de emprego ilícito dos dinheiros públicos; utilizar, em proveito próprio, ou de terceiros, os bens públicos; e atentar contra a probidade na administração ou a lei orçamentária, o recurso seria julgado pelo Tribunal de Contas. Essa atribuição seria da Assembleia Legislativa estadual nos casos de atentado contra o livre exercício dos poderes da Câmara Municipal; contra o gozo e o exercício dos direitos políticos, individuais e sociais; e ausência ou residência fora da sede do Município.

administração própria. No voto do ministro Henrique D'Ávila, relator, assentava-se que "não é lícito, nem admissível, sujeitar à Assembleia Legislativa do Estado atos da Câmara Municipal concernentes à cassação de mandatos de prefeitos ou vereadores, sem flagrante desrespeito à Carta Magna". Entendia-se, portanto, que a situação violaria a autonomia dos órgãos municipais.

Já sob a vigência da Constituição de 1988, na sequência da qual novas Constituições estaduais foram também editadas, houve vários casos em que novamente disposições dessas sobre o impeachment eram impugnadas por violação àquela. Entretanto, seguiu-se afirmando, também sob a nova ordem constitucional, a competência legislativa privativa da União sobre o tema.

Na ADI nº 1.628, impugnavam-se disposições da Constituição de 1989 do estado de Santa Catarina (artigo 40, XX, e parágrafo único, artigo 73, §1º, II),[623] relativas aos crimes de responsabilidade e ao processo de impeachment do governador. Estabelecia que seu julgamento se daria pela Assembleia estadual, que o governador seria afastado pela instauração do processo naquele órgão legislativo e que sua condenação resultaria em perda do cargo e inabilitação por oito anos (não obstante a Lei nº 1.079/1950 falasse em cinco). Colocavam-se, então, as questões sobre a possibilidade ou não de a Constituição do Estado poder tratar da matéria e se poderia, assim, dispor de modo diverso da previsão da lei federal.

No julgamento da medida cautelar, realizado em 30 de junho de 1997, a Corte suspendeu a vigência de alguns dispositivos impugnados, que previam o julgamento do governador pela Assembleia. O relator, ministro Nelson Jobim, pronunciava que "a definição de crimes de responsabilidade e a regulamentação do processo e do julgamento são de competência da União".

No julgamento de mérito, realizado em 10 de agosto de 2006, sob relatoria do ministro Eros Grau, a inconstitucionalidade dos dispositivos impugnados foi assentada, renovando-se o mesmo fundamento e estendendo-se os efeitos da medida cautelar para manter aplicável às autoridades estaduais a previsão do prazo de cinco anos de inabilitação (artigo 78 da Lei nº 1.079/1950), entendendo-se que a previsão de oito anos da Constituição Federal somente se aplicaria às autoridades

---

[623] Disponível em: http://leis.alesc.sc.gov.br/html/constituicao_estadual_1989.html. Acesso em: 28 jun. 2021.

federais. Segundo trecho do voto relator, "ainda que a lei diga que se cuidará da questão na Constituição do Estado, prevalece o artigo 22 da Constituição, segundo o qual essa matéria, que é processual penal, é de competência da União".[624]

O mesmo entendimento levou a conclusões semelhantes em relação a Constituições e atos normativos dos estados de Minas Gerais,[625] Maranhão,[626] Mato Grosso,[627] Rondônia,[628] Amapá,[629] São Paulo,[630]

---

[624] Durante os debates, o ministro Carlos Britto questionou se se tratava mesmo de matéria penal, secundado pelo ministro Sepúlveda Pertence, que respondia: "Estou convencido de que não se trata de matéria penal. No entanto, a jurisprudência se consolidou nesse sentido". Apesar de anotar sua ressalva, confirmava-se o entendimento jurisprudencial pretérito, registrando-se a decisão unânime de inconstitucionalidade das disposições da Constituição estadual.

[625] ADI nº 1.901, de relatoria do ministro Ilmar Galvão, na qual se impugnava o §2º do artigo 162 da Constituição do Estado (na redação conferida pela Emenda Constitucional nº 31/1997), segundo o qual configuraria crime de responsabilidade a retenção ou restrição de repasse dos duodécimos de recursos orçamentários aos Poderes Legislativo e Judiciário, bem como ao Tribunal de Contas e ao Ministério Público. O dispositivo teve sua vigência suspensa em julgamento cautelar realizado em 5 de novembro de 1998, que foi confirmado na análise de mérito em 3 de fevereiro de 2003, quando o voto relator assentou: "relativamente ao §2.º, mais flagrante ainda se revela a ofensa à Constituição Federal, posto haver definido figura delituosa, matéria legislativa reservada à União".

[626] ADI nº 1.890, de relatoria do ministro Carlos Velloso, julgamento da medida cautelar em 10 de dezembro de 1998. Na ocasião, impugnavam-se os §§1º e 2º do artigo 66 da Constituição do Estado, que dispunha sobre o processo de impeachment do governador. A vigência de alguns dispositivos foi suspensa, invocando-se como fundamento que "a definição dos crimes de responsabilidade, como também o estabelecimento de normas de processo e julgamento, são da competência da União Federal" (trecho do voto do relator). O processo acabou sendo extinto em fevereiro de 2004 sem apreciação definitiva do mérito, em razão de perda superveniente de representatividade no Congresso Nacional do partido político que havia promovido a ação (Partido da Mobilização Nacional – PMN), em entendimento jurisprudencial que logo foi afastado pela Corte em outros casos.

[627] ADI nº 834, de relatoria do ministro Sepúlveda Pertence, julgamento de mérito realizado em 18 de fevereiro de 1999. Nesse caso, voltava-se contra Decreto Legislativo editado pela Assembleia Estadual, que previa a possibilidade de responsabilização de algumas autoridades por crime de responsabilidade no caso de descumprimento de suas disposições. Esse ato normativo foi declarado inconstitucional em acórdão em cuja ementa se afirmou: "Entenda-se que a definição de crimes de responsabilidade, imputáveis embora a autoridades estaduais, é matéria de Direito Penal, da competência privativa da União – como tem prevalecido no Tribunal – ou, ao contrário, que, sendo matéria de responsabilidade política de mandatários locais, sobre ela possa legislar o Estado-membro – como sustentam autores de tomo –, o certo é que estão todos acordes em tratar-se de questão submetida à reserva de lei formal, não podendo ser versada em decreto-legislativo da Assembleia Legislativa".

[628] ADI nº 2.050, relatoria do ministro Maurício Corrêa. O julgamento cautelar se deu em 2 de setembro de 1999 (em cujo acórdão se dispôs que "são de competência da União a definição jurídica de crime de responsabilidade e a regulamentação dos respectivos processo e julgamento"), confirmado pelo julgamento de mérito em 3 de março de 2004 (quando se afirmou que "compete à União Federal tanto a definição desse delito, quanto a regulamentação do respectivo processo e julgamento"). Também em relação ao Estado de Rondônia, houve a ADI nº 2.592, de relatoria do ministro Sydney Sanches, que se

Pernambuco,[631] que foram também declaradas inconstitucionais. Todos esses precedentes levaram à edição, pelo Tribunal, da Súmula nº 722, aprovada em 26 de novembro de 2003, segundo a qual: "São da competência legislativa da União a definição dos crimes de responsabilidade e o estabelecimento das respectivas normas de processo e julgamento".

Reafirmado esse entendimento em novos precedentes,[632] o enunciado foi transformado na Súmula Vinculante nº 46, em 9 de abril

---

voltava contra dispositivo incluído em sua Constituição pela Emenda Constitucional nº 21/2001, que previa que a não execução de programação da lei orçamentária decorrente de emenda parlamentar implicaria crime de responsabilidade (artigo 136-A, §3º), por não cumprimento da lei orçamentária (artigo 66, V). O julgamento da medida cautelar se deu em 3 de outubro de 2002 e o mérito, em 23 de abril de 2003. Em ambos, julgando-se procedente o pedido por unanimidade, afirmou-se que "a jurisprudência do STF é firme no sentido de que compete à União legislar sobre crime de responsabilidade". Ainda, na ADI nº 1.879, declarou-se a inconstitucionalidade da Lei nº 657, de 10 de junho de 1996, do estado de Rondônia, que definia crimes de responsabilidade, dispunha sobre seus efeitos e disciplinava seu processo e julgamento. A medida cautelar foi deferida em 19 de abril de 1999, sob a relatoria do ministro Moreira Alves, e o julgamento cautelar, em 17 de novembro de 2004, sob a relatoria do ministro Joaquim Barbosa, quando se assentou que "é da União a competência legislativa para a definição dos crimes de responsabilidade e das regras de seu processamento". Na ADI nº 132, de relatoria do ministro Sepúlveda Pertence, declarou-se, com o mesmo fundamento, inconstitucional a previsão das Disposições Constitucionais Transitórias daquele Estado, que definia hipóteses de crime de responsabilidade.

[629] ADI nº 2.235, relatoria do ministro Octavio Galotti, cujo julgamento cautelar ocorreu em 29 de junho de 2000. Em votação unânime, o Tribunal assentou que "Segundo a orientação do Supremo Tribunal, é a competência legislativa da União a definição dos crimes de responsabilidade bem como a disciplina do respectivo processo e julgamento", conforme trecho da ementa do acórdão então proferido. Após novo debate suscitado pelo ministro Sepúlveda Pertence, o ministro Nelson Jobim assinalou: "(...) o Tribunal misto é necessário, por força da disposição [da Lei nº 1.079]. Não há opção para os Estados. (...) O julgamento é feito por tribunal misto. O procedimento é que pode ser fixado pela Constituição do Estado". Em dezembro de 2006, reconheceu-se a prejudicialidade do pedido, pela modificação empreendida no dispositivo impugnado (artigo 120 da Constituição do Amapá) pela Emenda Constitucional nº 18, de 4 de julho de 2000, logo após o julgamento cautelar.

[630] ADI nº 2.220, cujo julgamento da medida cautelar se deu em 1º de agosto de 2000, quando se acompanhava o relator, o ministro Octavio Galotti, que afirmava que cabia "à União – e não aos Estados – a competência para legislar acerca da definição e do processo dos crimes de responsabilidade". No julgamento de mérito, realizado em 16 de novembro de 2001, acompanhou-se unanimemente a relatora, ministra Cármen Lúcia, no sentido de que "a matéria – direito penal, processual penal e crime de responsabilidade – é da competência privativa da União e deve ser veiculada na lei especial nacional, tal como exigido no parágrafo único do art. 85 da Constituição da República".

[631] ADI nº 1.225, de relatoria do ministro Francisco Rezek, que se voltava contra dispositivo da Lei estadual nº 11.024/1994, que estabelecia a possibilidade de que membros dos Conselhos Estadual ou Municipal de saúde respondessem por crime de responsabilidade se exorbitassem suas funções. A medida cautelar foi deferida em julgamento de 4 de agosto de 1995, ao fundamento de que "o legislador estadual não tem competência para legislar sobre matéria penal". Com a revogação da lei impugnada em maio de 1994, a ação foi extinta pelo reconhecimento, em julho de 1997, da superveniente perda de seu objeto.

[632] Nesse sentido, são exemplificativos os seguintes casos julgados após a edição da Súmula nº 722: ADI nº 341, de relatoria do ministro Eros Grau, julgamento em 14 de abril de 2010 ("Ao

de 2015, com a seguinte redação: "A definição dos crimes de responsabilidade e o estabelecimento das respectivas normas de processo e julgamento são de competência legislativa privativa da União".[633] Desde então, a posição tem sido constantemente reafirmada pelo Supremo nos casos que enfrentou sobre o tema.[634] Não é esse, porém, o entendimento que aqui se entende mais adequado.

A afirmação de um modelo federalista de Estado assume como pressuposto a atribuição de autonomia política, administrativa e

---

Estado-membro não compete inovar na matéria de crimes de responsabilidade – artigo 22, inciso I, da Constituição do Brasil. Matéria de competência da União", trecho da ementa do acórdão); RE nº 367.297, de relatoria do ministro Celso de Mello, julgamento em 16 de novembro de 2020 ("O que me parece incontroverso, no entanto, a partir da edição da Súmula 722/STF, é que resultou superada, agora, prestigiosa corrente doutrinária (...) que admite a possibilidade de os Estados-membros ou os Municípios definirem, eles próprios, os modelos tipificadores dos impropriamente denominados crimes de responsabilidade", trecho da decisão monocrática do relator); ADI nº 1.440, de relatoria do ministro Teori Zavascki, julgamento em 15 de outubro de 2014 ("É inconstitucional o art. 2º da lei catarinense, porque estabeleceu conduta típica configuradora de crime de responsabilidade, usurpando competência atribuída exclusivamente à União pelos arts. 22, I, e 85, parágrafo único, da Constituição Federal, contrariando a Súmula 722 do STF", trecho da ementa do acórdão); AI nº 515.894-AgR, de relatoria do ministro Luiz Fux, Primeira Turma, julgamento em 28 de agosto de 2012 ("A tipificação do crime de responsabilidade é da competência legislativa privativa da União", trecho da ementa do acórdão); ADI nº 3.279, de relatoria do ministro Cezar Peluso, julgamento em 16 de novembro de 2011 ("É inconstitucional a norma da Constituição do Estado que, como pena cominada, caracterize como crimes de responsabilidade a ausência injustificada de secretário de Estado a convocação da Assembleia Legislativa, bem como o não atendimento, pelo governador, secretário de estado ou titular de entidade da administração pública indireta, a pedido de informações da mesma Assembleia", trecho da ementa do acórdão); ADI nº 4.791, de relatoria do ministro Teori Zavascki, julgamento em 12 de fevereiro de 2015 ("A competência para dispor legislativamente sobre processo e julgamento por crimes de responsabilidade é privativa da União, que o fez por meio da Lei 1.079/50, aplicável aos Governadores e Secretários de Estado, razão pela qual são inconstitucionais as expressões dos arts. 54 e 89 da Constituição do Estado do Paraná que trouxeram disciplina discrepante na matéria, atribuindo o julgamento de mérito de imputações do tipo à Assembleia Legislativa local", trecho da ementa do acórdão).

[633] A edição da súmula vinculante se deu por aprovação unânime dos ministros do STF, no âmbito da Proposta de Súmula Vinculante nº 106, que tramitou a partir de apresentação do Ministro Gilmar Mendes, feita em março de 2012.

[634] Nesse sentido, podem ser citados, exemplificativamente, os seguintes casos: ADI nº 5.416, Tribunal Pleno, relatoria do ministro Gilmar Mendes, julgamento em 3 de abril de 2020; Rcl nº 38.792-AgR, Primeira Turma, relatoria do ministro Alexandre de Moraes, julgamento em 3 de março de 2020; ADI nº 5.895, Tribunal Pleno, relatoria do ministro Alexandre de Moraes, julgamento em 27 de setembro de 2019; ADI nº 5.300, Tribunal Pleno, relatoria do ministro Alexandre de Moraes, julgamento em 20 de junho de 2018; ADI nº 4.764, Tribunal Pleno, redator do acórdão ministro Roberto Barroso, julgamento em 4 de maio de 2017. Ainda, na nº ADI 5.289 (de relatoria do ministro Marco Aurélio, julgamento em 7 de junho de 2021), em entendimento afirmado pela unanimidade da Corte, afirmou-se na ementa do acórdão que: "conflita com a Constituição Federal, considerada a competência privativa da União para legislar sobre direito penal artigo 22, inciso I, ato normativo estadual a prever crime de responsabilidade".

normativa aos entes federados, que, observadas as disposições da Constituição Federal, devem ser exercidas por seus órgãos constituídos, conforme a distribuição constitucional de competências.[635] Com efeito, ainda que não exista modelo único de federalismo,[636] esses são elementos mínimos que lhe caracterizam e permitem sua identificação.[637]

De outro lado, renova-se que o impeachment não representa caráter criminal, tampouco se confunde com a esfera de processamento penal. Com efeito, na linha do que já foi afirmado, ainda que se fale em "crimes de responsabilidade", a natureza jurídica dessas infrações assume perfil político, constituindo âmbito autônomo de responsabilização.

Adotadas essas premissas – que o federalismo pressupõe autonomia política aos entes federados e que o impeachment e os crimes de responsabilidade não assumem natureza penal, mas política – e não havendo disposição expressa na Constituição Federal, inexiste razão para que se negue aos estados e municípios competência legislativa para dispor sobre a responsabilização política de suas próprias autoridades. Se se tratasse de matéria penal, por certo se teria matéria submetida à competência legislativa privativa da União, na forma do artigo 22, I, da Constituição Federal, o que não é, porém, o caso. Da mesma forma, a limitação de disposição sobre direito processual, constante desse mesmo dispositivo constitucional, é igualmente inaplicável, tendo em vista que não se trata de processo penal ou civil, mas de disposições procedimentais para promoção de uma responsabilização política.[638] Assim, a afirmação do entendimento contrário pelo STF

---

[635] Nesse sentido, já se afirmou em outra obra que "deve ser ínsito a tal forma de estado que a unidade política conviva com a possibilidade de diversidade de organização local e regional, conciliando os diversos interesses e realidades existentes em cada um dos entes federados" (ARABI, Abhner Youssif Mota. *Federalismo brasileiro*: perspectivas descentralizadoras. Belo Horizonte: Fórum, 2019, p. 21). Dessa forma, o federalismo "pressupõe o convívio de distintas entidades políticas autônomas dentro de suas esferas de competência, unidas em torno de uma identidade nacional e de um projeto político comum para aquela nação" (Idem, p. 32).

[636] ARABI. Op. cit., 2019, p. 20-21.

[637] GAMPER, Anna. A "Global Theory of Federalism": The Nature and Challenges of a Federal State. *German Law Journal*, v. 6, n. 10, p. 1.305, 2005. Disponível em: www.germanlawjournal.com/volume-06-no-10. Acesso em: 30 jun. 2021.

[638] A posição é bem sintetizada, mais uma vez, por Paulo Brossard: "Ou os crimes de responsabilidade são infrações penais e somente a União pode criá-los, e é dever seu, intransferível, indelegável, dispor também, e de modo exclusivo, sobre o processo – processo penal –, ou é do Estado a competência para editar as leis do processo, por explícito reconhecimento da União, e à União não compete definir os chamados crimes de responsabilidade, por não se tratar de matéria penal. (...) Dado que os impropriamente chamados crimes de responsabilidade, enquanto infrações políticas, não são crimes,

parte, historicamente, de uma premissa equivocada, ao se considerar que a legislação sobre o impeachment e os crimes de responsabilidade versam sobre direito penal e processual.

É certo que, no exercício dessa competência que aqui se defende, devem ser observadas disposições mínimas que advêm da Constituição Federal, como a necessidade de um processo escalonado, que permita o efetivo exercício de contraditório, ampla defesa e produção de elementos de prova; a definição prévia dos órgãos responsáveis pela acusação e julgamento, bem como do procedimento e dos quóruns necessários de votação em cada etapa; e a limitação às sanções políticas de remoção do cargo e inabilitação temporária para o exercício de outros cargos públicos. Entretanto, essa necessária simetria não alcança a integralidade das disposições normativas possíveis sobre o tema, reservando-se espaço possível de definição aos entes federativos subnacionais a disposição de crimes de responsabilidade (isto é, infrações políticas) e de procedimento de acusação e julgamento, sem que exista inconstitucionalidade formal nessas normas.

Nesse sentido, como desdobramento, devem ser excluídas da esfera de disponibilidade da competência legislativa dos estados e municípios as situações que já encontram previsão expressa na Constituição Federal. Quando esta dispuser sobre a forma de responsabilização por crimes de responsabilidade de autoridades estaduais e municipais, não poderão os entes federativos subnacionais dispor de modo diverso, sob pena de inconstitucionalidade material, tendo em vista que estariam desrespeitando disposições de conteúdo expressas na Constituição Federal.[639] A afirmação da competência legislativa para

---

mas ilícitos de natureza política, como política é a pena a eles cominada, cujos efeitos não extravasam da esfera provincial, nada mais condizente com a lógica das instituições federativas que, no círculo dos Estados, o direito local regulasse o impeachment. Do mesmo modo quanto aos municípios". (BROSSARD. Op. cit., p. 111-113) A mesma posição é também defendida pelo autor em relação aos Municípios, afirmando: "Não é outro o motivo por que à União não compete enunciar os crimes de responsabilidade dos Prefeitos, como não lhe compete definir as infrações políticas, de igual denominação, relativas aos Governadores" (Idem, p. 121).

[639] É o caso, por exemplo, das disposições da Constituição Federal relativas a Prefeitos (artigo 29-A, §2º), aos Presidentes de Câmara Municipal (artigo 29-A, §1º), membros do Poder Judiciário e do Ministério Público estaduais (artigo 96, III), além de desembargadores dos Tribunais de Justiça dos Estados e do Distrito Federal, dos membros dos Tribunais de Contas dos Estados e do Distrito Federal, dos Conselhos ou Tribunais de Contas dos Municípios (artigo 105, I, "a"). Em relação aos conselheiros de Tribunais de Contas, por exemplo, veja-se o caso da ADI nº 4.190-MC (de relatoria do Ministro Celso de Mello, julgamento em 10 de março de 2010), quando se impugnava disposição da Constituição do Estado do Rio de Janeiro que atribuía à Assembleia Estadual a competência para processamento e julgamento dessas autoridades nas infrações político-administrativas, em violação à competência do

os Estados e Município não lhes atribui a possibilidade de desrespeitar o já disposto expressamente no texto constitucional federal.

A afirmação dessa posição implicaria a inconstitucionalidade formal das leis federais que disponham sobre o procedimento de impeachment no âmbito dos Estados e Municípios,[640] a menos que o fizessem supletivamente. Isso porque o não exercício de uma competência por parte dos entes federativos subnacionais não pode representar a impossibilidade concreta e efetiva de promoção da responsabilidade de suas autoridades públicas. Em todo caso, assim, convém analisar as disposições da legislação federal infraconstitucional que tratam da matéria.

3.4.3 As disposições da Lei nº 1.079/1950

A Lei nº 1.079/1950 foi editada sob a vigência da Constituição de 1946, em atendimento à necessidade de lei específica para definir os crimes de responsabilidade e regular seu respectivo processo de julgamento. É dividida em quatro partes, as duas primeiras relativas ao Presidente da República e aos ministros de Estado, a terceira referente aos ministros do STF e ao procurador-geral da República e a quarta, aos governadores dos Estados e seus secretários.

Suas disposições devem ser ajustadas às previsões do texto constitucional de 1988 – pelo qual foi recepcionada[641] –, havendo, ainda, importantes influxos jurisprudenciais, na linha do que se analisará.

Superior Tribunal de Justiça para esses casos, afirmada na Constituição Federal. Na ocasião, além de renovar a afirmação da inconstitucionalidade formal por ausência de competência legislativa do Estado, também foi afirmada a inconstitucionalidade material, afirmando-se, na ementa do acordão: "O Estado-membro não dispõe de competência para instituir, mesmo em sua própria Constituição, cláusulas tipificadoras de crimes de responsabilidade, ainda mais se as normas estaduais definidoras de tais ilícitos tiverem por finalidade viabilizar a responsabilização política dos membros integrantes do Tribunal de Contas. A competência constitucional para legislar sobre crimes de responsabilidade (e, também, para definir-lhes a respectiva disciplina ritual) pertence, exclusivamente, à União Federal. (...) Mostra-se incompatível com a Constituição da República – e com a regra de competência inscrita em seu art. 105, I, 'a' – o deslocamento, para a esfera de atribuições da Assembleia Legislativa local, ainda que mediante emenda à Constituição do Estado, do processo e julgamento dos Conselheiros do Tribunal de Contas estadual nas infrações político-administrativas".

[640] BROSSARD. Op. cit., p. 87.

[641] Além dos já mencionados precedentes pós-88 do Supremo Tribunal Federal, em que a recepção da Lei nº 1.079/1950 ficou assentada, também podem ser citados os seguintes casos: MS nº 24.297, de relatoria do ministro Maurício Corrêa, julgamento em 14 de novembro de 2002; MS nº 21.623, de relatoria do ministro Carlos Velloso, julgamento em 17 de dezembro de 1992; e MS nº 21.564, redator do acórdão o ministro Carlos Velloso, julgamento em 23 de setembro de 1992.

Passa-se, então, a discorrer sobre os crimes de responsabilidade e seu procedimento de apuração na forma como previstos na Lei nº 1.079/1950, para que, na sequência, sejam esclarecidos os exatos papéis exercidos pela Câmara dos Deputados e pelo Senado Federal nesse processo. Na primeira parte, há previsão de que os crimes de responsabilidade apenas podem ser punidos com a perda do cargo, com inabilitação, até cinco anos, para o exercício de qualquer função pública. Esse prazo, porém, deve ser ajustado ao artigo 52, parágrafo único, da Constituição de 1988, que prevê a inabilitação por oito anos.

É também expressa a afirmação de que o processamento pelos crimes de responsabilidade se dá sem prejuízo da responsabilização por crime comum (isto é, que não seja "de responsabilidade") perante o Judiciário, nos termos das leis de processo penal. Renova-se, assim, na própria lei, que o crime de responsabilidade não assume, portanto, natureza penal.

Na sequência, passa-se à delimitação das situações descritas no artigo 85 da Constituição Federal. São especificadas, assim, as condutas que atentem contra a existência da União (como atos de traição da nação em relação a governos estrangeiros; cometer ato de hostilidade contra nação estrangeira, expondo a República ao perigo da guerra, ou comprometendo-lhe a neutralidade; celebrar tratados, convenções ou ajustes que comprometam a dignidade da nação; violar a imunidade dos embaixadores ou ministros estrangeiros acreditados no país; declarar guerra, salvo nos casos de invasão ou agressão estrangeira, ou fazer a paz sem autorização do Congresso Nacional; violar tratados legitimamente feitos com nações estrangeiras); contra o livre exercício do Poder Legislativo, do Poder Judiciário, do Ministério Público e dos Poderes constitucionais das unidades da Federação (como tentar dissolver o Congresso Nacional, impedir a reunião ou tentar impedir por qualquer modo o funcionamento de qualquer de suas Casas); usar de violência ou ameaça contra algum representante da nação para afastá-lo da Câmara a que pertença ou para coagi-lo no modo de exercer seu mandato, bem como fazê-lo mediante suborno ou outras formas de corrupção; violar as imunidades asseguradas aos parlamentares das três esferas federativas; opor-se ao livre exercício do Poder Judiciário ou obstar, por meios violentos, o efeito dos seus atos, mandados ou sentenças; usar de violência ou ameaça para constranger juiz ou jurado a proferir ou deixar de proferir despacho, sentença ou voto, ou a fazer ou deixar de fazer ato de seu ofício; intervir em matérias próprias aos estados ou aos municípios em desobediência às normas constitucionais).

Igualmente, são apontadas práticas contra o exercício dos direitos políticos, individuais e sociais (como impedir por violência, ameaça ou corrupção, o livre exercício do voto ou obstar o livre exercício das funções dos mesários eleitorais; violar o escrutínio de seção eleitoral ou inquinar de nulidade o seu resultado pela subtração, desvio ou inutilização do respectivo material; utilizar o poder federal para impedir a livre execução da lei eleitoral; servir-se das autoridades sob sua subordinação para praticar abuso de poder ou tolerar que essas autoridades o pratiquem sem repressão sua; subverter ou tentar subverter por meios violentos a ordem política e social; incitar militares à desobediência à lei; violar patentemente qualquer direito ou garantia individual ou os direitos sociais assegurados na Constituição; e tomar ou autorizar durante o estado de sítio medidas de repressão que excedam os limites estabelecidos na Constituição). Na sequência, são indicadas condutas contra a segurança interna do país (como tentar mudar por violência a forma de governo da República; tentar mudar por violência a Constituição Federal ou de algum dos Estados, ou lei da União, de Estado ou Município; decretar estado de sítio, estando reunido o Congresso Nacional, ou, no recesso deste, não havendo motivos constitucionais que o autorizem; ausentar-se do país sem autorização do Congresso; e permitir, de forma expressa ou tácita, a infração de lei federal) e contra a probidade na administração (como omitir ou retardar dolosamente a publicação das leis e resoluções do Poder Legislativo ou dos atos do Poder Executivo; não prestar ao Congresso Nacional, no prazo devido, as contas relativas ao exercício anterior; não tornar efetiva a responsabilidade dos seus subordinados, relativa a delitos funcionais ou práticas de atos contrários à Constituição; expedir ordens ou fazer requisição de forma contrária às disposições expressas da Constituição; infringir, no provimento dos cargos públicos, as normas legais; e proceder de modo incompatível com a dignidade, a honra e o decoro do cargo).

Em continuidade, há a delimitação de comportamentos contrários à lei orçamentária (como não apresentar ao Congresso Nacional a proposta do orçamento dentro dos prazos constitucionais; exceder ou transportar, sem autorização legal, as verbas do orçamento; infringir dispositivo da lei orçamentária; captar recursos a título de antecipação de receita de tributo ou contribuição cujo fato gerador ainda não tenha ocorrido; deixar de ordenar a redução do montante da dívida consolidada, nos prazos estabelecidos em lei, quando devido; ordenar ou autorizar a abertura de crédito em desacordo com os limites estabelecidos pelo Senado Federal, sem fundamento em lei orçamentária ou de crédito adicional; entre outras medidas de execução fiscal-orçamentária incluídas pela Lei nº 10.028/2000). Ainda são delimitadas práticas contra o cumprimento das leis e das decisões judiciais (como impedir o efeito dos atos, mandados ou decisões do Poder Judiciário; recusar o cumprimento das suas decisões; deixar de atender a requisição de intervenção federal do STF ou do Tribunal Superior Eleitoral; impedir ou frustrar pagamento determinado por sentença judiciária).

Há, por fim, especificação dos atos contra a guarda e legal emprego do dinheiro público (artigo 11), em categoria que não encontra mais previsão expressa no artigo 85 da Constituição. Todos esses atos ali previstos podem ensejar também a responsabilização dos ministros de Estado, isoladamente ou em conjunto com o Presidente da República, além da menção ao descumprimento do dever de prestar informações perante o Congresso Nacional, nos termos do artigo 50 da Constituição Federal.

Na segunda parte, há previsão das normas de processo e julgamento.[642] A denúncia, que pode ser apresentada por qualquer cidadão, é dirigida à Câmara dos Deputados, enquanto o acusado ainda estiver no exercício do cargo, acompanhada dos documentos disponíveis que subsidiem as acusações, além de rol de testemunhas, em número mínimo de cinco. Recebida pelo Presidente da Casa, a denúncia será lida no expediente da sessão seguinte e uma comissão especial será constituída, cuja composição deve observar a proporção de membros dos partidos representados na Câmara. Escolhidos seu Presidente e seu relator, a essa comissão caberá emitir parecer sobre se a denúncia deve ou não ser objeto de deliberação, podendo promover as diligências necessárias.

O parecer, então, é lido e discutido no Plenário da Câmara, assegurado, durante 60 minutos, o direito de fala a cinco representantes de cada partido, os quais poderão ser respondidos pelo relator da comissão especial. Após a discussão, o parecer é submetido à votação e, se a denúncia não for considerada objeto de deliberação, será desde logo arquivada. Caso contrário, intima-se o denunciado, que terá o prazo de 20 dias para apresentar defesa e indicar os meios de prova que pretende produzir.

Essa fase instrutória preliminar se dará perante a comissão especial, que poderá, por exemplo, determinar a realização de diligências, tomar o depoimento das testemunhas indicadas e ouvir o denunciante

---

[642] Nesse ponto, faz-se a análise das normas de processo e julgamento tal como estabelecidas na Lei nº 1.079, não obstante seu procedimento tenha de ser ajustado, em diversos pontos, às modificações estabelecidas pela Constituição de 1988, conforme esclarecido na sequência do texto.

e o denunciado. Ao final, deve-se proferir parecer sobre a procedência ou improcedência da denúncia, que será submetido a novas discussão e votação nominal no plenário da Câmara. Em caso de aprovação do parecer de procedência da denúncia – a lei prevê o quórum de maioria absoluta (artigo 81), mas há que se observar a previsão constitucional de dois terços (artigo 51, I, da Constituição de 1988) –, considera-se decretada a acusação pela Câmara dos Deputados,[643] que elegerá três membros para acompanhar o julgamento do acusado, que, no caso de crime de responsabilidade, se dará perante o Senado Federal. A lei prevê, ainda, que do decreto de acusação do Presidente da República ou de ministro de Estado decorre a suspensão do exercício das funções e da metade de sua remuneração, até a sentença final. Essa, porém, não é a posição afirmada pelo STF, que, à luz das modificações da Constituição de 1988, entende que a suspensão do cargo só se aplica a partir do processamento da acusação no Senado Federal.

Recebida a acusação nesse outro órgão legislativo, o acusado deverá ser comunicado, bem como o Presidente do STF, a quem caberá presidir o julgamento. Garante-se ao denunciado a defesa técnica (sendo possível a nomeação de advogado dativo, caso o acusado não compareça espontaneamente com representante), realizando-se outra fase de instrução, com nova oitiva de testemunhas, debate verbal entre a comissão acusadora e o acusado ou seus advogados.

Encerrada a instrução, passa-se à discussão sobre a acusação, a qual se seguirá de relatório feito pelo Presidente do STF, que submeterá a questão a votação nominal dos senadores. O julgamento absolutório produzirá desde logo seus efeitos a favor do acusado e o condenatório resultará na destituição de seu cargo, além da inabilitação para o exercício de qualquer função pública.

Há, ainda, a previsão de hipóteses de impedimento à participação de deputado ou senador em qualquer fase do processo de responsabilidade do Presidente da República ou dos ministros de Estado (em algumas situações de parentesco ou quando tiver atuado como testemunha). A lei faz, por fim, remissão aos regimentos internos

---

[643] Note-se que, pelo procedimento da Lei, haveria duas votações realizadas perante o Plenário da Câmara dos Deputados: uma sobre a admissibilidade da denúncia e outra sobre a procedência da acusação. A disposição refletia previsão da Constituição de 1946, segundo a qual caberia a esse órgão legislativo manifestar-se sobre a procedência da acusação, diferentemente do que afirma o texto constitucional de 1988, que lhe atribui a incumbência de autorizar o processamento. O ponto é objeto de maior esclarecimento no tópico da sequência do trabalho relativo ao papel da Câmara e do Senado no processo de impeachment.

da Câmara dos Deputados e do Senado Federal, além do Código de Processo Penal, como fontes de aplicação subsidiária para situações nela não previstas, naquilo que forem aplicáveis.

Na terceira parte, são previstos como crimes de responsabilidade dos ministros do STF as condutas de alterar a decisão ou voto já proferido em sessão do Tribunal; proferir julgamento, quando seja suspeito na causa; exercer atividade político-partidária; ser desidioso no cumprimento dos deveres do cargo; e proceder de modo incompatível com a honra, a dignidade e o decoro de suas funções.[644] Ainda, quando o Presidente do STF estiver no exercício da Presidência da República, remete-se à possibilidade de que seja responsabilizado pelos crimes de responsabilidade contra a lei orçamentária.

Para o procurador-geral da República, são previstas como crimes de responsabilidade as condutas de emitir parecer, quando seja suspeito na causa; recusar-se a prática de ato que lhe incumba; ser desidioso no cumprimento de suas atribuições; e proceder de modo incompatível com a dignidade e o decoro do cargo. De igual forma, no exercício da chefia do Ministério Público da União, suas condutas poderão também corresponder aos crimes de responsabilidade contra a lei orçamentária.

As regras de acusação, processamento e julgamento seguem a mesma sistemática daquelas dispostas na segunda parte da lei, com as adaptações necessárias, tendo em vista que todo o processo ocorre – desde a apresentação da denúncia até o julgamento final – perante

---

[644] Sobre os crimes de responsabilidade dos ministros do Supremo Tribunal Federal, destaca-se o recente Projeto de Lei nº 4.754/2016, de autoria do deputado federal Sóstenes Cavalcante, pelo qual se propunha o acréscimo de novo item ao artigo 39 da Lei nº 1.079/1950, para incluir a ofensa de "usurpar competência do Poder Legislativo ou do Poder Executivo". Na justificativa do projeto, fazia-se menção ao "ativismo judiciário" como movimento do Supremo Tribunal Federal que usurparia competência do Congresso (disponível em: www.camara.leg.br/proposicoesWeb/fichadetramitacao?idProposicao=2079700; acesso em: 4 jul. 2021). De modo similar, o Projeto de Lei nº 1.182/2019, de autoria da deputada federal Beatriz Kicis, propunha a inclusão similar, considerando crime de responsabilidade daquelas autoridades "instituir mediante decisão, sentença, voto, acórdão ou interpretação analógica, norma geral e abstrata de competência do Congresso Nacional (arts. 21 e 48 da Constituição do Brasil)". No relatório apresentado pela deputada federal Chris Tonietto sobre os dois projetos, foram invocadas decisões proferidas pelo STF em casos como a interrupção terapêutica da gravidez de fetos anencefálicos (ADPF nº 54), pesquisas científicas com células-tronco (ADI nº 3.510), a possibilidade da união estável homoafetiva (ADPF nº 132 e ADI nº 4.277), para subsidiar a posição de "aprovar uma medida de caráter punitivo-coibitivo (...) para que dessa forma seja respeitada a tripartição de poderes consagrada em nosso ordenamento jurídico" (disponível em: www.camara.leg.br/proposicoesWeb/prop_mostrarintegra;jsessionid=node0otxrrju7un1d10ldldwsew4ep29846364.node0?cod teor=1768359&filename=Tramitacao-PL+4754/2016; acesso em: 4 jul. 2021). Em 5 de maio de 2021, os pareceres foram rejeitados na Comissão de Constituição e Justiça da Câmara dos Deputados, por 33 votos a 32.

o Senado Federal,[645] órgão constitucionalmente competente para o processamento e o julgamento dessas autoridades nos casos de crime de responsabilidade. De igual forma, a decisão absolutória produzirá o imediato retorno do acusado ao cargo, enquanto a condenatória resultará em sua destituição definitiva.

Por fim, na quarta parte, há a previsão dos crimes de responsabilidade dos governadores dos estados ou dos seus secretários, bem como do procedimento de responsabilização. O ponto já foi objeto de análise na seção anterior, relativa à competência legislativa sobre o tema à qual se remete. A própria Lei nº 1.079/1950 dispõe que o governador deverá ser julgado pela forma que determinar a Constituição do Estado, mas estabelece um procedimento subsidiário, em que a denúncia é apresentada perante a Assembleia Legislativa, que, se considerar procedente a acusação, resultará em julgamento perante um Tribunal misto.

Como disposição geral, há ainda a previsão de que o processo e o julgamento dos crimes de responsabilidade não poderão ultrapassar 120 dias, contados da declaração da procedência da acusação. A disposição é relevante e reflete a preocupação de que o afastamento cautelar da autoridade acusada não se torne, na prática, definitivo, pelo não julgamento final da acusação. A previsão, porém, deve ser adaptada à Constituição de 1988, que, para o Presidente da República, prevê o prazo máximo de afastamento de 180 dias (artigo 86, §2º), cujo transcurso resultará no retorno do acusado ao cargo, sem prejuízo da continuidade do processo de impeachment.

3.4.4 As disposições do Decreto-Lei nº 201/1967

No âmbito municipal, a regulamentação dos crimes de responsabilidade deu-se, inicialmente, pela Lei nº 3.528/1959, que dispunha também sobre a aplicação da Lei nº 1.079/1950 nessa esfera. Previam-se, assim, 26 condutas como possíveis crimes de responsabilidade dos prefeitos municipais, entre as quais atentar contra a Constituição da República ou a do respectivo Estado; negar execução às leis federais, estaduais ou municipais; praticar qualquer crime contra a administração

---

[645] Nesse sentido, o artigo 80 da Lei nº 1.079/1950 assim dispõe: "Nos crimes de responsabilidade do Presidente da República e dos Ministros de Estado, a Câmara dos Deputados é tribunal de pronúncia e o Senado Federal, tribunal de julgamento; nos crimes de responsabilidade dos Ministros do Supremo Tribunal Federal e do Procurador Geral da República, o Senado Federal é, simultaneamente, tribunal de pronúncia e julgamento".

pública; entre outras. As sanções cominadas eram também a perda do cargo, com inabilitação até cinco anos, para o exercício de qualquer função, sem prejuízo da responsabilização perante a justiça ordinária. Quanto ao procedimento de acusação e julgamento, na linha do que já foi afirmado quando se tratou das competências legislativas sobre a matéria, remetia-se à previsão que constasse das Constituição e leis estaduais. Estabelecia-se, como procedimento supletivo, as normas estabelecidas na Lei nº 1.079/1950, incumbindo o julgamento à Câmara dos Vereadores, que só poderá proferir decisão condenatória pelo voto de dois terços dos seus membros, da qual caberia recurso de ofício, com efeito suspensivo, para a Assembleia Legislativa estadual.

Essa lei, porém, foi revogada pelo Decreto-Lei nº 201/1967, editado na vigência da ditadura militar, para dispor sobre a responsabilidade dos prefeitos, vice-prefeitos e vereadores. Em seu teor, apesar de haver nova confusão técnica quanto às nomenclaturas adotadas, há uma distinção entre as condutas efetivamente criminosas, daquelas que constituem infrações político-administrativas.[646]

As primeiras são dispostas em seu artigo 1º (sob a equivocada alcunha de "crimes de responsabilidade") e estão sujeitas a julgamento do Poder Judiciário, independentemente do pronunciamento da Câmara dos Vereadores. Como reforço a seu caráter penal, há a previsão de que são crimes de ação penal pública, com a pena de reclusão de dois a doze anos (incisos I e II) ou detenção de três meses a três anos (demais incisos), decorrendo da condenação definitiva a perda de cargo e a inabilitação, pelo prazo de cinco anos, para o exercício de outra função pública, sem prejuízo da reparação civil do dano causado ao patrimônio público ou particular (§§1º e 2º). Para esse conjunto de condutas, determina-se, inclusive, a aplicação do procedimento estabelecido pelo Código de Processo Penal, com algumas modificações que estabelece, como a possibilidade de apresentação de defesa prévia antes do recebimento da denúncia (artigo 2º). Como se trata de responsabilização de caráter penal, trata-se, inclusive, de matéria sujeita à competência legislativa privativa da União.

As segundas constam do artigo 4º do Decreto-Lei, sob a adequada nomenclatura de "infrações político-administrativas", sujeitas ao

---

[646] Como destaca Paulo Brossard, "(...) o diploma primou por extremar dois tipos de ilícitos, dando-lhes tratamento diferenciado quanto ao processo, julgamento e sanções. Ao definir os crimes funcionais, regula o respectivo processo criminal e comina as penas de igual natureza, reclusão e detenção, enquanto que ao dispor acerca das infrações político-administrativas estabelece sanção de natureza puramente política e disciplina o adequado processo político-disciplinar" (BROSSARD. Op. cit., p. 124).

julgamento pela Câmara dos Vereadores e sancionadas com a cassação do mandato. São previstas dez condutas possivelmente cometidas pelos prefeitos ou vice-prefeitos, como impedir o funcionamento regular da Câmara; desatender, sem motivo justo, suas convocações ou seus pedidos de informações; retardar a publicação ou deixar de publicar as leis e os atos sujeitos a essa formalidade; deixar de apresentar à Câmara, no prazo devido, a proposta orçamentária; descumprir a lei orçamentária; ausentar-se do município por tempo superior ao permitido em lei ou afastar-se da Prefeitura, sem autorização da Câmara dos Vereadores; proceder de modo incompatível com a dignidade e o decoro do cargo.

O artigo 5º apresenta normas de procedimento para a destituição do Prefeito pela Câmara, "se outro não for estabelecido pela legislação do Estado respectivo" – ponto em que, em nova ocasião, a própria lei se confessa supletiva. Em linhas gerais, segue-se procedimento muito próximo ao previsto pela Lei nº 1.079/1950, com adaptações ao seu processamento e julgamento perante a Câmara de Vereadores.

Há disposição de que a denúncia escrita pode ser feita por qualquer eleitor, observando-se que, se o denunciante for vereador, não poderá participar da comissão processante nem votar sobre a denúncia, assim como, sendo o Presidente da Câmara, a Presidência será exercida por seu substituto e aquele só votará em eventual necessidade de completar o quórum de julgamento, havendo a previsão de convocação de suplente para vereadores impedidos de votar. O julgamento deve se dar por votação nominal, exigindo-se o quórum de dois terços para a condenação, da qual resultará a destituição do cargo (o Decreto-Lei fala em "cassação do mandato").

Não há previsão de suspensão ou afastamento cautelar do prefeito de seu cargo, não obstante se disponha o prazo de 90 dias para conclusão do julgamento, contados da notificação do acusado. Seu descumprimento resultaria, segundo dispõe o ato normativo, no arquivamento do processo, sem prejuízo de nova denúncia, conclusão que se entende incompatível com a Constituição de 1988. Na linha do que já foi disposto, o excesso de prazo não pode representar arquivamento do processo, que deverá tramitar até seu final, sob pena de significar a irresponsabilidade do agente público.

Há, ainda, previsão de hipóteses de extinção do mandato de prefeito (artigo 6º), bem como de cassação ou extinção do mandato de vereador pela Câmara (artigos 7º e 8º). O término do mandato do prefeito e do vice-prefeito resultará na impossibilidade de seu processamento pelas condutas do artigo 4º (infrações político-administrativas), mas não impedirá a responsabilização pelas condutas do artigo 1º, já que se trata de atos de natureza criminal. Nesse sentido, destacam-se as previsões da Súmula nº 703 do STF ("A extinção do mandato do Prefeito não impede a instauração de processo pela prática dos crimes previstos no art. 1º do DL 201/67")[647] e da Súmula nº 164 do Superior Tribunal de Justiça ("O prefeito municipal, após a extinção do mandato, continua sujeito a processo por crime previsto no art. 1º do Dec. Lei nº 201, de 27/02/67").

3.5 O impeachment presidencial no Brasil pós-1988

Ainda que também aplicável a outras autoridades, é em relação ao Presidente da República que o impeachment encontra sua aplicação mais destacada. Aliás, sua própria origem revela se tratar de um instrumento constitucional delineado para proteger a comunidade de ofensas graves praticadas pelo chefe do Poder Executivo e seus auxiliares, destituindo-os do cargo ocupado e inabilitando-os para outros.[648]

É por essa razão mesma que o impeachment pode se dar apenas durante o exercício do cargo ocupado, de modo que o término do mandato – seja por morte do titular, renúncia, por seu termo final ou qualquer outro motivo – inviabiliza a promoção dessa responsabilização política. Com efeito, na linha do que já foi identificado nos capítulos anteriores, se o principal objetivo é remover do cargo autoridade que tenha cometido grave ofensa política, quando o acusado já não mais estiver em seu exercício, perde-se a utilidade principal do procedimento. Mesmo que ainda fosse útil a imposição da sanção de desqualificação, bem como a própria condenação pública e política do acusado, trata-se de consequências acessórias, que advêm automaticamente da própria condenação à perda do cargo.[649] Continuariam possíveis, porém, a

---

[647] A súmula foi editada a partir de julgados como os seguintes, em que se assentou que as condutas do artigo 1º do Decreto-Lei nº 201/1967 constituem crimes comuns (e não de responsabilidade): *Habeas Corpus* nº 69.850 de relatoria do ministro Francisco Rezek, Tribunal Pleno, julgamento em 9 de fevereiro de 1994; *Habeas Corpus* nº 71.991, de relatoria do ministro Sydney Sanches, Primeira Turma, julgamento em 22 de novembro de 1994; *Habeas Corpus* nº 71.474, de relatoria do ministro Ilmar Galvão, Primeira Turma, julgamento em 8 de novembro de 1994; *Habeas Corpus* nº 70.671, de relatoria do ministro Carlos Velloso, Tribunal Pleno, julgamento em 13 de abril de 1994.

[648] Paulo Brossard fala, nesse sentido, na existência de um "poder disciplinar constitucional" conferido ao Poder Legislativo para acusar e julgar o Chefe do Executivo, poder esse que "na justa medida, existe na União, Estados e Municípios, limitado, obviamente, às lindes de cada uma dessas entidades políticas, que compõem a organização federal brasileira" (BROSSARD. Op. cit., p. 133).

[649] Nesse ponto, em referência ao analisado caso de William Belknap, em 1876, afirma-se: "O caso Belknap, é quase pacífico, não constitui precedente que infirme essa regra" (BROSSARD. Op. cit., p. 135), ainda que na prévia experiência inglesa fosse possível identificar,

promoção de responsabilização em outras esferas, inclusive penal, enquanto não extinta a punibilidade.

É nesse sentido que, nos tempos do Império, quando a Lei de 15 de outubro de 1827 promovia a responsabilização criminal dos ministros do Imperador na forma determinada pelo artigo 133 da Constituição de 1824, previa-se que o processo poderia iniciar e continuar mesmo quando o acusado já não mais estivesse no exercício do cargo.[650] Tratando-se, à época, de responsabilização efetivamente penal, cominando-se inclusive sanções privativas de liberdade, o término do exercício do cargo não poderia mesmo representar impossibilidade de prosseguimento do processo.

De modo diverso, desde a efetiva apropriação do impeachment como esfera política de responsabilidade na Constituição republicana de 1891, passou-se a afirmar que apenas enquanto o acusado estiver no exercício do cargo público é que será possível a promoção desse processo. Assim já dispunha o Decreto nº 27/1892, em disposição também encontrada na Lei nº 1.079/1950.[651]

Outro aspecto relevante ao impeachment presidencial diz respeito à limitação constitucional do artigo 86, §4º, segundo o qual: "O Presidente da República, na vigência de seu mandato, não pode ser responsabilizado por atos estranhos ao exercício de suas funções". Trata-se de retomada de disposição inicialmente prevista na Constituição de 1937[652] e não reproduzida nos textos constitucionais posteriores. A principal questão que se coloca é se, no caso de presidente reeleito, seria constitucionalmente possível a promoção de seu impeachment durante o exercício do segundo mandato por condutas praticadas no primeiro.

Há que se considerar que a posição do dispositivo no texto constitucional não deixa dúvidas em relação a sua aplicação tanto à

---

diversamente, casos em que a destituição se deu quando o acusado já não mais ocupava algum cargo ou exercia funções distintas daquelas nas quais teria cometido as ofensas imputadas.

[650] Nesse sentido, o artigo 60 da Lei de 15 de outubro de 1827 dispunha: "Quando o denunciado, ou acusado, já estiver fora do Ministério ao tempo da denúncia, ou acusação, será igualmente ouvido pela maneira declarada nas duas secções do capítulo III, marcando-se-lhe prazo razoável para a resposta e cumprimento".

[651] O art. 3º do Decreto nº 27/1892 dispunha: "O processo de que trata esta lei só poderá ser intentado durante o período presidencial, e cessará quando o Presidente, por qualquer motivo, deixar definitivamente o exercício do cargo". Já o artigo 15 da Lei nº 1.079/1950, atualmente vigente, dispõe: "A denúncia só poderá ser recebida enquanto o denunciado não tiver, por qualquer motivo, deixado definitivamente o cargo".

[652] O artigo 87 da Constituição outorgada de 1937 afirmava que "O Presidente da República não pode, durante o exercício de suas funções, ser responsabilizado por atos estranhos às mesmas". Note-se, porém, que não havia relação direta com o exercício do mandato, mas das funções presidenciais.

responsabilização política pelos crimes de responsabilidade quanto pelas infrações penais comuns. Todavia, a referida limitação corresponde a dispositivo existente, sem alterações supervenientes, desde a redação original da Constituição de 1988, quando não existia a possibilidade de reeleição direta para os cargos de chefia do Executivo, o que só foi incluído pela alteração promovida pela Emenda Constitucional nº 16/1997 no §5º de seu artigo 14.[653]

Assim, observados esses aspectos e reiterando as já abordadas razões de existir do impeachment, entende-se possível que o Presidente reeleito seja politicamente responsabilizado, durante o segundo mandato, por crimes de responsabilidade cometidos durante o primeiro mandato,[654] desde que ainda esteja no exercício de suas funções sem dissolução de continuidade. É dizer: essa possibilidade não deve se aplicar ao Presidente que volta ao cargo após nova eleição originária – isto é, sem que se trate de reeleição –, mesmo que já tenha exercido a função anteriormente. Desse modo, havendo a intercalação de Presidentes distintos e, portanto, descontinuidade entre os mandatos de um mesmo titular, não será possível a acusação de impeachment em relação a mandato que não seja imediatamente anterior.

Observadas essas limitações, ao mesmo tempo que a confirmação nas urnas de um novo mandato presidencial pela reeleição indica beneplácito popular sobre eventuais ofensas cometidas no primeiro período, não se pode negar, em abstrato ou em absoluto, que essa responsabilização seja possível, sob pena de se estar obrigatoriamente adstrito a um presidente que possa ter cometido grave conduta anteriormente. Essa possibilidade se reitera especialmente quando, antes do pleito eleitoral, não se tinha notícia das condutas imputadas ao Presidente ou ainda não havia elementos fortes o suficiente para ensejar sua responsabilização,[655] sem que se queira, porém, fazer do

---

[653] A redação original do dispositivo era assim estabelecida: "São inelegíveis para os mesmos cargos, no período subsequente, o Presidente da República, os Governadores de Estado e do Distrito Federal, os Prefeitos e quem os houver sucedido, ou substituído nos seis meses anteriores ao pleito". Posteriormente à modificação, afirma-se que: "O Presidente da República, os Governadores de Estado e do Distrito Federal, os Prefeitos e quem os houver sucedido, ou substituído no curso dos mandatos, poderão ser reeleitos para um único período subsequnte".

[654] Compreensão diversa representaria a conclusão de que "presidentes estariam, na prática, liberados para cometer crimes de responsabilidade nos últimos momentos de seus primeiros mandatos, justamente quando disputam a reeleição" (MAFEI. Op. cit., p. 208).

[655] Rememora-se que eventos semelhantes ocorreram em relação a Richard Nixon, conforme análise realizada no Capítulo 2, ainda que na Constituição norte-americana não haja limitação expressa semelhante à do artigo 86, §4º, da Constituição brasileira de 1988.

impeachment um substituto das eleições. Ademais, a prática da infração política pode se dar entre as eleições e o fim do primeiro mandato, de modo que a afirmação de entendimento contrário criaria um período temporal de irresponsabilidade presidencial. Entretanto, a viabilidade ou não da responsabilização concreta apenas poderá ser aferida pelo Poder Legislativo, a quem o texto constitucional atribui a competência para tanto.

Sob outro aspecto, o mesmo dispositivo constitucional, ao limitar a responsabilidade do Presidente a atos que não sejam estranhos a suas funções, exige que exista nexo funcional entre as acusações formuladas e o exercício da Presidência.[656] Ou seja: durante o exercício de seu mandato, apenas atos relacionados ao exercício de suas funções presidenciais poderão ensejar os processos de impeachment ou penais, sem prejuízo de que, nessa segunda esfera, seja responsabilizado posteriormente, quando não mais ocupe a Presidência da República.

Aplicam-se também aqui as mesmas discussões já empreendidas quando da análise do impeachment nos Estados Unidos, ocasião em que se assentou como premissa geral a noção de que apenas são ofensas ensejadoras de impeachment condutas que sejam publicamente relevantes, ou seja, que, encaixando-se nas categorias constitucionalmente previstas, relacionem-se com o exercício do cargo ocupado e se revelem como exercício abusivo das prerrogativas e dos poderes a ele inerentes. Dessa forma, quando se trate de ofensas de natureza privada, sem vinculação direta com sua função pública exercida, o impeachment não deve ser uma ferramenta possível. Esse, porém, não é um critério rígido ou taxativo, tendo em vista que haverá sempre casos limítrofes, além das pertinentes análises de natureza e intensidade das condutas e de suas relações com o cargo público.[657] Mais uma vez, porém, a

---

[656] Como exemplo de situação em que o requisito não era atendido, pode-se citar o pedido de impeachment formulado por Orlando Machado Sobrinho em 25 de fevereiro de 1994 contra o Presidente Itamar Franco, após a destituição de Collor. A acusação se embasava em uma fotografia que havia sido tirada no Carnaval daquele ano, a qual mostrava o Presidente ao lado de uma modelo semivestida em desfile das escolas de samba do Rio de Janeiro, o que se queria imputar como crime de responsabilidade contra a probidade na administração, pela conduta "incompatível com a dignidade, a honra e o decoro do cargo" (artigo 9º, 7, da Lei nº 1.079/1950). Entretanto, a denúncia apresentada não avançou, tendo sido arquivada pelo deputado Inocêncio de Oliveira, então Presidente da Câmara dos Deputados (MAFEI. Op. cit., p. 133-135).

[657] Sobre ponto similar, Paulo Brossard afirma: "Embora não haja faltado quem alegasse que a eleição popular tem a virtude de apagar as faltas pretéritas, a verdade é que infrações cometidas antes da investidura no cargo, estranhas ao seu exercício ou relacionadas com anterior desempenho, têm motivado o impeachment, desde que a autoridade seja reinvestida em função suscetível de acusação parlamentar" (BROSSARD. Op. cit., p. 136-137).

viabilidade ou não da responsabilização concreta apenas poderá ser aferida pelo Poder Legislativo.

À luz dessas compreensões, as próximas seções deste tópico destinam-se a analisar aspectos relativos ao impeachment presidencial no Brasil, sob a normatização da Constituição de 1988. Em especial, somando-se ao que já foi anteriormente discorrido sobre as disposições constitucionais em geral e sua regulamentação infraconstitucional (Lei nº 1.079/1950 e Decreto-Lei nº 201/1967), cumpre analisar qual é o papel concretamente desempenhado pela Câmara dos Deputados e pelo Senado Federal nesse processo, bem como os limites da atuação do STF, havendo ainda importantes influxos jurisprudenciais quanto às fases desse procedimento.

3.5.1 O papel da Câmara e do Senado

Ainda que já analisadas as disposições constitucionais sobre o papel da Câmara e do Senado no processo de impeachment, há detalhamentos relevantes ainda a serem discutidos. Da análise comparativa com os textos constitucionais anteriores, do regimento interno dessas Casas legislativas[658] e da jurisprudência do STF sobressaem algumas questões ainda não apreciadas.

De início, quanto à Câmara dos Deputados, a Constituição lhe atribui a função de autorizar, por dois terços de seus membros, a instauração do processo (artigo 51, I, da Constituição de 1988). Apresentada a denúncia, esta é inicialmente analisada pelo Presidente da Casa, a quem caberá verificar a existência dos requisitos formais de sua apresentação, podendo acolhê-la ou rejeitá-la, caso em que, do despacho que indeferir o recebimento da denúncia, caberá recurso ao Plenário (§§2º e 3º do artigo 218 do Regimento Interno da Câmara dos Deputados).[659] Já decidiu o Supremo que inexiste defesa prévia

---

[658] O STF já se manifestou para conferir interpretação conforme à Constituição ao artigo 38 da Lei nº 1.079/1950 ("No processo e julgamento do Presidente da República e dos Ministros de Estado, serão subsidiários desta lei, naquilo em que lhes forem aplicáveis, assim os regimentos internos da Câmara dos Deputados e do Senado Federal, como o Código de Processo Penal"), para assentar que é válida a aplicação subsidiária dos Regimentos Internos da Câmara e do Senado ao processo de impeachment, desde que sejam compatíveis com as respectivas disposições legais e constitucionais, sobretudo na regulamentação da atuação interna desses órgãos legislativos no referido procedimento, sem que haja violação a eventual reserva legal exigida pelo artigo 85, parágrafo único, da Constituição de 1988 (ADPF nº 378, redator do acórdão ministro Roberto Barroso, julgamento em 17 de dezembro de 2015).

[659] O recurso foi interposto, por exemplo, em 1999, após o deputado Michel Temer, então Presidente da Câmara, rejeitar processamento de denúncia de crimes de responsabilidade

a ser exercida pelo denunciado antes dessa decisão do Presidente da Câmara, reservando-se a etapas posteriores diversas oportunidades de manifestação e participação em ampla instrução processual.[660] Nesse ponto inicial, portanto, para que escape do impeachment, basta ao Presidente da República o apoio fiel de um único deputado federal, desde que este seja o Presidente da Câmara.[661]

Apesar de as disposições regimentais aludirem a uma apreciação meramente dos aspectos formais da denúncia apresentada, já se manifestou o STF no sentido de que o Presidente da Câmara também pode, desde logo, rejeitar liminarmente a denúncia por fundamentos materiais, quando a considerar inepta ou desprovida de justa causa, sujeitando-se ao controle do plenário da causa, mediante recurso.[662] Na ocasião, impugnava-se ato do deputado Inocêncio Oliveira, que, no exercício da Presidência da Câmara, não havia recebido denúncia de crimes de responsabilidade direcionada contra o Presidente José Sarney, ministros de Estado e o consultor-geral da República, sob o fundamento de que a recusa apenas poderia se dar por defeitos formais da peça acusatória, o que não ocorria no caso.

Houve, inclusive, o levantamento de preliminar no sentido de que não caberia ao STF decidir sobre a matéria, já que se trataria de juízo meramente político dos órgãos legislativos competentes. A preliminar, porém, foi rejeitada pela maioria dos ministros que participaram do

---

formulada contra o Presidente da República, Fernando Henrique Cardoso, em razão de supostas irregularidades cometidas junto com o então ministro da Justiça Renan Calheiros na investigação de ilegalidades na execução do Programa de Estímulo à Reestruturação do Sistema Financeiro Nacional (Proer), em favor de alguns bancos privados. O recurso, interposto pelos deputados Milton Temer, José Dirceu e Arlindo Chinaglia, foi levado a apreciação do Plenário, quando foi desprovido por votação expressiva de 342 votos a 100 (MAFEI. Op. cit., p. 139-140).

[660] ADPF nº 378, redator do acórdão ministro Roberto Barroso, julgamento em 17 de dezembro de 2015.

[661] Essa personalização do ato de acolhimento da denúncia junto ao Presidente da Câmara dos Deputados é apontada por Leonardo Avritzer como um dos problemas da legislação brasileira sobre o impeachment (AVRITZER, Leonardo. *O pêndulo da democracia*. São Paulo: Todavia, 2019. p. 60).

[662] MS nº 20.941, de relatoria do ministro Aldir Passarinho, Tribunal Pleno, julgamento em 9 de fevereiro de 1990. Outro ponto de destaque é que, na já referenciada ADPF nº 378, o STF afirmou que é descabida a pretensão de aplicação das hipóteses de suspeição e de impedimento elencadas no Código de Processo Penal ao Presidente da Câmara dos Deputados para recebimento da denúncia e condução do processo de impeachment naquela Casa, tendo em vista que a matéria já encontra regulamentação específica no artigo 36 da Lei nº 1.079/1950, não havendo espaço para aplicação subsidiária.

julgamento.[663] Foi vencido nesse ponto o ministro Paulo Brossard,[664] que afirmava posição que aqui se reitera, quanto à impossibilidade de que a questão tivesse seu mérito apreciado pelo Tribunal, sobretudo por já existir previsão de recurso, dentro da própria Câmara dos Deputados, ao Plenário da Casa, que sequer foi interposto naquele caso.

Outro caso próximo deu-se em 2016, em relação à denúncia de crime de responsabilidade contra o então vice-presidente Michel Temer, apresentada em dezembro de 2015. Em decisão de 5 de janeiro de 2016, na análise inicial feita pelo deputado Eduardo Cunha, então Presidente da Câmara, julgou-se inepta a denúncia, que não foi recebida, ao se afirmar que a conduta imputada não configuraria crime de responsabilidade.

Essa decisão foi impugnada no Mandado de Segurança nº 34.087, que tramitou sob a relatoria do ministro Marco Aurélio. Na análise do pedido liminar, o ministro relator considerou que a decisão do Presidente da Câmara excedia suas atribuições de análise formal da denúncia e da existência de justa causa, tendo prosseguido ao exame de fundo da questão. Isso porque, em sua decisão, o deputado reconhecia a regularidade formal da denúncia, mas concluía inexistir a prática de crime de responsabilidade, pelo que a considerava inepta.

Nesse sentido, a medida liminar foi parcialmente deferida para determinar a sequência do procedimento pela formação de Comissão Especial, para que emitisse parecer sobre a denúncia. O ato de

---

[663] Do voto então proferido pelo ministro Aldir Passarinho, relator, extrai-se o seguinte excerto: "Na verdade, embora seja, por certo, o impeachment medida predominantemente política, não podem ser excluídos da apreciação do Poder Judiciário os atos que tendam à apuração dos crimes de responsabilidade que lhe dão causa, que devem encontrar-se vinculados estritamente às normas constitucionais ou legais de natureza procedimental, não lhe cabendo, porém, interferir nos critérios de poder discricionário quanto à oportunidade ou conveniência de tal apuração, nem adentrar no mérito de julgamentos que a Constituição Federal limita à exclusiva competência do Senado Federal (...) se não é possível ao Judiciário o exame dos critérios que possam levar à condenação ou à absolvição dos acusados por crimes de responsabilidade de que se cuida, insere-se na sua competência apreciar e julgar quanto à lesão que, por ato da Mesa da Câmara dos deputados ou de sua Presidência, possa haver no direito individual do cidadão, quanto a impedi-lo de oferecer denúncia por crime de responsabilidade contra o Presidente ou o vice-presidente da República".

[664] No voto que então proferiu, assim se manifestava o ministro Paulo Brossard: "Ora, o impeachment é um processo estranho ao Poder Judiciário, que começa e termina no âmbito parlamentar, por expressa disposição constitucional. Nele o Judiciário não interfere. Se o Vice-Presidente da Câmara dos Deputados, no exercício da Presidência, e depois o Presidente daquela Casa deixaram de dar curso à petição dos impetrantes e determinaram seu arquivamento, por motivos (inépcia) cuja análise ou apreciação não cabe ao Judiciário. Da decisão em causa cabe recurso ao plenário da Câmara e este, pelo que consta dos autos, não foi usado. Pretender agora que o Judiciário pratique ou mande praticar ato que é da exclusiva competência da autoridade legislativa praticar, parece-me manifestamente injurídico". Também os ministros Sepúlveda Pertence e Célio Borja votavam pelo não conhecimento do mandado de segurança.

constituição dessa Comissão chegou a ser formalizado pela expedição de ofícios aos líderes partidários para que indicassem representantes, mas o processo não chegou a ter seu mérito julgado pelo Plenário do Supremo – muito embora tenha sido liberado para pauta pelo ministro relator, em setembro de 2017 –,[665] tendo sido reconhecido o prejuízo da impetração em fevereiro de 2019, quando novo mandato presidencial já era exercido pelo Presidente Jair Bolsonaro.[666]

---

[665] Impetração parecida foi analisada no âmbito do MS nº 30.672-AgR, de relatoria do ministro Ricardo Lewandowski, quando se impugnava decisão da Mesa do Senado pela qual se arquivara denúncia de crime de responsabilidade formulada contra o ministro Gilmar Mendes. No acórdão proferido pelo Tribunal Pleno em 15 de setembro de 2011, fez-se constar na ementa: "Na linha da jurisprudência firmada pelo Plenário desta Corte, a competência do Presidente da Câmara dos Deputados e da Mesa do Senado Federal para recebimento, ou não, de denúncia no processo de impeachment não se restringe a uma admissão meramente burocrática, cabendo-lhes, inclusive, a faculdade de rejeitá-la, de plano, acaso entendam ser patentemente inepta ou despida de justa causa. (…) Questões referentes à sua conveniência ou ao seu mérito não competem ao Poder Judiciário, sob pena de substituir-se ao Legislativo na análise eminentemente política que envolvem essas controvérsias".

[666] Em relação ao Presidente Jair Bolsonaro, foi ajuizada, em julho de 2021, a ADPF nº 867, em que o Partido Democrático Trabalhista (PDT) requereu ao Supremo Tribunal Federal que determinasse ao Presidente da Câmara dos Deputados a apreciação dos pedidos de impeachment formulados contra o Presidente da República. Ainda, em 21 de julho de 2021, a ministra Cármen Lúcia indeferiu mandado de segurança impetrado por Rui Falcão e Fernando Haddad contra ato omissivo do Presidente da Câmara, o deputado Arthur Lira, em que se pedia a determinação judicial no sentido de a referida autoridade examinar os pedidos de impeachment apresentados contra o Presidente Jair Bolsonaro. Na decisão, a ministra assentou que não "há o direito comprovado de alguém de exigir o processamento do início do processo de impeachment garantido a um cidadão que apresente o pleito à autoridade legalmente indicada (o Presidente da Câmara dos Deputados, no caso de pedido contra o Presidente da República, nos termos do art. 14. da Lei nº 1079/1950) nem o dever legal do Presidente da Casa Legislativa de ter de dar processamento a requerimento assim apresentado em prazo razoável ou em algum momento. O ato de resposta do Presidente da Câmara dos Deputados não é vinculado (verificação dos requisitos formais do requerimento) nem há de ser adotado necessariamente, menos ainda em algum prazo, ainda que o requerente convença-se de sua pertinência". Ainda, fundamentou que "A imposição do imediato processamento da denúncia para apuração de responsabilidade do Presidente da República, pelo Poder Judiciário, macularia o princípio da separação dos poderes, assegurado no art. 2º da Constituição da República" (MS nº 38.034). Em sentido diverso, Floriano de Azevedo Marques Neto sustenta que a competência do Presidente da Câmara é vinculada, não podendo ser postergada indefinidamente (MARQUES NETO, Floriano de Azevedo. Impeachment: o poder se julga Cronos, mas é Hipnos. Jota, 30 jul. 2021. Disponível em: www.jota.info/opiniao-e-analise/colunas/publicistas/impeachment-o-poder-se-julga-cronos-mas-e-hipnos-20072021. Acesso em: 21 jul. 2021). A matéria também foi posta em discussão em Mandado de Injunção (MI nº 7.362) impetrado contra o Presidente da Câmara, em que se requeria ao STF que fixasse prazo razoável para analisar os pedidos de impeachment formulados contra o Presidente da República. A ministra relatora, Cármen Lúcia, após monocraticamente negar seguimento ao feito em 20 abr. 2021, levou o caso a julgamento colegiado em ambiente virtual, manifestando-se pela manutenção de sua decisão, após o que o ministro Ricardo Lewandowski pediu destaque, para que o processo fosse discutido em sessão presencial da Corte.

De toda forma, se recebida a denúncia, deve-se lê-la na sessão seguinte, notificar-se o denunciado para se manifestar, se quiser, no prazo de dez sessões e prosseguir-se à constituição de uma comissão especial para impeachment. O Regimento Interno da Câmara dos Deputados (RICD) dispõe que essa comissão deverá ser eleita, assegurada a participação de membros de todos os partidos, observada a proporção de sua representação na Casa. Esse ponto, porém, foi objeto de nova decisão do STF.

No processamento do impeachment da Presidente Dilma Rousseff, a Câmara dos Deputados havia procedido à escolha dos membros da comissão especial pela votação em candidaturas avulsas, isto é, foram constituídas duas chapas – uma com candidatos indicados pelos líderes de partidos e de blocos parlamentares e outra integrada por candidatos avulsos –, para que fossem escolhidas em Plenário. A votação, realizada em 8 de dezembro de 2015, deu-se mediante votação secreta e resultou na eleição da chapa de candidaturas avulsas (272 votos a 199).

O ponto, porém, foi impugnado junto ao STF,[667] que invalidou essa forma de constituição da comissão especial. Entendendo se tratar de aspecto procedimental, que legitimaria a intervenção do Tribunal na fixação da interpretação das normas constitucionais atinentes, afirmou-se que a apresentação de candidaturas ou chapas avulsas para a formação da comissão especial seria incompatível com a Constituição. Entendeu-se que a única forma de garantir a representação proporcional dos partidos ou dos blocos parlamentares (artigo 58, §1º, da Constituição e artigo 218, §2º, do RICD) é a indicação de representantes pelos líderes partidários, limitando-se a manifestação do Plenário da Câmara a confirmar ou não as indicações feitas, não se tratando propriamente de uma eleição.[668]

---

[667] ADPF nº 378, redator do acórdão ministro Roberto Barroso, julgamento em 17 de dezembro de 2015.

[668] Nesse ponto, ficou vencido o ministro Edson Fachin, relator, que afirmava em seu voto: "a escolha de membros dessa comissão deve respeitar os preceitos constitucionais e legais, especialmente o sufrágio e a participação de todos os partidos. No caso, seja a indicação feita por líderes a ser submetida à votação perante o Plenário da Câmara dos Deputados, seja a concorrência entre chapas oficial e avulsa, ambas as formas satisfazem os critérios formativos da comissão. Demais disso, não há prejuízo significativo à defesa do imputado de crime de responsabilidade, visto que a vitória de uma ou de outra chapa não possui potencial de afronta direta à representatividade partidária de toda a base governista ou oposicionista. Aliás, o trabalho da comissão especial é essencialmente instrutório e opinativo, tendo em conta que as decisões políticas de deliberar sobre a denúncia e de autorizar a instauração do processo estão reservadas ao Plenário da Câmara dos Deputados, por força da Lei 1.079/50. Assim sendo, não cabe ao Poder Judiciário, mesmo em sede de jurisdição constitucional, tolher uma opção legitimamente feita pela Câmara dos Deputados no pleno exercício de uma liberdade política que lhe é conferida pela ordem constitucional (...)". Nesse ponto, foi acompanhado pelos ministros Dias Toffoli, Gilmar Mendes e Celso de Mello.

Também neste julgamento, decidiu-se que essa votação – assim como todas as outras relativas ao processo de impeachment – deveria ser aberta, com o objetivo de se afirmar maior transparência, controle popular e legitimação. Inexistindo previsão expressa constitucional ou mesmo regimental quanto ao ponto, considerou-se ilegítima a decisão do Presidente da Câmara de colher os votos de forma secreta, utilizando como argumento adicional o fato de ter-se procedido à votação aberta, ainda que simbólica, para a composição da Comissão Especial no processo de impeachment do Presidente Fernando Collor de Mello em 1992,[669] de modo que a manutenção do rito então adotado contribuiria para sua segurança jurídica e previsibilidade.[670] Ainda, assentou-se,

---

[669] As principais disposições sobre o rito do impeachment para o caso Collor foram fixadas pelo Supremo Tribunal Federal no julgamento de dois mandados de segurança, cujas decisões foram essencialmente reafirmadas na ADPF nº 378: MS nº 21.564 (redator do acórdão ministro Carlos Velloso, julgamento em 23 de setembro de 1992) e MS nº 21.623 (de relatoria do ministro Carlos Velloso, julgamento em 17 de dezembro de 1992). Não obstante as semelhanças entre os ritos seguidos em uma e outra oportunidade, nota-se que o processo de impeachment de Collor transcorreu de forma muito mais célere e sumária, cumprindo todas as suas etapas em 120 dias (contra 272 no processo contra Dilma). O roteiro sumário inicialmente fixado em 1992 pelo Presidente da Câmara Ibsen Pinheiro foi impugnado perante o STF, que só o alterou relativamente ao prazo de defesa perante a comissão especial, ampliando-o de cinco para dez sessões legislativas (nesse sentido, informações sobre o processo e a expectativa de seu transcurso constaram do jornal *Folha de S.Paulo* de 9 de setembro de 1992, Caderno 1, p. 6-8, disponível em: https://acervo.folha.com.br/leitor. do?numero=11811&anchor=4762418&origem=busca&pd=d694a39a7201ccc7c3fba037bbcfac6f; acesso em: 7 jul. 2021). No caso de Collor, percebe-se, assim, uma interferência menor do STF na definição dos aspectos procedimentais, que já foram antecipadamente previstos pela Corte no caso de Dilma, quando provocado o Tribunal quanto à constituição da comissão especial (ADPF nº 378). Já para a fase de acusação e julgamento perante o Senado, o então Presidente do Supremo Tribunal Federal, ministro Sydney Sanches, apresentou àquela Casa legislativa roteiro aprovado em sessão administrativa pelos ministros da Corte e depois pela Mesa do Senado (publicado no Diário do Senado Federal de 8 de outubro de 1992, Seção II, ano XLVII, n. 168, disponível em: https://legis.senado.leg.br/diarios/BuscaDiario?codDiario=20890#diario; acesso em: 7 jul. 2021). O objetivo era evitar o êxito de questionamentos posteriores que pudessem ocorrer perante o Tribunal. À época, ainda havia dúvidas sobre o exato momento em que se considerava instaurado o processo perante o Senado, a justificar o afastamento do Presidente da República. O ponto não foi detidamente analisado pelo STF nos referidos mandados de segurança, deixando-se a matéria à definição legislativa, não obstante o indicado roteiro dispusesse que: "Tem-se por instaurado esse processo quando da notificação formal do Presidente da República de que dispõe do prazo de 20 dias para responder à acusação popular, que foi considerada objeto de deliberação pelo Senado". Na prática, porém, houve votação simbólica perante o Plenário do Senado para aprovar o parecer da comissão especial nele constituída, no sentido de instaurar o processo contra o Presidente Collor.

[670] Também nesse ponto a decisão foi majoritária, vencido o ministro Edson Fachin, relator, que assentava: "Nada obstante a publicidade das votações no Congresso seja a regra, e apenas em excepcionalíssimas hipóteses se admita votação secreta, entendo que no presente caso não há ofensa à Constituição no fato de o Regimento Interno da Câmara dos Deputados propiciar a interpretação segundo a qual teria estabelecido a votação secreta

em votação unânime, que a proporcionalidade de representação dos membros da comissão poderia se dar relativamente aos blocos partidários – e não necessariamente em relação aos partidos isoladamente considerados –, adaptando-se as disposições da Lei nº 1.079/1950 à Constituição (artigo 58, §1º).

Constituída a comissão especial, esta deve se reunir dentro 48 horas e eleger seu Presidente e relator, para que, em cinco sessões, contadas do oferecimento da manifestação do acusado ou do término do prazo assinalado para a defesa, emita parecer concluindo pelo acolhimento ou não do pedido de autorização de processamento. Essa manifestação será lida no Plenário da Câmara e publicada juntamente com a denúncia, colocada em discussão e submetida a votação nominal, pelo processo de chamada dos deputados.[671] Se alcançado o quórum de dois terços pela autorização de instauração do processo (342 votos, no mínimo), a decisão da Câmara deverá ser comunicada ao Presidente do Senado Federal no prazo de duas sessões.

Remetida a questão ao Senado, a primeira questão constitucional que se coloca é se a autorização proveniente da Câmara é suficiente e vinculante para que se submeta o acusado a julgamento ou se há necessidade de que também essa outra Casa legislativa se manifeste sobre a instauração ou não do processo. Isso porque houve modificação na redação da Constituição de 1988 sobre o tema: enquanto nos textos

---

para a constituição da referida comissão". Nesse aspecto, foi acompanhado pelos ministros Teori Zavascki, Dias Toffoli, Gilmar Mendes e Celso de Mello.

[671] A ordem de votação nominal definida pelo deputado Eduardo Cunha no processo de impeachment da Presidente Dilma Rousseff foi também impugnada junto ao Supremo Tribunal Federal. O Presidente da Câmara havia definido que a chamada nominal se daria conforme as regiões do país, passando-se à seguinte quando fossem chamados todos os deputados da região anterior. Na ação proposta pelo Partido Comunista do Brasil (PCdoB), alegava-se que o seguimento dessa ordem poderia causar "efeito cascata" sobre o convencimento dos deputados, comprometendo a imparcialidade do julgamento e violando os princípios do devido processo legal, da moralidade, da impessoalidade e da República. Requeria-se, então, que a alternância se desse por chamada para a deliberação por Estados, do norte para o sul, e vice-versa. A alegação não foi acolhida pela maioria dos votos dos ministros do STF, que, nos termos do voto dissidente do ministro Teori Zavascki, assentou na ementa do acórdão: "Interferências recíprocas nas manifestações dos julgadores são inevitáveis em qualquer ordem de votação nominal, seja qual for o critério de sequenciamento adotado, não sendo possível presumir a ilegitimidade da deliberação do colegiado parlamentar, por mera alegação de direcionamento, em um ou outro sentido. A Constituição Federal não estabelece ordem de votação nominal que possa ter sido afrontada pela norma regimental atacada. Ausência de demonstração das lesões constitucionais deduzidas" (ADI nº 5.498-MC, redator do acórdão ministro Teori Zavascki, julgamento em 14 de abril de 2016). Na ocasião, ficaram vencidos, integralmente, os ministros Marco Aurélio (relator), Edson Fachin e Ricardo Lewandowski, e, parcialmente, o ministro Roberto Barroso.

constitucionais anteriores dispunha-se que à Câmara dos Deputados competia deliberar sobre a procedência ou improcedência da acusação e atribuía-se ao Senado apenas a tarefa de julgar o acusado,[672] fala-se, atualmente, na autorização da instauração do processo pela Câmara e nas funções de processar e julgar pelo Senado. Como consequência, alterou-se também o momento a partir do qual o Presidente é afastado de suas funções: antes, dispunha-se ser a partir da declaração de procedência da acusação pela Câmara;[673] agora, afirma-se ser a partir da instauração do processo pelo Senado Federal (artigo 86, §1º, II).[674]

A questão foi também submetida à apreciação do STF na Arguição por Descumprimento de Preceito Fundamental (ADPF) nº 378, quando, reiterando procedimento que já havia sido firmado em 1992 para o impeachment do Presidente Collor,[675] estabeleceu também para o caso da Presidente Dilma Rousseff o entendimento de que a função de "processar e julgar" atrai ao Senado a realização de um juízo inicial de instauração ou não do processo. Nesse sentido, apesar de se identificar forte controvérsia doutrinária,[676] confirmou-se que a manifestação da

---

[672] Nesse sentido: artigos 29 e 33 da Constituição de 1891; artigo 86 da Constituição de 1937; artigos 59, I, e 62 da Constituição de 1946; artigos 42, I, e 44, I, da Constituição de 1967 (e artigos 40, I, e 42, I, da Emenda Constitucional nº 1/1969). Rememora-se que a Constituição de 1934 estabelecia a competência de julgamento a Tribunal especial misto, de modo que não há disposições relativas ao ponto mencionado.

[673] Nesse sentido: artigo 53, parágrafo único, da Constituição de 1891; artigo 88, parágrafo único, Constituição de 1946; artigo 85, §1º, da Constituição de 1967 (e artigo 83, §1º, da Emenda Constitucional nº 1/1969).

[674] Como destaca Paulo Brossard, a mudança não é meramente redacional: "No que concerne à competência da Câmara em relação ao processo de responsabilidade, a Constituição de 1988 deixou de repetir o que era tradicional na linguagem das nossas leis, 'declarar a procedência ou improcedência da acusação', para dizer que a ela compete 'autorizar, pelo voto de dois terços de seus membros, a instauração do processo contra o Presidente da República'. Pode parecer que o novo texto não chega a discrepar dos anteriores, pois quem declara procedente a acusação autoriza seu curso e quem autoriza a instauração do processo declara procedente a acusação para esse fim. No entanto, a alteração não foi apenas essa; enquanto ao Senado competia, tradicionalmente, julgar o Presidente nos processos de responsabilidade, compete-lhe agora processá-lo e julgá-lo, e, enquanto a suspensão do exercício das funções presidenciais resultava da declaração de procedência da acusação pela Câmara, decorre ela agora da instauração do processo pelo Senado. Em verdade, a Câmara perdeu uma atribuição que lhe era historicamente reservada" (BROSSARD. Op. cit., p. 8).

[675] O relato das atividades do Senado Federal no julgamento de impeachment do então Presidente Fernando Collor encontra-se disponível em: www25.senado.leg.br/web/atividade/materias/-/materia/2390 (acesso em: 3 jul. 2021).

[676] Nesse ponto, é conhecida a posição de José Afonso da Silva no sentido da obrigatória instauração do processo pelo Senado, depois da autorização da Câmara: "Recebida a autorização da Câmara para instaurar o processo, o Senado Federal se transformará em tribunal de juízo político, sob a Presidência do Presidente do Supremo Tribunal Federal. Não cabe ao Senado decidir se instaura ou não o processo. Quando o texto do art. 86

Câmara não ostenta caráter vinculante ao Senado, qualificando-se como requisito de procedibilidade necessário, mas que se submete à deliberação do Senado quanto ao recebimento ou não da denúncia cujo processamento foi autorizado pela Câmara. Assim, foram declarados não recepcionados pela Constituição de 1988 alguns dispositivos da Lei nº 1.079/1950 (artigos 23, §§1º, 4º e 5º; 80, 1ª parte; e 81), que dispunham sobre o decreto de acusação da Câmara e que a definiam como tribunal de pronúncia.

A partir dessa mesma premissa, as disposições da Lei nº 1.079/1950 relativas às fases procedimentais a serem cumpridas perante a Câmara também tiveram de ser adaptadas às novas previsões constitucionais. Isso porque, como apontado na análise já realizada desta lei, ali há a previsão de duas votações do Plenário da Câmara dos Deputados: uma sobre a admissibilidade da denúncia e outra sobre a procedência da acusação. Entre uma e outra, realizava-se uma fase de instrução probatória, para subsidiar essa manifestação quanto ao conteúdo da denúncia.

Entretanto, com a interpretação constitucional que assegura novo papel a esse órgão legislativo no processo de impeachment do Presidente da República, o Supremo assentou que o Plenário da Câmara deve deliberar apenas uma vez, por maioria qualificada de dois terços de seus membros, sem a necessidade de ampla instrução probatória sobre o mérito da denúncia, tendo em vista que sua manifestação não mais recai sobre a procedência ou improcedência da acusação. Nesse sentido, deu-se interpretação conforme os dispositivos da Lei nº 1.079/1950 que dispunham sobre essa fase instrutória realizada perante a comissão especial da Câmara (artigos 19, 20 e 21), para que sua compreensão signifique que as diligências ali previstas se destinam ao esclarecimento da própria denúncia, e não à manifestação de sua procedência ou improcedência. Ainda, foram declarados não recepcionados pela Constituição de 1988 os dispositivos que estabeleciam a necessidade de ampla instrução probatória perante a comissão da Câmara e de

---

diz que, admitida a acusação por dois terços da Câmara, será o Presidente submetido a julgamento perante o Senado Federal nos crimes de responsabilidade, não deixa a este possibilidade de emitir juízo de conveniência de instaurar ou não o processo, pois que esse juízo de admissibilidade refoge à sua competência e já foi feito por quem cabia. Instaurado o processo, a primeira consequência será a suspensão do Presidente de suas funções (art. 86, §1º, I)". (SILVA, José Afonso da. *Curso de direito constitucional positivo*. São Paulo: Malheiros, 2015. p. 557). No julgamento, essa posição foi também adotada pelo ministro Edson Fachin, relator, no que foi acompanhado pelos ministros Dias Toffoli e Gilmar Mendes, afirmando que inexistira competência do Senado para rejeitar a autorização advinda da Câmara.

uma segunda deliberação de seu Plenário sobre o mérito da acusação (artigos 22, *caput*, 2ª parte, e §§1º, 2º, 3º e 4º).

Assim, autorizado o processamento por dois terços da Câmara dos Deputados, deve o Senado aprovar a instauração do processo, em etapa preliminar que não encontra previsão na Lei nº 1.079/1950. Sem a existência de regras específicas, quando questionado sobre o tema na mesma ADF nº 378, referente ao impeachment da Presidente Dilma Rousseff, o STF adotou o mesmo procedimento anteriormente definido para o caso Collor, aplicando as disposições daquela lei relativas a denúncias por crime de responsabilidade contra ministros do STF ou contra o procurador-geral da República, que são processados diretamente perante o Senado (em aplicação analógica dos artigos 44 a 49 da Lei nº 1.079/1950).

Dessa forma, fixou-se o procedimento de que, recebida a autorização da Câmara, o Senado deveria constituir Comissão Especial, composta por um quarto dos senadores (artigo 380, II, do Regimento Interno do Senado Federal), que elaboraria novo parecer sobre a admissibilidade da acusação, a ser votado pelo Plenário dessa Casa legislativa, bastando, para a instauração do processo, a votação da maioria simples, presente a maioria absoluta de seus membros, dando-se nova interpretação conforme o artigo 24 da Lei nº 1.079/1950. Foram recusadas as teses de que a Mesa do Senado poderia rejeitar sumariamente o prosseguimento da denúncia, bem como de que seria necessário observar o quórum de dois terços nessa fase preliminar de processamento.[677]

Com base nessa deliberação, portanto, instaura-se o procedimento de impeachment propriamente dito, o Ministro Presidente do STF assume a Presidência do Senado e suspende-se o Presidente da República de suas funções (artigo 86, §1º, II, da Constituição e artigo 381 do Regimento Interno do Senado Federal),[678] o que perdurará pelo prazo

---

[677] Nesse ponto, ficaram vencidos os ministros Edson Fachin (relator) e Marco Aurélio, que entendiam pela necessidade de observância do quórum de dois terços também nesse momento inicial.

[678] Ainda que a suspensão do Presidente da República não decorra diretamente da deliberação da Câmara, sendo necessária a instauração do processo pelo Senado, a aposição dessa consequência traz maior responsabilidade às deliberações tidas por aquela primeira Casa legislativa, diferentemente do que ocorre nos Estados Unidos, por exemplo, em que não há a previsão desse afastamento cautelar do Chefe do Poder Executivo, que só é retirado do cargo no caso de condenação final por dois terços do Senado. Essa característica daquele modelo enseja a argumentação pela existência de parâmetros distintos adotados pelo Senado para a condenação e pela Câmara dos Representantes para a aprovação da acusação de impeachment, tendo em vista que não há consequências materiais significativas para

máximo de 180 dias (artigo 86, §2º), cuja decorrência sem conclusão do julgamento implicará a cessação do afastamento, sem prejuízo da continuidade do processo até seu fim. Durante sua suspensão, exerce o cargo o vice-presidente da República de forma interina, ainda que a experiência ensine que se trate de medida de difícil reversão.[679]

Passa-se, então, à fase eminentemente instrutória perante o Senado Federal, na forma do que dispõe a Lei nº 1.079/1950. Sobre essa fase, a decisão do STF na ADPF nº 378 confirmou que, durante o procedimento de impeachment, assegura-se ao acusado e à sua defesa a prerrogativa geral de se manifestar após a acusação, bem como que o interrogatório, como instrumento de autodefesa, deve ser o último ato da instrução. Naquele julgamento, também foi afirmado que o fato de ser o Senado o órgão julgador da acusação não lhe impõe a impossibilidade de adotar as medidas e diligências necessárias à apuração da denúncia, não havendo que se falar em violação ao sistema acusatório – de caráter processual penal – pela possibilidade de determinação de produção de provas.

Aliás, embora imbuído o Senado de uma função de julgamento, a decisão dos senadores não se guia pelos mesmos parâmetros adotados para uma manifestação judicial, à qual se impõe um rígido dever de fundamentação (artigo 93, IX, da Constituição). Assim, a própria natureza política do procedimento acarreta que também a manifestação dos votos condenatórios ou absolutórios sejam exercidos por razões políticas,

---

esta última (SUNSTEIN. Op. cit., p. 153). O ponto também pode servir de fundamento à compreensão da distinção dos quóruns necessários para a autorização da abertura do processo de impeachment na Câmara dos Representantes norte-americana (regra comum de maioria, em que um dos dois principais partidos que controle o órgão pode, com relativa facilidade, aprovar a medida) e a Câmara dos Deputados brasileira (dois terços de seus membros).

[679] Com efeito, o afastamento cautelar do Presidente da República – que não existe no sistema norte-americano, mas se compensa pela necessidade de voto de dois terços dos membros da Câmara dos Deputados na fase anterior de autorização de processamento – é medida que merece revisão constitucional, tendo em vista que representa, em verdade, destituição antecipada, de difícil reversão. Sobre o ponto, Sérgio Abranches destaca: "O fato histórico é que o afastamento temporário retira de qualquer presidente os recursos políticos para se defender num processo que é eminentemente político e controvertido. Os três presidentes afastados temporariamente, em nossa história republicana, foram definitivamente removidos do cargo. Café Filho, cujo afastamento se deu por doença, foi impedido de reassumir o cargo por decretação do seu impeachment, imposta pelos militares. Fernando Collor e Dilma Rousseff, afastados para serem julgados, não retornaram. O ponto crítico do processo não é o julgamento, mas a autorização que afasta. O restante tem sido um jogo com final predeterminado" (ABRANCHES. Op. cit., 2018, p. 329). Também Rafael Mafei aponta sobre o ponto que "o presidente brasileiro perde mais cedo os instrumentos políticos relevantes para manter a integridade de seu escudo legislativo, que logo passam para o controle do maior beneficiário político de sua eventual condenação" (MAFEI. Op. cit., p. 146). Nesse sentido, o autor destaca a importância de que o escudo legislativo seja construído e garantido pelo Presidente denunciado já na primeira fase do procedimento, junto à Câmara dos Deputados.

sem a necessidade de desincumbência de fundamentação a partir de categorias jurídicas de enquadramento da culpa, sem que daqui se possa alegar nulidade do julgamento por eventual quebra de imparcialidade pelas razões que tenham subsidiado o convencimento de cada membro julgador.[680] Trata-se de característica ínsita a esse procedimento,[681] em que os julgadores não se guiam por critérios apenas jurídicos, mas também políticos, morais, práticos e de conveniência.[682]

Concluídas as fases de instrução e deliberação, passa-se à votação, colhida nominalmente, sobre a procedência ou improcedência da acusação. Exige-se, para a condenação, o quórum de dois terços dos senadores (mínimo de 54 votos), que, se atingido, resultará na destituição definitiva do cargo, com a inabilitação por oito anos, para o exercício de função pública, sem prejuízo da responsabilização judicial cabível (artigo 52, parágrafo único, da Constituição de 1988).

Sobre essas sanções, destaca-se a compreensão de que são consequências obrigatórias que decorrem do juízo condenatório. A redação do

---

[680] Sobre o ponto, Maurizio Oliviero afirma: "Diante do silêncio da Carta constitucional e da ausência de previsões regulamentares sobre o ponto, na prática se afirmou a regra segundo a qual a escolha do critério com base no qual avaliar a suficiência das provas para pronunciar a culpabilidade de um imputado é imposta ao livre convencimento de cada membro do Senado" (OLIVIERO; PAFFARINI. Op. cit., p. 106).

[681] Nesse sentido, já destacava Luís Roberto Barroso que "é inegável que o processo de impeachment tem uma dimensão política, tanto pela natureza dos interesses em jogo e das pessoas envolvidas, como, notadamente, por duas circunstâncias: a) não podem os órgãos do Poder Judiciário rever o mérito da decisão proferida pela Casa Legislativa; b) a decisão não deve reverência aos rigores de objetividade e motivação que se impõem aos pronunciamentos judiciais" (BARROSO, Luís Roberto. Aspectos do processo de impeachment: renúncia e exoneração de agente político, tipicidade constitucional dos crimes de responsabilidade. *Forense*, v. 94, n. 344, p. 283, out./dez. 1998). O entendimento foi também afirmado jurisprudencialmente na ADPF nº 378, em cuja ementa fez-se constar: "A diferença de disciplina se justifica, de todo modo, pela distinção entre magistrados, dos quais se deve exigir plena imparcialidade, e parlamentares, que podem exercer suas funções, inclusive de fiscalização e julgamento, com base em suas convicções político-partidárias, devendo buscar realizar a vontade dos representados". A mesma compreensão já havia sido afirmada para o caso Collor no MS nº 21.623 (de relatoria do ministro Carlos Velloso, julgamento em 17 de dezembro de 1992), de cuja ementa do acórdão se extrai: "O Senado, posto investido da função de julgar o Presidente da República, não se transforma, às inteiras, num tribunal judiciário submetido às rígidas regras a que estão sujeitos os órgãos do Poder Judiciário, já que o Senado é um órgão político. Quando a Câmara Legislativa – o Senado Federal – se investe de 'função judicialiforme', a fim de processar e julgar a acusação, ela se submete, e certo, a regras jurídicas, regras, entretanto, próprias, que o legislador previamente fixou e que compõem o processo político-penal. Regras de impedimento: artigo 36 da Lei nº 1.079, de 1950. Impossibilidade de aplicação subsidiária, no ponto, dos motivos de impedimento e suspeição do Cod. de Processo Penal, art. 252. Interpretação do artigo 36 em consonância com o artigo 63, ambos da Lei 1.079/50. Impossibilidade de emprestar-se interpretação extensiva ou compreensiva ao art. 36, para fazer compreendido, nas suas alíneas 'a' e b', o alegado impedimento dos Senadores".

[682] TRIBE; MATZ. Op. cit., p. 80.

dispositivo constitucional parece não deixar espaço à discricionariedade do Senado para aplicar ou não as sanções de destituição do cargo, à qual se soma a inabilitação. Entretanto, no procedimento de impeachment da Presidente Dilma Rousseff, procedeu-se à votação separada das sanções, não se alcançando os 54 votos mínimos para a inabilitação, que não foi a ela aplicada.[683] Ainda que se entenda como interpretação indevida da previsão constitucional, trata-se de mais uma decisão que apenas pode ser tomada pelo próprio Senado, que não poderia ser submetida a posterior revisão judicial.[684]

Um último ponto de destaque diz respeito à possibilidade ou não de continuidade do procedimento após eventual renúncia do acusado. Já se defendeu que o procedimento de impeachment só pode se dar apenas durante o exercício do cargo, já que seu principal objetivo é a destituição do cargo, colocando-se como meras consequências a inabilitação e a própria condenação pública e política do acusado, sem prejuízo da promoção de responsabilização em outras esferas. Dessa forma, a renúncia do acusado deveria representar a extinção do procedimento. Entretanto, no procedimento instaurado contra o Presidente Fernando Collor, procedeu-se de modo diverso.

Momentos antes do início da sessão final de seu julgamento, em 29 de dezembro de 1992, Collor apresentou ao Congresso Nacional manifestação de renúncia ao cargo de Presidente da República,[685] com a expectativa de que a medida representaria a extinção do procedimento, evitando que lhe fosse imposta a inabilitação. Entretanto, o Senado decidiu finalizar o julgamento, considerando prejudicado o pedido de aplicação da sanção de perda do cargo de Presidente da República (em virtude da renúncia) e, julgando procedente a acusação, aplicou a sanção de inabilitação, por oito anos, para o exercício de função pública, sem prejuízo das demais sanções judiciais cabíveis, nos termos

---

[683] Na linha do que já foi destacado, na prática do impeachment nos Estados Unidos, costuma-se realizar a votação da desqualificação para futuros cargos de forma separada, que por vezes pode nem ser sequer realizada (TRIBE; MATZ. Op. cit., p. 135), aspecto que pode gerar forte constrangimento posterior, como ocorrido no caso Hastings.

[684] Destaca-se que a decisão de cindir em duas votações distintas a perda do cargo e a inabilitação para o exercício de função pública foi questionada junto ao Supremo Tribunal Federal no MS nº 34.418, de relatoria da ministra Rosa Weber, em que se requeria que fosse imposta também a sanção de inabilitação. A liminar foi indeferida pela ministra relatora em 16 de setembro de 2016, tendo havido manifestação do procurador-geral da República, Rodrigo Janot, contrária à impetração, mas o mérito da causa ainda não foi julgado pela Corte.

[685] A renúncia apresentada está disponível em: https://legis.senado.leg.br/diarios/ver/20355?sequencia=1 (acesso em: 3 jul. 2021).

da Resolução nº 101/1992 do Senado Federal.[686] Segundo aqui se pensa, trata-se de nova decisão equivocada do Senado – que poderia se guiar, por exemplo, pelo entendimento de que se revelava abusiva a renúncia apresentada imediatamente antes do último ato do processo –, mas que nem por isso poderia ser submetida a revisão judicial.

A decisão pela continuidade do procedimento após a renúncia foi também impugnada perante o STF no Mandado de Segurança nº 21.689, de relatoria do ministro Carlos Velloso. Em julgamento realizado em 16 de dezembro de 1993, o Tribunal confirmou a legitimidade da decisão do Senado, afirmando que "a renúncia ao cargo, apresentada na sessão de julgamento, quando já iniciado este, não paralisa o processo de impeachment".[687]

Nota-se, assim, que tanto no caso Collor quanto no caso Dilma, cujos fundamentos materiais relevantes são destacados na sequência, o STF assumiu condutas muito próximas, negando a impossibilidade de conhecer matérias judicializadas sobre o impeachment, mas limitando sua intervenção a aspectos meramente formais e procedimentais, evidenciando a existência de claros limites à intervenção judicial, que será objeto da próxima seção. Também quanto à definição das fases e do rito do processo do impeachment, adotou-se em um e em outro caso decisões bastantes similares.

De toda forma, percebe-se que muitos dos questionamentos disseram respeito ao normativo desencontro que segue existente entre

---

[686] Disponível em: https://legis.senado.leg.br/norma/564156/publicacao/15648144 (acesso em: 3 jul. 2021).

[687] O trecho consta da ementa do acórdão então proferido. Na ocasião, o ministro Paulo Brossard manifestou-se pelo acolhimento da preliminar de inexistência de jurisdição do STF sobre o tema, quando afirmou que o Tribunal "não é curador do Senado e sobre ele não exerce curatela". No julgamento de mérito, em que se declararam impedido o ministro Sydney Sanches, por ter presidido o processo de impeachment no Senado Federal, e suspeito o ministro Marco Aurélio, ficaram vencidos os ministros Ilmar Galvão, Celso de Mello, Octavio Galotti e Moreira Alves, assentando este último em seu voto: "Quer se considere a perda do cargo com inabilitação para o exercício da função pública como pena única a que se atrela um efeito da sentença condenatória, ou como duas penas, em que a primeira é a principal e a segunda é a acessória, o que me parece manifesto (...) é que elas não podem ser autônomas, pois, além de a preposição *com* indicar acompanhamento (e não há acompanhantes sem acompanhado), teriam de vir ligadas pela disjuntiva *ou*, e nesse caso uma poderia ser aplicada sem que a outra o fosse, ou seja, poder-se-ia manter o Presidente no cargo, inabilitando-o, por oito anos, para o exercício de qualquer função pública, o que, evidentemente, seria um despautério". Em linha convergente, o ministro Ilmar Galvão assentou que o Senado, "segundo o nosso direito constitucional, já não tinha competência para agir, como agiu, após a reabertura da sessão dando prosseguimento ao julgamento, que concluiu com a aplicação da pena acessória de inabilitação, desacompanhada da de perda do cargo, que se tornou inaplicável pela renúncia. Ao fazê-lo, julgou quem já não podia julgar, e aplicou pena que já não comportava cabimento".

as disposições da Constituição de 1988, da Lei nº 1.079/1950 e dos Regimentos Internos da Câmara dos Deputados e do Senado Federal. Impõe-se, portanto, que a matéria seja propriamente regulamentada pelo Congresso Nacional, em cumprimento mais efetivo à determinação do artigo 85, parágrafo único, da Constituição, a fim de que o procedimento seja definido de forma mais segura e clara, evitando, até mesmo, questionamentos judiciais adicionais em eventuais novos casos de impeachment.

3.5.2 O papel do STF

Para além do que já assentado nos tópicos anteriores com relação à compreensão do Supremo quanto à competência legislativa para dispor sobre a matéria e à definição do rito adequado do processo de impeachment, resta analisar os limites e as possibilidades da intervenção judicial na matéria. O ponto, que já foi descritivamente analisado também em relação à Suprema Corte norte-americana, conclama o resgate das posições historicamente afirmadas pelo STF, a fim de subsidiar uma conclusão possível para o papel da Corte no vigente modelo constitucional brasileiro.

Desde suas primeiras manifestações sobre o tema, ainda no início da República, o STF tem afirmado a natureza política do impeachment.[688] No Acórdão nº 104/1895,[689] decorrente de julgamento realizado em 11 de outubro de 1895, a Corte enfrentava irresignação de Joaquim Ribeiro Gonçalves, que era vice-governador do estado do Piauí, afastado pela Assembleia Legislativa local, por estar ausente do estado. A Constituição piauiense de 1892[690] previa, em seu artigo 33, que o governador e o vice-governador não poderiam sair do território do estado, por mais de oito dias, sem licença, sob pena de perda do cargo, tendo sido essa conduta indicada como crime de responsabilidade por legislação

---

[688] Em referência à Constituição de 1891, Paulo Brossard afirma: "Nos quarenta anos em que vigorou a Constituição de 24 de fevereiro, a doutrina, enlaçando-se à jurisprudência, orientou-se no sentido de afastar do Judiciário questões referentes ao processo de responsabilidade" (BROSSARD. Op. cit., p. 160). Essa postura do Tribunal afirmada já desde o início da República é também considerada por Rafael Mafei como "o início de uma tradição jurisprudencial de rara estabilidade na história do STF" (MAFEI. Op. cit., p. 66).
[689] *Jurisprudencia de 1895*. Rio de Janeiro: Imprensa Nacional, 1897. p. 239-240.
[690] *A Constituição federal e as constituições dos estados da republica do Brazil*: precedida daquella de uma parte histórica e acompanhada de alguns decretos posteriores. Pelotas/Porto Alegre: Echenique & Irmão; Liv. Universal, 1895. p. 253. v. 2. Disponível em: www2.senado.leg.br/bdsf/handle/id/224222. Acesso em: 22 jun. 2021.

local de agosto de 1892. O interessado impugnava a aplicação dessa lei a ele, tendo em vista a previsão da Constituição estadual de que a obrigatoriedade das leis dependia, na capital, de sua publicação oficial e, nos demais lugares, depois de 45 dias de sua publicação (artigo 87).

Não obstante, a irresignação não foi conhecida pelo STF, que afirmou na ocasião que "deliberações de tal espécie pertencem exclusivamente ao domínio político do Poder Legislativo, dentro do qual é vedado ao Poder Judiciário intervir para o fim de diretamente as atenuar e revogar ou anular (...)". Concluiu-se, assim, que "não cabe o recurso de revisão das decisões condenatórias proferidas pelas Assembleias Legislativas dos Estados".[691] No julgamento, também ficava evidenciada a distinção dessa responsabilização da esfera penal, bem como se reconhecia, ainda que incidentalmente, que os estados detinham competência para legislar sobre os crimes de responsabilidade de suas autoridades.

No Acórdão nº 343/1899,[692] em julgamento realizado em 22 de julho de 1899, impugnava-se, em revisão criminal, a condenação, pelo Tribunal misto, de José Joaquim Pereira Lobo, que era vice-presidente do estado de Sergipe, à perda do cargo com inabilitação para ocupar qualquer outra função estadual, em razão de atos que havia cometido no exercício do cargo. A Corte, porém, reafirmou se tratar o impeachment de julgamento político, não se revelando cabível o oferecimento dessa irresignação perante o Judiciário. Concluiu-se, assim, pelo não conhecimento do pedido de revisão, "porquanto, de tal decisão, em processo de natureza puramente política, não é dado o recurso interposto, reservado por lei para sentenças condenatórias proferidas definitivamente por tribunais judiciários".[693] Também no caso, fazia-se menção à existência de lei estadual que regulamentava a matéria (Lei nº 11/1892), sem que se entendesse haver usurpação de competência legislativa federal.[694]

No Acórdão nº 1.476/1901,[695] em julgamento realizado em 13 de abril de 1901, enfrentava-se situação inversa. O então senador Antônio

---

[691] As citações correspondem a excertos constantes do referido Acórdão nº 104/1895.
[692] *Jurisprudencia de 1899*. Rio de Janeiro: Imprensa Nacional, 1901. p. 342-343.
[693] O trecho consta do referido Acórdão nº 343/1899, de cujo teor também se extrai: "O julgamento político não tem outro objeto senão averiguar e resolver se o empregado possui ou não as condições requeridas para continuar no desempenho de suas funções; não pode estar sujeito às consequências da revisão criminal, reservada pela Constituição para sentenças condenatórias proferidas definitivamente por Tribunais Judiciários".
[694] BROSSARD. Op. cit., p. 101.
[695] *Jurisprudencia de 1901*. Rio de Janeiro: Imprensa Nacional, 1905. p. 8-9.

Francisco Azeredo impetrou *habeas corpus* em favor dos pacientes João Martins França, Antônio Fernandes Trigo de Loureiro, Ignacio Maranhão da Rocha Vieira (Presidente e desembargadores do Tribunal da Relação de Cuiabá) e João Paulino de Albuquerque, juiz de direito. Essas autoridades haviam sido processadas pela Assembleia Legislativa do Estado de Mato Grosso por crime de prevaricação após denúncia de um cidadão, o engenheiro José Leite Pereira Gomes, a qual se baseava no artigo 207 do Código Penal de 1890.[696]

Entretanto, a Corte entendeu que as disposições normativas da Constituição do Estado do Mato Grosso[697] assentavam que, nos crimes comuns e nos de responsabilidade, os desembargadores e juízes deveriam responder perante o próprio Tribunal da Relação (artigo 32). A competência da Assembleia para o julgamento apenas se instauraria, no caso de ação criminal, se as denúncias se voltassem contra todos os membros do Tribunal da Relação ou contra a maioria deles – o Tribunal, à época, era composto por sete integrantes desde abril de 1898 –, situação em que a condenação poderia ser impugnada perante o STF.[698] Essa revisão, porém, se limitava ao processamento decorrente de condenação de natureza criminal.[699]

Dessa forma, como fundamentação, recusava-se tratar-se de um julgamento político, mas de verdadeiro exercício de jurisdição penal, de modo que se entendia possível analisar a questão. Assim, a Corte concluiu pela concessão da ordem de *habeas corpus* preventivo para que cessassem os efeitos do "constrangimento ilegal de que estão ameaçados os pacientes, pela manifesta incompetência da Assembleia Legislativa

---

[696] O dispositivo tipificava o crime de prevaricação.

[697] *A Constituição federal e as constituições dos estados da republica do Brazil*: precedida aquella de uma parte histórica e acompanhada de alguns decretos posteriores. Pelotas/Porto Alegre: Echenique & Irmão; Liv. Universal, 1895. p. 253. v. 2. Disponível em: www2.senado.leg.br/bdsf/handle/id/224222. Acesso em: 22 jun, 2021.

[698] O dispositivo previa: "Art. 32. Nos crimes comuns e de responsabilidade, os desembargadores e juízes de direito responderão perante o tribunal da Relação. §1º. Quando a ação criminal for intentada contra todos os membros do tribunal da Relação ou a maioria deles o processo e julgamento terá lugar perante a assembleia legislativa, que se converterá em tribunal de justiça, procedendo em conformidade das leis vigentes; §2º Fica salvo aos réus, no caso de condenação, o direito de requerer a revisão de seu processo pelo supremo tribunal federal, na forma do art. 81 da Constituição da República".

[699] O fundamento para essas previsões era o artigo 81 da Constituição de 1891, que dispunha: "Os processos findos, em matéria crime, poderão ser revistos a qualquer tempo, em benefício dos condenados, pelo Supremo Tribunal Federal, para reformar ou confirmar a sentença".

do Estado do Mato Grosso, no caso proposto, para o processo contra eles instaurado como incursos no art. 207 do Código Penal".[700]

No *Habeas Corpus* nº 3.018/1911,[701] em julgamento realizado em 23 de abril de 1911, enfrentou-se impetração em favor de Antônio Gonçalves Pereira de Sá Peixoto, que era vice-governador do Amazonas, a quem se acusava de crimes comuns e crimes de responsabilidade. A ordem foi majoritariamente concedida em relação ao crime comum, mas não conhecida em relação ao crime de responsabilidade, já que se tratava de processo exclusivamente político, de modo que, quanto a este, apenas o Legislativo amazonense, nos termos da lei estadual, poderia decidir.

No *Habeas Corpus* nº 4.091/1916,[702] em julgamento realizado em 23 de setembro de 1916, os debates foram mais extensos, havendo posições divergentes. Tratava-se de impetração em favor de Caetano Manoel de Faria e Albuquerque, Presidente do Estado do Mato Grosso, em que se alegava a ameaça de constrangimento ilegal e violento pela existência de denúncia apresentada contra o paciente perante a Assembleia Legislativa, em razão da prática de crimes de responsabilidade (que eram previstos no artigo 27 da Constituição do Estado[703] e na Lei estadual nº 23/1892), que poderia resultar na perda de seu cargo.

---

[700] O excerto consta como tese conclusiva do referido Acórdão nº 1.476/1901. No acórdão, em clara recusa da natureza política do caso de origem e reafirmando sua natureza jurisdicional criminal, também se afirmou: "A Assembleia Legislativa só é competente para processar e julgar os desembargadores no caso único previsto no citado art. 32; nesse processo e julgamento ela se converte em Tribunal de Justiça e procede em conformidade das leis vigentes; neste caso não profere um julgamento político, como é o processo instaurado contra o presidente do Estado, nos termos do art. 27 da Constituição; e por isso o Supremo Tribunal Federal mais de uma vez tem decidido não tomar conhecimento do pedido de revisão das sentenças condenatórias proferidas pelas Assembleias dos Estados nos julgamentos políticos. Diverso é o caso presente, em que a Assembleia funciona como mero Tribunal de Justiça, impondo penas cominadas a crimes comuns, e não simplesmente as de suspensão e perda de cargo. É um Tribunal, como a Relação, que apenas deixa de conhecer do processo e julgar os desembargadores, quando nos termos da Constituição a ação criminal é intentada contra todos os membros do Tribunal ou a maioria deles, para cortar a anomalia de serem eles julgados por juízes de direito, seus inferiores na ordem hierárquica. E é a própria Constituição do Estado que reconheceu que no exercício dessa função a Assembleia se converte em Tribunal de Justiça, e que fica salvo, no caso e condenação, o recurso de revisão pelo Supremo Tribunal Federal".

[701] IDiário Oficial da União, 30 abr. 1911, p. 3.223.

[702] *Revista do Supremo Tribunal Federal*, Rio de Janeiro, v. XLV, p. 11-23, out. 1922.

[703] O dispositivo reproduzia, essencialmente, as disposições da Constituição Federal: "Art. 27. Constituem crime de responsabilidade os atos do presidente que atentarem contra: 1º. A Constituição e as leis da União e do Estado; 2º. O livre exercício dos poderes políticos; 3º. O gozo ou exercício dos direitos políticos e individuais; 4º. A segurança interna do Estado; 5º. A probidade da administração; 6º A guarda e aplicação legal dos dinheiros públicos. §1º. Em lei especial serão definidos estes delitos e regulada a forma da acusação, processo e julgamento deles igualmente aplicável aos crimes comuns; §2º. A sentença condenatória

Ao longo do julgamento, várias posições foram externadas, desde a impossibilidade de seu conhecimento por não se tratar de processo crime, mas de providência política e por motivos de ordem meramente política (voto do ministro Oliveira Ribeiro, relator), até a concessão da ordem pelo reconhecimento da suspeição da Assembleia para julgar o Presidente do Estado (voto do ministro Pedro Lessa), pela inconstitucionalidade da regulamentação do processo de impeachment pelo Estado ou mesmo por entender se tratar de procedimento de acentuado caráter penal e jurisdicional (voto do ministro Guimarães Natal). Ao final, porém, prevaleceu o conhecimento da impetração e a improcedência do pedido que se formulava, concluindo que "sendo incontestável a competência da Assembleia Legislativa de Mato Grosso para processar o paciente na qualidade de Presidente do Estado, por fatos que os citados artigo 27 e as Leis especiais do Estado qualificam de crime de responsabilidade",[704] não se vislumbrava qualquer constrangimento ilegal daí resultante contra o paciente. Assentava-se expressamente, ainda, a competência dos Estados em instituir e regulamentar o impeachment em relação a suas autoridades, em reflexo do que dispunha a Constituição Federal, ostentando capacidade legislativa para tanto, já que não se tratava de direito penal (cuja competência era privativa da União).

O tema voltaria à apreciação da Corte no *Habeas Corpus* nº 4.116/1918,[705] julgado em 8 de novembro de 1918, novamente impetrado em favor de Caetano Manoel de Faria e Albuquerque, em que se alegava que o processo de impeachment contra ele instaurado baseava-se em uma lei estadual inconstitucional e que desrespeitava o direito de defesa. Nessa ocasião, o Tribunal reconheceu a existência de violação ao direito de defesa do acusado, a partir de fatos como sua não intimação para acompanhar e presenciar o julgamento e a não inquirição de testemunhas de defesa, reconhecendo o processo como nulo e deferindo a ordem para que o Presidente do Estado não fosse privado, em razão daquele processo, das liberdades necessárias ao exercício do cargo no qual estava investido.

---

só poderá ser proferida, reunindo dois terços de votos dos deputados presentes à sessão de julgamento; §3º. As penas para os delitos de responsabilidade serão somente as de suspensão ou demissão, com incapacidade para outro emprego, ou sem ela. Em caso algum desaparecerá a obrigação de indenizar o dano causado, que será pedido pela competente ação civil".

[704] O trecho consta da emenda do referido acórdão então proferido no *Habeas Corpus* nº 4.091/1916.

[705] *Revista do Supremo Tribunal Federal*, Rio de Janeiro, v. XIX, p. 11-23, abr. 1919.

O acórdão, porém, foi além[706] e assentou que o impeachment não seria um processo de caráter exclusivamente político, mas "processo criminal de caráter judicial, porque só pode ser motivado pela perpetração de um crime definido em Lei anterior, não dá lugar apenas à destituição do cargo, mas também à incapacidade para exercer outro cargo, e julgado por um Tribunal de Justiça".[707] Atinha-se, assim, ao princípio da legalidade, em sua acepção penal, e considerava inconstitucional a legislação estadual por definir casos de impeachment e dispor diversamente do que fazia o Código Penal.

Entretanto, segundo destaca Paulo Brossard, nessa parte, o acórdão "não corresponde e longe está de corresponder à decisão da Corte, aos seus fundamentos e aos votos desenvolvidamente articulados",[708] tendo sido formado por "maioria ocasional e a despeito de variada e contraditória fundamentação",[709] "embora estivesse longe de corresponder, no particular, ao pensamento do STF e não houvesse chegado a ser solução para o caso (...), resolvido através de intervenção federal, que se seguiu a transigências e renúncias".[710] Por isso é que,

---

[706] Do voto então proferido pelo ministro Pedro Lessa, destacam-se algumas contribuições interessantes, na medida em que concedia a ordem não por considerar a lei mato-grossense inconstitucional, mas por entender que, no caso concreto, inexistia a previsão de conduta específica imputada ao acusado, tratando-se, em verdade, de "afastar do Governo um presidente, por conveniência dos políticos locais". Ainda, o ministro dizia que julgava indevido o modelo em que as funções de acusação e de julgamento fossem atribuídas ao mesmo órgão, fazendo referência a algumas províncias argentinas que, quando não instituíram um Senado estadual, definiam a função de julgamentos de um Tribunal Superior local a uma junta de eleitores ou a um júri especial. Já o ministro Viveiros de Castro, que inicialmente não conhecia a impetração, fazia menção ao anterior *Habeas Corpus* nº 4.026, quando se tinha reconhecido a constitucionalidade da lei estadual. Considerava o impeachment não como penal, mas uma "providência administrativa, equivalente à demissão, cujo principal intuito é afastar dos altos cargos os funcionários que se mostrarem incapazes de exercê-los dignamente".

[707] O trecho consta da emenda do referido acórdão então proferido no *Habeas Corpus* nº 4.116/1918.

[708] BROSSARD. Op. cit., p. 86.

[709] BROSSARD. Op. cit., p. 156.

[710] BROSSARD. Op. cit., p. 104. O autor explica o fato de a posição externada no acórdão não corresponder ao que o Tribunal decidiu: "Para verificar-se que o acórdão não corresponde ao decidido, basta considerar que cinco juízes foram vencidos – J. L. Coelho e Campos, Godofredo Cunha, Oliveira Ribeiro, Pedro Mibielli e Viveiros de Castro; dois acompanharam o relator apenas nas conclusões, para conceder o *habeas-corpus* – Leoni Ramos e Sebastião de Lacerda; um o concedia por motivos inteiramente estranhos aos do acórdão, cuja fundamentação impugnou vigorosamente – Pedro Lessa; somente três – portanto, três em onze, não computando o Presidente Hermínio do Espírito Santo – subscreveram o julgado, endossando-o sem reservas – André Cavalcanti (relator), Canuto Saraiva e Guimarães Natal" (Idem, p. 86).

naquele momento, não se podia considerar esse acórdão uma alteração do entendimento até então afirmado pela Corte.

Não obstante, o acórdão produziu consequências, tendo sido invocado por outros Tribunais ao menos em duas situações específicas. A primeira ocorreu em 1936, quando a Corte de Apelação do Maranhão, invocando o que constava do acórdão do *Habeas Corpus* nº 4.116/1918, concedeu mandado de segurança ao governador Achiles de Faria Lisboa, considerando nulo o processo de impeachment que enfrentava, sob os fundamentos de que o estado não teria competência para legislar sobre o tema, cabendo apenas à União dispor sobre direito penal e, portanto, sobre os crimes de responsabilidade dos governadores e as regras para seu processamento. Situação similar se deu também em reação ao estado do Mato Grosso, cuja Corte de Apelação concedeu mandado de segurança ao governador Mario Corrêa da Costa, que havia sido também denunciado por crimes de responsabilidade. Entretanto, "a tese vitoriosa nas cortes locais (...) não prosperou na Corte Suprema, e em ambos os casos a intervenção federal foi decretada".[711]

Esse segundo caso, aliás, deu origem ao *Habeas Corpus* nº 26.544/1937, julgado em 30 de agosto de 1937, já sob o final da vigência da Constituição de 1934, em que a posição jurisprudencial anterior do Supremo quanto à natureza política – e não criminal – do impeachment voltou a se afirmar expressamente. Em novo caso originário do Estado de Mato Grosso, a impetração preventiva se dava em favor de Mario Corrêa da Costa, governador do Estado, em que se alegava constrangimento ilegal pela iminência de condenação em Tribunal Especial instaurado após aprovação da Assembleia, em cujo procedimento arguia haver nulidades.

O Tribunal, porém, considerou inadequada a via processual utilizada, tendo em vista que o *habeas corpus* tem por objeto a proteção da liberdade de locomoção do paciente, enquanto as penas do processo de impeachment se limitam à perda do cargo e à inabilitação para o exercício de outro, não havendo qualquer perigo de prisão. Assim, por unanimidade, não se conheceu da impetração.

Na fundamentação dos votos, sobressaíram, mais uma vez, manifestações que afirmavam o caráter político da decisão de impeachment, limitando as possibilidades de intervenção do Poder Judiciário. No voto do relator, ministro Laudo de Camargo, assentava-se que "o Tribunal Especial é um Tribunal de natureza política, sem ligação ou

---

[711] BROSSARD. Op. cit., p. 105.

dependência com o Judiciário", que "só aparece após a condenação, quando se abrem as vias ordinárias, com ações civis ou criminais". No mesmo sentido, o ministro Carvalho Mourão também assentou em seu voto que "a questão é exclusivamente política, visto como, no impeachment, não há, de modo algum, processo criminal nem punição, mas, apenas, suspensão do cargo, pelo decreto de acusação e, posteriormente, perda e inabilitação para outros".[712]

Ainda, durante a destituição de Café Filho, o Tribunal foi também acionado, tendo se recusado, na prática, a enfrentar o mérito das alegações que lhe eram apresentadas, mesmo ante formas atípicas de sua destituição (quando todo o processo se deu em um dia, registrando-se dois impeachments em duas semanas).[713] Ainda que não se tenha afirmado como resultado do julgamento uma impossibilidade absoluta de que o Judiciário revisasse o julgamento político de impeachment, a denegação do *habeas corpus* por aspectos formais e a conclusão pelo adiamento do julgamento do Mandado de Segurança e o posterior reconhecimento da perda de seu objeto representavam essa mesma consequência prática, não tendo o Tribunal se imiscuído na resolução material da questão.

Também sob a vigência da Constituição de 1988, nota-se postura similar na atuação do STF, na linha dos casos anteriormente já discutidos.[714]

Ainda que seja possível identificar alguma oscilação de entendimento e, sobretudo, de fundamentações entre um caso e outro – havendo aqueles em que a Corte se negou a interferir de qualquer forma nesses processos e outros posteriores, em que admitiu essa intervenção –,

---

[712] Os trechos citados constam do acórdão proferido no julgamento do *Habeas Corpus* nº 26.544. No voto do ministro Carvalho Mourão, também se identificava o seguinte trecho: "O impeachment, portanto, não tem caráter de processo criminal, como as medidas aplicadas não têm caráter de pena, havendo, simplesmente, afastamento, mais ou menos prolongado, do acusado, do cargo de então e de outros cargos futuros. Não só pela sua finalidade, como pela própria natureza das providências facultadas, o impeachment é medida exclusivamente política, escapando, pois, em virtude do art. 68 da Constituição, às atribuições do Judiciário".

[713] Rememora-se que o tema foi detidamente analisado na seção relativa aos impeachments de Carlos Luz e Café Filho, em referência ao MS nº 3.557 (relatoria do ministro Hahnemann Guimarães) e ao *Habeas Corpus* nº 33.908 (de relatoria do ministro convocado Afrânio Costa).

[714] Nesse sentido, retomam-se as discussões já lançadas em relação a casos como os seguintes: MS nº 20.941, de relatoria do ministro Aldir Passarinho, julgamento em 9 de fevereiro de 1990; MS nº 21.564, redator do acórdão ministro Carlos Velloso, julgamento em 23 de setembro de 1992; MS nº 21.623, de relatoria do ministro Carlos Velloso, julgamento em 17 de dezembro de 1992; MS nº 30.672-AgR, de relatoria do ministro Ricardo Lewandowski, julgamento em 15 de setembro de 2011; ADPF nº 378, redator do acórdão ministro Roberto Barroso, julgamento em 17 de dezembro de 2015.

O Supremo sempre se negou a revisar o mérito das decisões congressuais sobre impeachment. Da manifestação específica mais recente, colhe-se como síntese da posição da Corte a afirmação de que "o conteúdo do juízo exclusivamente político no procedimento de impeachment é imune à intervenção do Poder Judiciário, não sendo passível de ser reformado, sindicado ou tisnado pelo STF",[715] de modo que sua atuação, sem adentrar no mérito das deliberações parlamentares, restrinja-se à garantia do devido processo legal, em defesa dos direitos e garantias do acusado.

Com efeito, com base na afirmação do impeachment como responsabilização política, a que se chega por meio de um julgamento político, realizado perante órgãos políticos, por infrações políticas, a partir de juízos extrajurídicos de conveniência política, suas decisões não podem ser revistas pelo Judiciário.[716] Guiando-se por critérios, categorias e elementos distintos daqueles que conduzem os processos judiciais, seria não só incongruente, mas também inviável, que se franqueasse a juízes a possibilidade de definir a solução a ser atribuída a fatos e infrações que transcendem a esfera da juridicidade, ao expressar avaliações de conveniência e utilidade políticas.

Se a Constituição reserva, com exclusividade, à Câmara dos Deputados a atribuição de autorização da instauração do processo de impeachment e ao Senado as funções de processar e julgar as acusações, exclui-se por completo qualquer possibilidade de o Judiciário interferir nas decisões tomadas pelo Congresso Nacional, bem como de anulá-las, reformá-las ou revisá-las, as quais assumem caráter definitivo.[717] Apenas quando se está diante de discussão de caráter procedimental e que derive de interpretação ou aplicação de norma constitucional expressa – como o papel de cada Casa Legislativa, os quóruns de suas manifestações, a necessidade de representação partidária proporcional na constituição de suas comissões – é que se oportuniza a possibilidade de manifestação do

---

[715] O excerto foi extraído do voto proferido pelo ministro Edson Fachin na nº ADPF 378, da qual foi relator.

[716] BROSSARD. Op. cit., p. 139. O autor destaca que: "Resumir impeachment a juízo meramente jurídico, a uma fria relação entre os fatos e a lei, é não ver as coisas como elas são, é interpretar a Constituição como se ela funcionasse no vácuo, quando sua construção realista vai surpreender no impeachment elementos jurídicos e políticos, que convivem, podendo estes, conforme o caso, chegar a ser preponderantes" (Idem, p. 182).

[717] Nesse sentido, Lawrence Tribe e Joshua Matz afirmam a importância de que o Judiciário assegure, por exemplo, a certeza procedimental das regras que permitam a realização de eleições livres e justas, mas que nada de bom pode haver no fato de juízes não eleitos decidirem sobre quem deve ocupar o Salão Oval (TRIBE; MATZ. Op. cit., p. 110).

Poder Judiciário, no aclaramento de suas definições.⁷¹⁸ Essa possibilidade, porém, não deve alcançar disposições que constem dos regimentos internos das Casas legislativas, mesmo quando ostentem natureza procedimental, a menos que se contraponham a essas disposições constitucionais.⁷¹⁹

Com efeito, a única participação direta que se admite do Judiciário no procedimento deriva de expressa previsão constitucional: a condução do julgamento, perante o Senado Federal, pelo Ministro Presidente do STF. Como já ressaltado, a origem dessa característica é evitar, no modelo norte-americano, o conflito de interesse com o vice-presidente da República, que preside ordinariamente o Senado. Entretanto, tal justificativa não se revela adequada ao sistema constitucional brasileiro, em que o Senado é há muito presidido por um senador eleito entre seus pares, de modo que a razão de ser dessa previsão constitucional se sustenta pela necessidade de conferir maior legitimidade procedimental ao julgamento, zelando juridicamente pelos direitos e garantias fundamentais do acusado, que também, nessa esfera política de responsabilização, devem ser observados.

Em todo caso, exclui-se por completo da esfera de apreciação do Poder Judiciário a definição da existência ou não de crime de responsabilidade, da legitimidade ou não das sanções aplicadas, da existência ou não de provas suficientes para a condenação, da existência ou não de culpa do acusado ou qualquer outra questão relativa ao juízo de procedência ou improcedência da acusação, ou mesmo no que

---

⁷¹⁸ Como afirma Paulo Brossard: "Não se entenda daí que o poder do Congresso seja arbitrário pois, a despeito do princípio segundo o qual são irreprocháveis as suas decisões em matéria de impeachment, situações excepcionais podem ocorrer de molde a constituir caso judicial, quando, por exemplo, o Congresso chegasse à infração patente de uma cláusula constitucional" (BROSSARD. Op. cit., p. 185-186). Também Diego Werneck Arguelhes aponta: "O Supremo não pode intervir no resultado final. Pode, como tem feito, garantir a regularidade do procedimento dentro das regras constitucionais" (ARGUELHES, Diego Werneck. Impeachment: uma questão para o congresso. In: FALCÃO, Joaquim; ARGUELHES, Diego Werneck; PEREIRA, Thomaz (orgs.). *Impeachment de Dilma Rousseff*: entre o Congresso e o Supremo. Belo Horizonte: Letramento Casa do Direito; Rio de Janeiro: FGV Direito Rio, 2017. p. 97).

⁷¹⁹ No contexto norte-americano, em que são mais sintéticas as disposições constitucionais, reconhece-se uma ampla liberdade legislativa para fixar seus próprios procedimentos de atuação, inclusive em relação ao impeachment. Nesse ponto, retoma-se o que já foi afirmado em relação à adoção, pelo Senado estadunidense, da *Rule XI* e de seu questionamento perante a Suprema Corte daquele país no caso Walter Nixon v. United States (1993). Assim é que Tribe e Matz sustentam a reduzida possibilidade de controle judicial também sobre o procedimento, adotando como critério possível de sua realização as disposições que derivem diretamente da Constituição (como o quórum de dois terços para condenação perante o Senado), assegurando-se ampla autonomia para decidirem como proceder com as investigações, audiências, deliberações e votações (MATZ; TRIBE. Op. cit., p. 127).

disser respeito à sua conveniência ou utilidade. Trata-se de avaliação exclusivamente política, a ser realizadas soberanamente pelo Poder Legislativo.

Aliás, mesmo quando, nos tempos imperiais, a responsabilização perante o Senado revelava natureza penal, não se reservava a possibilidade de recorrer ao Judiciário após decisão dos órgãos legislativos.[720] Com muito mais razão, reafirma-se essa impossibilidade ante a induvidosa natureza política que o instituto assumiu na república.

Como exercício de atribuição constitucionalmente destinada de forma privativa ao Legislativo, essas limitações se colocam não apenas ao Judiciário, mas também ao Poder Executivo. É nesse sentido que não se revela possível a concessão de indulto ou comutação de pena às sanções aplicadas em decorrência do processo de impeachment,[721] que poderiam representar indevidas interferências do Executivo no procedimento.[722] Ainda que não haja vedação expressa na Constituição brasileira[723] – como há na norte-americana –, a prerrogativa presidencial

---

[720] BROSSARD. Op. cit., p. 144.
[721] Em referência ao caso de *Sir* Thomas Osborne, Conde de Danby, ocorrido durante o reinado de Carlos II, William Blackstone relatava que a Câmara dos Comuns já afirmava a ideia de que "nenhum perdão (...) será alegável em um impeachment pelos Comuns da Grã-Bretanha no parlamento" (BLACKSTONE. Op. cit., v. IV, p. 171, tradução livre de: *"no pardon (...) shall be pleadable to an impeachment by the commons of Great Britain in parliament"*). O caso é mencionado na nota de rodapé nº 107.
[722] BROSSARD. Op. cit., p. 150-151. O autor afirma, até mesmo, a impossibilidade de concessão de anistia legislativa, ao afirmar que: "Mesmo em relação à anistia falta precedente que autorize sua concessão; o Legislativo se desveste de todo poder para alterar sua solene decisão, que, uma vez proferida, é irretratável" (Idem, p. 150-151). Cita, porém, exemplo isolado da Lei sergipana de 24 de outubro de 1900, pela qual a Assembleia Legislativa do Estado afastava a pena de inabilitação a ex-governador condenado pelo Tribunal misto: "Artigo único. Fica o ex-vice-presidente do Estado, Capitão José Joaquim Pereira Lôbo, indultado da pena de inabilitação para exercer emprego no Estado que lhe foi imposta pelo Tribunal Misto e Julgou em crime funcional em mil oitocentos e noventa e oito" (Idem, p. 169). No direito comparado, no caso Ferguson v. Wilcox, julgado pela Suprema Corte do Texas em maio de 1930, manteve-se a impossibilidade de que o ex-governador James E. Ferguson voltasse a concorrer ao cargo, em razão de ter sido condenado em processo de impeachment ocorrido em 1917, mesmo tendo a assembleia legislativa estadual editado lei de anistia em 1925, que afastava as consequências dessa condenação. Esse ato normativo foi considerado inválido por incompatibilidade com a Constituição do Estado, que vedava expressamente o indulto para condenações de impeachment (embora não dispusesse expressamente sobre a anistia legislativa). A decisão está disponível em: https://cite.case.law/sw2d/28/526/10282434; acesso em: 4 jul. 2021.
[723] Na Constituição imperial de 1824, previa-se o poder geral de perdão exercido pelo Imperador a "réus condenados por sentença" (artigo 101, VIII). A Constituição de 1891 estabelecia limites ao poder do Presidente de República de indultar e comutar penas relativamente aos crimes de responsabilidade (artigo 48, nº 6), muito embora previsse a possibilidade de sua aplicação por atuação do Congresso Nacional, em relação aos funcionários federais (artigo 34, nº 28, que se transformou em nº 27 com a Emenda Constitucional nº 3/1926). Já a Constituição de 1934 especificava que o poder presidencial de indulto e comutação se

prevista pelo artigo 84, XII, limita-se às penas de natureza criminal.[724] O impeachment deve começar e terminar no Legislativo.

É claro que, na linha do que aqui já se defendeu, afirmar que o impeachment assume natureza política não significa dizer que represente poder ilimitado do Legislativo ou que seja desprovido de quaisquer balizas jurídicas ou limites constitucionais. Entretanto, se um processo de impeachment se realizar com violação a esses parâmetros constitucionais que indicam a necessidade de reconhecimento da prática de uma ofensa política grave, por exemplo, não há – porque não deve haver – remédio legal disponível,[725] além dos mecanismos protetivos já previstos na Constituição. Mesmo não se tratando de poder ilimitado ou arbitrário e ainda que sua natureza política não seja desprovida de balizas jurídicas que devem guiar sua interpretação e utilização – o que permite a avaliação crítica no âmbito público e acadêmico de eventuais utilizações abusivas do impeachment –, apenas o Congresso Nacional, no plano institucional, é que deve avaliar a incidências desses vetores na formação de seu próprio convencimento.

Assim, no âmbito de sua discricionariedade legislativa, mesmo quando o Congresso está diante da comprovação da prática de um crime de responsabilidade, pode decidir por não condenar o Presidente e removê-lo do cargo[726] – por faltar pouco tempo para o término de seu mandato, por exemplo, por haver a compreensão de que, a despeito daquele fato, um bom governo tem sido exercido por ele, por considerar que melhor seria aguardar as próximas eleições, por compreender que a nação enfrenta problemas piores em determinado momento ou por qualquer outra razão que o Legislativo considerar relevante, na livre convicção de seus membros, para subsidiar a compreensão de uma inconveniência ou inutilidade política desse desfecho –, não havendo como obrigá-lo juridicamente a fazê-lo. Da mesma forma, ainda que haja dúvidas jurídicas sobre a procedência ou não da acusação imputada, se

---

dava em relação a penas criminais (artigo 56, §3º), especificação que deixou de existir na redação dos textos posteriores (artigo 87, XIX, da Constituição de 1946; artigo 83, XX, da Constituição de 1967; artigo 81, XXII, da Emenda Constitucional nº 1 de 1969; e artigo 84, XII, da Constituição de 1988).

[724] Paulo Brossard assevera que: "Ainda que silente a Constituição, parece não haver dúvida de que a pena política aplicada pelo Senado não pode ser levantada ou reduzida pelo Presidente da República" (BROSSARD. Op. cit., p. 165). A conclusão se confirma pela previsão constitucional específica, por exemplo, do prazo fixo de oito anos para a inabilitação.

[725] SUNSTEIN. Op. cit., p. 154. Como também assevera Paulo Brossard: "Não existe remédio legal para a decisão do Senado, seja ela contrária à autoridade, seja contrária à nação" (BROSSARD. Op. cit., p. 179).

[726] TRIBE; MATZ. Op. cit., p. 70.

o Congresso Nacional decidir pela condenação e pelo afastamento da autoridade, inexiste também possibilidade de revisão judicial.

Também a inação pode ser, nesses casos, uma postura legislativa deliberada a ser admitida, quando não haja a previsão constitucional, legal ou regimental de prazo específico para a prática de determinado ato no procedimento de impeachment. Assim, por exemplo, se se apresenta ao Presidente da Câmara dos Deputados ou do Senado Federal uma denúncia de crime de responsabilidade contra determinada autoridade e esse parlamentar não decide sobre seu recebimento ou não, também não há remédio legal judicial que possa obrigá-lo a decidir. De fato, "a inação, portanto, está entre os poderes mais poderosos (e mais bem exercidos) do Congresso".[727]

É certo que todas essas decisões implicam riscos, seja em não promover o impeachment, seja em fazê-lo de forma rápida demais ou excessivamente lenta.[728] Trata-se, porém, de riscos inevitáveis e que apenas dentro da arena política legislativa é que podem ser avaliados. Ao final, o impeachment se revelará sempre como ferramenta essencialmente política.

3.5.3 Os impeachments presidenciais no Brasil pós-1988

Promulgada a Constituição de 1988, apesar de mantido o impeachment e seus contornos principais, não se sabia muito bem qual seria o papel a ser desempenhado pelo instituto na prática, tampouco o que dele se podia esperar. Reproduzindo uma visão que advinha de quase cem anos de República em que pouco tinha sido utilizado ou cogitado, pensava-se predominantemente que se tratava de uma ferramenta ultrapassada, excessivamente demorada para lidar com problemas dinâmicos e crises que evoluíam rapidamente, refletindo descompasso com os problemas que buscaria resolver. Afirmava-se ser o impeachment "inepto para realizar os fins que lhe foram assinados pela Constituição", já que "não assegura, de maneira efetiva, a responsabilidade política do Presidente da República".[729]

Não obstante, a utilização do impeachment para a derrubada dos Presidentes Fernando Collor (1992) e Dilma Rousseff (2016) representou

---

[727] TRIBE; MATZ. Op. cit., p. 75, tradução livre de: "*Inaction thus ranks among Congress's mightiest (and most well-exercised) powers*".
[728] TRIBE; MATZ. Op. cit., p. 91.
[729] BROSSARD. Op. cit., p. 201.

novas perspectivas para a adoção do instituto no presidencialismo brasileiro multipartidário, restaurando debates sobre seus limites e capacidades de resolver ou agravar as crises políticas institucionais. Como seus contornos teóricos, constitucionais e procedimentais já foram detidamente analisados, a presente seção tem por objetivo estabelecer a narrativa dos fatos principais que ensejaram esses dois casos de impeachment presidencial.[730]

Sob escopo mais amplo, os casos se inserem em uma verdadeira onda de impeachments que atingiu diversos regimes presidencialistas da América Latina a partir da década de 1990,[731] em prática que, no Brasil, também recentemente se verificou no âmbito dos estados contra governadores.[732] Também em relação ao Presidente Jair Bolsonaro houve

---

[730] Assim, não constitui objetivo do presente livro apresentar uma análise detida das circunstâncias relativas aos processos de impeachment ocorridos contra os Presidentes Fernando Collor e Dilma Rousseff, mas apenas apresentar os principais elementos contextuais que levaram a esses fatos, destacando aspectos que evidenciam, na prática, fatores teóricos afirmados até aqui.

[731] PÉREZ-LIÑÁN. Op. cit., p. 38. Tentativas recentes de impeachment podem ser também identificadas em países fora da América Latina, como Coreia do Sul e África do Sul (GINSBURG; HUQ; LANDAU. Op. cit., p. 92-93). Os autores, porém, retomam levantamento feito por Young Hun Kim sobre a frequência de tentativas de impeachment ocorridos mundo afora (KIM, Young Hun. Impeachment and presidential politics in new democracies. *In*: *Democratization*, vl. 21, n. 3, p. 528-529, 2014), para concluir que a efetiva destituição de presidentes via impeachment é rara, sob o prisma estatístico, em avaliação feita no período entre 1990 e 2018, não obstante indiquem o Brasil como exceção, como país em que dois Presidentes já foram afastados por impeachment nesse recorte temporal (GINSBURG; HUQ; LANDAU. Op. cit., p. 118 e 122). Nesse sentido, constroem a ideia de que não há evidência empírica de que a destituição de um Presidente por impeachment pode causar tumultos ou perigos à democracia, ainda que reconheçam os riscos antidemocráticos que a eleição de Jair Bolsonaro no Brasil, após o impeachment de Dilma, pode representar (Idem, p. 89-91 e 125-126).

[732] No estado de Santa Catarina, o governador Carlos Moisés enfrentou o julgamento de duas acusações de impeachment. A primeira, que também era direcionada à vice-governadora Daniela Reinehr e um secretário estadual, dizia respeito a crime de responsabilidade que teria sido praticado em setembro de 2019 pela concessão de aumento remuneratório aos procuradores do Estado, sem lei específica que o permitisse, por meio do pagamento de uma quantia denominada "verba de equivalência". A abertura do processo foi aprovada pela Assembleia Legislativa em 17 de setembro de 2020 e, constituído o Tribunal Misto (composto por cinco desembargadores sorteados, cinco deputados estaduais eleitos e presidido pelo Presidente do Tribunal de Justiça), a denúncia foi aceita em relação ao governador por maioria de seis votos, tendo sido afastado do cargo em 27 de outubro de 2020 (assumiu a vice-governadora, em relação a quem a denúncia foi rejeitada), até seu julgamento final, em 18 de novembro de 2020, quando só foram alcançados três dos sete votos necessários para sua condenação, de modo que retornou ao exercício do cargo. A segunda acusação dizia respeito a alegados crimes de responsabilidade cometidos na compra de respiradores artificiais e na construção de hospitais de campanha durante a pandemia. A abertura do processo foi autorizada pela Assembleia em 20 de outubro de 2020, a denúncia aceita pelo Tribunal Misto em 27 de março de 2021 por maioria de seis votos, resultando em seu segundo afastamento até o julgamento definitivo em 7 de maio

pressões políticas por um possível processo de impeachment.[733] Para além da discussão da prática ou não de crimes de responsabilidade que tenham denotado comportamento anticonstitucional dos Presidentes que caíram, a sequência de acontecimentos denota que o motivo determinante para o êxito de cada impeachment foi a perda de seu apoio político e da sustentação parlamentar.[734]

---

de 2021, quando houve seis dos sete votos necessários à sua condenação, permitindo que voltasse ao exercício do cargo (os quatro votos favoráveis à absolvição foram de membros da Assembleia Estadual). Já no Rio de Janeiro, o governador Wilson Witzel enfrentou acusações similares, de superfaturamento em contratações emergenciais para o enfrentamento da pandemia, tendo sido afastado em 28 de agosto de 2020 por decisão do Superior Tribunal de Justiça no âmbito de processo penal. Na esfera política, a instauração do processo de impeachment foi aprovada pela Assembleia Legislativa por votação unânime em 23 de setembro de 2020, após o que foi constituído o Tribunal Misto, que aceitou a denúncia por unanimidade em 5 de novembro de 2020, realizando-se o julgamento final em 30 de abril de 2021, quando Witzel foi condenado por unanimidade, aplicando-se a ele a inabilitação para ocupar outros cargos públicos por cinco anos (nessa parte, houve um voto vencido, que aplicava essa sanção pelo período de quatro anos). O governador também promoveu diversas impugnações junto ao STF, a exemplo da Reclamação nº 47.666, em que alegava que o §3º do artigo 78 da Lei nº 1.079/1950 não teria sido recepcionado pela Constituição de 1988. O pedido foi julgado improcedente pelo ministro Alexandre de Moraes (relator), em 12 de julho de 2021, quando assentou inexistir "qualquer violação aos princípios da impessoalidade ou imparcialidade, mesmo porque, a participação de Parlamentares é condição indissociável ao procedimento investigativo de crime de responsabilidade, diante de sua natureza política".

[733] Nesse sentido, veja-se o exemplo do que se chamou de "super pedido de impeachment" apresentado ao Presidente da Câmara dos Deputados em 30 de junho de 2021, em reunião e consolidação de diversos outros pedidos que já tinham sido apresentados. Na peça, são feitas diversas acusações de crimes de responsabilidade ao Presidente da República, sobretudo em relação à má gestão das medidas públicas de combate à pandemia, promoção de ameaças ao Congresso Nacional e ao Supremo Tribunal Federal, além de ataques infundados de fraude do sistema eleitoral; participação em manifestações antidemocráticas; estímulo de conflitos diplomáticos com outras nações, como a China; entre outros atos (disponível em: www.conjur.com.br/dl/partidos-entidades-apresentam.pdf; acesso em: 5 jul. 2021).

[734] Como assevera Fernando Henrique Cardoso: "O impeachment é sempre um processo político. Tanto Collor quanto Dilma perderam a capacidade de governar. Nosso sistema de governo é presidencialista, mas o Congresso tem importância. Os partidos não são fortes, mas o Congresso sim. A população pensa que presidente tem todo o poder. O próprio pensa, às vezes, que tem um poder imenso. Não tem. O Congresso limita esse poder. E derruba quem não sabe manejá-lo, considerando a força do Parlamento" (CARDOSO. Op. cit., p. 89). Em análise de direito comparado, Ginsburg, Huq e Landau identificam que o impeachment é por vezes utilizado como solução para crises políticas em que o Presidente esteja sem apoio popular e legislativo, apresentando-se como instrumento que, mais do que afastar malfeitores, serve para lidar com impasses políticos, em reação à rigidez dos mandatos presidenciais (GINSBURG; HUQ; LANDAU. Op. cit., p. 88-89). Com base nessa constatação, afirmam que nesse ponto há certa convergência entre os modelos presidencialista e parlamentarista, já que, na prática, o impeachment pode desempenhar o mesmo papel dos votos de desconfiança (Idem, p. 147-149). Nesse sentido, questiona-se se esse uso do impeachment, exercido a partir de uma ampla discricionariedade legislativa, não se assemelharia ao voto de desconfiança de modelos parlamentaristas (VILA-NOVA, Daniel Augusto; SIMON, Henrique Smidt. *Balance of Powers and the Proximity between Presidentialism and Parliamentarism*: The Brazilian Impeachment Case (1988-2016). Artigo

3.5.3.1 O caso Collor

Depois de muitos anos de ditadura e sem a realização de eleições diretas, Fernando Collor de Mello foi eleito Presidente em 1989, derrotando Luiz Inácio Lula da Silva. Então à margem do sistema político partidário principal, elegeu-se pelo recém-criado Partido da Reconstrução Nacional (PRN), adotando como lemas de campanha o combate à corrupção e o controle da inflação.

Sem apoio dos partidos políticos mais tradicionais, chegou à Presidência crendo que a sustentação popular garantiria seu governo, recusando-se a negociar coalizões com essas agremiações no Congresso Nacional. Entretanto, o fracasso de seus planos econômicos, que incluíram o congelamento de poupanças e contas bancárias – o que afetava não apenas a população em geral, mas também os segmentos empresariais e industriais –, acarretou sua contínua perda de popularidade e apoio político, inclusive com sucessivos desgastes com seu vice-presidente Itamar Franco, que pouco a pouco se descolava do Presidente, emitindo sinais públicos de seu descontentamento (assim como Temer também faria com Dilma). Em um cenário de inflação alta e recessão econômica, o preço político foi cobrado, unindo-se as forças políticas, partidárias e societárias contra Collor.[735] O Presidente, que tentava promover sua agenda mediante a edição de diversas Medidas Provisórias, se transformou em "um presidente impopular, com uma coalizão esfacelada, enfrentando pendengas judiciais em razão do plano de estabilização e greves suscitadas pelas medidas sindicais".[736]

As acusações de corrupção eram o ingrediente que faltava para a total ingovernabilidade de Collor. A partir de uma entrevista de seu irmão Pedro, exsurgiu uma série de denúncias feitas por pessoas próximas ao Presidente e que ocupavam cargos na Administração, o que agravava sua impopularidade e falta de apoio político. Em síntese, acusava-se Paulo César Farias, tesoureiro de campanha de Collor, de operar um esquema de corrupção e tráfico de influência, com loteamento de cargos públicos e cobrança de propina, em benefício do próprio Presidente e de outras autoridades do alto escalão do governo. Chegou-se

---

apresentado na Conferência Geral do Consórcio Europeu de Pesquisa Política (ECPR) realizada na Charles University em Praga, set. 2016. Disponível em: https://ecpr.eu/Events/Event/PaperDetails/31514; acesso em: 30 maio 2021).
[735] SALLIUM JR., Brasilio. *O impeachment de Fernando Collor*: sociologia da crise. São Paulo: Editora 34, 2015, p. 393.
[736] ABRANCHES. Op. cit., 2018, p. 103.

a instaurar uma Comissão Parlamentar Mista de Inquérito (CPMI)[737] no Congresso Nacional para investigação dessas acusações, cujo relatório final apontava a prática desses atos de corrupção, sua ligação direta com o Presidente, além do pagamento de despesas privadas por empresas ligadas a PC Farias e a apresentação de documentos e testemunhos falsos. O impeachment se apresentava como o ato final para um Presidente cadente.[738]

Com o crescente apoio das ruas e manifestações populares favoráveis à saída de Collor, uma denúncia que lhe imputava a prática de crimes de responsabilidade foi apresentada em 1º de setembro de 1992. As acusações eram da prática de crime de responsabilidade contra a segurança interna do país, por "permitir, de forma expressa ou tácita, a infração de lei federal de ordem pública" (artigo 8º, item 7, da Lei nº 1.079/1950), bem como contra a probidade na administração, por "proceder de modo incompatível com a dignidade, a honra e o decoro do cargo" (artigo 9º, item 7, da mesma Lei). Desde então, instaurou-se uma batalha política e judicial, no Congresso e no Supremo, especialmente para a definição do procedimento a ser seguido no processo de impeachment, na linha do que já foi apresentado em seção anterior deste livro.

Em 29 de setembro de 1992, o parecer favorável da comissão especial foi votado na Câmara dos Deputados, que autorizou a abertura do processo de impeachment contra Collor em expressiva maioria de 441 votos a 33 (houve ainda uma abstenção e 23 ausências), muito além

---

[737] Diversas irresignações contra a CPMI foram levadas por Collor e seu governo ao Supremo Tribunal Federal, não tendo obtido êxito. Foi o caso, por exemplo, do *Habeas Corpus* nº 69.647, impetrado em julho de 1992 e cujo não cabimento foi liminarmente afirmado pelo ministro Celso de Mello. Outros processos então ajuizados foram os *Habeas Corpus* nº 69.608, 69.616, 69.709, 69.674, 69.720 e 69.721. Em todos esses casos, antes mesmo da efetiva existência do processo de impeachment, "o Supremo abriu mão de exercer qualquer poder revisor (...), como poderia fazer se os tivesse equiparado a um processo criminal ou a um inquérito comum, e deixou inteiramente ao Congresso o controle de todo o procedimento" (MAFEI. Op. cit., p. 111).

[738] Todo esse cenário fazia parecer que o Presidente era dispensável. Tentou-se, inclusive, a aprovação de Proposta de Emenda à Constituição (PEC) para antecipação, para abril de 1992, do plebiscito sobre as formas de governo, previsto no Ato das Disposições Constitucionais Transitórias (ADCT) para ser realizado em 7 de setembro de 1993. Tinha-se a ideia de que o parlamentarismo poderia ser aprovado, como solução ao impasse político que se vivia. Entretanto, a PEC nº 14/1991 não foi aprovada no segundo turno de votação no Senado Federal, tendo sido arquivada (o andamento e as informações da proposta estão disponíveis em: www25.senado.leg.br/web/atividade/materias/-/materia/18206; acesso em: 14 jul. 2021). O plebiscito seria realizado em abril de 1993, já sob a presidência de Itamar Franco, após antecipação aprovada por meio da PEC nº 51/1990, que resultou na edição da Emenda Constitucional nº 2/1992 (andamento e informações disponíveis em: www.camara.leg.br/proposicoesWeb/fichadetramitacao?idProposicao=169325; acesso em: 14 jul. 2021).

dos 336 necessários. Em 1º de outubro, o processo foi instaurado no Senado, implicando, no dia seguinte, seu afastamento da Presidência da República, quando o vice-presidente Itamar Franco assumiu provisoriamente o cargo, ao menos até a conclusão do julgamento. O processo, porém, logo chegaria ao fim, quando, em 29 de dezembro, o julgamento se iniciava, encerrando-se no dia seguinte em condenação resultante de 76 votos a favor e 3 contra. Nem mesmo a apresentação de renúncia pelo Presidente afastado impediu a conclusão do processo,[739] que culminou na condenação de Collor à perda do mandato e à inabilitação para ocupar cargos públicos por oito anos.

Entre os fatores que levaram ao êxito do impeachment de Collor, foram determinantes a fraca coalizão presidencial no Legislativo, a ausência de fidelidade dos partidos ao Presidente no Congresso, a crescente impopularidade de Collor e uma maior capacidade de liderança e articulação concentrada em Itamar Franco, seu vice-presidente.[740] O impeachment, então, finalmente saía de seu desuso, transcorrendo efetivamente pela primeira vez de forma procedimentalizada e sequencial – diferentemente do que havia se notado com as destituições de Carlos Luz e Café Filho –, ainda que a indefinição de suas regras tenham contribuído para a tomada de decisões discricionárias pelos agentes políticos envolvidos, bem como para a incerteza de um procedimento que transcorreu rapidamente.

---

[739] A renúncia era interpretada como o último de uma série de atos praticados por Collor para fugir do processo de impeachment ou procrastinar sua realização, a exemplo da formulação de pedidos de realização de perícia, a tentativa de escape à intimação sobre seu julgamento e a destituição de última hora dos advogados de defesa constituídos (MAFEI. Op. cit., p. 126-127).

[740] Sérgio Abranches aponta cinco fatores distintivos e determinantes ao impeachment de Collor: "a coalizão presidencial minoritária, encabeçada pelo PRN, não se mostrou fiel ao presidente, nem tinha força ou liderança suficientes para opor resistência à coalizão que buscava depô-lo; (...) o partido-pivô da coalizão presidencial, o PFL, dava apoio condicionado ao presidente e o abandonou no impeachment; (...) forte correlação entre a perda de popularidade presidencial e a drenagem do seu apoio político; (...) num contexto em que a impopularidade gerou a debandada dos aliados, o vice adquire muita força de atração e consegue articular com relativa facilidade uma coalizão de apoio à transição; (...) a ausência de regras claras abriu espaço para decisões discricionárias e o processo andou sempre por rumos incertos" (ABRANCHES. Op. cit., 2018, p. 146). Também Rafael Mafei aponta como motivos "a incapacidade de organizar as reações com o Congresso, na condição de presidente minoritário; a crescente perda de apoio junto ao empresariado; a revolta de seu vice, Itamar Franco, que se sentia escanteado nas articulações políticas do governo; a incansável oposição de movimentos de trabalhadores, que haviam entrado fortalecidos no novo regime democrático; a persistência de protestos de rua, cuja convocação seminal curiosamente partiu do próprio presidente; e, sobretudo, o insucesso de um plano econômico que, embora violentíssimo, foi incapaz de entregar sua principal promessa de governo" (MAFEI. Op. cit., p. 86).

Collor seria, ainda, acusado criminalmente pelo Ministério Público Federal pela prática de crimes como falsidade ideológica, peculato e corrupção passiva, em duas ações penais que tramitaram perante o STF. Em ambas, porém, foi absolvido, por se considerar insuficiente o conjunto de provas apresentados contra o ex-Presidente.[741]

3.5.3.2 O caso Dilma

As crises políticas brasileiras apresentam muitas similaridades. Também o impeachment de Dilma envolveria um cenário de recessão econômica, alta inflacionária, aumento do desemprego, impopularidade crescente da Presidente, desgastes explícitos com seu vice-presidente, além de denúncias de corrupção a membros ou aliados do governo.

As eleições de 2014 consagraram a vitória presidencial de Dilma Rousseff, reeleita por apertada margem de votos, mas também marcaram uma significativa redução de assentos do Partido dos Trabalhadores (PT) no Congresso Nacional. Durante sua nova gestão, o crescimento do déficit fiscal, da inflação, do desemprego e da recessão econômica contribuiu para o aumento de sua impopularidade e a gradual perda de apoio e sustentação parlamentar,[742] ainda que as manifestações populares invocassem motivos distintos das práticas fiscais que fundamentaram o exitoso pedido de impeachment contra a Presidente.[743] Além disso, o

---

[741] Ação Penal nº 307, de relatoria do ministro Ilmar Galvão, julgamento em 13 de fevereiro de 1994; e Ação Penal nº 465, de relatoria da ministra Cármen Lúcia, julgamento em 24 de abril de 2014.

[742] Antes do avanço e consolidação do impeachment da Presidente Dilma, a partir de uma análise das manifestações populares de junho de 2013 – que marcaram a "volta dos setores conservadores às ruas, pela primeira vez desde 1964" (AVRITZER, Leonardo. *Impasses da democracia no Brasil*. Rio de Janeiro: Civilização Brasileira, 2016. p. 16), Leonardo Avritzer já identificava a existência de um impasse na democracia brasileira, caracterizado pelos limites do presidencialismo de coalizão e da participação popular na política, os paradoxos do combate à corrupção, as novas posições assumidas pela classe média brasileira e pela expansão de poderes do Judiciário na política. Esses elementos, reunidos, acarretariam a geração de custos crescentes para a governabilidade no presidencialismo brasileiro, contribuindo para uma aparente perda de legitimidade perante a população.

[743] Rafael Mafei apresenta dados de pesquisas de opinião conduzidas à época que evidenciam que as práticas de corrupção representavam o principal motivo declarado por manifestantes para que apoiassem a destituição de Dilma, mostrando que "a operação foi mais importante para o apoio popular ao impeachment do que a reprovação às condutas que fundamentaram a acusação" (MAFEI. Op. cit., p. 201). Mesmo depois de já afastada a Presidente, grande parte da população demonstrava desconhecer os motivos que efetivamente embasavam a denúncia contra Dilma (Idem, p. 202). A lógica inversa, de influência das massas populares pelos motivos declarados pelas instituições, pode ajudar a explicar a baixa probabilidade de sucesso de iniciativas de impeachment contra Michel Temer e Jair Bolsonaro, já que "são as forças políticas engajadas em encurtar o mandato presidencial que mobilizam e

avanço da Operação Lava Jato, ainda que não houvesse comprovação do envolvimento pessoal de Dilma, causava seus danos[744] ao governo. Repetindo aspecto já anteriormente percebido no impeachment de Collor, o papel do vice-presidente seria importante mais uma vez. Antes mesmo que qualquer denúncia fosse recebida pelo Presidente da Câmara, o vice-presidente Michel Temer e seu partido anunciaram um programa alternativo de governo em 29 de outubro de 2015, intitulado "uma ponte para o futuro". Confirmava-se que "é pouco provável que a deposição ocorra, pela via constitucional, sem a participação do vice na validação política do processo".[745]

A denúncia por crime de responsabilidade contra a Presidente Dilma Rousseff foi apresentada em 15 de outubro de 2015.[746] Os fatos imputados correspondiam à prática de crimes de responsabilidade contra a lei orçamentária, especialmente pela ausência de transferência de fundos do Tesouro Nacional para bancos públicos que financiavam programas sociais e previdenciários do governo, o que aumentaria artificialmente o superávit primário e as contas públicas, em alegada operação de crédito disfarçada. Também se apontava a edição de decretos executivos que promoveram a abertura de créditos suplementares sem autorização do Congresso Nacional nos exercícios de 2014 e 2015 (atos, porém, que também haviam sido expedidos pelo vice-presidente Michel Temer, nos momentos que substituiu a titular).[747] No geral,

---

levam os cidadãos às ruas" (LIMONGI, Fernando; FIGUEIREDO, Argelina Cheibub. Por seu intervencionismo imoderado, STF não terá como evitar confronto com Bolsonaro. *Folha de S.Paulo*, 30 abr. 2021. Disponível em: www1.folha.uol.com.br/poder/2020/04/por-seu-intervencionismo-imoderado-stf-nao-tera-como-evitar-confronto-com-bolsonaro.shtml. Acesso em: 14 jul. 2021).

[744] Celso Rocha de Barros também questiona a veracidade da percepção de que a crise enfrentada decorria de atos de corrupção, que sugavam os recursos públicos que, ao contrário, poderiam ser empreendidos para investimentos e programas de interesse social, percepção essa que motivava grande partes dos manifestantes favoráveis à destituição da Presidente. Renova, assim, a compreensão de que "havia uma diferença profunda de interesses entre as pessoas que foram às ruas protestar contra Dilma e os congressistas que votaram seu impedimento" (BARROS, Celso Rocha de. Uma história de dois azares e um impeachment. In: *Democracia em risco*: 22 ensaios sobre o Brasil hoje. São Paulo: Companhia das Letras, 2019. p. 74). Em tom mais crítico, discorrendo sobre as manipulações das grandes mídias e da verdadeira corrupção das elites econômicas brasileiras, Jessé Souza aponta que "claro que a corrupção política também é recriminável, mas ela não é a causa da pobreza, do desemprego e do desespero da sociedade brasileira, como a imprensa propaga. Ela é, em vez disso, o espantalho perfeito para que a corrupção real possa continuar invisível" (SOUZA, Jessé. *A elite do atraso*: da escravidão a Bolsonaro. Rio de Janeiro: Estação Brasil, 2019. p. 245).

[745] ABRANCHES. Op. cit., 2018, p. 304.

[746] Disponível em: www.camara.leg.br/proposicoesWeb/fichadetramitacao?idProposicao=2057823. Acesso em: 12 jul. 2021.

[747] MAFEI. Op. cit., p. 197.

acusava-se a Presidente Dilma de incorrer nas condutas descritas nos artigos 10, itens 4 e 6, e 11, itens 2 e 3, da Lei nº 1.079/1950, além das práticas vedadas pelos artigos 36 a 38 da Lei de Responsabilidade Fiscal (Lei Complementar nº 101/2000),[748] cujo artigo 73[749] já remetia, em caso de descumprimento de suas disposições, à possibilidade de responsabilização criminal, por ato de improbidade administrativa e por crimes de responsabilidade.

Falava-se, assim, na prática de "pedaladas fiscais" – um drible de ilusão –, que representariam a criação artificial de disponibilidade de recursos para o governo, não obstante houvesse controvérsia sobre sua configuração ou não como operações de crédito. Em defesa, argumentava-se que esse diferimento da transferência de dinheiro do Tesouro para bancos públicos era uma prática contábil comum no Poder Executivo desde 1995, sendo também encontrada nas administrações dos Presidentes Fernando Henrique Cardoso e Lula. Replicava-se, porém, que havia uma diferença qualitativa nas condutas de Dilma, em razão dos elevados valores que essas suas práticas alcançaram, ainda que a ilegitimidade dessas operações tenha resultado de novo entendimento adotado pelo Tribunal de Contas da União em outubro de 2015, quando recomendou ao Congresso a rejeição das contas apresentadas pela Presidente em relação ao exercício de 2014, em reversão da jurisprudência que até então afirmava.[750]

A peça acusatória foi recebida pelo Presidente da Câmara, o deputado Eduardo Cunha, em 2 de dezembro de 2015.[751] O recebimento

---

[748] Os dispositivos indicados da Lei nº 1.079/1950 apontam como crimes contra a lei orçamentária "infringir, patentemente, e de qualquer modo, dispositivo da lei orçamentária" e "ordenar ou autorizar a abertura de crédito em desacordo com os limites estabelecidos pelo Senado Federal, sem fundamento na lei orçamentária ou na de crédito adicional ou com inobservância de prescrição legal"; e como crimes contra a guarda e legal emprego dos dinheiros públicos "abrir crédito sem fundamento em lei ou sem as formalidades legais" e "contrair empréstimo, emitir moeda corrente ou apólices, ou efetuar operação de crédito sem autorização legal". Já os mencionados dispositivos da Lei de Responsabilidade Fiscal dizem respeito a operações de crédito vedadas, incluindo a proibição de que sejam feitas entre uma instituição financeira estatal e o ente da Federação que a controle.
[749] Afirma o dispositivo: "Art. 73. As infrações dos dispositivos desta Lei Complementar serão punidas segundo o Decreto-Lei nº 2.848/1940 (Código Penal); a Lei nº 1.079/1950; o Decreto-Lei nº 201/1967; a Lei nº 8.429/1992; e demais normas da legislação pertinente". Do ponto de vista crítico, porém, "não é porque *algumas* violações àquela lei *podem* configurar crime de responsabilidade que *qualquer* violação à lei *sempre* os irá configurar; há, naturalmente, um juízo de gravidade a ser feito em cada caso concreto" (MAFEI. Op. cit., p. 175).
[750] OLIVIERO; PAFFARINI. Op. cit., p. 239-240.
[751] A decisão de admissibilidade proferida pelo então Presidente da Câmara está disponível em: www.camara.leg.br/proposicoesWeb/prop_mostrarintegra?codteor=1420614&filename=Tramitacao-DCR+1/2015 (acesso em: 12 jul. 2021).

coincidia com o anúncio da decisão da bancada do PT na Câmara no sentido de que votaria favoravelmente à continuidade do processo contra Eduardo Cunha que tramitava no Conselho de Ética daquela Casa, por suposta quebra de decoro parlamentar.[752] Em sua decisão, porém, o Presidente da Câmara afastava o recebimento da denúncia em relação aos atos ocorridos do primeiro mandato, limitando sua decisão a condutas praticadas em 2015.[753] Na sequência, em 7 de dezembro, o vice-presidente Michel Temer anunciava, por carta que se tornaria pública, seu rompimento com o governo.[754]

Travada nova batalha judicial frente ao STF, já descrita em seção anterior, foi constituída comissão especial para apreciação da denúncia, cujo relatório foi aprovado em 11 de abril de 2016, por 38 votos favoráveis e 27 contrários. No Plenário da Câmara, a votação se deu em 17 de abril, quando, por votação de 367 a 137, foi autorizada a instauração do procedimento de impeachment. Em março daquele ano, a Presidente Dilma tentou nomear o ex-Presidente Lula como seu ministro da Casa Civil, com o anunciado objetivo de auxiliar nas negociações com parlamentares para auxiliar a reconstrução da base de apoio do governo no Congresso e evitar o impeachment. Sua posse, porém, foi impedida por decisão do ministro Gilmar Mendes, do STF, que identificava desvio de finalidade no ato de nomeação.[755]

Comunicado o Senado Federal, foi constituída nova comissão especial, cujo relatório favorável à instauração do procedimento foi

---

[752] O revanchismo de Eduardo Cunha traduzia-se, na prática, por atuações abusivas que se guiavam por interpretações regimentais pouco convencionais e que se colocavam no limite daquilo que as normas parecem permitir, a fim de fazer avançar seus próprios interesses. Esse estilo de atuação foi denominado por Conrado Hübner Mendes como "abomináveis cunhadas" (MENDES, Conrado Hübner. Abomináveis cunhadas. *O Estado de São Paulo*, 14 jun. 2015).

[753] Em sua decisão, o deputado Eduardo Cunha afirmava: "Além disso, os fatos e atos supostamente praticados pela denunciada em relação a essa questão são anteriores ao atual mandato. Assim, com todo respeito às muitas opiniões em sentido contrário, considero inafastável a aplicação do §4º do artigo 86 da Constituição Federal, o qual estabelece não ser possível a responsabilização da Presidente da República por atos anteriores ao mandato vigente. Deixei claro em decisões anteriores que não ignoro a existência de entendimento contrário, especialmente em razão de o dispositivo citado ser anterior à emenda constitucional que permitiu a reeleição para os cargos do Poder Executivo. Porém, não se pode simplesmente ignorar que o constituinte reformador teve a oportunidade de revogar ou alterar o §4º do artigo 86 e não o fez, estando mantida, portanto, a sua vigência" (referência supra, p. 16).

[754] FRANCO, Bernardo Mello. *Mil dias de tormenta*: a crise que derrubou Dilma e deixou Temer por um fio. Rio de Janeiro: Objetiva, 2018. p. 54-55.

[755] MS nº 34.070 e MS nº 34.071, de relatoria do ministro Gilmar Mendes, decisões proferidas em 18 de março de 2016. A questão não foi apreciada pelo Plenário do STF, até que os processos perderam seus objetos.

aprovado em 6 de maio por 15 votos a 5. No dia 9, porém, o deputado Waldir Maranhão (vice-presidente da Câmara no exercício da Presidência, após Eduardo Cunha ter sido afastado em 5 de maio pelo STF), em decisão isolada e pouco crível, anulou a votação que havia autorizado o impeachment, em razão de vícios formais que teria verificado, determinando que nova sessão fosse realizada para deliberação da matéria.[756] O Presidente do Senado Federal, o senador Renan Calheiros, afirmou, porém, que o processo continuaria a tramitar, tendo o deputado Waldir Maranhão revogado sua própria decisão no mesmo dia em que a prolatou.

Superado esse episódio, a instauração do processo se deu em 12 de maio, mediante a aprovação do relatório da comissão especial pelo plenário do Senado, em votação majoritária de 55 votos a 22. Oficializado o afastamento de Dilma, Michel Temer assumia interinamente a Presidência, formando em seu gabinete "uma galeria de investigados e réus em processos de corrupção política e eleitoral".[757] Sua interinidade se tornaria, porém, definitiva a partir do julgamento final perante o Senado, que se deu em 31 de agosto, quando a Presidente Dilma Rousseff foi destituída do cargo por maioria de 61 votos a 21. Separada a votação quanto à aplicação de sua inabilitação para ocupar outros cargos públicos, não se alcançou o voto qualificado de dois terços – foram 42 votos favoráveis e 36 contrários –, de modo que essa sanção não lhe foi imposta.

Ainda que a análise das provas apresentadas possa evidenciar ausência de certeza quanto ao envolvimento direto da Presidente com as denúncias que lhe foram feitas, bem como em relação à presença de seu elemento subjetivo nessas condutas, os fundamentos políticos sobressaíram aos jurídicos. Em um julgamento com forte conotação

---

[756] A nota então divulgada pelo deputado Waldir Maranhão está disponível em: www.camara.leg.br/noticias/487426-nota-a-imprensa (acesso em: 12 jul. 2021). A decisão, que não foi levada a sério pelos demais agentes políticos, indica que "a força política do presidente da Câmara dos Deputados não decorre exclusivamente de seus poderes legais para a condução no processo" de impeachment (MAFEI. Op. cit., p. 239). A afirmação é colocada em um contexto que leva à conclusão de que o peso de Eduardo Cunha para o êxito de impeachment foi importante, mas não pode ser superestimado: "Eduardo Cunha dá rosto a um desvio de finalidade que não foi apenas dele" (Idem, p. 240).

[757] ABRANCHES. Op. cit., 2018, p. 316. De fato, se no impeachment de Collor havia suspeitas fundadas de seu envolvimento pessoal com atos de corrupção e inexistiam dúvidas concretas quanto à honestidade de Itamar Franco, no de Dilma não se tinha suspeitas de seu envolvimento pessoal, enquanto Temer era já desde então acusado de práticas ilegais (MAFEI. Op. cit., p. 161).

política, a retórica da corrupção,[758] da crise econômica e das crises fiscais representou fundamentos suficientes para a condenação e a destituição da Presidente Dilma Rousseff, ainda que sejam questionáveis os verdadeiros motivos que levaram a esse resultado.[759] O caso desperta, assim, a atenção para a possibilidade de cometimento de abusos constitucionais no processo de impeachment.

3.6 Abusos constitucionais no processo de impeachment

O ponto final a ser abordado neste livro diz respeito à possibilidade de que abusos sejam cometidos pela via do impeachment, resultando, por exemplo, no afastamento de um Presidente da República por uma qualificada maioria parlamentar momentânea e oportunista. Com efeito, considerando que se trata de processo político e que seu julgamento é exclusivamente atribuído ao Poder Legislativo, "em uma democracia presidencial na qual o Executivo depende de uma 'ampla coalização de partidos', é possível que o impeachment se torne um instrumento com o qual as maiorias ocasionais decidem 'censurar' um chefe de Estado eleito por seu povo".[760] Mesmo a pluralidade de suas definições constitucionais e a atuação preventiva do Judiciário na fixação da interpretação de suas regras procedimentais podem não

---

[758] Aníbal Pérez-Liñán identifica o papel dos escândalos no êxito dos processos de impeachment na América Latina (PÉREZ-LIÑÁN, Op. cit., p. 64-65). Esses fatos, como ratifica a análise de Young Hum Kim, têm forte influência sobre a insatisfação popular e parlamentar, sobretudo quando se relacionam a acusações de corrupção (KIM. Op. cit., p. 527-530). Nesse sentido, fala-se em uma utilização retórica desses argumentos quando imputações como essas são manejadas como roupagem externa para justificar a remoção de presidentes impopulares e que não mais ostentem sustentação parlamentar, situações em que a infração política atribuída a um agente público se revela como elemento incidental em um processo que se move por preocupações diversas (GINSBURG; HUQ; LANDAU. Op. cit., p. 105, 146).

[759] A exemplo dessa afirmação, gravações de conversas realizadas entre os senador Romero Jucá – que era Presidente Nacional do PMDB e foi nomeado pelo Presidente ainda interino Michel Temer como ministro de Estado de Planejamento – e Sérgio Machado – ex-presidente de uma empresa subsidiária da Petrobrás que firmou acordo de colaboração premiada no âmbito da Operação Lava Jato – indicavam que se desejava, com a mudança de governo, frear os avanços das investigações, após os sinais de que a Presidente Dilma e seu governo não interfeririam em sua realização (o maior deles representado pela recondução do procurador-geral da República Rodrigo Janot a novo mandato de dois anos em agosto de 2015). A gravação da conversa, que teria ocorrido em março de 2016 (antes da votação de autorização pelo Plenário da Câmara dos Deputados), só veio a público em maio daquele ano, quando Dilma já estava afastada da Presidência após a instauração do processo de impeachment pelo Senado (MAFEI. Op. cit., p. 180-183).

[760] OLIVIERO; PAFFARINI. Op. cit., p. 162-163.

ser suficientes para afastar todas as possibilidades de um exercício abusivo do instituto.

3.6.1 Abusos constitucionais e seus riscos à democracia

Após diversas ondas de expansão da democracia constitucional[761] (as mais recentes delas ocorridas na Primavera Árabe e após o fim da Guerra Fria e queda da União Soviética),[762] as preocupações com os retrocessos democráticos e o exercício abusivo de poderes constitucionais voltaram ao foco. O fervor pela inevitável democracia constitucional, contra a qual parecia não haver alternativa consistente[763] – a ponto de alguns questionarem se se estaria ante o "fim da História"[764] –, passa a ceder lugar a preocupações e descrenças que ameaçam colocar em risco o processo de consolidação democrática.[765]

---

[761] Para fins de delimitação semântica, afirma-se *democrático* o sistema de governo que, a partir de eleições livres, justas e recorrentes, permite a tradução da vontade popular em políticas públicas, além da previsão de outras formas de participação popular (inclusive direta, como plebiscitos e referendos). De outro lado, afirma-se o *constitucionalismo* como o compromisso jurídico-político com valores básicos como a garantia de direitos fundamentais a todos os cidadãos, a separação dos Poderes, as liberdades públicas e a limitação do poder estatal, em que também o Estado e os governantes devem obediência às normas dispostas (CANOTILHO, J. J. Gomes; MOREIRA, Vital. *Constituição da República Portuguesa anotada*. São Paulo: Revista dos Tribunais; Coimbra: Coimbra Editora, 2007. p. 205). Assim, *democracia constitucional* (ou *democracia liberal*) é a conjunção desses dois fatores, a partir dos quais se fortalecem e se complementam reciprocamente, permitindo o governo *limitado* da maioria, em defesa dos direitos igualmente democráticos de minorias políticas (ISSACHAROFF, Samuel. *Fragile democracies*: contested power in the era of Constitutional Courts. Cambridge University Press, 2015).

[762] HUNTINGTON, Samuel. *The Third Wave*: Democratization in the Late Twentieth Century. Norman: University of Oklahoma Press, 2012. p. 15-26. De outro lado, Ivan Krastev e Stephen Holmes apontam possíveis erros e acertos na apropriação e imitação das experiências democráticas após a queda do muro de Berlim, na construção dessa nova onda (KRASTEV, Ivan; HOLMES, Stephen. *The light that failed*: why the West is losing the fight for democracy. New York: Pegasus Books, 2019).

[763] LINZ, Juan J.; STEPAN, Alfred. Toward Consolidated Democracies. *Journal of Democracy*, p. 14-33, 1996. ACKERMAN, Bruce. *The Decline and Fall of the American Republic*. The Tanner Lectures on Human Values. Cambridge, Massachusetts; London, England: The Belknap Press of Harvard University Press, 2013.

[764] FUKUYAMA, Francis. *The end of History and the last man*. Nova York: Free Press, 1992. Sérgio Abranches, ao contrário, dispõe inexistir um estágio final da democracia, definindo-a como "um alvo móvel, que pede aperfeiçoamento e aprofundamento recorrentes, num processo sujeito a avanços e retrocessos" (ABRANCHES. Op. cit., 2020, p. 135).

[765] FOA, Robert Stefan; MOUNK, Yascha. The danger of desconsolidation: the democratic disconnect. *Journal of Democracy*, n. 3, p. 5-17, Jul. 2016.

Essa percepção crescente de que a democracia pode estar recuando em todo o mundo[766] decorre não apenas da falta de avanço desse regime de governo a novos países, mas também pelos retrocessos identificados em democracias aparentemente estáveis,[767] seja entre aquelas mais recentes (que por vezes se revelam frágeis e mais sujeitas a forças antidemocráticas), seja entre as mais antigas ou pretensamente mais robustas, que estão também vulneráveis às mesmas ameaças e patologias que colocam a democracia em risco em outros países. A novidade, porém, não é propriamente a existência de ataques à democracia, mas a forma sutil e sorrateira com que estes têm se desenrolado.

Isso porque, entre as formas de retrocesso democrático, há aquelas mais abruptas, que se revelam em fenômenos rápidos e completos, ainda que não permanentes, rumo ao autoritarismo, como no caso de um golpe militar ou a declaração repentina de um estado de emergência, por vezes acompanhados do fechamento do parlamento e outras instituições. Esse caminho, porém, é mais perceptível, conhecido e menos arriscado, tendo em vista que atualmente pode, em geral, ser freado e resistido pelas próprias instituições democráticas suficientemente consolidadas.

Entretanto, nem todo retrocesso é repentino ou completo,[768] havendo formas mais sutis e perigosas de erosão institucional, precisamente quando se dão por meios internos à ordem jurídica e democrática. Nesse decaimento gradual e sucessivo, empreendido por manipulações abusivas do constitucionalismo[769] em etapas pouco visíveis,

---

[766] DIAMOND, Larry. Facing up to the democratic recession. *Journal of Democracy*, v. 26, n. 1, Jan. 2015, p. 141-155; HOLMES, Stephen. How democracies perish. In: *Can it happen here? Authoritarianism in America*. Dey Street Books, 2018. p. 388.

[767] MOUNK. Op. cit., p. 125-141.

[768] Nesse sentido, Tom Ginsburg e Aziz Huq diferenciam *reversão autoritária* (como processos de rápido e quase completo colapso das instituições democráticas, mais facilmente perceptíveis e identificáveis em um determinado momento histórico) e *retrogressão democrática* (súbita e gradual erosão dos principais aspectos da democracia, como a realização de eleições competitivas, a proteção à liberdade de expressão e de associação e do próprio Estado de direito, em movimentos graduais e mais imperceptíveis). GINSBURG, Tom; HUQ, Aziz. *How to save a constitutional democracy*. Chicago/London: The University of Chicago Press, 2018.

[769] A noção de *constitucionalismo abusivo* é desenvolvida por David Landau, que chama a atenção para o uso de mecanismos formais de alteração constitucional para a erosão da ordem democrática. A ideia é também identificada por Jack Balkin como *deterioração constitucional*, termo que reflete tradução livre de *"constitutional rot"*, em que o autor identifica um processo de decadência nas características do sistema democrático. O autor aponta quatro características interligadas desse processo (*"the four horsemen of constitutional rot"*): a polarização política, a perda de confiança no governo, a crescente desigualdade econômica e os desastres políticos. Todos eles podem ser identificados no Brasil. Nesse processo, a democracia constitucional se torna menos republicana e mais oligárquica, apesar de sua

a democracia parece ainda lutar em desenvolver mecanismos de defesa contra esses ataques internos. Golpes não são mais necessários para a consolidação de projetos autoritários de poder, havendo alternativas mais imperceptíveis e exitosas que se estabelecem pelo esfacelamento interno, gradual e insidioso das instituições e tradições democráticas, por meio de passos que podem ser individualmente justificáveis, mas que no efeito cumulativo revelam sua perversidade.

Se a compreensão etiológica desse fenômeno é ainda incerta,[770] certamente não se afigura como decorrente de uma causa única, entre as quais pode-se citar: crises econômicas,[771] segurança nacional, ameaças terroristas, catástrofes naturais, agravamento de desigualdades socioeconômicas,[772] mudanças nas formas de comunicação,[773] diminuição

---

aparência formalmente legítima. A ascensão de demagogos e a tentativa de limitação das Cortes Constitucionais e da imprensa são também indícios da ocorrência desse processo. Mark Tushnet também trabalha com a ideia ao falar em *jogo duro constitucional* (*constitutional hardball*) e trata do constitucionalismo autoritário como nova forma de constitucionalismo, na pluralização de sua manifestação em regimes híbridos. Ainda, Tom Ginsburg e Aziz Huq tratam da *retrogressão democrática* e David Pozen, da *má-fé constitucional*. Todos esses marcos teóricos se comunicam quanto à possibilidade de manejo abusivo das regras constitucionais e institutos democráticos – em etapas pouco perceptíveis e individualmente justificáveis por sua compatibilidade formal com a ordem constitucional – como ameaças internas e sutis à estabilidade das democracias constitucionais. LANDAU, David. Abusive Constitutionalism. *University of California Davis Law Review*, v. 47, p. 189-260, 2013; BALKIN, Jack. Constitutional rot. *In*: SUNSTEIN, Cass. R. *Can it happen here? Authoritarianism in America*. Dey Street Books, 2018, p. 19-35; TUSHNET, Mark. Authoritarian constitutionalism. *Cornell Law Review*, v. 100, p. 391-462, 2015; TUSHNET, Mark. Advanced Introduction to Comparative Constitutional Law. 2. ed. Edward Elgar: Cheltenham – Northampton, 2018. GINSBURG; HUQ. Op. cit., 2018; POZEN, David. Constitutional bad faith. *Harvard Law Review*, v. 129, n. 4, p. 885-907, 2016.

[770] Tom Ginsburg e Aziz Huq destacam que ainda nos falta experiência para avaliar as mais exatas dimensões desses riscos (GINSBURG; HUQ. Op. cit., p. 34).

[771] Essas *crises*, que por vezes são fabricadas e vendidas à população, exsurgem como janelas de oportunidade para a ampliação dos poderes do Executivo, que encontra uma justificativa popularmente aceitável para medidas antidemocráticas, mediante a "construção de ameaças e inimigos imaginários para justificar medidas restritivas e recuos reacionários" (ABRANCHES. Op. cit., 2020, p. 88). A perda da sensação de possibilidade de melhorar o padrão de vida gera revolta contra a democracia constitucional, tida como meio ineficaz de governo (MOUNK. Op. cit., p. 184-194).

[772] O ponto permite introduzir crítica construída por Thomas Piketty, que demonstra que, mesmo em momentos de grande crescimento econômico, a distribuição da riqueza produzida foi iníqua, representando manutenção ao cenário de desigualdades socioeconômicas (PIKETTY, Thomas. *O capital no século XXI*. Trad. Monica Baumgarten de Bolle. Rio de Janeiro: Intrínseca, 2014). Ginsburg e Huq também assentam que a desigualdade econômica se vincula a uma maior aceitação de governos autoritários (GINSBURG; HUQ. Op. cit., p. 55-57).

[773] Nesse ponto, retoma-se o que já foi exposto no fim do Capítulo 2 relativamente às mudanças estruturais nas formas de comunicação e a ascensão das diversas redes sociais. Além disso, práticas como as *fake news* e o microdirecionamento (*microtargeting*) também já demonstraram

da confiança nas instituições, queda do interesse em política, crise de representatividade do parlamento,[774] ampliação da cidadania, entre outras.[775] Todos esses fatores parecem apontar para um descontentamento do próprio povo contra a democracia,[776] em um cenário de

---

o enorme impacto que podem ter sobre o processo eleitoral (RUNCIMAN, David. *Como a democracia chega ao fim*. São Paulo: Todavia, 2018. p. 134). Giuliano da Empoli também indica como a irrupção de novas mídias e suas ferramentas de personalização contribuem para a construção de um caos político e social (EMPOLI, Giuliano da. *Os engenheiros do caos*. São Paulo: Vestígio, 2020. p. 84).

[774] A crise das democracias representativas, sobretudo quanto a parlamentares, é também fenômeno que se percebe mundo afora. A complexidade dos desafios regulatórios e o crescimento das agências executivas/independentes (VERMEULE, Adrian. *Law's abnegation*: from law's empire to the administrative state. Harvard University Press, 2016), a judicialização da política, a globalização (que implica a necessidade de mais tratados internacionais para tratamento das questões que se apresentam, ante a insuficiência de soluções locais a problemas globais), além de um mal desempenho de suas funções (marcado pela eclosão de grandes casos de corrupção, por exemplo) induzem a um decréscimo de relevância das instâncias legislativas perante o povo (ARABI. Op. cit., 2013, p. 98). Outro fator que pode ser mencionado é o elevado custo das eleições e a captação de doação de recursos, em que os eleitos se tornem reféns de grupos de pressão, incentivando a *corrupção por dependência* (LESSIG, Lawrence. *Republic, Lost: how Money corrupts Congress – and a plan to stop it*. Nova York: Hachette Book Group, 2011. p. 107-124). O resultado, entretanto, é a contribuição para um processo de retrocesso democrático: a redução da capacidade popular de influência e o isolamento do sistema político da vontade popular (MOUNK. Op. cit., p. 112).

[775] A perniciosa dominância de grupos étnicos ou raciais é fator que historicamente contribuiu para a estabilidade de regimes de governo. A democracia em nações marcadas pelo pluralismo étnico e cultural por vezes esteve atrelada a tentativas de afastamento do povo da democracia, associando-se a estabilidade democrática a um conceito excludente de cidadania (MOUNK. Op. cit., p. 197). Diferentemente dos antigos, "o pluralismo é uma situação objetiva na qual estamos imersos", fato com o qual a democracia moderna deve se conciliar (BOBBIO, Norberto. *O futuro da democracia*: uma defesa das regras do jogo. São Paulo: Paz e Terra, 2018. p. 97). No Brasil, a *diversidade étnica* sempre esteve presente, mas a *igualdade étnica* não: na maior parte do tempo, minorias foram excluídas (tome-se como exemplo a "Lei Saraiva", que, às vésperas do fim da escravidão e da República, adotou o voto censitário para excluir a população do processo político-eleitoral). A própria discussão sobre quem é o povo (MÜLLER, Friedrich. *Quem é o povo? A questão fundamental da democracia*. São Paulo: Revista dos Tribunais, 2013), a partir de um conceito de *nação* que não é natural, mas construído socialmente (MOUNK. Op. cit., p. 233; COULANGES, Fustel de. *A cidade antiga*. São Paulo: Martin Claret, 2001), ganha força com a questão humanitária dos refugiados e novas ondas migratórias. A ampliação da cidadania, em pluralização do jogo político, gera novos desafios e questiona a possibilidade da democracia em sociedades plurais ou fragmentadas (ISSACHAROFF. Op. cit., p. 5-6).

[776] Se o êxito das democracias constitucionais requer uma sociedade civil forte e comprometida com a proteção aos direitos fundamentais, tem crescido o apoio popular a regimes autoritários, a governos militares-ditatoriais e a iniciativas antidemocráticas (como o fechamento do Parlamento ou da Corte Constitucional), sobretudo entre os mais jovens (MOUNK. Op. cit., p. 134-139). Recente pesquisa realizada em 2019 e divulgada pelo portal *Jota* indica que o cenário também se reproduz no Brasil (disponível em: www.jota.info/stf/pesquisa-jota-34-dos-brasileiros-aceitam-fechar-o-congresso-e-32-o-stf-08072019; acesso em: 5 jul. 2021).

desilusão geral com a política que coloca em xeque as condições que asseguravam a estabilidade das democracias constitucionais. Esses cenários de crise favorecem a ascensão de *outsiders* políticos, em que partidos antes inexistentes ou marginais conquistam postos relevantes de poder,[777] a partir da ascensão de déspotas populistas, que se constroem sobre promessas vazias – mas bastante convincentes à população – de soluções fáceis para problemas complexos e estruturais.[778] O destaque é que essa ascensão de populistas autoritários e demagogos – inclusive ao cargo de Presidente da República – ocorre não por meio de golpes militares, estados de emergência ou formas abruptas de ruptura com o Estado de Direito; ao contrário, o fenômeno por vezes ocorre por meio de eleições, com apoio popular, por vias internas ao constitucionalismo que, apesar de legais ou formalmente legítimas, podem representar riscos de retrocessos democráticos. Se essa ameaça populista ocorre por meios formalmente democráticos, sua continuidade no poder pode representar riscos reais à democracia, que depende do constitucionalismo para sobreviver.[779]

O fenômeno, que em graus distintos é identificado em vários países, também pode ameaçar o Brasil. Os fatos ocorridos na Polônia,[780]

Nos Estados Unidos, também há notícias de um crescente número de cidadãos que veem com bons olhos regimes militares ou mesmo de carizes mais autoritários (GINSBURG; HUQ. Op. cit., p. 30; FOA; MOUNK. Op. cit., p. 6-7).

[777] Veja-se, a propósito, a ascensão do Partido Social Liberal (PSL), que nas eleições de 2014 havia elegido um deputado federal e em 2018 elegeu 52, representando incremento de 4.000% nas verbas do fundo eleitoral. O partido também elegeu o Presidente da República – não obstante tenha havido posterior desfiliação – e teve notória expansão nas eleições estaduais.

[778] Como destaca Jack Balkin, na ascensão desses demagogos, estes concorrem como populistas, mas, no poder, governam como oligarcas (BALKIN. Op. cit., p. 21).

[779] O apoio popular a manobras abusivas de líderes populistas que derrubam ou enfraquecem freios constitucionais ao cumprimento das vontades majoritárias pode representar efeito reverso quando estas conflitarem com as prioridades daqueles líderes. A concentração de poderes é sobretudo perigosa quando se dá nas mãos de um autoritário em potencial: um candidato populista que se transforma em um déspota no poder, arriscando que o momento populista torne uma *era populista* (MOUNK. Op. cit., p. 27, 54).

[780] A ascensão ao poder do Partido de extrema direita Lei e Justiça culminou em ações como a sabotagem da neutralidade de instituições independentes e seu aparelhamento, o fortalecimento de propaganda estatal e controle à mídia, atos que se identificam no governo do Presidente polonês Andrzej Duda (SADURSKI, Wojciech. *Poland's Constitutional Breakdown*. Oxford University Press, 2019).

Hungria,[781] Venezuela,[782] Turquia,[783] Estados Unidos,[784] entre outros países,[785] revelam um roteiro parecido:[786] em um cenário de tensão, populistas reivindicam o monopólio moral da representação,[787]

---

[781] A partir da eleição de Viktor Orbán em 2010, vários atos colocaram o país a caminho de uma autocracia: o aparelhamento da Corte Constitucional e da comissão eleitoral do país, bem como a interferência na mídia e nos veículos de imprensa, levando à construção de uma democracia hierárquica e autoritária (MOUNK. Op. cit., p. 26). Outras medidas mais recentes envolvem o cerceamento de pesquisas acadêmicas independentes e a redução da liberdade do método de educação dos pais para seus filhos por alegada influência política das escolas oficiais.

[782] O regime de Chávez (1999 a 2013) representou sucessiva concentração de poderes executivos, limitação da atuação da oposição, ataques à mídia independente, aprovação de uma nova Constituição, em passos que levaram o país a um grave cenário de crise e retrocesso democrático.

[783] O banimento judicial de partidos islâmicos de vertentes separatistas, no exercício de uma *democracia militante* (ISSACHAROFF. Op. cit., p. 79-83), a criação de um novo partido capitaneado pelo então Primeiro-Ministro Recep Tayyip Erdoğan, as emendas constitucionais de 2010, a tentativa de golpe em 2016 e as eleições de 2018 são etapas de um processo que representaram perda qualitativa da democracia constitucional turca.

[784] Apesar de se apontarem como uma democracia paradigma, os Estados Unidos também possuem episódios como os movimentos *tea party* e *birther*, a impossibilidade de indicação de Merrick Garland à Suprema Corte no fim do governo Obama, além da eleição de Trump e uma série de atos praticados em seu primeiro ano de mandato que revelariam seus claros "instintos autoritários" (LEVITSKY, Steven; ZIBLATT, Daniel. *Como as democracias morrem*. Rio de Janeiro: Zahar, 2018. p. 170-179).

[785] Fenômenos semelhantes são descritos na Rússia (dissolução do Parlamento e da Corte Constitucional por Yeltsin, a aprovação de uma nova Constituição, a ascensão de Putin), Índia (eleição de Narendra Modi, no Reino Unido (tentativa do Brexit, ascensão de Boris Johnson), Paraguai (em que o impeachment do Presidente Fernando Lugo em 2012 pelo "desempenho insatisfatório de seus deveres" colocou em questão o exagero das prerrogativas institucionais do legislativo – TORO, Francisco. What's in a Coup? *New York Times*, 29 jun. 2012; disponível em: https://latitude.blogs.nytimes.com/2012/06/29/was-the-impeachment-of-paraguays-president-a-coup; acesso em: 5 jul. 2021), além de República Checa, Itália, Áustria, Egito e Tailândia.

[786] O roteiro é similar ao apresentado em: POSNER, Eric. The dictator's handbook, US Edition. *In: Can it happen here? Authoritarianism in America*. Dey Street Books, 2018. p. 1-18.

[787] A autoinvocação da prerrogativa exclusiva de representação dos interesses do povo ("monopólio moral da representação"), invocada por políticos como Trump, Orbán e Bolsonaro, acarreta duas principais acusações consequentes feitas por esses líderes populistas autoritários: a ilegitimidade absoluta dos oponentes políticos e a exclusão do conceito de *povo* daqueles que não os apoiam (MÜLLER, Jan-Werner. *What is populism?* University of Pennsylvania Press, 2016. p. 19-20). Nesse contexto, os semelhantes se unem em *tribos*, fomentando uma grande rejeição recíproca com o outro lado, acentuando o isolamento e a polarização, reduzindo a existência de experiências comuns na sociedade, em que "a política identitária serve de combustível para a fogueira das frustrações políticas" (RUNCIMAN. Op. cit., p. 81). Incentiva-se a divisão entre "nós, os bons" e "eles, os maus", mediante a construção de "um inimigo unificado e claro, culpado de tudo, explicação e solução simples" (ABRANCHES. Op. cit., 2020, p. 68 e 81). Nesse sentido, Mark Lilla demonstra como a distorção da promoção de políticas liberais identitárias, ao descuidar do *nós* e supervalorizar o *eu*, pode dificultar a construção da noção de cidadania, conceito central da democracia como vínculo coletivo entre todos os membros de uma comunidade (LILLA, Mark. *O progressista de ontem e o de amanhã*: desafios da democracia liberal no mundo

desqualificam os eleitores que não os apoiam como não integrantes do povo e seus adversários como ilegítimos, empreendem ataques contra a liberdade de imprensa, ameaçam instituições independentes e propõem, inicialmente com o apoio popular, alterações nas regras do jogo democrático que facilitam sua permanência do poder.[788] Esses prenúncios de uma derrocada democrática, que se agravam em um contexto de polarização extrema, não podem ser negligenciados pelos próprios líderes políticos,[789] pelas instâncias de *accountability*, pelo poderes Judiciário e Legislativo, tampouco pela academia.

Assim, é justificado e necessário que, no Brasil, se desperte para os perigos de um retrocesso democrático, indagando-se continuamente se a atual estruturação da Constituição e das instituições brasileiras é suficiente para impedir os riscos dessa decadência. Com efeito, já há sinais de alerta:[790] o impeachment de dois Presidentes pós-1988, a eleição de Jair Bolsonaro[791] – isto é, a ascensão democrática de um

---

pós-políticas identitárias. São Paulo: Companhia das Letras, 2018. p. 72-76). Esse cenário traz desafios adicionais para a preservação da democracia em um cenário de um "populismo pós-verdade" (*post-truth populism*), como apresenta Stephen Holmes (HOLMES. Op. cit., p. 400).

[788] É nesse sentido que se afirma que as segundas eleições são mais importantes que as primeiras, já que a democracia constitucional exige um consentimento popular regularmente renovado (MANIN, Bernard. As metamorfoses do governo representativo. Trad. Vera Pereira. *Revista Brasileira de Ciências Sociais*, São Paulo, v. 10, n. 29, out. 1995). Assim, as eleições é que devem representar, em regra, o meio interno ao sistema constitucional-democrático para a solução das frustações populares.

[789] Destacando o papel dos líderes, Steven Levitsky e Daniel Ziblatt apontam contribuições possíveis a serem feitas pelos partidos (como na filtragem de candidatos demagogos, populistas e autoritários), além da tolerância mútua e da reserva institucional como ferramentas de fortalecimento da democracia a partir de atuações institucionais de todos os Poderes (LEVITSKY; ZIBLATT. Op. cit., p. 103-112).

[790] Levitsky e Ziblatt apontam alguns sinais característicos de populistas autoritários, que devem acender o sinal de alerta: rejeição das regras democráticas (ou questionamento da legitimidade do processo eleitoral); desqualificação dos oponentes políticos (como criminosos, corruptos, antipatrióticos); tolerância ou apologia à violência (elogio público a atos violentos); tendência à restrição de liberdades civis de adversários políticos ou da mídia (LEVITSKY; ZIBLATT. Op. cit., p. 32-34). No plano geral, Adam Przeworski também aponta sinais de uma possível crise democrática: a rápida erosão do sistema político partidário tradicional, a ascensão de atitudes e movimentos racistas, xenofóbicos e ultranacionalistas, além do declínio do apoio popular à própria democracia (PRZEWORSKI, Adam. *Crises of democracy*. New York; Cambridge: Cambridge University Press, 2019. p. 83).

[791] Leonardo Avritzer considera a eleição de Jair Bolsonaro o auge de um processo contínuo de degradação institucional que se instaurou desde 2014 e que se coloca dentro de um contexto pendular da democracia no Brasil, como movimento de oscilação pelo qual passa "a política brasileira entre certos períodos históricos nos quais as elites e massas partilham um forte entusiasmo democrático e outros momentos em que a classe média adota uma visão antidemocrática, alinhada com as elites, e muitos setores populares aderem à rejeição da política ou à antipolítica" (AVRITZER. Op. cit., 2019, p. 12-13, 16). Alternam-se, assim, momentos de expansão democrática com outros de retrocesso, nos quais "é possível ter

populista, que promove a desqualificação de adversários políticos, ataca as regras eleitorais mesmo quando eleito por elas, questiona a confiabilidade das urnas, tece elogios à ditadura militar, seus métodos de tortura e seus torturadores, incentiva o discurso de ódio, menospreza as instituições, que recorrentemente se vale de decretos e medidas provisórias,[792] apresenta dificuldades de relação com o Legislativo e promove reiteradas ofensas e ameaças ao Judiciário e seus membros – são marcos significativos de um processo perigoso.[793]

Se não há no Brasil um constitucionalismo abusivo que se diga estrutural[794] ou um cenário tão crítico como o de outros países,[795] há plurais abusos episódicos que não devem passar despercebidos.[796] O cenário se agrava diante do modelo institucional brasileiro de um hiperpresidencialismo de coalização,[797] marcado por elevada segmentação partidária, cujas origens republicanas são oligárquicas,[798]

---

fortes elementos antieleitorais e antidireitos em funcionamento no interior de uma estrutura democrática" (Idem, p. 49).

[792] A ampliação dos poderes do Executivo é citada por David Runciman como uma das modalidades de golpe identificadas pela cientista política Nancy Bermeo, em que, relativamente a determinados tipos, a democracia não é necessariamente um obstáculo a se transpor totalmente, mas antes "funciona como disfarce para a subversão (RUNCIMAN. Op. cit., p. 51). Conrado Hübner Mendes fala, ainda, na promoção de uma "política de pânico e circo", movida por populistas autoritários, como considera Bolsonaro (MENDES, Conrado Hübner. A política do pânico e circo. In: *Democracia em risco*: 22 ensaios sobre o Brasil hoje. São Paulo: Companhia das Letras, 2019. p. 231).

[793] Como aponta Sérgio Abranches, antes que seja tarde demais, "o maior erro que poderíamos cometer seria desprezar os sinais de risco à democracia, por mais que deles duvidemos racionalmente" (ABRANCHES. Op. cit., 2020, p. 128).

[794] BARBOZA, Estefânia Maria Queiroz; ROBL FILHO, Ilton Norberto. Constitucionalismo Abusivo. *Revista Brasileira de Direitos Fundamentais & Justiça*, v. 12, n. 39, p. 79-97, 26 mar. 2019.

[795] Como ocorre, por exemplo, nos casos da Hungria e da Polônia (DALY, Tom Gerald. *Populism, Public Law, and Democratic Decay in Brazil*: Understanding the Rise of Jair Bolsonaro. Workshop: 'Democratic Backsliding and Human Rights', organized by the Law and Ethics of Human Rights (LEHR) journal, p. 6, 2-3 January 2019).

[796] MENDES, Conrado Hübner; BENVINDO, Juliano Zaiden. Introduction: The Brazilian Supreme Court and the Protection of Democracy in the Age of Populism. *In: I-CONnect*, June 26, 2019. Disponível em: www.iconnectblog.com/2019/06/symposium-introduction-the-brazilian-supreme-court-and-the-protection-of-democracy-in-the-age-of-populism. Acesso em: 5 jul. 2021. BENVINDO, Juliano Zaiden; ESTORILIO, Rafael. O Supremo Tribunal Federal como agente do constitucionalismo abusivo. *Cadernos Adenauer*, v. 18, n. 1, 2017, p. 173-192. Neste último, a partir da *sincronicidade* e do uso seletivo de subsunção, os autores identificam contribuições aos abusos decorrentes da atuação do Supremo Tribunal Federal.

[797] ABRANCHES, Sérgio. *Presidencialismo de coalizão*: raízes e evolução do modelo político brasileiro. São Paulo: Companhia das Letras, 2018. Ainda, em um cenário de fortes poderes executivos, Arthur Schlesinger Jr fala em uma *presidência imperial* (SCHLESINGER JR., Arthur M. *The imperial presidency*. Boston: Houghton Mifflin, 2004).

[798] LEAL. Op. cit., 2012.

associado a um federalismo centralizador, que culmina na concentração de importantes poderes junto ao Presidente da República.

3.6.2 Minimizando os abusos no impeachment: alguns aperfeiçoamentos possíveis

À luz dessa perspectiva, o sistema brasileiro – ao reunir características de um Poder Executivo monocrático, chefiado por um Presidente forte, mas que, para governar, depende de amplo apoio parlamentar de um sistema multipartidário – também está sujeito a que abusos constitucionais se materializem no processo de impeachment. Como destacado, considerando que se trata de processo político e que seu julgamento é exclusivamente atribuído ao Poder Legislativo, é possível – ainda que não desejável – que o impeachment se torne um instrumento de destituição de um presidente por maiorias parlamentares ocasionais ou insatisfeitas com a condução de um determinado governo.[799] Essa, aliás, era uma finalidade temida por seus adaptadores à forma republicana nos debates constitucionais travados nos Estados Unidos, para o qual foram criados diversos mecanismos constitucionais de proteção.

É por essa razão que são importantes as previsões da Constituição de 1988, que, em resultado do amadurecimento gradual das anteriores disposições constitucionais,[800] tornam mais dificultoso o processo de impeachment, com a previsão das condutas que podem dar ensejo a sua instauração, que apenas podem ser imputadas a autoridades públicas enquanto estiverem no exercício de seus cargos, a partir de um procedimento bifásico escalonado, que exige quóruns qualificados

---

[799] Nessas situações, Wanderley Guilherme dos Santos fala na ocorrência de *golpes parlamentares*, como considera ter sido o impeachment da Presidente Dilma Rousseff, definidos como meios de "substituição fraudulenta de governantes orquestrada e executada por lideranças parlamentares" (SANTOS, Wanderley Guilherme dos. *A democracia impedida*: o Brasil no século XXI. Rio de Janeiro: FGV Editora, 2017. p. 31). O próprio autor reconhece, porém, que se trata de "uma modalidade de ruptura de governo, sem explícitas alterações legais, a que estão expostos todos os governos regularmente eleitos, parlamentaristas ou presidencialistas" (Idem, p. 32). Ainda, Leonardo Avritzer considera o impeachment elemento da contrademocracia, que, no âmbito de um movimento pendular, corresponde a estruturas que "são inseridas na institucionalidade legal para serem usadas posteriormente" (AVRITZER. Op. cit., 2019, p. 40).

[800] Nesse sentido, rememora-se que a Constituição de 1824 não exigia quórum especial para a responsabilização dos ministros de Estado (que ainda assumia natureza criminal); a Constituição de 1891 exigia quórum de dois terços para a condenação pelo Senado, mas de maioria simples para a declaração da procedência da acusação pela Câmara; e as Constituições de 1934 e 1946 exigiam o mesmo quórum para a condenação, bastando a maioria absoluta para a Câmara.

de dois terços para autorização da Câmara e para a condenação pelo Senado, que é conduzido pelo Presidente do STF, durante o qual se admite ampla atividade defensiva e instrutória (assegurados elementos como a participação do acusado, a prerrogativa de se manifestar após a acusação, ser o interrogatório o último ato da instrução) e após o qual apenas poderá ser aplicada a sanção de destituição do cargo, com inabilitação temporária para o exercício de função pública. Mais do que barreiras procedimentais, trata-se de mecanismos que tentam assegurar, juridicamente, que a destituição de uma autoridade pública por crime de responsabilidade não se dê de forma açodada, mas resulte de um processo político maduro, transparente e com amplo apoio parlamentar e popular.

Ainda assim, porém, a regulamentação mais detalhada e específica, sobretudo no que diz respeito à tipificação dos crimes de responsabilidade ou mesmo à delimitação de suas várias etapas procedimentais, conferem parâmetros que delimitam o poder de impeachment, mas não representam a total inibição de abusos constitucionais que podem ser realizados pelo Congresso, que pode praticá-los "de mil modos, inclusive a adulteração dos fatos e a condenação sem provas, soberano como é na decretação do 'impeachment' pela Câmara e no julgamento dele pelo Senado".[801] Mesmo com todas essas cautelas – que devem mesmo existir –, é impossível descrever o impeachment como um instituto neutro ou imparcial para a aferição da prática ou não dos crimes de responsabilidade.[802]

Entretanto, a possibilidade de abuso não é motivo para que um determinado poder inexista, de modo que, ciente de seus riscos, deve ele ser atribuído a algum órgão ou instituição política, escolhido constitucionalmente para seu exercício.[803] O controle e o gerenciamento de riscos são aspectos ínsitos ao próprio constitucionalismo, na comparação

---

[801] BROSSARD. Op. cit., p. 53. O autor afirma, ainda, que o risco é ainda maior "quando os membros da corte política são de diferente formação profissional e cultural, a maioria, talvez, desafeita à disciplina que o trato do direito instila no espírito dos que o cultivam, sem a serenidade, a moderação, o comedimento que formam a segunda natureza dos magistrados; risco tanto mais possível quando seus integrantes são ligados por vínculos de solidariedade ou animosidade partidárias, aos acusadores ou ao acusado, vínculos suscetíveis de conspirar contra a formulação de um juízo imparcial" (Idem, p. 174).

[802] Como destaca Jacopo Paffarini: "A tentativa de dar uma definição rigorosa de responsabilidade política, tanto por meio da descrição dos crimes como com a racionalização do processo e julgamento, é condicionada pela contingência política própria do 'presidencialismo de coalizão' brasileiro" (OLIVIERO; PAFFARINI. Op. cit., p. 175).

[803] Por vezes, como assentam Lawrence Tribe e Joshua Matz, decidir quem deve decidir determinada questão constitucional é a escolha mais importante (TRIBE; MATZ. Op. cit., p. 111).

entre os males possíveis que o desenvolvimento de um determinado instituto busca afastar e aqueles outros com os quais assume o risco de conviver.[804] O risco de parcialidade, assim, é preferível ao risco de irresponsabilidade, mediante escolhas já feitas pela Constituição. Ainda que os mecanismos por ela estabelecidos não sejam infalíveis, outras soluções poderiam representar riscos maiores para o problema que se desejaria resolver.

De toda forma, partindo das premissas de que o impeachment deve continuar sendo possível e que seus abusos devem ser evitados, há que se aperfeiçoar os mecanismos constitucionais de controle, a fim de minimizar os riscos assumidos pelas opções feitas pela Constituição. Nesse sentido, a partir de uma experiência de mais de trinta anos de sua edição e da realização de dois impeachments presidenciais completos, há lições que a análise teórica e prática feita no presente trabalho permite apreender.

Com efeito, há fatores que representam elementos convidativos ou permissivos da condução abusiva de impeachments que merecem ser repensados. Nesse sentido, retomando pontos até aqui já detidamente discutidos, o afastamento temporário do Presidente da República após a instauração do processo de impeachment no Senado – antes, portanto, de sua condenação final – deve ser repensado. Isso porque essa medida – tida por cautelar, mas que revela verdadeira antecipação dos efeitos finais do impeachment – priva o Presidente das principais armas políticas de defesa a um processo de natureza política (como a articulação parlamentar, a nomeação para Ministérios e cargos no Executivo, a liberação de verbas orçamentárias, entre outras medidas que, assume-se, sejam realizadas dentro dos limites da legalidade). Considerando esse caráter político, assegurar ao acusado a ampla defesa e o contraditório no julgamento perante o Senado, garantias que são exercidas essencialmente sob um prisma jurídico, pode ser muito pouco para a realidade de uma possível absolvição. E mais: além de privar essas ferramentas políticas do Presidente, seu afastamento importa atribuí-las diretamente àquele que mais se interessa e mais pode se beneficiar de sua condenação final: o vice-presidente, que passa a ter em seu poder imediato as ferramentas necessárias que lhe permitirão, com algum grau de facilidade, angariar o apoio parlamentar necessário para que sua interinidade se converta em definitividade.

---

[804] VERMEULE, Adrian. *The Constitution of Risk*. New York: Cambridge University Press, 2014. p. 2.

Aliás, a própria consequência da condenação do Presidente em processo de impeachment – a assunção do vice-presidente como titular do cargo pelo tempo restante do mandato – deve ser também repensada. Trata-se de um convite bastante tentador a que antigos aliados do Presidente ajam de forma abusiva para que se garantam como herdeiros definitivos do posto, representando um possível prolongamento de uma crise que se argumentava tentar resolver.[805]

Melhor seria que, afirmada a condenação e tornada definitiva a destituição do Presidente, a Constituição contivesse cláusula que indicasse a necessidade de realização de novas eleições presidenciais extraordinárias – a serem realizadas em um período breve, como noventa dias –, a fim de que, sem privar a possibilidade parlamentar do impeachment, atribuísse ao povo soberano a escolha de quem deve liderar a nação nesse período que pode ser conturbado.[806] Poder-se-ia argumentar que, após um impeachment, estar-se-ia em um período de ânimos ainda exaltados, que poderia representar riscos a que o resultado das urnas indicasse como vencedor algum *outsider*, como um populista autoritário. Entretanto, além de essa visão representar subestimação dos verdadeiros titulares do poder soberano – o povo –, a experiência brasileira das eleições de 2018 após o impeachment de 2016 não proporcionou resultado diverso desse alegado risco.

Se esse primeiro conjunto de propostas pode parecer mais audacioso – até por exigir a edição de emenda constitucional que modifique as normas da Constituição de 1988 –, outra contribuição possível é a necessária edição de uma nova lei infraconstitucional que regulamente, no plano federal, os crimes de responsabilidade e o procedimento do impeachment, adequando-o às disposições constitucionais e partindo das premissas distintas que esse diploma jurídico assume. Na linha do que já foi afirmado, a manutenção da vigência da Lei nº 1.079/1950, editada sob regime constitucional que atribuía tratamento normativo bastante diverso ao impeachment, representou a ausência de regras claras para um procedimento intrinsecamente controverso e beligerante, abrindo margem a decisões discricionárias, destinos

---

[805] GINSBURG; HUQ; LANDAU. Op. cit., p. 160. A partir de análise de direito constitucional comparado, os autores concluem que a consequência de uma condenação presidencial por impeachment deveria ser a convocação de novas eleições e discutem se apenas para o cargo de Presidente e vice-presidente ou se também para os membros do Parlamento (o que poderia reduzir ainda mais as chances de abuso –, em lugar da assunção do vice (Idem, p. 90-91).

[806] É o que dispõe a Constituição sul-coreana, por exemplo, que exige a realização de nova eleições em sessenta dias, na forma do que expõe o Apêndice deste livro.

incertos para seu trâmite e diversas impugnações judiciais, na linha do que evidencia a experiência dos casos Collor e Dilma. É possível pensar, ainda, em reformas aos Regimentos Internos da Câmara dos Deputados e do Senado Federal, como para promover um fortalecimento institucional do oferecimento e da admissibilidade da denúncia de impeachment, retirando-a do mero crivo pessoal do Presidente da Câmara. Poder-se-ia exigir, por exemplo, um apoio mínimo dos próprios congressistas no protocolo do pedido inicial, prevendo que, após a apresentação da denúncia por qualquer pessoa, sua admissibilidade pelo Presidente da Câmara pressuponha o apoio expresso de um terço dos membros do Congresso Nacional, mesmo quórum exigido para a instauração de Comissões Parlamentares de Inquérito (artigo 58, §3º, da Constituição de 1988).[807]

Sob outra frente, ainda que pareçam ganhar força propostas legislativas de instituição do semipresidencialismo no Brasil, pode-se pensar também no desenvolvimento ou fortalecimento de outras formas possíveis de responsabilização política do Presidente, que forneçam alternativas menos drásticas a casos menos graves. Pode-se pensar, assim, em procedimentos de censura legislativa, *recall* presidencial ou a destituição por incapacidade como novos mecanismos que, se amadurecidos, podem ampliar o leque de soluções possíveis às recorrentes crises do presidencialismo brasileiro.

---

[807] A partir da preocupação de que o impeachment seja uma resposta tardia e demorada a ofensas que demandam atitudes mais céleres, Cláudio Pereira de Souza Neto sustenta a criação de uma fase no procedimento de impeachment que permita o afastamento cautelar imediato do Presidente da República, mediante alteração a ser empreendida na Lei nº 1.079/1950 nos seguintes termos: "(a) o afastamento imediato só pode se dar diante da prática de crimes de responsabilidade especialmente graves, aptos a produzir danos irreparáveis à ordem constitucional; (b) a deliberação sobre a autorização para o processamento do impeachment, pela Câmara, e sobre a instauração do processo, pelo Senado, deve ocorrer em sessão conjunta (CF, art. 57, §3.º), iniciada e concluída no mesmo dia; (c) deve-se exigir a observância da maioria de 2/3 para a deliberação nas duas Casas; (d) a manifestação preliminar da defesa deve ter lugar na própria sessão conjunta; (e) o exercício pleno do direito de defesa deve ocorrer durante o processo no Senado, que, uma vez afastado o presidente, deverá seguir o rito normal, já previsto na Lei nº 1.079/1950 e na decisão proferida pelo STF na ADPF nº 378" (SOUZA NETO, Cláudio Pereira. *Democracia em crise no Brasil*: valores constitucionais, antagonismo político e dinâmica institucional. São Paulo: Contracorrente, 2020, p. 253). O autor prossegue para afirmar, porém, que a ausência dessa modificação legal poderia fundamentar o exercício de um juízo cautelar judicial, com fundamento em aplicação subsidiária do Código de Processo Penal, argumento do qual se discorda. Defende, ainda, que "outra via que pode levar ao afastamento do presidente é a condenação nos processos (...) instaurados no TSE" (Idem, p. 254).

A ideia que une todas essas sugestões é, sem que se altere o sistema de governo[808] e mantendo-se a impossibilidade de revisão judicial sobre o impeachment, a tentativa de desenvolver novos mecanismos de controle à atuação dos agentes envolvidos nesse processo, a fim de evitar os riscos de abuso em sua condução – os quais, apesar de inevitáveis, podem ser minimizados. Sem a pretensão de representar uma resposta definitiva que fornece soluções finais a problemas identificados, esses pontos constituem propostas de reflexões a serem amadurecidas no debate acadêmico e institucional brasileiro.

---

[808] Investigando as possíveis diferenças que a escolha do sistema de governo pode fazer na sobrevivência de regimes democráticos, sobretudo no impacto das instituições presidencialistas e parlamentaristas, José Antonio Cheibub aponta que a instabilidade da América Latina não decorre de características próprias do presidencialismo, mas se relaciona com circunstâncias externas a ele, a partir de condições subjacentes que se apresentaram historicamente, como a instalação das democracias na região em geral após períodos de ditaduras militares. Assim, a partir de uma análise empírica, o autor defende que não há nada de intrinsecamente errado com o presidencialismo, nem é ele o responsável pela instabilidade democrática, sustentando que a implantação de qualquer forma de democracia da região, inclusive sob o modelo parlamentarista, teria problemas similares, de modo que aprimorar o modelo atual e as instituições existentes pode ser mais efetivo do que focar esforços na mudança de regime (CHEIBUB, José Antonio. *Presidentialism, Parliamentarism and Democracy*. Cambridge University Press, 2007. p. 1-25).

CONCLUSÃO

A responsabilidade política é inerente à democracia e a vitória eleitoral não dá direito a se fazer o que quiser. Em quaisquer de seus modelos – presidencialista, semipresidencialista ou parlamentarista –, impõe-se que existam mecanismos que permitam a destituição daqueles que, no comando do governo, cometem ofensas políticas graves, que inviabilizem sua continuidade no cargo ou o término de seu mandato.

No presidencialismo, porém, o impeachment não pode fazer as vezes do voto de desconfiança, tampouco de um terceiro turno para prorrogação de disputas eleitorais perdidas. Em regra, as eleições é que devem ser o mecanismo popular e democrático para julgar bons e maus presidentes pela condução política da nação, sem prejuízo de outras esferas possíveis de responsabilização por atos praticados, reservando-se o impeachment a um conjunto restrito de ofensas graves.

Trata-se, é verdade, de uma possível forma de destituição constitucionalmente prevista a ser legitimamente exercida. Seus efeitos, porém, costumam ser traumáticos e podem levar a um processo de degradação institucional,[809] revelando-se não apenas incapaz de solucionar as crises que alegadamente levaram a sua ocorrência, mas também como mecanismo que agrava seus efeitos.[810]

Aliás, mesmo quando legitimamente cabível, a necessidade de um processo de impeachment é um possível indicativo de que as instituições democráticas falharam em conter, de forma menos traumática, as manifestações de abuso de poder.[811] Reservado a casos

---

[809] ABRANCHES. Op. cit., 2018, p. 313.
[810] BROSSARD. Op. cit., p. 194. O autor dispões que "não há estrutura social capaz de suportar o cataclisma político que significa um processo dessa natureza contra a autoridade que concentra em suas mãos a maior soma de poderes na República" (Idem, p. 190). TRIBE; MATZ. Op. cit., p. XVIII.
[811] MAFEI. Op. cit., p. 144.

graves, como solução de última medida, há que se ter a consciência de que há custos inerentes que decorrem de sua utilização. Suas cicatrizes podem durar muitas gerações.

O impeachment não se limita a gostar ou não do Presidente ou da autoridade acusada. Impõe-se, para além disso, que existam ofensas políticas graves o suficiente para que seu afastamento seja justificado e necessário. É preciso propor, cada um a si mesmo, certo exercício de neutralidade hipotética:[812] em teoria, uma mesma conduta que justifica o impeachment de uma autoridade da qual não se gosta deveria também servir para a destituição de um líder do qual se gosta. Da mesma forma, acusações contra um presidente admirado não podem ser ignoradas se, caso fossem imputadas a um líder impopular, seriam tidas como suficientes para seu impeachment.[813]

Presidentes sempre erram. Todos eles cometeram e cometerão atos que, em alguma medida, violam a Constituição ou que ultrapassam os limites de seus poderes: a edição de uma Medida Provisória que o Congresso ou o STF considerem inconstitucional, a expedição de atos administrativos tido por ilegais, a promoção de políticas públicas cujos efeitos se revelem desastrosos, os equívocos de avaliações orçamentárias ou de prognoses políticas.

Não é, porém, qualquer erro que deve ensejar o impeachment, tampouco a existência de forte oposição política e de elevada insatisfação popular são por si sós suficientes. É preciso que se tenha um juízo de gravidade das condutas praticadas. Se os fatos forem, a partir da construção de uma ampla avaliação política, ruins o bastante para que se interrompa o mandato daquele que foi eleito pela livre manifestação popular, pode ser o caso de impeachment. Caso contrário, a invocação trivial do impeachment para qualquer situação pode representar a impossibilidade de que sua razão de existir seja efetivamente perquirida.

---

[812] Sunstein fala, assim, na colocação de um imaginário "véu de ignorância", detrás do qual não se saberia nada sobre o desempenho do Presidente no cargo, tampouco existiram elementos de afinidade político-partidária a serem considerados na avaliação de ser ou não o caso de impeachment, limitando-se esta aos elementos fáticos da conduta imputada (SUNSTEIN. Op. cit., p. 14-15). A ideia também é mencionada por Laurence Tribe e Joshua Matz (TRIBE; MATZ. Op. cit., p. 36).

[813] Michael J. Gerhardt assevera: "Se pensamos que um presidente de quem gostamos não deve sofrer impeachment por certa má conduta, mas um presidente de quem não gostamos deve ser destituído pela mesma má conduta, nosso julgamento é marcadamente tendencioso" (GERHARDT. Op. cit., p. 219, tradução livre de: *"If we think a president we like should not be impeached for certain misconduct but a president we dislike should be impeached for the same misconduct, our judgment is markedly biased"*).

Ademais, considerados os custos inevitáveis que podem decorrer, a avaliação sobre o impeachment deve envolver não apenas o juízo quanto ao seu cabimento, à sua legitimidade, à sua necessidade e à gravidade das condutas das quais se trata, mas também sobre a probabilidade de seu êxito e se esse é um preço que a nação está disposta a pagar. Esses elementos devem compor, de forma clara, o exercício da regrada discricionariedade parlamentar quanto ao impeachment, mas também a análise da comunidade como um todo, em cada uma das diversas etapas que esse procedimento dinâmico perpassa antes que chegue a seu fim.

Na prática, porém, sabe-se ser diferente. Na contraposição entre a normatividade constitucional e a normatividade da política, diversos fatores podem ser decisivos nesse processo. Impeachments revelam-se improváveis para presidentes que possuem elevada aprovação popular, já que nessa situação é maior o custo político para que o Legislativo promova sua destituição. De igual forma, mesmo quando não há apoio popular suficiente, a manutenção de uma boa relação entre Executivo e Legislativo na sustentação parlamentar do governo pode ser suficiente para barrar o êxito do impeachment. As lideranças partidárias e do Congresso também exercem influência importante, como a experiência brasileira permite apreender em relação ao Presidente da Câmara dos Deputados ou do colégio de líderes, por exemplo. O vice-presidente é outro ator-chave, não apenas nas condutas que assume na sucessiva deterioração política e parlamentar do incumbente, mas também sobre ser ele uma alternativa viável ou não para a sucessão presidencial em caso de impeachment. Também as complexas relações entre os escândalos políticos – como eventos importantes, mas não imprescindíveis nem suficientes –, a atuação da imprensa e a mobilização popular também se mostraram determinantes para o êxito ou o insucesso de uma iniciativa de impeachment.[814]

---

[814] Sobre o ponto, invocando a obra já referenciada de Aníbal Pérez-Liñán, assim se pronuncia Rafael Mafei: "Nos escândalos que levam a impeachments, a relação entre mobilização popular e instituições é complexa: a ira do povo impulsiona as instituições, mas é simultaneamente alimentada pelo trabalho dessas mesmas instituições, que podem usar sua atuação para direcionar e alimentar o descontentamento popular contra determinado alvo" (MAFEI, Op. cit., p. 108). Mais à frente, assevera que "escândalos públicos de grande repercussão não são condição de legitimidade jurídica de um impeachment – nem a Constituição nem a lei nº 1.079/1950 exigem indignação popular, denúncias na imprensa ou protestos populares contra um presidente como condição para sua condenação e afastamento – mas são determinantes sociais importantes para qualquer forma, legal ou ilegal, de interrupção prematura de mandatos presidenciais" (Idem, p. 134-135).

Em todos esses aspectos, a avaliação de valer ou não o preço a se pagar deve envolver amplos fatores, como o tempo que o governo, o Congresso e mesmo a Suprema Corte se paralisarão para discutir o impeachment, postergando o debate público sobre temas que podem ser mais relevantes para a nação; os riscos de longo prazo, quanto aos efeitos deletérios que pode imprimir no sistema de freios e contrapesos à separação dos Poderes (que deve evitar que eventuais traços de um governante autoritário sejam transmitidos às instituições) e mesmo sobre o sistema de governo adotado; a contribuição para a polarização política na sociedade; a ascensão de correntes políticas extremistas e autoritárias, com promessas vazias de soluções simples para todos os problemas do país. Não existe impeachment grátis e pode não haver final feliz.[815]

Em verdade, há riscos em todas as direções. Aprovar o impeachment pode ser perigoso, assim como não o fazer também pode ser e assim como fazê-lo de forma muito rápida ou muito devagar. Os riscos, porém, são inevitáveis, mas devem ser assumidos de forma consciente e minimizados pelas regras jurídicas de sua delimitação constitucional. O instituto é, ainda, cercado de diversas incompreensões, especialmente por grande parte da população, que, influenciada por discursos adotados pela grande mídia e por manifestações de parlamentares e agentes

---

[815] Como bem sintetizam Laurence Tribe e Josua Matz: "Agir com responsabilidade aqui significa reconhecer que o impeachment é um poder temível. Em princípio, terminar uma presidência dessa forma carrega o potencial de salvar ou destruir o sistema constitucional. Por causa de seu perigo extraordinário, o impeachment deve ser invocado apenas em circunstâncias terríveis. E mesmo assim, deve ser tratado com cuidado. Todo esforço deve ser feito para levar a cabo o processo de impeachment de uma maneira que reúna o país, em vez de dividi-lo. Certamente, há momentos em que o impeachment é a última e melhor esperança para a democracia; diante do abuso e da corrupção da mais alta ordem, nosso dever é agir. Mas atacar o presidente em um acesso de paixão – e sem um plano para o futuro – corre o risco de explodir tudo o que estamos tentando preservar. Um esforço bem-intencionado para salvar a democracia por meio do impeachment poderia, portanto, tragicamente sair pela culatra – desencadeando indignação e tremores que exacerbam as disfunções subjacentes do nosso sistema" (TRIBE; MATZ. Op. cit., p. XX, tradução livre de: *"Acting responsibly here means recognizing that impeachment is a fearsome power. In principle, ending a presidency this way carries the potential to save or destroy the constitutional system. Because of its extraordinary danger, impeachment should be invoked only under dire circumstances. And even then, it must be handled with care. Every effort should be made to carry out the impeachment process in a manner that brings the country together rather than rending it apart. To be sure, there are times when impeachment is the last, best hope for democracy; faced with abuse and corruption of the highest order, our duty is to act. But striking at the president in a fit of passion—and without a plan for the future—risks exploding all that we're trying to preserve. A well-intentioned effort to save democracy through impeachment could thus tragically backfire—unleashing outrage and aftershocks that exacerbate our system's underlying dysfunctions"*).

públicos, sequer conhece efetivamente as acusações que pairam sobre uma autoridade que se quer destituir.

Sob essa perspectiva, qualquer processo de impeachment presidencial – seja ele justo ou injusto, fundamentado ou fabricado, legítimo ou ilegítimo – ressignifica o contexto político para os próximos presidentes, reformulando as bases do sistema presidencial, que inevitavelmente se abala e modifica.[816] Não se trata, portanto, de instituto a ser utilizado de forma aventureira, por mera insatisfação política momentânea ou por impopularidade da autoridade acusada.[817]

É por isso que a existência de mecanismos de salvaguardas políticas e de um procedimento predefinido, de forma segura e transparente,[818] é tão importante para o processo de impeachment. Ademais, ainda que nem sempre seja possível prever os resultados dos mecanismos de arquitetura constitucional, há melhoramentos que parecem possíveis, como os que aqui se buscou apresentar.

Essas preocupações tornam-se anda mais relevantes no cenário atual, em que se nota a existência de uma forte polarização social e de mecanismos de comunicação que permitem a divulgação de informações falsas que rapidamente atingem milhões de pessoas, a partir de construções narrativas que se guiam, nos diversos segmentos do espectro político, por uma retórica incendiária[819] que busca promover um ambiente instável, de confronto e de impasse.

Na erosão dos fundamentos de uma democracia deliberativa e de um autogoverno informado, a construção de consensos e a promoção de experiências comuns parecem cada vez mais difíceis em nossa ordem constitucional, agravando as dificuldades que soluções drásticas podem acarretar.[820] Ademais, em tempos nos quais os perigos de retrocesso

---

[816] ENGEL; MEACHAM; NAFTALI; BAKER. Op. cit., p. 242. Nesse sentido, Leonardo Avritzer destaca que "o período posterior ao impeachment é de aprofundamento da crise política", ao fazer "com que a 'instituição presidência' perca sua legitimidade política" (AVRITZER, 2019, p. 65).

[817] Nesse sentido: "A liberdade política de parlamentares em um impeachment tem limites: o Congresso não pode, por estratégias político-partidárias, acusar um presidente de algum fato que não exista, ou atribuir a condutas quaisquer, inclusive ilegalidades menores, o significado de crimes de responsabilidade como pretexto para conseguir seu afastamento" (MAFEI, Op. cit., p. 154).

[818] A importância de formalismos procedimentais – ao lado da força das instituições e da personalidade dos governantes – é apontada por Sérgio Abranches como traço essencial do qual a sobrevivência da democracia depende (ABRANCHES. Op. cit., 2020, p. 246).

[819] TRIBE; MATZ. Op. cit., p. XII.

[820] Tribe e Matz, em referência a esse contexto, falam em uma "era da política quebrada" ("age of broken politics" – TRIBE; MATZ. Op. cit., p. 197). No cenário brasileiro, Oscar Vilhena fala em "tempos bicudos" (VILHENA, Oscar. A batalha dos Poderes. São Paulo: Companhia

democrático preocupam, o impeachment pode ser uma ferramenta que permite combatê-lo, na remoção de déspotas autoritários que tenham chegado ao poder; ao mesmo tempo que sua utilização abusiva pode agravar os riscos dessa regressão, ao retirar do jogo político agentes que, apesar de impopulares, não cometeram atos que justifiquem sua destituição. Mesmo atuando em seu âmbito de competência, não se revela promissor que as instituições comecem a tomar decisões contundentes, exercendo seus poderes de forma incisiva, na fronteira do que poderiam ou não fazer.

Há que se ter presente que, além do impeachment, há outras formas de afirmação parlamentar frente ao Presidente da República, estabelecendo freios adicionais a sua atuação, tendo em vista que parcela do poder presidencial varia conforme as amarras mais firmes ou mais frouxas que o Legislativo democraticamente lhe impõe. Ferramentas já existentes, como o controle das contas públicas, a aprovação das leis orçamentárias, a prerrogativa de derrubar os vetos presidenciais, a sabatina e a validação de nomeações feitas pelo Presidente a cargos significativos da República e a condução de investigações parlamentares autônomas, são exemplos que permitem que o Congresso demonstre ao Executivo sua insatisfação com os rumos da política da nação, forçando-lhe a ajustar e modificar sua forma de atuação. E, para casos extremos, há o impeachment.

Mais do que se desfazer de líderes indesejados em um determinado momento, o impeachment serve para proteção da própria democracia e de suas instituições constitucionais.[821] Invocar essa ferramenta de forma abusiva e desestabilizadora, por mera animosidade partidária ou impopularidade, é corromper o instituto para desconstituir seus próprios fundamentos. Opor-se a um presidente e apoiar seu impeachment devem ser atos bastante diversos, de modo que as lições históricas possam permitir a construção de uma mentalidade política mais consciente e responsável, em que o impeachment seja tratado, no presidencialismo

---

das Letras, 2018. p. 16). No cenário global, Sérgio Abranches se refere a um "tempo dos governantes incidentais", que "chegam ao poder por um conjunto imprevisto e irreprodutível de fatores e, até agora, nenhum deles demonstrou capacidade de sobreviver a um mandato, se tanto. (…) Porque são incidentais, passam, mas não sem causar danos significativos na institucionalidade democrática e na sociabilidade. O pior legado desses governos ocasionais é que contribuem para agravar o desencanto com a democracia e elevam os riscos de crise sérias de governabilidade" (ABRANCHES. Op. cit., 2020, p. 96).

[821] Oscar Vilhena ratifica que o impeachment deve ser visto como uma das "formas extraordinárias de exercício de poder com um único objetivo: a manutenção da ordem constitucional" (VILHENA. Op. cit., p. 36).

multipartidário brasileiro, como último recurso excepcional, e não como resposta trivial às crises que sempre se apresentam.

É preciso afastar qualquer visão romantizada ou fetichista do impeachment. Não se trata de um remédio para os problemas da democracia, tampouco um amuleto que permite resetar o jogo político, livrando-o de suas mazelas. Trata-se de um poder constitucional amargo, pesado e que, mesmo quando legitimamente utilizado para encerrar a presidência de um autocrata, não representará a correção dos erros que o levaram ao poder. Se a espada do impeachment se justifica mais pela sua existência do que pela sua efetiva utilização, ao manejá-la é preciso que se tenha cautela para desferir o golpe final.

POSFÁCIO

Tenho a imensa satisfação de posfaciar o livro *Impeachment: origens e limites à responsabilização política no presidencialismo brasileiro*, decorrente da dissertação de mestrado de Abhner Youssif Mora Arabi, elaborada e defendida no Programa de Pós-Graduação em Direito da Faculdade de Direito da Universidade de Brasília.

Trata-se de obra de fôlego, concebida com o cuidado e a destreza de mesclar Direito Constitucional e Ciência Política, ou seja, ela enfoca um mecanismo institucional da maior importância, fazendo-o em seu perfil constitucional, mas sem desconhecer sua realidade prática no contexto da dinâmica política.

O livro tem a especial lucidez de – para além do impeachment – cogitar "a institucionalização de outras medidas menos gravosas de responsabilização política (...) sem que se precise alterar o sistema de governo". Começa com uma muito competente – ótima mesmo – exposição histórica, reconstruindo o instituto na Inglaterra, inclusive com base preponderante em fontes diretas em língua inglesa. De modo acertado, passa por Montesquieu, que descreveu, fotografou e eternizou, no célebre capítulo VI do Livro XI de *O espírito das leis*, o arranjo institucional inglês do início do século XVIII (inclusive no que se refere ao impeachment). Diga-se, foi esse o modelo adotado pelos pais fundadores americanos, mas com uma diferença essencial: o contexto republicano em que o aplicaram.

Aliás, também é rica a exposição quanto ao impeachment nos Estados Unidos, citando o que há de melhor na literatura americana, clássica e contemporânea, acerca do tema. Por exemplo, o trabalho maneja – e muito bem – o *Citzen's Guide* do impeachment, de Cass Sunstein. Note-se: Sunstein – insuspeito, pois não é originalista – avaliza a compreensão do instituto a partir da lição dos pais fundadores porque "os problemas enfrentados em 1787 não são tão diferentes daqueles que enfrentamos hoje".[822] Sunstein reconhece que o Presidente americano é, hoje, "muito mais poderoso" e bem assim pode cometer "delitos" que os fundadores não poderiam imaginar: "uso de drones e de energia nuclear, vigilância de *e-mails*, abusos de autoridade sob a Lei do Ar Limpo".[823] Ainda assim, conclui: "Porém, as preocupações abstratas que os motivaram (traição, suborno, corrupção, abuso flagrante da confiança pública ou de medidas de autoridade presidencial) não são diferentes daquelas que nos dizem respeito. *Elas são exatamente as mesmas*".[824]

É interessante destacar que segue linha análoga a avaliação comparativa entre as experiências inglesa e americana feita, ainda nos anos 1960, por Paulo Brossard,[825] o que também revela e confirma – desde antes, mas ainda hoje – a constância e a atualidade da compreensão do mecanismo em ambas as realidades.

A narrativa do impeachment na experiência brasileira também é primorosa. Para além da narrativa, valem as análises críticas, construtivas e propositivas que apresenta, como a proposta de realizar "novas eleições presidenciais extraordinárias" em caso de impeachment. Lógico, haveria riscos, como a própria dissertação indica na sequência, como eventual contexto de ânimos exaltados.

A exposição tem a saudável consequência de fazer pensar. Assim, por exemplo, qual órgão levaria a efeito as "alternativas menos drásticas", como a destituição por incapacidade cogitada? O Supremo Tribunal Federal? Aliás, uma eventual destituição por incapacidade realmente seria uma "alternativa menos drástica"? Importa lembrar: isso já aconteceu na história brasileira e não foi uma ocorrência tranquila, muito ao contrário, como bem recorda o próprio autor. Uma tentativa de remoção presidencial sempre será sensível, mas, por vezes, pode ser necessária. O que deve ser menos drástico e menos traumatizante é o processo de tomada de decisão da espécie: é esse o desafio. Compreende-se perfeitamente a importância de buscar alternativas que escapem às evidentes dificuldades envolvidas nas discussões sobre modificação do sistema de governo em si mesmo. Porém, parece que é precisamente aí – no sistema de governo – que está a essência de boa parte dos recorrentes problemas institucionais brasileiros.

---

[822] SUNSTEIN, Cass. *Impeachment: a citizen's guide*, New York: Penguin Books, 2019. p. 77.
[823] SUNSTEIN, Op. cit., p. 77.
[824] SUNSTEIN, Op cit., p. 77 (grifo no original).
[825] BROSSARD, Paulo. *O impeachment*: aspectos da responsabilidade política do Presidente da República. 3. ed. São Paulo: Saraiva, 1992. p. 23-25.

Por tudo isso, em vez de apenas ajustar (para não dizer remendar) o próprio presidencialismo, não seria melhor considerar um parlamentarismo ou, ao menos, um semipresidencialismo? Essas e muitas outras questões são suscitadas com maestria e consistência pelo livro de Abhner Youssif Mora Arabi. Por tudo isso, trata-se de obra que merece leitura e, sobretudo, reflexão e debate, como é próprio a trabalhos acadêmicos realizados com a maior competência.

José Levi Mello do Amaral Júnior
Professor Associado da Faculdade de Direito da USP.
Professor do Mestrado e Doutorado em Direito do CEUB.
Procurador da Fazenda Nacional.

APÊNDICE

DISPOSIÇÕES CONSTITUCIONAIS SOBRE O IMPEACHMENT EM OUTROS PAÍSES

Na linha do que foi mencionado no livro, reservou-se a este apêndice a menção a algumas disposições constitucionais sobre o impeachment em outros países, sobretudo os de sistema presidencialista (ainda que países como Rússia e Peru sejam descritos como sistemas semipresidencialistas), com destaque para os da América Latina, por terem realidade socioeconômica e política próxima à do Brasil. São trazidos, ainda, países mencionados no corpo do livro como lugares em que os riscos de retrocesso democrático se revelam presentes, como Polônia, Hungria e Turquia. A análise se guia pela busca da normatização do impeachment contra o Presidente e outras autoridades do Poder Executivo.

Não constam do relato a seguir as disposições relativas aos Estados Unidos e ao Brasil, tendo em vista que já foram detalhadamente analisadas ao longo do livro. Ainda, também não são mencionados alguns países que possuem disposições próximas ao impeachment, mas que também já foram objeto de descrição em notas de rodapé no início do Capítulo 3, como: Bélgica, Países Baixos, Itália, Finlândia, Islândia, Áustria, França, Portugal e Romênia.

A descrição a seguir, elencada em ordem alfabética dos países mencionados, foca apenas nas disposições constitucionais expressas, mas destacamos que pode haver interações relevantes dessa normatização com regulamentações legais infraconstitucionais, tal como ocorre no Brasil em relação à Lei nº 1079/1950. Ainda que a análise pormenorizada das disposições de cada país escape ao objeto perseguido neste livro, o conhecimento das previsões constitucionais do impeachment em outros países pode representar oportunidades de aprimoramento do modelo brasileiro.

1. Argentina

O artigo 59 da Constituição argentina prevê que o Senado é responsável por julgar publicamente e mediante juramento os acusados pela Câmara dos Deputados. Quando a acusação se voltar contra o Presidente da Nação, a presidência se dará pelo Presidente do Supremo Tribunal Federal, exigindo-se para as condenações a maioria qualificada de dois terços dos membros presentes.
Texto disponível em: http://servicios.infoleg.gob.ar/infolegInternet/anexos/0-4999/804/norma.htm. Acesso em: 11 jun. 2021.

2. Bolívia

O artigo 170 da Constituição Política do Estado Plurinacional da Bolívia prevê a condenação penal executável como uma das situações de vacância do cargo de Presidente da República. Seu artigo atribui ao Supremo Tribunal de Justiça a competência para julgar o Presidente no caso de delitos cometidos no exercício de seu mandato, mediante prévia autorização de dois terços da Assembleia Legislativa Plurinacional.

Além disso, o mesmo artigo 170 também prevê a situação de revogação de mandato, um dos instrumentos de democracia direta afirmados pela Constituição, que poderá ocorrer depois de transcorrido pelo menos metade do período de mandato, não podendo ser invocada em seu ano final (artigo 240). Não se localiza na Constituição boliviana, portanto, mecanismo de julgamento político e legislativo similar ao impeachment.
Texto disponível em: www.bcn.cl/leychile/navegar?idNorma= 242302. Acesso em: 11 jun. 2021.

3. Chile

Ainda que o país passe por um processo de redação de uma nova Constituição, o texto chileno atualmente vigente prevê que a Câmara dos Deputados poderá formular acusações contra o Presidente da República nos casos em que atos de sua administração que comprometam gravemente a honra e a segurança nacionais ou que infrinjam diretamente a Constituição ou as leis. O poder de acusação desse órgão legislativo também alcança os ministros de Estado (quando comprometam gravemente a honra e a segurança nacionais, infrinjam diretamente a Constituição ou as leis e as deixem sem execução, bem como pela prática de traição, concussão, desvio de dinheiro público e suborno); os magistrados dos Tribunais Superiores e do Controlador-Geral da República (por notável abandono de seus deveres); os generais e almirantes das Forças Armadas (quando comprometam gravemente a honra e a segurança nacionais); além dos delegados presidenciais regionais, dos delegados presidenciais provinciais e das autoridades que exerçam o Poder Executivo nos territórios especiais (por infração à Constituição e pela prática de traição, sedição, desvio de dinheiro público e concussão). A acusação contra o Presidente poderá se dar durante o exercício de seu mandato ou até seis meses depois de sua conclusão, exigindo-se quórum da maioria dos deputados em exercício. Para as demais autoridades, o prazo é de três meses após o fim de seus mandatos ou cargos, ficando cautelarmente afastadas de suas funções a partir da aprovação da acusação (até que o Senado receba ou não a acusação, respeitado o prazo máximo de trinta dias para sua pronunciação), bem como proibidas de saírem do país. O julgamento compete ao Senado, exigindo-se quórum de dois terços para a condenação do Presidente e de maioria absoluta para as demais autoridades. A condenação resultará em destituição do cargo e a inabilitação para ocupar qualquer outro cargo público pelo prazo de cinco anos, sem prejuízo das outras esferas de responsabilização. As previsões constam dos artigos 52 e 53 da Constituição.

Texto disponível em: www.bcn.cl/leychile/navegar?idNorma= 242302. Acesso em: 11 jun. 2021.

4. Chipre

A Constituição do Chipre prevê que o Presidente ou vice-presidente da República pode ser removido do cargo em virtude de condenação por alta traição ou qualquer outra ofensa envolvendo desonestidade ou torpeza moral (artigo 44, 1, c). Essas autoridades podem, nos termos do artigo 45, ser responsabilizadas por ofensas de desonestidade ou torpeza moral, mediante acusação do procurador-geral da República e do procurador-geral adjunto da República perante o Tribunal Superior. Também a responsabilização criminal do Presidente ou do vice-presidente da República só pode se dar, durante o mandato, por alta traição, em uma acusação oferecida pelo procurador-geral e pelo procurador-geral adjunto da República perante o Tribunal Superior, mediante resolução da Câmara dos Representantes aprovada em votação secreta por uma maioria de três quartos de seus membros.

Em qualquer desses casos, o processamento implicará o afastamento dessas autoridades acusadas de seus cargos.
Texto disponível em: www.kypros.org/Constitution/English. Acesso em: 16 jun. 2021.

5. Colômbia

O artigo 174 da Constituição colombiana dispõe que compete ao Senado julgar as acusações que a Câmara de Representantes formule contra o Presidente da República ou quem faça suas vezes, ainda que não estejam mais no exercício de seus cargos, situação em que a acusação deve se circunscrever a fatos comissivos ou omissivos ocorridos durante o desempenho das funções. A admissão da acusação resultará na suspensão do acusado e a condenação depende do quórum de dois terços, podendo ser aplicadas as sanções de perda do cargo e suspensão ou perda dos direitos políticos, sem prejuízo da responsabilização criminal (artigo 175).
Texto disponível em: www.corteconstitucional.gov.co/inicio/ Constitucion %20politica%20de%20Colombia%20-%202015.pdf. Acesso em: 11 jun. 2021

6. Coreia do Sul

O artigo 65 da República da Coreia prevê a possibilidade de impeachment contra o Presidente, o primeiro-ministro, membros do Conselho de Estado, chefes de Ministérios Executivos, juízes, juízes do Tribunal Constitucional, membros do Comitê Central de Gestão Eleitoral, membros do Conselho de Auditoria e Inspeção e outros funcionários públicos, por violação à Constituição ou outras leis, no desempenho de suas funções oficiais. O processo se inicia a partir de aprovação pela Assembleia Nacional (órgão legislativo unicameral), podendo a acusação ser proposta por pelo menos um terço de seus membros, requerendo, em geral, o voto simultâneo da maioria absoluta de seus membros para aprovação. A exceção se dá em relação ao impeachment do Presidente da República, cuja condenação exige quórum de dois terços dos membros da Assembleia Nacional. A apresentação da moção do impeachment acarreta a suspensão das funções da autoridade acusada até o seu julgamento final, limitando-se eventual sanção à destituição do cargo, sem prejuízo da responsabilização civil e/ou criminal.

Ainda, seu artigo 106 prevê a possibilidade de impeachment contra juízes como uma das hipóteses que enseja sua remoção do cargo, ao lado de uma sentença à prisão. Curiosamente, o artigo 111 dispõe que questões relativas ao impeachment serão de competência da Suprema Corte, pressupondo que se trata de tema judicializável, situação em que se exigirá quórum mínimo de seis votos entre seus nove membros, reiterando, portanto, o quórum de dois terços (artigo 113).

Por fim, o artigo 68, ao tratar da sucessão presidencial, prevê que no caso de vacância do cargo de Presidente da República, por morte ou desqualificação por decisão judicial ou qualquer outra razão, o sucessor deve ser eleito em sessenta dias. Assim, após a concretização do impeachment, em vez de se proceder à posse do vice-presidente pelo tempo restante do mandato, novas eleições devem ser realizadas no prazo previsto pela Constituição.

Texto disponível em: https://korea.assembly.go.kr:447/res/low_01_read.jsp? boardid=1000000035. Acesso em: 11 jun. 2021.

7. Costa Rica

A Constituição Política da Costa Rica prevê, em seus artigos 148 a 151, a responsabilidade do Presidente da República, ministros e demais membros do Poder Executivo pelas prerrogativas que lhe são atribuídas, sobretudo por atos que comprometam a liberdade, a independência política ou a integridade territorial da República; impeçam ou dificultem, direta ou indiretamente, a realização de eleições ou a alternância no exercício do poder, a sucessão presidencial e a liberdade do sufrágio; impeçam ou dificultem o exercício das funções da Assembleia Legislativa ou restrinjam sua liberdade e independência; recusem publicar ou executar leis e outros atos legislativos; e impeçam ou dificultem as funções do Poder Judiciário ou restrinjam liberdade de atuação de julgamentos dos Tribunais e órgãos eleitorais. Em relação aos atos que não ostentem natureza criminal, a responsabilização se limita ao período no qual as autoridades acusadas estejam no exercício de seus cargos ou até quatro anos depois de cessadas suas funções.

Ainda, ao dispor sobre as competências da Assembleia Legislativa (órgão unicameral), seu artigo 121, 9, lhe atribui a admissão ou não das acusações feitas contra o Presidente, o vice-presidente, os membros dos Poderes Supremos e ministros diplomáticos, exigindo-se votação de dois terços de seus membros para admissão da acusação formal, caso em que serão submetidos a julgamento pela Suprema Corte de Justiça. O item 24 do mesmo dispositivo prevê interessante forma mais branda de responsabilização dos ministros do Poder Executivo, os quais poderão ser interpelados pelo Legislativo, que poderá, também pelo quórum de dois terços, censurar essas autoridades quando entenderem que estes praticaram atos ilegais, contrários à Constituição, ou cometido graves erros que causaram ou poderiam causar evidente prejuízo aos interesses públicos.

Texto integral da Constituição Política da Costa Rica disponível em: https://pdba.georgetown.edu/Parties/CostaRica/Leyes/constitucion.pdf. Acesso em: 14 jun. 2021.

8. El Salvador

Em seu artigo 171, a Constituição de El Salvador prevê que o Presidente e o vice-presidente da República, os ministros e os vice-ministros de Estado respondam pelos atos que autorizarem. De forma mais específica, o artigo 236 dispõe que o Presidente e vice-presidente da República, os deputados, os ministros e vice-ministros de Estado, o Presidente e juízes da Corte Suprema de Justiça e das Câmaras de segunda instância, o Presidente e juízes da Corte de Contas da República, o fiscal-geral da República, o procurador-geral da República, o procurador para a defesa de direitos, o Presidente e os juízes do Tribunal Supremo Eleitoral e os representantes diplomáticos responderão à Assembleia Legislativa (órgão unicameral) pelos crimes oficiais e comuns que cometerem.

Quanto ao procedimento, afirma-se que a Assembleia, depois de ouvido o acusado e seu defensor, decidirá sobre a admissão ou não da instauração da causa, que será arquivada, em caso de rejeição, ou encaminhada à Câmara de Segunda Instância fixada em lei, em caso de admissão, para que possa apreciar o processo originariamente. Dispõe a Constituição, ainda, que uma das Câmaras da Corte Suprema de Justiça apreciará, como corte de revisão, as resoluções proferidas pela Câmara julgadora inicial, cabendo recurso ao pleno Tribunal.

Texto integral da Constituição de El Salvador disponível em: www.asamblea.gob.sv/sites/default/files/documents/decretos/171117_072857074_archivo_documento_legislativo.pdf. Acesso em: 14 jun. 2021.

9. Equador

A Constituição equatoriana dispõe, em seu artigo 129, que a Assembleia Nacional (órgão unicameral) poderá proceder ao julgamento político do Presidente e vice-presidente da República, mediante requerimento de pelo menos um terço de seus membros, nos casos de crimes contra a segurança do Estado, de concussão, suborno, peculato, enriquecimento ilícito, genocídio, tortura, desparecimento forçado de pessoas, sequestro ou homicídio por razões políticas. A admissibilidade do processo político deverá ser requerida ante a Corte Constitucional, independentemente de prévio procedimento criminal. Prevê-se prazo de 72 horas para que a Assembleia resolva motivadamente sobre as provas apresentadas, exigindo-se, para a censura e destituição do cargo, voto favorável de dois terços de seus membros. A responsabilização penal, que é autônoma, poderá se dar posteriormente perante o órgão judicial competente.

Além dessas situações que indicam a responsabilização política por atos de natureza criminal, também há a previsão, no artigo 130, de destituição do Presidente pela Assembleia Nacional quando exerça funções que não lhe são constitucionalmente atribuídas ou por grave crise política e comoção interna. Após a conclusão do procedimento previsto em lei, também se prevê o prazo de 72 horas para decisão motivada, com base nas provas apresentadas, exigindo-se quórum de dois terços para a destituição do cargo. Essa segunda alternativa de responsabilização poderá ser exercida apenas uma vez durante o período legislativo (que dura quatro anos) e apenas em seus três primeiros anos. Publicada a resolução legislativa de destituição, o vice-presidente assumirá o cargo temporariamente, devendo ser convocadas, no prazo de sete dias, novas eleições legislativas e presidenciais antecipadas, para exercício do tempo restante de mandato.

Já no artigo 131, há a previsão dessa responsabilização política para outras autoridades, como ministros de Estado, da Controladoria-Geral do Estado, da Defensoria Pública e membros do Conselho Nacional Eleitoral. Nessas situações, porém, as exigências procedimentais são menos rígidas: basta o requerimento inicial por um quarto dos membros da Assembleia, dependendo a censura e a destituição de votação por maioria absoluta (com exceção dos ministros de Estado e dos membros da Função Eleitoral e do Conselho da Judicatura, quando se exige quórum de dois terços).

Texto integral da Constituição da República do Equador disponível em: www.asambleanacional.gob.ec/sites/default/files/documents/old/constitucion_de_bolsillo.pdf. Acesso em: 14 jun. 2021.

10. Filipinas

O impeachment encontra previsão específica no artigo XI da Constituição filipina, que trata da *accountability* dos oficiais públicos. O dispositivo prevê que o Presidente, o vice-presidente, os membros da Suprema Corte, os membros das Comissões Constitucionais e o *ombudsman* podem ser destituídos do cargo em razão de ato violador à Constituição, traição, suborno, corrupção, outros crimes graves ou traição da confiança pública.

O processo se inicia perante a Câmara dos Representantes, mediante requerimento de qualquer de seus membros ou por qualquer cidadão endossada por algum de seus integrantes, quando deverá ser incluída na ordem do dia no prazo de dez sessões e enviada a um comitê específico, o qual promoverá sessões e poderá aprovar, por maioria de seus membros, relatório a ser apresentado à Câmara, que o apreciará, exigindo-se a votação de pelo menos um terço dos seus componentes. Veda-se, ainda, a instauração de mais de um processo de impeachment contra uma mesma autoridade no período de um ano.

O julgamento compete exclusivamente ao Senado, que será presidido pelo *chief justice* da Suprema Corte quando se tratar de processo contra o Presidente das Filipinas. A condenação depende do quórum de dois terços dos senadores, que deverão fazer juramento específico, vedando-se a possibilidade de perdão presidencial (seção 19 do artigo VII).

Texto disponível em: www.officialgazette.gov.ph/constitutions/1987-constitution. Acesso em: 15 jun. 2021.

11. Geórgia

O artigo 48 da Constituição da Geórgia trata do impeachment, prevendo que essa questão pode ser levantada por iniciativa de pelo menos um terço dos membros do Parlamento contra o Presidente, um membro do governo, um juiz da Suprema Corte, o procurador-geral, o auditor-geral ou um membro do Conselho de Administração do Banco Nacional, quando as ações destas violarem a Constituição ou contiverem indícios de crime. Essas acusações serão enviadas para o Tribunal Constitucional, que apreciará o caso e apresentará sua conclusão ao Parlamento no prazo de um mês.

Se a conclusão do Tribunal Constitucional confirmar a existência de violação da Constituição ou indícios de crime pela autoridade acusada, o Parlamento discute e vota seu impeachment, tendo, para tanto, prazo de duas semanas, contadas da apresentação da conclusão. Em relação ao Presidente, o impeachment depende do voto de pelo menos dois terços dos integrantes do Parlamento, quórum que se reduz à maioria absoluta para as outras autoridades mencionadas. Ainda, há a previsão de que o impeachment contra o Presidente não será admissível em situações de estado de emergência ou de lei marcial.

Texto integral da Constituição da Geórgia disponível em: www.matsne.gov.ge/em/document/view/30346?publication=36. Acesso em: 16 jun. 2021.

12. Guatemala

Na Guatemala, o artigo 165 de sua Constituição atribui ao Congresso da República (órgão legislativo unicameral) a possibilidade de instaurar processo contra o Presidente e o vice-presidente da República; o Presidente e os magistrados da Corte Suprema de Justiça; do Tribunal Supremo Eleitoral e da Corte de Constitucionalidade; além de ministros e vice-ministros de Estado, quando estiverem a cargo do gabinete, dos secretários da Presidência da República, dos subsecretários que os substituam, do procurador de Direitos Humanos e do procurador-geral da República. Exige-se, para essas deliberações, voto favorável de dois terços dos membros do Congresso.

Há, ainda, a atribuição ao órgão legislativo de declarar, também mediante manifestação de dois terços de seus membros, a incapacidade física ou mental do Presidente da República para o exercício do cargo. A declaração deve fundamentar-se em parecer prévio de uma comissão de cinco médicos, nomeados pelo Conselho de Administração a pedido do Congresso.

Sobre as penalidades, o artigo 21 da Constituição dispõe, de forma mais genérica aos funcionários e empregados públicos, a possibilidade de destituição imediata de seus cargos e a inabilitação para desempenho de qualquer outra função pública, sem prejuízo de outras sanções previstas pela lei.

Texto disponível em: www.oas.org/dil/esp/Constitucion_Guatemala.pdf. Acesso em: 15 jun. 2021.

13. Honduras

O artigo 234 da Constituição de Honduras dispunha especificamente sobre o impeachment, denominado de "juízo político" pelo próprio texto constitucional. Trata-se de responsabilização possível para o Presidente da República e designados presidenciais, magistrados da Corte Suprema de Justiça, deputados do Congresso Nacional e Parlamento Centro-americano, corporações municipais e todos os servidores públicos eleitos pelo Congresso Nacional, quando houver grave denúncia relativa ao exercício do cargo, por atuações contrárias à Constituição da República ou ao interesse nacional e por manifesta negligência, incapacidade ou incompetência para o desempenho do cargo. A destituição do cargo é a única sanção que deriva da responsabilidade decretada nesse julgamento político, sem prejuízo da responsabilidade administrativa, civil e criminal.

Quando se trata de denúncia contra o Presidente da República, a tramitação do processo de acusação e sua destituição devem ser aprovadas por três quartos de todos os deputados. Nos outros casos, o quórum é de dois terços do Congresso Nacional de Honduras (órgão legislativo unicameral).

Ainda, dispõe-se que esse julgamento político é a única forma pela qual o Presidente da República pode ser destituído pelo Congresso Nacional. Destaca-se expressamente que se trata de julgamento político não sujeito ao controle jurisdicional, bem como que o decreto editado para sua execução não carece de sanção do Poder Executivo.

O julgamento político desdobra-se em duas etapas: uma primeira fase investigativa, que se estenderá conforme estabelecido em lei especial editada para esse fim; e outra fase deliberativa de discussão e votação, que terá duração de até cinco dias, contados a partir da apresentação do relatório ao Plenário pela Comissão Especial constituída.

O texto integral e original da Constituição hondurenha está disponível em: www.tsc.gob.hn/web/leyes/Constitucion_de_la_republica.pdf (acesso em: 15 jun. 2021). O texto original, porém, não contempla diversas emendas que lhe foram feitas, inclusive a que acrescentou o mencionado artigo 234, relativo ao juízo político do impeachment. Essa alteração, que data de janeiro de 2013, está disponível em www.tsc.gob.hn/web/leyes/Reforma_adicion_art_205_constitucion_2013.pdf (acesso em: 15 jun. 2021).

14. Hungria

O artigo 13 da Constituição húngara de 2011, classificada como sistema parlamentar, prevê a regra de que o Presidente da República só pode ser processado após o término de seu mandato, mas que, se violar suas disposições ou qualquer lei durante o mandato, pode ter sua destituição proposta por um quinto dos membros do Parlamento (assembleia unicameral). A aprovação do procedimento de impeachment requer a maioria qualificada de dois terços dos membros da Assembleia Nacional, mediante votação secreta, e a partir desse momento o Presidente ficará suspenso de suas funções até o julgamento final do processo, o qual deve se dar perante o Tribunal Constitucional do país, que, em caso de condenação, promoverá sua destituição definitiva.

O texto integral da Constituição húngara está disponível em: www.constituteproject.org/constitution/Hungary_2011.pdf. Acesso em: 19 jul. 2021.

15. México

Na Constituição mexicana, há tratamento minudente da responsabilização política do Presidente da República (que poderá ser processado por ofensas como traição à pátria, fatos de corrupção e delitos eleitorais) e de outras autoridades (como senadores e deputados, ministros da Suprema Corte de Justiça, magistrados em geral, integrantes de órgãos constitucionais autônomos, autoridades do Banco Central, entre outros), sobretudo nos termos das disposições de seus artigos 108 a 110. A acusação se dá pela Câmara dos Deputados, aprovada pela maioria absoluta de seus membros após a oitiva do acusado, nos casos das referidas condutas causadoras de danos ao interesse público, com julgamento pelo Senado, no âmbito do qual a decisão condenatória depende do quórum de dois terços, após as diligências necessárias e nova oitiva do acusado (artigos 74 e 76), podendo ser aplicadas as sanções de destituição do cargo público e inabilitação pra desempenho de outras funções, empregos ou cargos de qualquer natureza no serviço público. A Constituição mexicana afirma, ainda, que se trata de juízo político (artigos 76, VII, e 109), bem como que as decisões e resoluções da Câmara dos Deputados e dos Senadores são inatacáveis (artigo 110).

O texto integral da Constituição dos Estados Unidos Mexicanos está disponível em: www.diputados.gob.mx/LeyesBiblio/pdf_mov/Constitucion_Politica.pdf. Acesso em: 11 jun. 2021.

16. Nicarágua

O artigo 130 da Constituição da Nicarágua afirma os princípios da legalidade e da probidade. Entretanto, há dispositivos que afirmam a imunidade parlamentar (artigo 139), dos ministros e vice-ministros do Poder Executivo (artigo 151) e dos magistrados da Corte Suprema de Justiça (artigo 162).

Há, porém, disposição no sentido de que a Assembleia Nacional (órgão legislativo unicameral) poderá, por resolução aprovada por dois terços dos votos dos seus membros, declarar a desconsideração da imunidade do Presidente da República. Para as demais autoridades, essa deliberação poderá ser aprovada com o voto favorável da maioria de seus membros. Nos casos em que houver a desconsideração de imunidade contra o presidente e o vice-presidente da República por acusações de natureza criminal, afirma-se que caberá à Corte Suprema de Justiça processá-los integralmente

Sem este procedimento, porém, os funcionários públicos como um todo gozam de imunidade, não podendo ser detidos ou processados, exceto nos casos relacionados com os direitos familiares e trabalhistas. Essa imunidade, entretanto, é renunciável, cujo tratamento é delegado à lei.

Por fim, no artigo 138, há a previsão da possibilidade de a Assembleia Nacional destituir algumas autoridades, na forma ali especificada.

O texto integral da Constituição Política da Nicarágua está disponível em: https://siteal.iiep.unesco.org/sites/default/files/sit_accion_files/10024.pdf. Acesso em: 15 jun. 2021.

17. Panamá

O artigo 160 da Constituição panamenha prevê a função judicial da Assembleia Nacional (órgão legislativo unicameral) de conhecer as acusações e denúncias apresentadas contra o Presidente da República e os juízes da Corte Suprema de Justiça, julgando-os pelos atos cometidos no exercício de suas funções em prejuízo do livre funcionamento do Poder Público ou que se revelem violadores à Constituição e às Leis. Ainda, seu artigo 191 prevê que o Presidente e o vice-presidente da República só podem ser responsabilizados nos casos de (i) extrapolação de suas funções constitucionais; (ii) por atos de violência ou coerção no decorrer do processo eleitoral, por impedir a reunião da Assembleia

Nacional, por obstruir o exercício das funções deste ou de outros órgãos públicos ou autoridades que estabelece a Constituição; (iii) além de crimes contra a personalidade internacional do Estado ou contra a Administração Pública.

Nos dois primeiros casos, a pena será a destituição do cargo e a desqualificação para o exercício de cargos públicos pelo prazo estabelecido em lei. No terceiro caso (natureza criminal), vale o direito comum, aplicando-se as sanções previstas na legislação.

O artigo 161, por sua vez, prevê como função administrativa da Assembleia Nacional panamenha aprovar votos de censura contra os ministros de Estado quando estes sejam responsáveis por atos ameaçadores ou ilegais, ou erros que causaram danos aos interesses do Estado. Para sua aprovação, requer-se os votos de dois terços dos membros da Assembleia, aplicando-se as sanções previstas em lei.

Texto integral da Constituição da República do Panamá disponível em: https://pdba.georgetown.edu/Constitutions/Panama/vigente.pdf. Acesso em: 15 jun. 2021.

18. Paraguai

O artigo 225 a Constituição paraguaia prevê a existência de um juízo político a que estarão sujeitas autoridades como o Presidente e o vice-presidente da República, os ministros do Poder Executivo, os ministros da Corte Suprema de Justiça, o fiscal-general do Estado, o defensor do povo, o controlador-geral da República, entre outras, por mau desempenho de suas funções, por delitos cometidos no exercício do cargo ou mesmo delitos comuns. A acusação será formulada pela Câmara dos Deputados, exigindo-se maioria de dois terços já nesse momento. O julgamento cabe aos senadores, dependendo a condenação de maioria de dois terços, que resultará na destituição do cargo ocupado. Nos casos de delitos comuns, o julgamento se dá pela jurisdição ordinária.

Texto integral disponível em: www.bacn.gov.py/constitucion-nacional-de-la-republica-del-paraguay. Acesso em: 11 jun. 2021.

19. Peru

A Constituição peruana adota o semipresidencialismo e prevê, em exceção à imunidade presidencial, que o Presidente poder ser acusado, durante seu mandato, por traição, por impedimento à realização de novas eleições presidenciais, parlamentares, regionais ou municipais, pela dissolução do Congresso fora das previsões constitucionais ou pelo impedimento à sua reunião ou funcionamento, bem como de órgãos do sistema eleitoral. Nessas situações, a serem apreciadas pelo Congresso da República (órgão legislativo unicameral), o Presidente será suspenso do exercício do cargo durante o julgamento (artigo 114), podendo, ao final, ser destituído (artigo 113).

O texto integral está disponível em: www.pcm.gob.pe/wp-content/uploads/2013/09/Constitucion-Pol%C3%ADtica-del-Peru-1993.pdf. Acesso em: 11 jun. 2021.

20. Polônia

Na Polônia, em que há as figuras do Presidente da República (chefe de Estado) e do Presidente do Conselho de Ministros (chefe de governo), a primeira autoridade pode ser responsabilizada perante o Tribunal de Estado por violação à Constituição ou às leis (artigo 145). A acusação deve ser feita por resolução da Assembleia Nacional, mediante aprovação de pelo menos dois terços de seus membros, após propositura de pelo menos 140 deles, afirmando-se sua suspensão do cargo no dia da apreciação da acusação. No caso de sua destituição definitiva por sentença do Tribunal de Estado, o Presidente do Sejm (Câmara baixa do Parlamento polonês) assumirá o cargo temporariamente, até a realização de novas eleições (artigo 131, 2, item 5).

O Tribunal do Estado é órgão previsto no artigo 198 e seguintes da Constituição polonesa, composto por um presidente (o primeiro Presidente da Suprema Corte), dois vice-presidentes e dezesseis membros escolhidos pelo Sejm para o mandato legislativo em curso, entre cidadãos que não sejam deputados ou senadores. Os vice-presidentes do Tribunal e pelo menos metade de seus membros do Tribunal devem possuir as qualificações necessárias para exercer as funções de juiz. O órgão assume competência para julgar autoridades públicas por violações à Constituição ou às leis cometidas no exercício de suas atribuições, alcançando o Presidente da República, o primeiro-ministro e os membros do Conselho de Ministros, o Presidente do Banco Nacional da Polônia, o Presidente da Câmara Suprema de Controle, membros do Conselho Nacional de Radiodifusão e Televisão, pessoas a quem o primeiro-ministro concedeu poderes de gestão sobre um ministério e o comandante-chefe das Forças Armadas, além de deputados e senadores em algumas circunstâncias (exercício de atividade empresarial vedada

pelo artigo 107 da Constituição). As penas que podem ser aplicáveis e os procedimentos respectivos são remetidos a disposição legal.
O texto integral da Constituição polonesa está disponível em: www.sejm.gov.pl/prawo/konst/angielski/kon1.htm. Acesso em: 19 jul. 2021.

21. República Dominicana

O artigo 83 da Constituição da República Dominicana afirma ser atribuição exclusiva da Câmara dos Deputados acusar, perante o Senado, os funcionários públicos eleitos por voto popular e os eleitos pelo Senado e pelo Conselho Nacional da Magistratura pelo cometimento de faltas graves no exercício de suas funções. Em regra, a denúncia só pode ser feita mediante o voto favorável de dois terços dos membros desse órgão legislativo e, no caso de processo contra o Presidente e o vice-presidente da República, exige-se o voto favorável de três quartos.

A partir da aprovação da acusação, a autoridade fica suspensa de suas funções, cabendo ao Senado julgar essas denúncias. A condenação depende dos votos favoráveis de dois terços dos senadores e resulta na destituição do cargo e na impossibilidade de exercer nova função pública pelo prazo de dez anos, trate-se ou não de cargo eleito pelo voto popular, sem prejuízo das outras esferas de responsabilização.

O texto integral da Constituição da República Dominicana encontra-se disponível em: extwprlegs1.fao.org/docs/pdf/dom187716.pdf. Acesso em: 15 jun. 2021.

22. Rússia

O artigo 93 da Constituição da Federação Russa, também descrita como semipresidencialista, dispõe que o Presidente pode ser alvo de impeachment aprovado pelo Conselho da Federação (Câmara alta do Poder Legislativo russo) quando se trate de acusações de alta traição ou outro crime grave. As acusações serão apresentadas pela Duma Estatal (Câmara baixa do Poder Legislativo russo), mediante confirmação da Suprema Corte sobre a presença dos elementos do crime nas ações do Presidente da Federação Russa e pela conclusão do Tribunal Constitucional de que as regras procedimentais foram observadas.

A apresentação primeira das acusações perante a Duma Estatal deverá se dar por iniciativa de pelo menos um terço de seus membros, constituindo-se comissão especial para sua avaliação. As deliberações sobre o impeachment nas duas fases em cada uma das Casas legislativas devem se dar pelo voto de dois terços de seus integrantes. Apresentado o caso perante o Conselho da Federação pela Duma, tem-se o prazo de três meses para apreciação do impeachment, prazo que, se ultrapassado, representará a rejeição das acusações.

Texto disponível em: www.constitution.ru/en/10003000-01.htm. Acesso em: 16 jun. 2021.

23. Turquia

O artigo 105 da Constituição da Turquia dispõe que pode ser instaurada uma investigação parlamentar contra o Presidente da República sob a acusação de que este tenha cometido crime. A solicitação deve se dar por moção apoiada pela maioria absoluta do número total de membros do *Meclis*, a Grande Assembleia Nacional turca, que constitui seu órgão legislativo unicameral. A Assembleia debaterá sobre o pedido de investigação no prazo máximo de um mês e poderá instaurar inquérito parlamentar mediante os votos favoráveis de três quintos de seus membros, colhidos em escrutínio secreto.

Aprovada sua instauração, a investigação será conduzida por uma comissão de quinze membros, escolhidos por sorteio, para cada partido político representado na Assembleia, observada a proporção do número de assentos. A comissão apresentará seu relatório sobre o resultado da investigação ao gabinete do Presidente da Assembleia no prazo de dois meses, o qual poderá ser estendido por um mês adicional.

Apresentado o relatório, este deverá ser distribuído e debatido em Plenário no prazo de dez dias após sua distribuição. Após os debates, a Assembleia pode decidir encaminhar o caso à Suprema Corte, pelo voto secreto de uma maioria de dois terços de seus membros.

O julgamento perante a Suprema Corte deverá ser concluído em três meses, prazo que poderá ser renovado por igual período uma única vez. Nos casos em que se reconheça a prática de crime que impediria o Presidente de ser eleito, a condenação fará cessar seu mandato. Dispõe-se, ainda, que esse procedimento também alcança as alegadas infrações cometidas pelo Presidente da República durante sua gestão, ainda que formuladas as denúncias após a expiração do mandato.

O texto integral da Constituição da Turquia encontra-se disponível em: www.constituteproject.org/constitution/Turkey_2017.pdf?lang=em. Acesso em: 15 jun. 2021.

24. Uruguai

O artigo 93 prevê que compete à Câmara dos Representantes o direito exclusivo de acusar perante a Câmara dos Senadores os membros de ambas as Câmaras, o Presidente e o vice-presidente da República, os ministros de Estado, os membros da Suprema Corte de Justiça, do Tribunal de Contencioso Administrativo, do Tribunal de Contas e da Corte Eleitoral, quando pratiquem atos de violação da Constituição ou outros crimes graves. Aprovada a acusação, a Câmara dos Senadores realizará um julgamento público dos acusados e pronunciará a sentença com o único objetivo de destituí-los de seus cargos, o que exige voto de dois terços de seus membros, sem prejuízo de outras esferas de responsabilização (disposição dos artigos 102 e 103).

Em relação ao Presidente da República, o artigo 172 assevera que a instauração desse procedimento apenas poderá se dar durante seu mandato ou nos seis meses subsequentes ao seu fim. Ainda, quando a aprovação da acusação pela Câmara dos Representantes tiver reunidos dois terços dos votos de seus membros, o Presidente da República ficará suspenso no exercício das suas funções. Também em relação aos ministros de Estado exige-se que a acusação se dê durante o exercício do cargo, aplicando-se também sua suspensão quando houver voto favorável de dois terços dos membros da Câmara dos Representantes (artigo 178).

Texto disponível em: https://parlamento.gub.uy/documentosyleyes/constitucion. Acesso em: 15 jun. 2021.

25. Venezuela

O artigo 266 da Constituição venezuelana prevê, como atribuição do Supremo Tribunal de Justiça, entre outros poderes, declarar se existe ou não fundamento para a acusação do Presidente da República ou de quem o substitua e, em caso positivo, prosseguir com o julgamento até a decisão final, mediante prévia autorização da Assembleia Nacional (órgão legislativo unicameral). O processo poderá resultar na destituição do Presidente.

O mesmo artigo também atribui essa mesma competência àquele órgão judicial nos casos de acusação contra o vice-presidente, os membros da Assembleia Nacional ou do próprio Supremo Tribunal de Justiça, dos ministros, do procurador-geral, do controlador-geral da República, do defensor do povo, dos governadores, dos oficiais, generais e almirantes das Forças Armadas e dos chefes das missões diplomáticas.

Nessas situações, porém, há algumas especificações procedimentais detalhadas pela Constituição.

Em relação ao vice-presidente e aos ministros, a Assembleia pode aprovar moção de censura, a qual, mediante os votos de três quintos de seus membros, implicará a destituição dessas autoridades (artigos 187, item 10, e 240).

O texto integral da Constituição da República Bolivariana da Venezuela está disponível em: www.cne.gob.ve/web/normativa_electoral/constitucion/indice.php. Acesso em: 15 jun. 2021.

REFERÊNCIAS

ABRANCHES, Sérgio. *O tempo dos governantes incidentais*. São Paulo: Companhia das Letras, 2020.

ABRANCHES, Sérgio. *Presidencialismo de coalizão*: raízes e evolução do modelo político brasileiro. São Paulo: Companhia das Letras, 2018.

ACKERMAN, Bruce. *The Decline and Fall of the American Republic*. The Tanner Lectures on Human Values. Cambridge, Massachusetts; London, England: The Belknap Press of Harvard University Press, 2013.

ALDERFER, E. Gordon. James Logan: The Political Career of a Colonial Scholar. *Pennsylvania History*: A Journal of Mid-Atlantic Studies, v. 24, n. 1, p. 34-54, Jan. 1957.

ALMEIDA, Paulo Roberto de. A diplomacia presidencial brasileira em perspectiva histórica. *In*: PEIXOTO, João Paulo M. (org.). *Presidencialismo no Brasil*: história, organização e funcionamento. Brasília: Senado Federal, Coordenação de Edições Técnicas, 2015, p. 163-213. Disponível em: www2.senado.leg.br/bdsf/item/id/518604. Acesso em: 21 jun. 2015.

AMAR, Akhil Reed. *America's Constitution*: a biography. New York: Random House Trade Paperbacks, 2005.

AMARAL JÚNIOR. José Levi Mello do. *Inviolabilidade parlamentar*. São Paulo: Quartier Latin do Brasil, 2020.

ARABI, Abhner Youssif Mota. *A tensão institucional entre Judiciário e Legislativo*: controle de constitucionalidade, diálogo e a legitimidade da atuação do Supremo Tribunal Federal. Curitiba: Prismas, 2013.

ARABI, Abhner Youssif Mota. *Federalismo brasileiro*: perspectivas descentralizadoras. Belo Horizonte: Fórum, 2019.

ARGUELHES, Diego Werneck. Impeachment: uma questão para o congresso. *In*: FALCÃO, Joaquim; ARGUELHES, Diego Werneck; PEREIRA, Thomaz (orgs.). *Impeachment de Dilma Rousseff*: entre o Congresso e o Supremo. Belo Horizonte: Letramento Casa do Direito; Rio de Janeiro: FGV Direito Rio, 2017. p. 96-98.

AVRITZER, Leonardo. *Impasses da democracia no Brasil*. Rio de Janeiro: Civilização Brasileira, 2016.

AVRITZER, Leonardo. *O pêndulo da democracia*. São Paulo: Todavia, 2019.

BALKIN, Jack. Constitutional rot. *In*: SUNSTEIN, Cass. R. *Can it happen here? Authoritarianism in America*. [*S.l.*]: Dey Street Books, 2018. p. 19-35.

BARBOZA, Estefânia Maria Queiroz; ROBL FILHO, Ilton Norberto. Constitucionalismo Abusivo. *Revista Brasileira de Direitos Fundamentais & Justiça*, v. 12, n. 39, p. 79-97, 26 mar. 2019.

BARKER, Scott. S. *Impeachment*: a political sword. Nova York: History Publishing Company, 2018.

BARROS, Celso Rocha de. Uma história de dois azares e um impeachment. In: *Democracia em risco*: 22 ensaios sobre o Brasil hoje. São Paulo: Companhia das Letras, 2019. p. 71-82.

BARROSO, Luís Roberto. Aspectos do processo de impeachment: renúncia e exoneração de agente político, tipicidade constitucional dos crimes de responsabilidade. *Forense*, v. 94, n. 344, p. 281-291, out./dez. 1998.

BENVINDO, Juliano Zaiden; ESTORILIO, Rafael. O Supremo Tribunal Federal como agente do constitucionalismo abusivo. *Cadernos Adenauer*, v. 18, n. 1, p. 173-192, 2017.

BERGER, Raoul. *Impeachment*: the constitutional problems. Cambridge, Massachusetts: Cambridge University Press, 1974.

BLACKSTONE, William. *Commentaries on the Laws of England*. The Oxford Edition of Blackstone: Oxford University Press, 2016. Book 1.

BLACKSTONE, William. *Commentaries on the Laws of England*. The Oxford Edition of Blackstone: Oxford University Press, 2016. Book 4.

BOBBIO, Norberto. *O futuro da democracia*: uma defesa das regras do jogo. São Paulo: Paz e Terra, 2018.

BONAVIDES, Paulo; AMARAL, Roberto. *Textos políticos da história do Brasil*. Brasília: Senado Federal, 2002. v. 3.

BOWMAN, Frank O. British Impeachments (1376-1787) and the Preservation of the American Constitutional Order. *Hastings Constitutional Law Quarterly*, v. 46, n. 4, p. 745-792, Summer 2019.

BRADLEY, A. W.; EWING, K. D.; KNIGHT, C. J. *Constitutional & Administrative Law*. 6th edition. Edinburgh: Pearson, 2016.

BROSSARD, Paulo. *O impeachment*. São Paulo: Saraiva, 1992.

BROWN, Wisley. The Impeachment of the Federal Judiciary. *Harvard Law Review*, v. 26, n. 8, p. 684-706, 1913.

BRYCE, James. *La République américaine*. Tome 1: le gouvernement national. 2e. édition française, complétée par l'auteur. Paris: M. Giard & E. Brière libraires-éditeurs, 1911. Disponível em: https://gallica.bnf.fr/ark:/12148/bpt6k933151s/f5.item. Acesso em: 16 jun. 2021.

CAIRD, Jack Simpson. *Impeachment*. Briefing Paper Number CBP7612, House of Commons Library, Jun. 2016. Disponível em: https://commonslibrary.parliament.uk/research-briefings/cbp-7612. Acesso em: 13 abr. 2021.

CANOTILHO, J. J. Gomes; MOREIRA, Vital. *Constituição da República Portuguesa anotada*. São Paulo: Revista dos Tribunais; Coimbra: Coimbra Editora, 2007.

CARDOSO, Fernando Henrique. *Crise e reinvenção da política no Brasil*. São Paulo: Companhia das Letras, 2018.

CARLTON, Charles. *Charles I*: the personal monarch. Ark paperbacks, 1984.

CARNEIRO, Levi. *Uma experiência parlamentarista*. São Paulo: Martins, 1965.

CARRINGTON, R. W. The Impeachment Trial of Samuel Chase. *Virginia Law Review*, v. 9, n. 7, p. 485-500, May 1923.

CHEIBUB, José Antonio. *Presidentialism, Parliamentarism and Democracy*. Cambridge University Press, 2007.

CLARKE, M. V. The Origin of Impeachment. *Oxford Essays in Medieval History Presented to Herbert Edward Salter*. Oxford: Clarendon Press, 1934.

COULANGES, Fustel de. *A cidade antiga*. São Paulo: Martin Claret, 2001.

CRAPOL, Edward P. *John Tyler*: the Accidental President. Chapel Hill: The University of North Carolina Press, 2006.

CUNHA, Fernando Whitaker da. O Poder Legislativo e o "Impeachment". *Revista de Informação Legislativa*, v. 29, n. 116, p. 31-38, out./dez. 1992.

DALY, Tom Gerald. *Populism, Public Law, and Democratic Decay in Brazil*: Understanding the Rise of Jair Bolsonaro. Workshop: "Democratic Backsliding and Human Rights", organized by the Law and Ethics of Human Rights (LEHR) journal, 2-3, Jan. 2019.

D'ARAUJO, Maria Celina Soares. *A herança de Vargas*: a crise de 1954 e a carta testamento. Centro de Pesquisa e Documentação de História Contemporânea do Brasil (CPDOC) – Fundação Getúlio Vargas (FGV). Disponível em: http://cpdoc.fgv.br/producao/dossies/Jango/artigos/NoGovernoGV/A_heranca_de_Vargas. Acesso em: 21 jun. 2021.

DIAMOND, Larry. Facing up to the democratic recession. *Journal of Democracy*, v. 26, n. 1, p. 141-155, Jan. 2015.

DORATIOTO, Francisco Fernando Monteoliva; DANTAS FILHO, José. *A República bossa-nova*: a democracia populista, 1954-1964. 13. ed. São Paulo: Atual, 1991.

DORATIOTO, Francisco Fernando Monteoliva; DANTAS FILHO, José. *De Getúlio a Getúlio*: o Brasil de Dutra a Vargas, 1945-1954. 11. ed. São Paulo: Atual, 1991.

DUVIVIER, Eduardo. *Defesa do Ex-Presidente da República Dr. Washington Luiz Pereira De Sousa No Caso De Petrópolis*. Rio de Janeiro: Alba, 1931.

DWIGHT, Theodore W. Trial by Impeachment. *The American Law Register (1852-1891)*, v. 15, n. 5, p. 257-283, Mar. 1867.

EDWARDES, Michael. *Warren Hastings*: king of the nabobs. Hart-Davis, MacGibbon, London, 1976.

EDWARDS, Graham. *The Last Days of Charles I*. Stroud: Sutton Publishing, 1999.

EMPOLI, Giuliano da. *Os engenheiros do caos*. São Paulo: Vestígio, 2020.

ENGEL, Jeffrey A.; MEACHAM, Jon; NAFTALI, Timothy; BAKER, Peter. *Impeachment*: An American History. New York: Penguim Random House, 2018.

FALCÃO, Joaquim. Impeachment agora é pular etapas. *In*: FALCÃO, Joaquim; ARGUELHES, Diego Werneck; PEREIRA, Thomaz (orgs.). *Impeachment de Dilma Rousseff*: entre o Congresso e o Supremo. Belo Horizonte: Letramento Casa do Direito; Rio de Janeiro: FGV Direito Rio, 2017. p. 21-22.

FAUSTO, Boris. *História do Brasil*. 12. ed. São Paulo: Edusp, 2006.

FOA, Robert Stefan; MOUNK, Yascha. The danger of desconsolidation: the democratic disconnect. *Journal of Democracy*, n. 3, p. 5-17, July 2016.

FRANCO, Afonso Arinos de Melo. *Direito constitucional – teoria da constituição*: as constituições do Brasil. Rio de Janeiro: Forense, 1976.

FRANCO, Bernardo Mello. *Mil dias de tormenta*: a crise que derrubou Dilma e deixou Temer por um fio. Rio de Janeiro: Objetiva, 2018

FREIRE, Annibal. *Do Poder Executivo na República brasileira*. Rio de Janeiro: Imprensa Nacional, 1916.

FUCK, Luciano Felício. *Memória jurisprudencial*: Ministro Nelson Hungria. Brasília: Supremo Tribunal Federal, 2012.

FUKUYAMA, Francis. *The end of History and the last man*. Nova York: Free Press, 1992.

GAMPER, Anna. A "Global Theory of Federalism": The Nature and Challenges of a Federal State. *German Law Journal*, v. 6, n. 10, p. 1297-1318, 2005. Disponível em: www.germanlawjournal.com/volume-06-no-10. Acesso em: 30 jun. 2021.

GARDINER, Samuel Rawson. *The Constitutional Documents of the Puritan Revolution: 1625-1660*. 2nd Ed. Oxford: Clarendon Press, 1899.

GERHARDT, Michael J. *The Constitutional Legacy of Forgotten Presidents*. Oxford: Oxford University Press, 2013.

GERHARDT, Michael J. *The federal impeachment process: a constitutional and historical analysis*. Chicago and London: The University of Chicago Press, 2019.

GILLESPIE, James L. *In: Speculum*, v. 60, n. 3, p. 718-720, Jul. 1985.

GINSBURG, Tom; HUQ, Aziz. *How to save a constitutional democracy*. Chicago/London: The University of Chicago Press, 2018.

GINSBURG, Tom; HUQ, Aziz; LANDAU, David. The Comparative Constitutional Law of Presidential Impeachment. *The University of Chicago Law Review*, v. 88, n. 1, p. 81-164, Jan. 2021. Disponível em: https://chicagounbound.uchicago.edu/uclrev/vol88/iss1/2. Acesso em: 15 jul. 2021.

GREGG, Pauline. *King Charles I*. Berkeley: University of California Press, 1984.

HAMILTON, Alexander; MADISON, James; JAY, John. *O federalista*. Tradução de Hiltomar Martins Oliveira. Belo Horizonte: Líder, 2003.

HARRIS, Tim. *Rebellion: Britain's first Stuart kings, 1567-1642*. Oxford University Press, 2014.

HIBBERT, Christopher. *Charles I: A Life of Religion, War and Treason*. St. Martin's Griffin, 2015.

HINDS, Asher C. *Hinds' Precedents of the House of Representatives of the United States*. Washington: US Government Printing Office, 1907. v. 3.

HIRSCHL, Ran. On the blurred methodological matrix of comparative constitutional law. *In*: CHOUDHRY, Shazia (ed.). *The Migration of Constitutional Ideas*. Cambridge University, 2007.

HOFFER, Peter C.; HULL, N. E. H. *Impeachment in America, 1635-1805*. Yale University Press, 1984.

HOFFER, Peter C.; HULL, N. E. H. The First American Impeachments. *The William and Mary Quarterly*, v. 35, n. 4, p. 653-657, Oct. 1978.

HOFFER, Peter C.; HULL, N. E. H. Power and Precedent in the Creation of an American Impeachment Tradition: The Eighteenth-Century Colonial Record. *The William and Mary Quarterly*, v. 36, n. 1, p. 51-77, Jan. 1979.

HOLMES, Stephen. How democracies perish. *In*: *Can it happen here? Authoritarianism in America*. Dey Street Books, 2018. p. 387-427.

HORBACH, Carlos Bastide. O parlamentarismo no Império do Brasil (I): origens e funcionamento. *Revista de Informação Legislativa*, v. 43, n. 172, p. 7-22, out./dez. 2006. Disponível em: www2.senado.leg.br/bdsf/handle/id/92827. Acesso em: 16 jun. 2021.

HUNTINGTON, Samuel. *The Third Wave*: Democratization in the Late Twentieth Century. Norman: University of Oklahoma Press, 2012.

HURWITZ, Mark S. The Impeachment of Federal District Court Judge Samuel B. Kent. *The Justice System Journal*, v. 30, n. 2, p. 223-225, 2009.

HUTCHISON, Gary D. "The manager in distress": reaction to the impeachment of Henry Dundas, 1805-7. *Parliamentary History*, v. 36, issue 2, p. 198-217.

ISSACHAROFF, Samuel. *Fragile democracies: contested power in the era of Constitutional Courts*. Cambridge University Press, 2015.

JACKSON, Vicky. Comparative Constitutional Law: Methodologies. *In*: ROSENFELD, Michel; SAJÓS, András (eds.). *The Oxford Handbook of Comparative Constitutional Law*. Oxford University Press, 2013.

JOHNSON, Robert C. Francis Bacon and Lionel Cranfield. *Huntington Library Quarterly*, University of Pennsylvania Press, v. 23, n. 4, p. 301-320, Aug. 1960.

JONES, Richard. H. *In*: *Albion Journal*, v. 16, n. 4, p. 412-414, Winter 1984.

KAUFMANN, Rodrigo de Oliveira. *Memória jurisprudencial*: Ministro Ribeiro da Costa. Brasília: Supremo Tribunal Federal, 2012.

KENYON, John Phillips. *The Stuart Constitution, 1603-1688*: documents and commentary. 2nd Ed. Cambridge University Press, 1986.

KIM, Young Hun. Impeachment and presidential politics in new democracies. *Democratization*, v. 21, n. 3, p. 519-553, 2014.

KRASTEV, Ivan; HOLMES, Stephen. *The light that failed*: why the West is losing the fight for democracy. New York: Pegasus Books, 2019.

LABOVITZ, John. *Presidential impeachment*. Yale University Press, 1978.

LANDAU, David. Abusive Constitutionalism. *University of California Davis Law Review*, v. 47, p. 189-260, 2013.

LAWRENCE, William. The law of impeachment. *The American Law Register (1852-1891)*, v. 15, n. 6, p. 641-680, Sep. 1867.

LEAL, Victor Nunes. *Coronelismo, enxada e voto*: o Município e o regime representativo no Brasil. 7. ed. São Paulo: Companhia das Letras, 2012.

LEHMBERG, Stanford E. Parliamentary Attainder in the Reign of Henry VIII. *The Historical Journal*, v. 18, n. 4, Cambridge University Press, p. 675-702, Dec. 1975.

LESSIG, Lawrence. *Republic, Lost: how Money corrupts Congress – and a plan to stop it*. Nova York: Hachette Book Group, 2011. p. 107-124.

LEVITSKY, Steven; ZIBLATT, Daniel. *Como as democracias morrem*. Rio de Janeiro: Zahar, 2018.

LEWIS, Neil A. Senate Convicts U.S. Judge, Removing Him From Bench. *New York Times*, New York, Nov. 4, 1989. Disponível em: www.nytimes.com/1989/11/04/us/senate-convicts-us-judge-removing-him-from-bench.html. Acesso em: 27 maio 2021.

LILLA, Mark. *O progressista de ontem e o do amanhã*: desafios da democracia liberal no mundo pós-políticas identitárias. São Paulo: Companhia das Letras, 2018.

LILLICH, Richard B. The Chase Impeachment. *The American Journal of Legal History*, v. 4, n. 1, p. 49-72, Jan. 1960.

LIMONGI, Fernando; FIGUEIREDO, Argelina Cheibub. Por seu intervencionismo imoderado, STF não terá como evitar confronto com Bolsonaro. *Folha de S.Paulo*, 30 abr. 2021. Disponível em: www1.folha.uol.com.br/poder/2020/04/por-seu-intervencionismo-imoderado-stf-nao-tera-como-evitar-confronto-com-bolsonaro.shtml. Acesso em: 14 jul. 2021.

LINZ, Juan J.; STEPAN, Alfred. Toward Consolidated Democracies. *Journal of Democracy*, p. 14-33, 1996.

LOCKE, John. *Segundo tratado sobre o governo*: ensaio relativo à verdadeira origem, extensão e objetivo do governo civil. São Paulo: Martin Claret, 2006.

LYRA, Maria de Lourdes Viana. *O império em construção*: Primeiro Reinado e Regência. 2. ed. São Paulo: Atual, 2000.

MACÁRIO, Mariana Pedron. *José Clemente Pereira e o debate jurídico do Império (1830-1850)*. 2011. Dissertação (Mestrado em Filosofia e Teoria Geral do Direito) – Faculdade de Direito, Universidade de São Paulo, São Paulo, 2011. Disponível em: https://teses.usp.br/teses/disponiveis/2/2139/tde-15052012-091245/fr.php. Acesso em: 16 jun. 2021.

MAFEI, Rafael. *Como remover um presidente*: teoria, história e prática do impeachment no Brasil. Rio de Janeiro: Zahar, 2021.

MANIN, Bernard. As metamorfoses do governo representativo. Tradução de Vera Pereira. *Revista Brasileira de Ciências Sociais*, São Paulo, v. 10, n. 29, out. 1995.

MARQUES, José Frederico. *Observações e apontamentos sobre a competência originária do Supremo Tribunal Federal*. São Paulo: Saraiva, 1961.

MARQUES NETO, Floriano de Azevedo. Impeachment: o poder se julga Cronos, mas é Hipnos. *Jota*, 20 jul. 2021. Disponível em: www.jota.info/opiniao-e-analise/colunas/publicistas/impeachment-o-poder-se-julga-cronos-mas-e-hipnos-20072021. Acesso em: 21 jul. 2021.

MAY, Gary. *John Tyler* – American presidents series. New York: Henry Holt & Co., 2008.

MCFEELY, William S. *Grant*: a biography. New York and London: W. W. Norton & Company, 1981. E-book.

MEIRELES FILHO, Antonio Capuzzo. *Dois impeachments, dois roteiros*: os casos Collor e Dilma. São Paulo: Almedina, 2020.

MENDES, Conrado Hübner. A política do pânico e circo. In: *Democracia em risco*: 22 ensaios sobre o Brasil hoje. São Paulo: Companhia das Letras, 2019. p. 230-246.

MENDES, Conrado Hübner. Abomináveis cunhadas. *O Estado de S. Paulo*, 14 jun. 2015. Disponível em: https://opiniao.estadao.com.br/noticias/geral,abominaveis--cunhadas,1724498. Acesso em: 14 jun. 2021.

MENDES, Conrado Hübner; BENVINDO, Juliano Zaiden. Introduction: The Brazilian Supreme Court and the Protection of Democracy in the Age of Populism. *I-CONnect*, Jun. 26, 2019. Disponível em: www.iconnectblog.com/2019/06/symposium-introduction-the-brazilian-supreme-court-and-the-protection-of-democracy-in-the-age-of-populism. Acesso em: 5 jul. 2021.

MORAIS, Carlos Blanco de. *O sistema político no contexto da erosão da democracia representativa*. Coimbra: Almedina, 2017.

MOTTA, Marly. *O início do fim: das tentativas de impeachment ao atentado da Tonelero*. Centro de Pesquisa e Documentação de História Contemporânea do Brasil (CPDOC) – Fundação Getúlio Vargas (FGV). Disponível em: http://cpdoc.fgv.br/producao/dossies/AEraVargas2/artigos/CrisePolitica/InicioDoFim. Acesso em: 21 jun. 2021.

MONTESQUIEU, Charles de Secondat. *O espírito das leis*. Tradução de Cristina Murachco. São Paulo: Martins Fontes, 1996.

MOUNK, Yascha. *O povo contra a democracia*: por que nossa liberdade corre perigo e como salvá-la. São Paulo: Companhia das Letras, 2019.

MÜLLER, Friedrich. *Quem é o povo? A questão fundamental da democracia*. São Paulo: Revista dos Tribunais, 2013.

MÜLLER, Jan-Werner. *What is populism?* University of Pennsylvania Press, 2016.

NOVAIS, Jorge Reis. *Semipresidencialismo*: teoria geral e sistema português. 2. ed. Coimbra: Almedina, 2018.

OLIVIERO, Maurizio; PAFFARINI, Jacopo. *Impeachment*: a origem e a circulação do modelo. 1. ed. Tradução de Leonardo Almeida Lage. Curitiba: Alteridade, 2019.

PALMER, John Joseph Norman. The Parliament of 1385 and the Constitutional Crisis of 1386. *Speculum*, v. 46, n. 3, p. 477-490, Jul. 1971.

PÉREZ-LIÑÁN, Aníbal. *Presidential impeachment and the New Political Instability in Latin America*. Cambridge University Press, 2017.

PIKETTY, Thomas. *O capital no século XXI*. Tradução de Monica Baumgarten de Bolle. Rio de Janeiro: Intrínseca, 2014.

PLUKNETT, Theodore Frank Thomas. Presidential Address: Impeachment and Attainder. In: *Transactions of the Royal Historical Society*. Londres: Royal Historical Society, 1953. p. 145-158. v. 3.

PLUKNETT, Theodore Frank Thomas. The origin of impeachment. In: *Transactions of the Royal Historical Society*, v. XXIV. Londres: Royal Historical Society, 1942. p. 47-71.

POLLARD, Albert Frederick Pollard. *Henry VIII*. Free digital edition (first published in 1902). Disponível em: www.obooko.com/free-history-and-world-events-books/king-henry-eighth-viii-england. Acesso em: 23 abr. 2021.

POORE, Benjamin Perley. *The Federal and State Constitutions, Colonial Charters, and Other Organic Laws of the United States*. Washington: Government Printing Office, 1877.

POSNER, Eric. The dictator's handbook, US Edition. In: *Can it happen here? Authoritarianism in America*. Dey Street Books, 2018. p. 1-18.

POTTS, C. S. Impeachment as a Remedy. *Saint Louis Law Review*, v. 12, issue 1, p. 15-38, 1926.

POUND, Roscoe. Justice according to Law II. *Columbia Law Review*, v. 14, n. 1, p. 1-26, Jan. 1914.

POZEN, David. Constitutional bad faith. *Harvard Law Review*, v. 129, n. 4, p. 885-907, 2016.

PRZEWORSKI, Adam. *Crises of democracy*. New York; Cambridge: Cambridge University Press, 2019.

PURCELL, L. Edward. *Belknap, William Worth*. In: HUDSON, David; BERGMAN, Marvin; HORTON, Loren (eds.). The Biographical Dictionary of Iowa. Iowa City: University of Iowa Press, p. 33-34.

ROBERTS, Clayton. The Impeachment of the Earl of Clarendon. *The Cambridge Historical Journal*, Cambridge University Press, v. 13, n. 1, p. 1-18, 1957.

ROBERTSON, Geoffrey. *Crimes against humanity*: the struggle for global justice. 4th Ed. New York/London: The New Press, 2012.

ROSENFELD, Michel; SAJÓS, András (eds.). *The Oxford Handbook of Comparative Constitutional Law*. Oxford University Press, 2013.

ROSKELL, John Smith. *The Impeachment of Michael de la Pole, Earl of Suffolk, in 1386 in the context of de Reign of Richard II*. Manchester; Dover: Manchester University Press, 1984.

RUNCIMAN, David. *Como a democracia chega ao fim*. São Paulo: Todavia, 2018.

SADURSKI, Wojciech. *Poland's Constitutional Breakdown*. Oxford University Press, 2019.

SALLIUM JR., Brasilio. *O impeachment de Fernando Collor*: sociologia da crise. São Paulo: Editora 34, 2015.

SANTOS, Wanderley Guilherme dos. *A democracia impedida*: o Brasil no século XXI. Rio de Janeiro: Editora FGV, 2017.

SARLET, Ingo Wolfgang; MARINONI, Luiz Guilherme; MITIDIERO, Daniel. *Curso de Direito Constitucional*. 6. ed. São Paulo: Saraiva, 2017.

SCHLESINGER JR., Arthur M. *The imperial presidency*. Boston: Houghton Mifflin, 2004.

SILVA, José Afonso da. *Curso de direito constitucional positivo*. São Paulo: Malheiros, 2015.

SILVA, Virgílio Afonso da. *A constitucionalização do Direito. Os direitos fundamentais nas relações entre particulares*. São Paulo: Malheiros, 2015.

SILVA, Virgílio Afonso da. *Direito Constitucional Brasileiro*. São Paulo: Edusp, 2021.

SIMPSON, Alexander. A treatise on federal impeachments: with an appendix containing, inter alia, an abstract of the Articles of Impeachment in all the federal impeachments in this country and in England. *Law Association of Philadelphia*, p. 81 e segs, 1916.

SIQUEIRA, Galdino. O impeachment no regimen constitucional brasileiro. *Revista de Direito Civil, Commercial e Criminal*, n. 27, p. 225-250, jan./mar. 1913.

SOUZA, Jessé. *A elite do atraso*: da escravidão a Bolsonaro. Rio de Janeiro: Estação Brasil, 2019.

SOUZA NETO, Cláudio Pereira. *Democracia em crise no Brasil*: valores constitucionais, antagonismo político e dinâmica institucional. São Paulo: Contracorrente, 2020.

STACY, William R. Richard Roose and the use of Parliamentary Attainder in the Reign of Henry VIII. *The Historical Journal*, Cambridge University Press, v. 29, n. 1, p. 1-15, Mar. 1986.

STORY, Joseph. *Commentaries on the Constitution of the United States*. 3 vol. (1833). Electronic edition, Lonang Institute, 2005. Disponível em: https://lonang.com/wp-content/download/Story-CommentariesUSConstitution.pdf. Acesso em: 20 maio 2021.

STOW, George B. In: *Manuscripta Journal*, v. 29, issue 2, p. 125-127, 1985.

SUNSTEIN, Cass. *#Republic*: divided democracy in the age of social media. Princeton and Oxford: Princeton University Press, 2018.

SUNSTEIN, Cass. *Impeachment: a citizen's guide*. Penguin Books, 2019.

TANNER, Joseph Robson. *English Constitutional Conflicts of the Seventeenth Century*. Cambridge University Press, 1937.

THORNLEY, Isobel D. Historical Revisions – The Act of Treasons, 1352. *History – New Series*, v. 6, n. 22, p. 106-108, Jul. 1921.

TOCQUEVILLE, Alexis de. *A Democracia na América*. Tradução de Eduardo Brandão. São Paulo: Martins Fontes, 2005. v. 1.

TORO, Francisco. What's in a Coup? *New York Times*, 29 jun. 2012. Disponível em: https://latitude.blogs.nytimes.com/2012/06/29/was-the-impeachment-of-paraguays-president-a-coup. Acesso em: 5 jul. 2021.

TRIBE, Laurence; MATZ, Joshua. *To End a Presidency*: the power of impeachment. New York: Basic Books, 2019.

TURNER, Lynn W. The Impeachment of John Pickering. *The American Historical Review*, v. 54, n. 3, p. 485-507, Apr. 1949.

TUSHNET, Mark. *Advanced Introduction to Comparative Constitutional Law*. 2. ed. Edward Elgar: Cheltenham – Northampton, 2018.

TUSHNET, Mark. Authoritarian constitutionalism. *Cornell Law Review*, v. 100, p. 391-462, 2015.

TUSHNET, Mark. The possibilities of comparative constitutional law. *The Yale Law Journal*, v. 108, p. 1225-1309, 1999.

VALADÃO, Marcos Aurélio Pereira. *Ministro Hahnemann Guimarães*. Brasília: Supremo Tribunal Federal, 2010.

VELLOSO, Carlos Mário da Silva. O impeachment no constitucionalismo brasileiro. In: ALVIM, Eduardo Arruda; LEITE, George Salomão; SARLET, Ingo Wolfgang; NERY JR, Nelson (coords.). *Jurisdição e Hermenêutica Constitucional*: em homenagem a Lenio Streck. Rio de Janeiro: GZ, 2017. p. 303-329.

VERMEULE, Adrian. *Law's abnegation*: from law's empire to the administrative state. Harvard University Press, 2016.

VERMEULE, Adrian. *The Constitution of Risk*. New York: Cambridge University Press, 2014.

VILA-NOVA, Daniel Augusto; SIMON, Henrique Smidt. *Balance of Powers and the Proximity between Presidentialism and Parliamentarism*: The Brazilian Impeachment Case (1988-2016). Artigo apresentado na Conferência Geral do Consórcio Europeu de Pesquisa Política (ECPR) realizada na Charles University em Praga, set. 2016. Disponível em: https://ecpr.eu/Events/Event/PaperDetails/31514. Acesso em: 30 maio 2021.

VILHENA, Oscar. *A batalha dos Poderes*. São Paulo: Companhia das Letras, 2018.

WESTIN, Ricardo. *Arquivo S: o Senado na História do Brasil*. Brasília: Senado Federal, 2019. v. 2. Disponível em: www2.senado.leg.br/bdsf/item/id/546864. Acesso em: 21 jun. 2021.

WILSON, James. *Collected works of James Wilson*. Edited by Kermit L. Hall and Mark David Hall. Indianapolis: Liberty Fund, 2007. v. 1.

WILSON, James. *Collected works of James Wilson*. Edited by Kermit L. Hall and Mark David Hall. Indianapolis: Liberty Fund, 2007. v. 2.

YOUNG, Michael B. Illusions of Grandeur and Reform at the Jacobean Court: Cranfield and the Ordnance. *The Historical Journal*, Cambridge University Press, v. 22, n. 1, p. 53-73, Mar. 1979.

Esta obra foi composta em fonte Palatino Linotype, corpo 10
e impressa em papel Offset 75g (miolo) e Supremo 250g (capa)
pela Gráfica Formato.